Edward Bond
Die See,
Gerettet
und andere
Stücke

Suhrkamp

Inhalt

Gerettet

Deutsch von Klaus Reichert

Vorbemerkung des Autors

Saved ist fast unverantwortlich optimistisch. Len, die Hauptfigur, ist von Natur aus gut, trotz seiner Erziehung und Umgebung, und er bleibt auch gut, trotz allem Druck, dem er in dem Stück ausgesetzt ist. Doch ist er nicht ganz und gar gut oder ohne Anstrengung gut, denn dann wäre sein Gutsein bedeutungslos, wenigstens für ihn selber. Deutlich gemacht werden ihm seine Fehler teilweise durch die zwiespältige Einstellung dem Tod des Babys gegenüber und später durch die morbide Faszination, die dieser Tod auf ihn ausübt.

Es stimmt, daß Len am Ende des Stückes nicht weiß, was er als nächstes tun wird, aber das hat er ja nie gewußt. Andererseits hat er die Möglichkeit zu einer Freundschaft mit dem Vater geschaffen, und allerdings hat man ihn gezüchtigt, doch hat er nicht seine Spannkraft eingebüßt (er repariert den Stuhl). Das Stück endet in einer stummen gesellschaftlichen Sackgasse, doch wenn der Zuschauer dies für pessimistisch hält, dann weil er nicht gelernt hat, sich an Strohhalme zu klammern. Sich an Strohhalme klammern ist das einzige Realistische, was man tun kann. Die Alternative, abgesehen von der Hemmungslosigkeit des Pessimismus, wäre ein einfältiger Optimismus, der sich auf eine Oberflächlichkeit sowohl des Fühlens wie des Beobachtens gründet. Die andere Backe hinzuhalten ist eine Geste, die oft die Weigerung bedeutet, den Tatsachen ins Gesicht zu sehen – doch dies stimmt nicht für Len. Er lebt mit Menschen zusammen, die sich im denkbar übelsten und hoffnungslosesten Zustand befinden (das soll die Schlußszene zeigen), und wendet sich nicht von ihnen ab. Einen hartnäckigeren, disziplinierteren und ehrlicheren Optimismus als seinen kann ich mir nicht vorstellen.

Seltsamerweise dürfen die meisten Theaterkritiker sagen, Len habe davonlaufen müssen, damit das Stück optimistisch wäre. Vor fünfzig Jahren, als die moralischen Ansprüche, wie dieselben Kritiker wahrscheinlich sagen würden, höher waren, hätten sie ihn gepriesen wegen der Loyalität und Ergebenheit, mit denen er auf seinem Posten blieb.

Da Len seine traditionelle Rolle im tragischen Ödipuskonzept des Stückes nicht spielt, macht er es formal zu einer Komödie. Die erste Szene baut sich auf der sexuellen Unsicherheit des jungen Mannes auf – entweder erfindet er selber Unterbrechungen, oder er wird von dem alten Mann unterbrochen. Len muß ihn herausfordern und erst aus dem Haus haben, bevor er fortfahren kann. Später hilft er der Frau des Alten, und dies wird von denen, die dabeistehen, sexuell interpretiert. Noch später findet ihn der Alte in einer deutlicher sexuellen Situation mit seiner Frau. Das Ödipus-Ergebnis müßte Streit und Tod sein. Es *gibt* einen Streit, und sogar einen Kampf mit dem Messer – doch Len beharrt darauf, daß er helfen will. Die nächste Szene beginnt damit, daß er mit einem Messer in der Hand auf dem Boden ausgestreckt liegt, und der Alte kommt wie ein Geist gekleidet herein – doch keiner von beiden ist tot. Sie unterhalten sich, und zum erstenmal in dem Stück ist ein anderer als Len so ehrlich und freundlich, wie es ihm möglich ist. Der Alte kann nur ein Scherflein geben, doch im Kontext ist es ein Sieg – und zwar ein Sieg, an dem der andere *teilhat*. Es ist banal, in diesem Zusammenhang von Niederlage zu sprechen. Das einzige vernünftige Ziel, das man haben kann, wenn man einen Feind schlagen will, ist, sich ihn zum Freund zu machen. Das geschieht in diesem Stück, obwohl die meisten sozialen und persönlichen Probleme allerdings durch Entfremdung oder Tötung gelöst werden.

Ich schalte Len auch von der Beziehung zwischen Pam und Fred aus, weil mich dies (unter anderem) die ödipale Atmosphäre auf anderen Stufen untersuchen ließ. Besonders die Ermordung des Babys zeigt die ödipale, atavistische Wut in voller Entfesselung. Die Szene ist typisch für das, was manche Menschen tun, wenn sie hemmungslos handeln, und stimmt nicht bloß für diese bestimmten Menschen und diese bestimmte Situation. Jeder weiß von schlimmeren Geschehnissen. Diese Art Wut ist es, die von anderen Personen im Stück qualvoll unter Kontrolle gehalten wird, und zum Teil trägt dies an der Korruption ihres Lebens die Schuld.

Es ist klar, daß die Steinigung eines Babys in einem Londoner Park ein typisches englisches Understatement ist. Verglichen mit dem ›strategischen‹ Bombardement deutscher Städte* ist dies eine geringfügige Greueltat, verglichen mit der kulturellen und emotionalen Verarmung der meisten unserer Kinder sind die Konsequenzen belanglos.

* Im Bewußtsein der Engländer nimmt das »›strategische‹ Bombardement deutscher Städte« eine ähnliche Stelle ein, wie die planmäßige Ausrottung des Judentums im Bewußtsein der Deutschen sie einnimmt. A. d. Ü.

Wie die meisten Menschen bin ich Pessimist aus Erfahrung, doch Optimist von Natur aus, und ich habe keinen Zweifel, daß ich auch in Zukunft meiner Natur treu sein werde. Die Erfahrung ist deprimierend, und es wäre falsch, aus ihr lernen zu wollen.

Ich habe das Stück nicht bloß als Ödipus-Komödie geschrieben. Andere Dinge in ihm – wie etwa die Stellungnahme zu Problemen der Gesellschaft – sind äußerst wichtig, doch habe ich sie hier nicht im Detail aufgeführt, weil sie offener zu Tage liegen.

Es gibt jedoch noch etwas Abschließendes. Wenn wir das Verhalten der Menschen verbessern sollen, müssen wir zunächst ihr moralisches Verständnis erweitern, und das heißt, man muß Kinder Moral auf eine Weise lehren, die sie überzeugt. Obschon ich annehme, daß die meisten Engländer nicht bewußt die Existenz Gottes leugnen, so glauben doch nicht mehr als ein paar hundert wirklich an seine Existenz. Doch beinah alle Moral, die unseren Kindern gelehrt wird, gründet sich auf die Religion. Diese Tatsache an sich macht Kinder moralisch schon konfus – die Religion hat nichts zu tun mit dem Privatleben ihrer Eltern oder unserem wirtschaftlichen, industriellen und politischen Leben und steht zu Wissenschaft und Rationalismus, die man ihnen zu anderer Zeit beibringt, in Widerspruch. In den Augen der Kinder diskreditiert die Religion die Moral, die sie bestärken sollte.

Die Probleme, die sich ihnen beim Studium der Naturwissenschaften und der Kunst stellen, sind Probleme des Verstehens – bei einer auf Religion bezogenen Moral hingegen stellt sich das Problem des Glaubens. Die meisten Kinder können, wenn sie älter werden, an die Religion nicht glauben. Wir glauben selber nicht mehr daran, und es ist darum töricht, Kinder dazu anzuhalten. Das Ergebnis ist, daß sie als moralische Analphabeten aufwachsen und nicht verstehen können, weil man sie in gar keiner Weise die Natur einer moralischen Überlegung oder den Wert selbstloser Moral wirklich gelehrt hat.

Man merkt das nicht immer, weil wir Wörter benutzen, die immer noch einen moralischen Beiklang haben, doch dieser geht allmählich verloren, und bald könnten wir gut und gern moralisch bankrott sein. Die herrschende Moral kann man als opportunistischen Prudentialismus bezeichnen, und gewöhnlich wird sie mit einer widerlichen Sentimentalität zum Ausdruck gebracht, die ich in diesem Stück vermieden habe, weil sie wie Parodie klingt.

Es wird immer Menschen geben, die spitzfindig genug sind, die geistige Gymnastik zu betreiben, die man braucht, um die Wissenschaft mit der Religion zu versöhnen. Doch die Masse der Menschen wird dazu nie imstande sein, und da wir in einer Industriegesellschaft leben, werden sie in der szientifischen Tradition erzogen sein. Das heißt, daß in Zukunft die Religion nie mehr sein wird als Opium für die Intellektuellen.

Aus mehreren Gründen läßt sich die Moral nicht als soziales Schmiermittel oberflächlich abtun. Sie muß eine gemeinsame Basis mit dem gesellschaftlichen Aufbau haben und im Einklang mit dem allgemein anerkannten Wissen der Zeit stehen. Man kann schließlich nicht die Rosinen ohne den Kuchen haben. Die meisten Menschen fragen bloß, wenn sie darüber nachdenken, was *sie* glauben, oder vielleicht, was ihnen offenbart worden ist. Doch wenn sie am Wohlergehen anderer interessiert sind, sollten sie fragen: ›Was ist für die meisten Menschen zu glauben möglich?‹ Und dies bedeutet, so seltsam es klingt, daß man moralischen Skeptizismus und moralische Analyse lehren muß, und nicht Glauben.

Vorbemerkung des Übersetzers

London besteht südlich der Themse aus einer Zusammenballung von Arbeiterbezirken, wie sie in dieser Konzentration und Eintönigkeit wahrscheinlich in ganz Europa nicht ihresgleichen hat. Von Wandsworth, dem größten Verwaltungsbezirk Londons, wo man in den Jahren zwischen den beiden Weltkriegen im Verhältnis zur Bevölkerung die meisten Fälle von Lungenschwindsucht in ganz Großbritannien feststellte, erstreckt sich dieses Gebiet im Süden bis Mitcham und im Osten bis Lewisham und, wenn man Greenwich ausnimmt, sogar bis Woolwich und Plumstead.

Edward Bonds *Saved* ist in diesem von der Geschichte und den Städteplanern vernachlässigten Gebiet angesiedelt und in dem dort üblichen Idiom geschrieben. Würde das Stück im Londoner Norden spielen, so wäre seine Sprache in Nuancen anders.

Es ist klar, daß sich ein solches Stück nicht *ins Deutsche* übersetzen läßt. Möglich wäre nur die Übertragung in einen entsprechenden deutschen Großstadtjargon, wenn auch die soziologische Differenz zwischen, sagen wir, Kreuzberg und Battersea, Ottakring und Lambeth, eine zusätzliche Schwierigkeit böte. Dies hätte aber für jedes deutsche Theater eine eigene Übersetzung verlangt.

Die vorliegende Übersetzung, die für ganz Deutschland brauchbar sein soll, ist eine Art Modell. Sie versucht, das spezifische Südlondoner Idiom durch eine allgemeine deutsche Umgangssprache, die auf der untersten Stufe der soziologischen Leiter angesiedelt ist, wiederzugeben. Es empfiehlt sich, daß die Schauspieler den Text entsprechend dem ortsüblichen Dialekt einfärben und einzelne Wörter (Schimpfwörter, Kraftausdrücke, die Bezeichnungen für ›Mädchen‹ usw.) der jeweiligen ordinären Milieusprache anpassen. Diese Bemerkung bezieht sich auf die *Tonlage* des Stücks; man muß sich hüten, ein *Dialektstück* aus ihm zu machen. Übrigens ist nichts leichter, als dieses Stück in einen Dialekt zu übersetzen. Er bietet sich geradezu an. Das hängt damit zusammen, daß es eine allgemeine deutsche Umgangssprache kaum gibt. Häufig stellt sich heraus, daß Wendungen (einzelne Wörter, Idiome, syntaktische Fügungen), die man für umgangssprachlich hält, nur regional gebräuchlich sind. Die Übersetzung, ohnehin Eiertänzerei, bedurfte also der genauen Kontrolle durch solche, die in einem anderen Dialektklima aufgewachsen waren als der Übersetzer. Vermieden werden sollte außerdem die Verwendung des künstlichen Beat-Vokabulars vom Typ ›Wuchtbrumme‹, ›steiler Zahn‹, das das Klima, das es meint, nur vortäuscht.

Der deutsche Text verdankt sehr viel der Hilfe, den Vorschlägen und den Einfällen Karlheinz Brauns und Martin Walsers. Viele unbekannte Vokabeln oder Wendungen des Originals hat Michael Stone aufgeklärt.

Personen:

LEN einundzwanzig. Groß, schlank, ruhig, knochig. Große Hände. Hohe, hervortretende Backenknochen. Angenehme blasse Haut – nicht grau. Blaue Augen, dichtes, blondes, ein wenig öliges Haar, gescheitelt und an die Seiten gekämmt. Sehr große Füße.

FRED einundzwanzig. Blondes, sehr lockiges Haar. Mittelgroß. Gut gebauter, stabiler, mächtiger Körper. Helle Tenorstimme.

HARRY achtundsechzig. Groß. Lange dünne Arme. Lange Hände. Schwerer knochiger Kopf mit großen Augenhöhlen und kleinen Augen. Lockeres Kinn. Grau.

PETE fünfundzwanzig. Groß wirkend. Gut gebaut, mit rotem Gesicht. Gestikuliert sehr wenig. Weiches Haar, das gelegentlich etwas hochsteht.

COLIN wirkt klein. Ein bißchen dünn. Schlaffer (doch nicht großer) Mund. Glänzende Ohren, rundes, ausdrucksloses Gesicht. Ein paar Pickel. Brüllt um gehört zu werden. Achtzehn.

MIKE groß. Gut gebaut. Starke, ungezwungene, ausladende Bewegungen. Angenehm. Dunkles Haar. Zwanzig.

BARRY zwanzig. Ein bißchen kleiner als mittelgroß. Dick.

PAM dreiundzwanzig. Dünn, spitzbrüstig. Schwere, geschwungene Hüften. Dunkles Haar. Langes, schmales Gesicht. Helle Augen. Kleiner Mund. Sieht aus der Entfernung größer aus, ist aber kleiner, als sie aussieht.

MARY dreiundfünfzig. Untersetzt. Runde schwere Schultern. Großes Hinterquartier. Ausladende Brüste, ohne Leben, doch immer noch hoch. Mächtige Schenkel und schmale Fesseln. Gelocktes graues Haar, das aussieht, als wäre es in einem Haarnetz. Gemütlich.

LIZ genau wie ihr Name klingt.

Der Ort der Handlung ist Süd-London. Die Bühne ist so kahl wie möglich – manchmal völlig kahl.
Pause nach der siebten Szene.

Erste Szene

Das Wohnzimmer. Die Vorderfront und die beiden Seiten-
wände bilden ein Dreieck, das auf eine Tür in der Mitte hinten
zuläuft.
Mobiliar: Tisch hinten rechts, Sofa links, Fernsehapparat links
vorn, Sessel Mitte hinten rechts, zwei Stühle am Tisch. Es ist
niemand im Zimmer.

Die Tür geht auf. Len kommt herein. Er geht sofort wieder hin-
aus.
PAM *draußen:* Da drin.
Len kommt herein. Er geht nach hinten zum Sofa. Er starrt es
an.
Okay?
Pause. Pam kommt herein.
LEN Das ist doch nicht's Schlafzimmer.
PAM Da ist das Bett nicht gemacht.
LEN Wem machtn das was?
PAM Sieht wüst aus. Hier ist schön.
LEN Wie du willst. Hast du was dagegen, wenn ich die Schuh aus-
zieh?
Er schleudert sie von sich.
Keiner zuhaus?
PAM Nee.
LEN Wohnst du allein hier?
PAM Nee.
LEN So.
Pause. Er lehnt sich auf der Couch zurück.
Hast du was? Komm doch her.
PAM Augenblick.
LEN Wie heißtn du eigentlich?
PAM Neugierig bist du gar nicht.
LEN Ist was?
PAM Ich darf mir doch wohl noch die Nase putzen.
Sie steckt ihr Taschentuch in die Handtasche zurück und stellt sie
auf den Tisch.
So.
Sie setzt sich auf die Couch.

LEN Wie heißtn du?
PAM Und du?
LEN Len.
PAM Pam.
LEN Aha.
Er fühlt mit der Hand die Couch in seinem Rücken ab.
Ist die breit genug?
PAM Ich weiß nicht, was du willst.
LEN Dich nicht runterschmeißen. Schieb mal das Kissen rauf.
PAM Laß dir Zeit, Junge.
LEN Wieviel Mal hastn du schon?
PAM Kann *dir* doch egal sein.
LEN Zieh die Schuh aus.
PAM Moment!
LEN Rück doch mal mit deim – so ist besser.
PAM Du bist ganz schön nervös.
LEN Jetzt gehts mir prima.
PAM So!
LEN Lassen wirs Licht an?
PAM Wie du willst.
LEN Mir machts nichts aus.
PAM Mhm!
LEN Man könnte vielleicht die Vorhänge zumachen?
Pam geht nach links zu den Vorhängen.
LEN Dein Hintern ist Klasse.
PAM Dein Maul auch.
LEN Soll ich dir mal was sagen? – Ich hab seit Wochen keine mehr
gehabt.
PAM Na und?
LEN Du hast leicht reden.
*Pam setzt sich auf die Couch, auf den Rand. Len zieht sie enger
an sich und zieht ihr die Schuhe aus.*
Son Schwein.
PAM Was?
LEN Daß du mir übern Weg gelaufen bist.
PAM Ja.
LEN Hast du was gegen mich?
PAM Nee.
LEN Bestimmt nicht?
PAM Jetzt mach schon.

LEN Du mußt sagen, wenn ich was mach, was dir nicht paßt.

PAM Worauf du dich verlassen kannst!

LEN Ich könnt auf dir stehn, weißt du das?

Pause.

Das ist das Leben.

PAM Au!

LEN Scht! Sei jetzt still.

PAM Ah!

LEN Scht!

PAM Du hast doch gesagt, ich soll sagen –

Die Tür geht auf. Harry kommt herein. Er geht sofort wieder hinaus.

LEN *hebt den Kopf*: Hej!

PAM Was denn?

LEN Wer istn das?

PAM Mein Alter.

LEN *setzt sich auf*: Was willn der?

PAM Das Kissen drückt mich im Rücken.

LEN Ich hab gedacht, du bist allein, hast du gesagt.

PAM Der müßt schon längst weg sein.

LEN Ach. Wieso?

PAM Was heißt wieso?

LEN Na ja.

PAM Weiß ich doch nicht.

LEN Ob der was gemerkt hat?

PAM Wundern täts mich nicht.

LEN Braucht der noch lang?

PAM Frag ihn doch selbst.

LEN Hm. Na ja.

Sie legen sich wieder hin. Kleine Pause. Len hebt den Kopf.

Hast du das gehört?

PAM Nee.

LEN Ich hab was gehört.

Er geht zur Tür. Er lauscht. Er geht zurück zur Couch und setzt sich auf den Rand.

PAM Na und?

LEN Besser wir warten noch.

PAM Wieso?

LEN Ist besser.

PAM Hältst dus noch solange aus?

LEN Nicht, wenn du so rumliegst.

PAM Wie: so?

LEN Du könntest dich setzen.

PAM Jetzt hab ich mirs grad bequem gemacht.

LEN Kann ich von mir nicht behaupten. Mensch.

Er fühlt in seiner Tasche.

Rauchst du?

PAM In meiner Tasche.

LEN Wo istn die?

Pam zeigt mit dem Kopf auf den Tisch. Er geht zur Tasche und nimmt eine Zigarette heraus. Er steckt sie an. Er will die Zigaretten wieder zurücktun.

Ach, tschuldige.

Er hält ihr das Päckchen hin.

PAM Nee. Danke.

LEN *Er steckt die Zigaretten weg. Er setzt sich auf den Rand der Couch. Pause. Er klopft drei- oder viermal mit dem Fuß.*

Was hatn der vor?

PAM Willst du ne Tasse Tee?

LEN Hinterher.

PAM Der ist gleich weg.

LEN Möcht ich ihm auch geraten haben. Willst du mal ziehn?

PAM Nee.

LEN Zieh dein Kleid runter.

PAM Tschuldige.

LEN Man kann nie wissen, wer reinkommt.

Er geht zur Tür und macht sie auf.

PAM Gehst du weg?

LEN Ich hätt geschworen, da schnauft jemand.

PAM Das warst du.

LEN Wer schleichtn sonst noch hier rum? Hast du vielleicht noch deine Oma unterm Sofa?

PAM Die ist tot.

LEN Pech. – Aber was will ern eigentlich?

Er setzt sich auf einen Stuhl.

Muß mir passiern.

Er steht auf und geht herum.

Der kommt noch zu spät, ich sag dirs! Hoffentlich ziehn sies ihm vom Lohn ab.

Er lauscht an der Tür.

Kein Mucks.

PAM Er ist aber noch nicht raus hinten, ausm Klo.

LEN Der alte Schnüffler.

Pam lacht.

Was ist denn da so komisch?

PAM Du.

LEN *amüsiert*: Ja. Ich. 'n richtiger alter Schnüffler ist das! Sag mal, kann ich nicht über Nacht bleiben?

PAM Hast du nichts andres?

LEN Schon! – Na und?

PAM Nee.

LEN Da schneidst du dir ins eigne Fleisch. – Weißt du bestimmt, daß er geht? – Und warum kann ich nicht?

PAM Mensch! Ich hab dich doch grad erst kennengelernt.

LEN Und was sagst du, wenn er dableibt? Hat sichn Schnupfen geholt oder sowas. Ich bin doch nicht blöd! – Du kämst schon auf deine Kosten.

PAM Angeber.

LEN Wieviel Männer hast du denn schon gehabt diese Woche?

PAM Es ist ja noch nicht mal der Montag vorbei!

LEN Das ziehn wir in Betracht.

PAM Freches Schwein!

Sie lachen.

Und wieviel Mal hast du die Woche?

LEN Ich habs dir doch schon gesagt! Wieviel hast du gehabt, alles in allem?

Sie lachen.

PAM Und du? Wieviel Mädchen?

LEN Über sechzig komm ich nicht raus.

Sie lachen.

PAM Scht!

LEN Soll ers doch hören. – Los, erzähl schon!

PAM Wieviel Mal hast du in einer Nacht hintereinander?

Sie lachen.

LEN Warum hat sich die Frau mit den drei Titten erschossen?

PAM Na?

LEN Weil sie nur zwei Dinger dran gehabt hat.

Sie lachen.

PAM Kapier ich nicht.

Sie lacht.

Was sagte die Hebamme zur Nonne?

LEN Weiß ich nicht. *Sie flüstert in sein Ohr. Sie lachen.*

Klasse! Und die Frau mit den drei Titten, die Vierlinge kriegt?

PAM Na?

LEN Das kommt davon, wenn man mit siamesischen Zwillingen schläft!

Sie lachen. Er flüstert in ihr Ohr.

PAM Du gehörst hinter Schloß und Riegel.

LEN Ich steh nicht auf dem Essen, wos da gibt!

PAM Scht. – Das ist die Hintertür. Jetzt ist er ausm Klo raus.

LEN Jetzt wolln wir ihm mal was bieten.

Er springt geräuschvoll auf die Couch.

Mensch!

PAM Du bist unmöglich!

Er nimmt Bonbons aus ihrer Tasche.

Das sind meine Bonbons.

LEN Eins krieg ich doch ab.

Laut: Ist es groß genug?

PAM Was schreist du denn so?

LEN *steckt ihr ein Bonbon in den Mund:* Laß dir Zeit! Daß es länger dauert.

Sie lacht. Er zerbeißt ein Bonbon in zwei Teile und sieht es an.

Huuuh, du bist aber prima weich da drin.

Leise zu Pam: Das erste Mal, daß ich eine mit Schokolade drum seh!

Er springt aufs Sofa.

PAM *schrill:* Du bist fürchterlich!

LEN Ist es noch hart?

PAM *lacht:* Hör auf!

LEN Was denn? Ist noch reichlich Nachschub da.

Er steckt ihr ein Bonbon in den Mund.

PAM *prustend:* Mehr geht nicht rein!

LEN Hej – mach auf. Ein bißchen geht schon noch!

PAM Au!

LEN Du bist Klasse!

Es kitzelt sie. Sie verschluckt sich.

Davon kriegst du Haare auf die Brust!

Sie versuchen, leise zu lachen. Die Tür geht auf. Harry steckt seinen Kopf herein. Er geht wieder hinaus. Er schließt die Tür. Len ruft:

Willstn Karamell?

PAM Hej! – wie wärs denn mitm Karamell?

LEN Schon mal den Pfefferminz mitm Loch drin probiert?

PAM Nimm dochn Karamell!

LEN Oder wie wärs mit der Sahnemischung? – Verhaut der dich nachher?

PAM Der hat doch kein Mumm.

LEN *ruft:* Neugieriger alter Bock!

Sie lachen.

Wetten, dem läuft schons Wasser ausm Maul?

PAM Der holt sich nur sein Freßpaket aus der Küche.

LEN *ruft:* Überarbeit dich bloß nicht, Chef!

PAM Sei still, sonst bleibt er doch noch.

LEN *ruft:* Nimm dirn Lutschbonbon für die Frühstückspause mit, Pappa! – Ich würd ganz gern hier schlafen. Da hättst dus schön warm morgen früh.

PAM Du bist doch bloß geil!

LEN Du kriegst auch die Hälfte Bonbons!

PAM Die gehörn mir sowieso. Und außerdem kommt die Alte heim.

LEN Hm. War das die Haustür?

PAM Ja.

Sie geht zu den Vorhängen.

Er ist weg.

LEN So lang wars ja nicht.

PAM Hab ich gleich gesagt.

LEN Hoffentlich hat sichs Warten gelohnt.

PAM Kommt ganz auf dich an.

LEN Dann ist ja alles okay.

Sie geht zum Sofa und beginnt, seinen Gürtel aufzumachen.

So ist das Leben.

Zweite Szene

Park.
Pam und Len in einem Ruderboot. Bühne sonst leer.

LEN Kalt?
PAM Nee.
LEN Hast du noch Hunger?
PAM Ja.
LEN Da ist nochn bißchen Schokolade. Hier!
PAM Nee.
LEN Nimm schon.
PAM Danke.
LEN Das ist alles.
PAM Wieso?
LEN Mehr ist nicht.
   Schweigen.
   Und die Miete hab ich auch noch nicht bezahlt, diese Woche.
PAM Da wird die Mutter aber schön sauer sein.
LEN Ich bin nicht dazu gekommen.
PAM Komisch daß sie sich nicht gerührt hat.
   Kleine Pause.
LEN Hat sie mal was gesagt?
PAM Wegen uns?
LEN Ja.
PAM Nee.
LEN Hat sie was dagegen?
PAM Woher denn. Dein Geld kommt ihr grade recht.
   Schweigen.
LEN Meinst du, daß ich ihr gefalle?
PAM Hab sie nicht gefragt.
LEN Hätt ja sein können, sie hat was gesagt.
PAM Ich hör nicht mehr hin.
LEN Ach so.
PAM Du hasts doch nicht aufn Kopf gehaun?
LEN Die Miete?
PAM Ja.
LEN Nee!
PAM Hätt ja sein können.

LEN Traust mir wohl nicht?

PAM Ich strick dirn Pullover.

LEN Mir?

PAM Ich bin aber nicht die Schnellste.

LEN Ist mir nie aufgefallen.

PAM Aber die Wolle mußt du kaufen.

LEN Hab ja gewußt, da istn Haken dabei.

PAM Ich habn duftes Muster.

LEN Hast du Angst wegen der Miete?

PAM Wär mir lieber, wir hättens gezahlt.

LEN Jetzt fang bloß nicht an, an mir rumzumeckern.

PAM Was für ne Farbe steht dir am besten?

LEN Das ist ungefähr das einzige, was deine alte Dame *nicht* macht.

PAM Was?

LEN An ihrm Alten rummeckern.

PAM Welche Farbe steht dir am besten?

LEN Stehn mir alle.

PAM Ich fänd was Rotes schön. Oder was Blaues.

LEN Was Helles eben.

   Kleine Pause.

PAM Muß abern einfaches Muster sein.

LEN Wird er denn fertig für die Hochzeitsreise?

PAM Hochzeitsreise gibts doch nicht.

LEN Wer zahlts denn?

PAM Du.

LEN Bei dir muß man aufpassen, seh ich.

   Pause.

PAM Wieviel Uhr?

LEN Weiß nicht.

PAM Immer später.

LEN Das sowieso.

PAM Wo ist die Schokolade?

LEN Aufgegessen.

PAM Ach so.

LEN Tja.

PAM War ja nicht viel.

LEN Nachher kauf ich dir welche.

PAM War auf jeden Fall ein gewaltiges Mahl.

LEN Wenn du mich fragst, kriegst dun Kind.

PAM Krieg ich nicht.
LEN Kann nie wissen, wanns eingeschlagen hat.
PAM Da hättst du früher aufstehn müssen.
LEN Ich hab mein Bestes gegeben.
PAM Du hast ne dreckige Phantasie.
Kleine Pause.
LEN Ich stell schon was auf die Beine. Du weißt schon, ne Wohnung herrichten und so undn paar Sachen zusammenhaun. Ja. Wir werdens hübsch haben. Saustall ist bei mir nicht drin.
PAM Klingt nicht schlecht.
LEN Leicht sauberzuhalten und alles. Wirst dich prima fühlen.
PAM Hoffen wirs.
Er legt den Kopf in ihren Schoß. Kleine Pause.
LEN Schön hier.
Pause.
Pam.
PAM Was?
LEN Warum hast du grade mich genommen?
PAM Warum?
LEN Ja.
PAM Bedauerst dus?
LEN Sag schon.
PAM Wieviel Mädchen hastn du schon gehabt?
LEN Ich hab dir doch alles erzählt.
PAM Halt still.
LEN Was?
PAM Du hastn Pickel.
LEN Wo?
PAM Halt still.
LEN Ist er groß?
PAM Halt still.
LEN Paß auf!
PAM Ich hab ihn!
LEN Au!
Sie drückt den Pickel an seinem Hals aus.
PAM Gib mals Taschentuch.
LEN Hast du ihn?
PAM Ja.
LEN Au! Hat aber ganz schön wehgetan.
Er gibt ihr sein Taschentuch. Sie taucht ihre Hand ins Wasser

und trocknet sie am Taschentuch ab. Sie gibt es ihm zurück.

PAM Könntest dich auch manchmal waschen.

LEN Freches Biest!

Kleine Pause. Sie legen sich beide hin.

Würdst du jeden mitnehmen, der vorbeikommt?

PAM Du bist gemein.

LEN Tschuldige. Pam?

PAM Du drückst mirs Bein ab.

LEN Tschuldige.

PAM Nee.

LEN Wann fängst du mit dem Pullover an?

PAM *noch böse*: Warum mußt du sowas sagen?

LEN Sag doch was vom Pullover.

PAM Hab keine Wolle.

LEN Ich kauf sie morgen. Und nach ner Wohnung tun wir uns morgen auch um.

PAM Hier rum gibts nichts.

LEN Dann weiter draußen. Sowieso schöner, draußen.

PAM Wenn du Glück hast.

LEN Hab ja Glück mit dir.

Sein Kopf liegt in ihrem Schoß. Er dreht sich so, daß er seine Arme um sie legen kann.

Oder hab ich kein Glück mit dir?

PAM Verdienen tust dus nicht.

LEN Ich hab doch gesagt Tschuldigung – ich frag ja auch nicht mehr. Weil ich so Klasse ausseh – das wars.

PAM Du warsts eben. Niemand anders.

LEN Heut gehn wir früh ins Bett.

PAM Wenn wir noch früher ins Bett gehn, brauchen wir gar nicht mehr aufstehn.

LEN Prima. Wolln wir was singen?

PAM Nee.

LEN *singt*: Sei nett zu den vierbeinigen Freunden.

Vielleicht ist die Ente dein Bruder.

Du denkst wohl hier ists zu Ende.

Das ist es auch.

Kleine Pause.

Die haben uns vergessen. Wir sind doch schon Stunden hier.

PAM Mach weiter.

LEN Mütter gibts!

Pause.
Son Leben muß dich ja fertig machen.
PAM Bin dran gewöhnt.
LEN Erschießen müßte man die.
PAM Warum?
LEN Macht dir das nichts aus?
PAM Wieso?
LEN Wenn du auch so wirst. Angenommen?
PAM Nee.
LEN Wie hatn das angefangen?
PAM Hab nie gefragt.
LEN Hat keiner was gesagt?
PAM Ich hör nie hin. Ist ihr Bier.
LEN Aber –
PAM Kannst ja doch nichts machen. Dankt eim ja keiner.
LEN Wie lange geht das denn schon so?
PAM Länger als ich denken kann.
Pause. Er setzt sich und lehnt sich an sie.
LEN Muß scheußlich gewesen sein, wie du klein warst.
PAM Ich kenns nicht anders. Im Krieg hatten sie'n Jungen.
LEN 'n eignen?
PAM Ja.
LEN Ist mir nie begegnet.
PAM Tot.
LEN Hm.
PAM Bombe in eim Park.
LEN Und davon sind sie so geworden?
PAM Nee. Ich bin später gekommen.
LEN Ein Leben ist das.
PAM Ich habs auch schon anders gehabt.
LEN Ich werd mal nicht so. Ich werde dich doch nicht rausholn, wenn ich nicht was Beßres weiß. Aber so weitermachen geht nicht.
PAM Weiß ich.
LEN Wir werdens anders machen. Ein Wunder, daß du nicht längst übergeschnappt bist.
PAM Das merkst du nur nicht.
LEN Jetzt dauerts nicht mehr lang. Warum platzt dir nicht mal der Kragen und bumst ihre Schädel zusammen?
PAM *zuckt die Achseln:* Ich will sie nie mehr sehn. Das ist alles.

Kleine Pause. Len schaut sich um.

LEN Ich hab kein einzigen vernünftigen Pullover.

Pause.

Wie machen die's bloß?

PAM Was?

LEN Schreiben sich Zettel oder so?

PAM Nee.

LEN Wie denn sonst?

PAM Die brauchens nicht.

LEN Die müssen doch irgendwie.

PAM Nee.

LEN Warum?

PAM Haben sich nichts zu sagen. Er legt ihr freitags die Piepen aufn Tisch und fertig ist die Laube. Red von was anders.

LEN Was sagt denn sie über ihn?

PAM Nichts.

LEN Aber –

PAM Sie sagt kein Wort über ihn und er kein Wort über sie. Ich will nichts davon wissen.

LEN Die sagen nie mal was, einer übern andern?

PAM Ich hab nie was gehört.

LEN Nicht einmal?

PAM *Nein!*

LEN Naß hier unten.

Pause.

Mit dein Alten wohn ich jedenfalls nicht zusammen.

FRED *hinter der Bühne:* Vier!

LEN Ich hab nie gewußt wo ich dich hintun soll, bis ich deine Alten gesehn hab.

PAM Ich hab sie mir auch nicht ausgesucht!

LEN So hab ichs nicht gemeint! –

PAM Kannst du nicht mal von was anders reden!

LEN – Ich mach dir doch keinen Vorwurf!

Fred kommt vorn rechts auf die Bühne, Rücken zum Publikum.

FRED Nummer-vier-knall-an-die-Tür!

LEN Da sind wir.

FRED Na, immer rein!

LEN Nee. Wir bleiben noch!

PAM Wieso?

FRED Hm?

PAM *zu Len:* Komm schon.

LEN Wir sind Seeräuber.

FRED *geht drauf ein:* Hundesohn!

PAM Du mußt noch nachzahlen.

LEN Schnapp uns doch!

FRED Was ist denn, Süße? Kriegt ers Ruder nicht mehr raus?

PAM *zu Len:* Ich hab Hunger.

LEN Warum hast du nichts gesagt?

Len steuert zur Anlegestelle. Fred geht auf sie zu.

FRED Prima. Hilf ihm, Schatz. So ist prima. Die geht schon damit um wie die Gräfin mit der Spitzhacke.

LEN Okay?

FRED Prima.

Er beugt sich vor und macht das Boot fest. Pam steht hilflos da.

LEN Langsam.

FRED Festhalten, Puppe.

Er hebt sie heraus.

Sieh dir bloß den Käpten Blutdolch an. Sehr schön.

LEN Gehts?

PAM Danke.

FRED Ganz nach dem Motto: ›Wie gehts zuhause‹.

LEN *aus dem Boot steigend:* Durchwachsen.

PAM *zu Len:* War schön.

FRED Sehr verbunden.

LEN Machen wir wieder.

FRED Immer zu Diensten.

PAM *zu Len:* Hast du alles?

FRED *zu Pam:* Hast *du* doch.

LEN *feixend:* Gib nicht so an!

FRED Wer hat auf mein Planken gegeigt?

PAM *zu Len:* Gib mir die Tasche.

FRED Geigen kost extra.

PAM Besorg dir mal lieber nen richtigen Job.

FRED Hab ein!

PAM Bootsverleih!

FRED Dich würd ich lieber verleihn, Süße.

LEN *im Spaß:* Gib bloß nicht so an!

PAM *zu Len:* Bist du soweit?

LEN Ja.

Len und Pam gehen nach rechts.

FRED Hast du vielleicht ein Job für mich? Für dich würd ich mirn Bein ausreißen.

PAM Da mußt du erst in die Gewerkschaft.

FRED Bin ich, Kleine. Bis hier.

Handbewegung zum Kinn.

LEN *im Spaß:* Gleich fliegst du in die Brühe.

Len und Pam gehen links ab.

FRED *zu sich selbst:* Bis hier. Wie du, Süße.

Dritte Szene

Park. Kahle Bühne.
Pete, Barry, Mike, Colin. Pete trägt einen braunen Anzug und
Wildlederschuhe. Die Jacke ist hinten zu kurz und an den Schul-
tern zu eng. Sein Schlips ist schwarz. Die anderen tragen Jeans
und Hemden.

MIKE Wann kommt denn der Kerl unter die Erde?
PETE Keine Ahnung.
COLIN Willst du etwa nicht hin?
PETE Wollen! Und wer zahlt mirn Arbeitsausfall?
COLIN Wieso gehst du denn dann hin?
PETE Die Alte dreht durch, wenn ich mich drück.
MIKE Ja. Bei sowas kennen die nichts.
COLIN Direkt krankhaft.
MIKE Steht ihm gut, son schwarzer Schlips, findt ihr nicht?
Sie lachen.
PETE Das war ein Theater! Er kommt hinterm Bus rausgeschos-
    sen. Son Knirps. Wie der Blitz denk ich, dir geb ichs, du dum-
    mer Hund. Höchstens zehn oder zwölf. Ichs Gas aufgedreht
    und bums hab ich ihn von der Seite und er, zack, fliegt untern
    Laster, der von vorn kommt.
MIKE Matsch!
COLIN Der ganze Laden *eine* Soße.
MIKE Der Untergang des römischen Reiches.
PETE Der Laster kommt mit Karacho im dicksten Gewühl.
BARRY Mensch, du hast ihn doch gar nicht gesehn.
PETE Nee?
BARRY Nimmst ihn auf die Hörner, bevor du merkst, daß einer
    kommt.
PETE *steckt seine Pfeife an:* Denkst du vielleicht ich kann nicht
    fahrn?
COLIN Das ist ne Wucht.
MIKE Unfälle sind immer drin.
COLIN Dir kann doch keiner was.
PETE Der Untersuchungsrichter sagt, tut ihm leid, daß er mich be-
    lästigt.
MIKE Das Gericht ist ihm dankbar für seine Hilfe.

31

PETE Haben sogar was geblecht, daß ich komm.

MIKE Und sogar die Mutter von dem Knirps sagt, er kann nichts dafür.

COLIN Bei der Beerdigung wird sie aufkreuzen.

PETE RRruummmmmmmmmmmmmms!

COLIN Schlecht fürn Lack.

MIKE Zahlt die Versicherung nichts?

PETE Nee.

MIKE Zum Heulen!

COLIN Die Farbe ist im Eimer!

BARRY Der nimmt dich hoch!

MIKE Du Arsch!

COLIN Selber Arsch!

PETE Laß ihn. Der weiß es nicht besser.

COLIN Der weiß überhaupt nichts.

MIKE Blöder Arsch!

COLIN Du hättst doch kein Mumm.

BARRY Kein Mumm?

MIKE Ja.

BARRY Ich?

COLIN Deine Großmutter vielleicht?

BARRY Ich hab schon ganz andere fertig gemacht.

MIKE Dann mal ran.

BARRY Mehr als du Haare aufm Kopf hast. Im Urwald. Schwarze abknallen. So Waschlappen. Und hinterher aufschlitzen mitm alten Fahrtenmesser. Ja.

MIKE *spöttelt*.

COLIN Hört auf!

BARRY Ihr wißt ja nicht mal, was ne Leiche ist, auch wenn sie aufsteht und euch die Hand gibt.

MIKE Klar! Stinkende Schwarze abknallen!

COLIN Waren wohl Verwandte von dir.

BARRY Halts Maul!

PETE *zu allen:* Hört auf! Ja??

COLIN Stinkende Schwarze hat er gesagt! Warum kratzt du dich denn?

MIKE Der hat sich doch die Gießkanne verbogen.

PETE Wundert mich nicht.

COLIN Ist ihm sein Schwanz noch nicht abgefallen?

MIKE Mit ner Kordel hat ern festgebunden.

COLIN Es war sein Mädchen.

MIKE Sein was?

PETE Sein ausgeleierter Stiefel.

COLIN Gestern abend da hat er hinten im Auto ne Nummer gedreht –

MIKE Hinten wo?

PETE In der Blechkiste von Auto.

MIKE Sollt man ausm Verkehr ziehn.

COLIN Der macht also hinten seine Nummer und –

MIKE Ich habs gehört!

PETE Und was?

MIKE – da hauts ihm die Stoßstange ab.

PETE Und?

COLIN Tatsache!

PETE Da legste dich hin!

MIKE Und was hat sie gesagt?

COLIN Du hast was fallen lassen.

BARRY Rindvieh!

Er lacht über sich.

MIKE Ja!

COLIN Hast du Kummer mit deim Kolben?

BARRY Es war gar nicht die Stoßstange! Die Nebellampe hats abgehaun.

MIKE Seine Nebellampe!

Sie brüllen vor Lachen.

COLIN Ich hab doch gewußt, daß es dir was abgehaun hat.

MIKE Scheißnebellampe!

PETE So kann mans auch nennen.

COLIN Komisch, daß es ihm noch nicht den Motor rausgehaun hat.

BARRY Besser als keiner.

MIKE Mit dem könntst du sowieso keinen umlegen.

PETE Da wärs gleich aus.

MIKE Stinkende Schwarze abknallen!

BARRY Mensch! Ihr habt wirklich keine Ahnung!

Len kommt von rechts nach vorn.

PETE Meine Mutter hatn zackigen Kranz gestiftet.

MIKE Toll!

COLIN Hast du was dazubezahlt?

PETE Bin ich bescheuert?

COLIN Hej – du da!

LEN Hm?

COLIN Der ist doch der Lenny – stimmts oder hab ich recht?

LEN Ja. – Oh! Wie gehts, Chef?

COLIN Und selber?

LEN Man lebt. Lang her.

COLIN Ich und der sind zusammen in die Schule gegangen.

MIKE Aha.

COLIN Was machst du denn so?

BARRY Besserungsanstalt?

MIKE Laß dich nicht für dumm verkaufen von dem.

COLIN Schalt ab. Blödmann! – – –Arbeitst du?

LEN Leider.

COLIN Ich hab dich erst gar nicht erkannt.

Kleine Pause.

Ja.

LEN Du hast dich kaum verändert.

BARRY Was machstn jetzt?

LEN Warten.

MIKE Ei – ei!

COLIN Es war im Park gewesen, Euer Gnaden!

MIKE Das Mädchen geht einfach auf mich los.

COLIN Und zieht mich in die Büsche.

BARRY Euer Gnaden.

Er lacht.

COLIN Ich hab gewußt, daß sie dreizehn war.

MIKE Aber sie hat mirn Arm rumgedreht.

COLIN Der ihr Alter hat sie gut angelernt.

BARRY Euer Gnaden.

Er lacht.

COLIN Hat dir *was* umgedreht?

MIKE Du weißt nie, wanns eingeschlagen hat.

COLIN Verheiratet?

LEN Bin dabei.

BARRY Gegen wen?

LEN Wir warten –

COLIN Willst du mich auf die Schippe nehmen?

MIKE Wieso?

PETE Bis sie die Brut geworfen hat.

COLIN Sonst siehts blöd aus vorm Altar.

MIKE Sie kanns ja hinter die Blumen verstecken.

BARRY Ach deshalb haben die die bei sich.

COLIN Man lernt nie aus.

MIKE Sachen gibts.

Mary kommt, hinten rechts.

LEN Da ist sie ja.

COLIN Die?

Len geht zu Mary.

PETE Die Geschmäcker sind verschieden.

MIKE Mancher frißt, was übrigbleibt.

BARRY Schon bißchen abgestanden, was?

PETE Die Startlöcher werden schon noch stimmen.

MIKE Gewußt wo. Sachen gibts!

LEN *zu Mary:* Komm, laß mich mal.

MARY Puh! Danke.

Sie gibt ihm die Einkaufstaschen.

LEN Gehts?

MARY Gleich hätt ich sie fallen lassen.

MIKE Hör dir das an!

BARRY Gleich fallen lassen!

COLIN Im Park?

MIKE Um halb zwölf?

PETE *lacht:* Der alte Schrubber.

Len und Mary gehen nach links.

BARRY *zu Colin:* Habt ihr das in der Schule gelernt?

Colin pfeift.

LEN *im Spaß:* Halt die Luft an.

BARRY Was hast du denn zwischen den Beinen? Wieviel Uhr ist
Frühstück?

MARY Sind das deine Kollegen?

LEN Die machen bloß Spaß.

MARY Gehts mit den Taschen?

LEN Ja.

COLIN Dieter der Mieter der hustet so laut.

MIKE Und rotzt daß es kracht.

COLIN Bis es die Tür heraushaut.

BARRY Da sagte die Wirtin, ich kurier dich, du Schlingel.

COLIN Sie zieht sich nämlich die Hosen aus.

MIKE Und wichst ihm die Klingel!

MARY Gesocks.

Len und Mary gehen links ab.

PETE Die bringt einen aufn Trichter.

COLIN Wieso?

PETE Du weißt nie, was du versäumst im Leben.

MIKE Stimmt.

PETE Ich hab mal ein gekannt, der hat geglaubt, er hätt seine
Großmutter –

COLIN Und?

PETE Warn Irrtum.

COLIN Wieso?

PETE Es hatt nämlich gradn Kurzschluß gegeben und –

BARRY – da hat er die Schwester beim Wickel gehabt.

PETE Schlauer Kopf!

MIKE Wer auf die Gewerkschaft baut –!

COLIN Man macht sich trotzdem Gedanken.

Barry schneidet eine Grimasse.

PETE *raucht seine Pfeife:* Man weiß nie, was es alles gibt.

MIKE In dem Alter leckt man sich alle zehn Finger danach.

PETE Steckt alles rein, was man kriegen kann, bevors zu spät ist.

COLIN Ja.

Kleine Pause.

PETE Brrr! Ich glaub, ich muß heut abend ein Vögelchen zurich-
ten. Wie spät istn jetzt.

COLIN Zurück zur Arbeit, es ist soweit.

Sie stöhnen.

MIKE *zu Pete:* Bis es zur Hochzeit kommt, haben sien schon im
Loch oder durchn Schornstein oder sonstwo.

PETE Am besten sie stecken ihn ins Klo und ziehn.

Vierte Szene

Das Wohnzimmer. Dunkel.
Die Tür geht auf. Mary kommt herein. Sie macht das Licht an.
Harry sitzt im Sessel. Er ist fast eingeschlafen. Mary stellt Soßen-
flasche, Salz und Pfeffer auf den Tisch und geht wieder hinaus.
Harry steht auf. Er geht zur Tür und macht das Licht aus. Er
geht zum Sessel zurück.
Pause.
Die Tür geht auf. Mary kommt herein. Sie macht das Licht an.
Sie trägt Messer, Gabel, Löffel und Serviette zum Tisch. Sie brei-
tet die Serviette als Tischtuch aus. Die Tür geht auf. Pam kommt
herein. Sie ist im Unterrock und hat Haarbürste und kosmetische
Artikel in der Hand. Sie macht das Fernsehen an. Mary geht
hinaus. Ohne zu warten, bis sie das Fernsehen scharf einstellen
kann, geht Pam zur Couch und setzt sich. Sie schminkt sich. Die
Tür geht auf, Mary kommt mit einem Teller Essen herein.

MARY *ruft:* Es steht aufm Tisch.
Sie geht zum Tisch. Zu Pam.
Ich hab dir doch gesagt, du sollst nicht so rumlaufen.
Mary stellt das Essen auf den Tisch und geht hinaus. Pam geht
zum Fernsehapparat und stellt ihn ein. Sie geht zur Couch zu-
rück und setzt sich. Sie schminkt sich weiter. Mary kommt her-
ein.
MARY *an der Tür:* Es steht aufm Tisch! Muß man alles zweimal sa-
gen!
Sie geht zum Fernsehapparat.
Die Nerven möcht ich haben, sowas anstellen.
Sie schaltet auf eine andere Station. Sie tritt einen Schritt zurück,
um sich das Bild anzusehen. Sie tritt vor, um es scharf einzustel-
len. Tritt wieder einen Schritt zurück.
Hm.
Sie geht vor und stellt wieder ein.
Wenn mans aufwärmen muß, wirds hart wie Stein.
Sie macht einen Schritt zurück und sieht auf den Apparat. Sie
geht zur Couch, setzt sich und sieht fern. Pause.
PAM Das ist eher wie die Spiegel aufm Juxplatz, wo man dick und
dünn von wird.

MARY Müssen mal ein kommen lassen, dern repariert.
Sie geht zum Fernsehapparat und dreht daran herum.
Du stellst ihn nie richtig ein. Wenn ichs mach, gehts immer.
Len kommt herein.
LEN Riecht prima.
MARY Du hast es kalt werden lassen.
LEN Na – –.
MARY Kalt wie Weihnachten.
LEN Für mich gut genug.
Er setzt sich an den Tisch und ißt.
MARY *geht zum Fernsehapparat und stellt ihn ein:* Ich weiß wirklich nicht –. Hast dus Licht ausgemacht in der Küche?
LEN Ja.
MARY Wir brauchen'n neuen. Das ist der ganze Witz.
Sie geht zur Couch zurück und setzt sich. Sie schaut schweigend zu. Pause.
PAM Sieht aus wien weißgepuderter Neger.
MARY Dann mach dus doch, anstatt daß du Löcher in die Luft guckst.
PAM Ich guck sowieso nicht hin.
MARY Scheint mir auch so.
Len ißt. Mary schaut zu. Pam schminkt sich. Harry ist ruhig. Das Fernsehen ist ziemlich laut. Eine sehr lange Pause. Ein Baby fängt an zu schreien. Es schreit ohne Unterbrechung bis zum Ende der Szene. Nichts passiert. Lange Zeit. Dann Mary.
Kannst du sehn?
LEN Ja.
MARY Rück doch rum.
LEN Ich seh genug.
Pause.
Kochen kannst du.
MARY Es war längst kalt. Hast ja auch nicht zweimal genommen.
Pause. Das Baby schreit wütend. Nach einer Weile hebt Mary den Kopf in die Richtung, aus der das Weinen kommt.
Pam – laa!
Kleine Pause. Pam steht auf und packt ihre kosmetischen Artikel in ein kleines Täschchen. Sie geht zum Fernsehapparat. Sie dreht ihn lauter. Sie geht zurück zur Couch und setzt sich.
Soviel übrig.
LEN Bis oben voll.

MARY Es gibt auch noch Rhabarber und Vanillesoße.

LEN So.

Pause. Das Baby schnappt nach Luft.

PAM Zu faul ums reinzuholen.

MARY Fang nicht schon wieder an. Man will doch auch mal seine
Ruhe.

Pause.

PAM Seine letzte Bedienung hat sich zu Tod geschuftet.

LEN Bin ja noch gar nicht fertig, du Klugscheißerin.

MARY Stell doch endlich das Kind ab.

PAM Kann ich doch nicht.

MARY Du versuchsts ja gar nicht.

PAM Wenn ich hinkomm, schreits noch lauter.

MARY *während sie fernsieht:* Ich geh nicht rauf für dich.
Noch fernsehend:
Höchste Zeit, daß es'n Vater kriegt.
Zu Len:
In der Kanne ist noch Tee.

LEN *während er fernsieht:* Ja.

MARY *während sie fernsieht*: Das ist es, was es braucht. Kein
Wunder, daß es schreit.
Pause. Zu Len:
Viel Arbeit?

LEN Jede Menge!

MARY *während sie fernsieht:* Das Wetter ist auch nicht grad danach.

LEN *während er immer noch fernsieht:* Hm?
*Das Baby wimmert erbärmlich. Pause. Er sieht immer noch
fern.*
Jeh!
Pause. Pam nimmt ihre Sachen und geht hinaus.

MARY Es wird auch Zeit.

LEN Willst du ne Tasse?

MARY Nee. An der Vanillesoße ist Milch. Die wird nur schlecht.

LEN *steht auf:* Ich platze.
Er geht hinaus.

MARY *ruft:* Im obersten Fach!

LEN *draußen:* Was?

MARY Es steht im obersten Fach!
Pause. Len kommt herein. Er trägt einen Teller zum Tisch.

Hast dus gefunden?

LEN Ja. *Er setzt sich.*

MARY Mach die Tür zu, Len. Mein Kopf macht wieder mal nicht mit.

LEN Nimm doch ne Tablette.

MARY Ich hab heut schon zuviel genommen. Davon wirds nur schlimmer.

Len geht zur Tür zurück und schließt sie. Er geht zum Tisch und ißt.

Hast dun Ofen ausgemacht?

LEN Unds Licht.

MARY Ich hab ja kein Geldscheißer.

Plötzlich schreit das Baby sehr viel lauter.

Mach doch Zucker drauf.

Len streut sich mit einem Teelöffel Zucker darüber.

Die Leute schicken uns noch die Polizei aufn Hals.

LEN Es schreit sich in Schlaf.

Pam kommt herein. Sie trägt ein Kleid.

MARY Es schreit immer noch.

PAM Und ich hab gedacht, es wär die Katze, die sichn Schwanz eingeklemmt hat.

Sie setzt sich auf die Couch und zieht ihre Strümpfe an.

Hast du alles gesehn? – Es stinkt mir, daß der mich immer so anguckt.

MARY Ich hab dir doch gesagt, du sollst dich in der Küche anziehn, wie jeder anständige Mensch.

PAM Ich kann mich anziehn, wo ich will – ich bin ja daheim.

LEN *zu sich selbst:* Mensch, Mensch!

PAM Hast du was gesagt?

LEN *ruhig:* Ja – halts Maul.

PAM Ein Benehmen hast du –.

Pause.

Wann ziehstn du endlich hier aus? Wird mir bald zu dumm zu fragen.

MARY Fangt heut abend nicht schon wieder damit an.

PAM Er geht mir auf die Nerven.

LEN Ich laß das Kind nicht im Stich.

PAM Wieso?

LEN Bei dir?

PAM Ist ja nicht dein Kind.

LEN Was?

PAM Ich werds doch wissen.

LEN Du weißt nicht mal, wenn du lügst.

Pause. Das Baby schreit.

PAM Ich begreif dich nicht. Hast für keine fünf Pfennig Stolz.

LEN Den hast *du* dafür.

PAM Einer mitm bißchen Stolz im Leib wär längst abgehaun.

Len gießt sich Tee ein.

Einmal mußt du doch fort. Kannst nicht hier rumhängen, bis du schimmlig bist.

MARY Hört beide auf! Kein Wunder, wenn das Balg schreit!

PAM Warum sagst du ihm denn nicht, daß er abzischen soll? Ist doch deine Sache. Jede Nacht trampelt der mir aufm Nerv rum. Wenn das so weitergeht, schnapp ich noch über.

MARY Das hast du davon, wenn du die Kerle mitbringst.

PAM *zu Harry:* Warum sagst *du* denn nichts? Ist doch schließlich dein Haus. Es hat nichts als Stunk gegeben, seit der da is. Ich habs satt jetzt.

Kleine Pause.

Vater!

HARRY Ich misch mich nicht ein. Ich mach sowieso alles falsch.

PAM *zu Len:* Ich versteh dich nicht. Dir macht das vielleicht noch Spaß hier?

Len trinkt seinen Tee.

Schlimm genug, wenn man son Balg am Hals hat – da kann ich dich nicht auch noch brauchen. Die ganze Straße lacht schon hinter dir her.

LEN Ich laß das Kind nicht im Stich.

PAM Nimms doch mit.

LEN Ich?

PAM Wer denn sonst?

MARY Wie soll er denn?

PAM Sein Bier.

MARY Der kann sich doch nicht um'n Kind kümmern.

PAM Kanns ja zur Fürsorge bringen.

MARY *zuckt die Achseln:* Schön blöd, wenn sies nehmen.

Das Baby schreit.

PAM Na?

LEN Kinder brauchen ein richtiges Zuhause.

PAM Da siehst dus!

LEN *schaut in die Teekanne:* Leer!

Er geht hinaus.

MARY Täts dir nicht leid.

PAM Bei dem Krach dens macht?

Das Baby wimmert. Es klingelt. Pam geht hinaus. Mary bringt rasch die Couch in Ordnung. Len kommt mit der Teekanne zurück.

MARY Hats geklingelt?

LEN *nickt:* Im Moment.

FRED *draußen:* Ja, ja. Ich hab mich doch entschuldigt, oder?

Pam ist nur undeutlich zu verstehen.

Sagen wir doch erst mal Gutenabend!

Fred kommt herein.

Tach. Tach, Mamma.

MARY Wir sitzen grad beim Fernsehn.

FRED Was Intressantes?

MARY Komm nur rein.

FRED Tach, Len. Wie gehts?

LEN Wie solls schon gehn. Wie gehts Geschäft?

FRED Reden wir von was anderm.

Pam kommt herein.

PAM Trotzdem kein Grund zu spät zu kommen.

FRED Laß gut sein.

PAM Das letzte Mal wars genauso.

MARY Zieh dein Mantel aus.

PAM Sag mirs wenigstens vorher, wenn du so spät kommst.

FRED Wie denn? Tut mir leid, Süße. In Zukunft müssen wir halt später sagen.

PAM *zu Mary:* Kann ichs Kind in dein Zimmer stellen?

MARY Kein Wunder, daß es nicht schlafen kann. Wird rumgeschubst wien Fußabtreter.

PAM Gehts oder gehts nicht? Ich hör mir doch nicht dauernd dein Gequatsche an.

MARY Mach was du willst.

FRED *zu Pam:* Hast du genug Zigaretten?

MARY Machst du ja sowieso.

PAM *zu Fred:* Kommst du?

FRED Bis dann, Lenny.

LEN Ja.

PAM Ich könnt auch auf der Straße auf dich warten. Du würdst mich in der Kälte genauso stehn lassen.

FRED *der Pam zur Tür folgt:* Hast du Zigaretten? Ich hab meine vergessen.

Pam und Fred gehen hinaus. Len stellt die Sachen auf dem Tisch zusammen und trägt einige hinaus. Das Schreien des Babys wird plötzlich lauter. Len kommt wieder herein. Er nimmt Soße und Serviette und geht hinaus. Mary stellt das Fernsehgerät ab und geht hinaus. Harry geht zum Tisch und gießt sich Tee ein. Len kommt zurück.

LEN Oh.

HARRY Fertig?

LEN Na ja.

Pause.

Ich möcht verdammt nochmal das Kind hier rausholen.

HARRY *trinkt:* Jetzt gehts mir besser.

LEN Ist doch kein Leben. Hier aufwachsen!

HARRY *wischt sich den Mund mit seinem Handrücken:* Ah.

LEN Ich möcht verdammt nochmal wissen, wo ich hinkönnt.

HARRY Mach wenigstens deine Tür zu.

LEN Was?

HARRY Heut nacht.

LEN Meine Tür?

HARRY Immer läßt du deine Tür auf, wenn er mit ihr schläft.

LEN Ich muß hörn, obs Kind schreit. Die lassen sich doch nicht störn.

MARY *draußen:* Nacht, Len.

LEN *ruft:* Nacht.

Zu Harry:

Willst du noch?

HARRY Nee.

LEN Noch viel da.

HARRY *wischt sich den Mund mit den Handrücken:* Du erkältst dich noch mit der offnen Tür.

LEN *hält die Teekanne in der Hand:* Also, Nacht.

Er geht zur Tür.

HARRY *setzt sich in den Sessel:* Machs Licht aus.

Len macht das Licht aus und geht. Das Schreien des Babys ver-ebbt langsam.

Fünfte Szene

Lens Schlafzimmer. Es hat dieselbe Form wie das Wohnzimmer. Mobiliar: ein Bett hinten rechts, daneben ein Holzstuhl. Pam liegt im Bett. Len steht in der Mitte der Bühne, von ihr abgewandt.

LEN Hast du die Medizin genommen?
Pause.
Gehts dir besser?
PAM Ich zieh morgen wieder runter in mein Zimmer. Dann mußt du wieder hier rauf.
LEN Hier oben ists ruhig.
PAM Wie im Sarg.
LEN Warum *willst* du denn nicht den Fernseher rauf?
PAM Nee.
LEN Steckdose ist kein Problem.
PAM Hast dun Fred gesehn?
LEN Du hast ja die Medizin gar nicht genommen.
Er gießt ihre Medizin in ein Glas und gibt sie ihr.
Da.
Pam nimmt sie.
Danke sagt man.
Sie trinkt und schüttelt sich.
Hast du die Illustrierten gelesen?
PAM Hat der Fred was gesagt?
MARY *draußen:* Pam-laa! Steht sie auf, Len?
PAM *zu sich:* Lieber Himmel.
MARY *draußen:* Der Doktor hat gesagt, du könntst genauso gut aufstehn. Du bist so gesund wie ich.
Len schließt die Tür, doch die Stimme ist noch zu hören.
Pam-laa! Das Essen steht aufm Tisch.
LEN Besser wenn du hier oben bleibst. Bist ihr ausm Weg.
PAM Die Kuh.
Len zieht das Bett grade.
Hör auf.
LEN Es ist verwurschtelt.
PAM Hör auf.
LEN Es ist alles –

PAM Ich hab gesagt, hör auf!

LEN *macht weiter:* Muß sich doch jemand um dich kümmern.

PAM Ich laß mich doch nicht vor dir rumkommandiern.

LEN *geht weg vom Bett:* Warum setzt du dich nicht mal ne halbe Stunde aufn Stuhl?

PAM Kümmer dich um dein Dreck.

LEN Vom Rumliegen wirds auch nicht besser.

MARY *draußen:* Steht sie auf?

LEN Ich will dir ja nur helfen.

PAM Brauch deine Hilfe nicht.

LEN Als wenn du dir selbst helfen könntst.

PAM Hau ab.

LEN Jemand –

PAM Himmel Herrgott!

LEN Jemand muß doch für dich da sein.
Kleine Pause.
Wie Dreck hast du mich behandelt. Aber lang mach ich das nicht mehr mit.

MARY *draußen:* Pam-laa!

PAM *ruft:* Halts Maul! Ich hab euch alle bis hier.
Kleine Pause.
Halts Maul!
Len geht hinaus.
Gott seis gedankt!

MARY *draußen:* Ist sie endlich auf?
Len antwortet unverständlich. Pause. Pam reißt die Decken heraus, die Len um die Matratze gesteckt hat. Len kommt mit dem Baby zurück.

LEN *zum Baby:* Ja, wo sind wir denn, wo sind wir denn?

PAM Auch das noch.

LEN Guck mal da. Ist das die Mammi?

PAM Sie hats Essen aufm Tisch.

LEN Das läuft nicht weg.

PAM Wegen ihrem Fraß kriegt die mich nicht ausm Bett.

LEN Nimms mal.

PAM Tus weg.

LEN Du mußts nehmen.

PAM Sag mir nicht immer, was ich tun muß.

LEN Du hasts seit Wochen noch nicht mal angeguckt.

PAM Wird sich auch nicht ändern.

LEN Tät dir aber gut.
Pause.
Ja, wo sind wir denn?
PAM Hast du ihm mein Brief gegeben?
LEN Er hat zu tun, sagt er. Hochsaison.
PAM Hm!
LEN Soll ich dir deins aufm Tablett bringen?
PAM Wenn du willst.
LEN Es kennt deine Stimme.
PAM Schaffs fort, bevors wieder anfängt.
LEN Gut für die Lunge.
PAM Jetzt reichts mir aber, Len.
LEN Ich weiß.
PAM Warum mußt du mir ständig aufm Nerv rumtrampeln?
LEN Einer muß sich doch um dich kümmern.
PAM Da bitte! Jetzt fängst du schon wieder an!
Sie setzt sich auf.
Dieses Loch macht mich noch fertig. Schaffs weg.
LEN Man kanns doch nicht den ganzen Tag so liegen lassen. Einer
muß es doch mal aufn Arm nehmen.
PAM *lehnt sich zurück:*
Und warum ich? Sein Vater ist es scheißegal. Ich könnt verrek-
ken, und der hätt keine zehn Minuten Zeit.
LEN Ich bin ganz schön blöd, mach mich kaputt für dich und dir ist
alles egal.
Er versucht, ihr das Baby in die Arme zu legen.
PAM Ich hab dir doch gesagt, du sollsts wegtun! Bleib mir vom
Leib! Du ahnungsloser Irrer. Du saublöder Sack.
Ruft:
Mamma!
LEN Jetzt bist du dran!
Er legt ihr das Baby aufs Bett.
PAM Bist du übergeschnappt? Es fällt runter! Halts fest!
Len legt das Baby so hin, daß es nicht herunterfallen kann.
LEN Ich bin doch nicht dein Kindermädchen.
PAM *ruft:* Mamma! – Ich weiß, warum der Fred nicht kommt – du
hast meine Briefe einfach weggeschmissen.
LEN Er hat sie weggeschmissen.
PAM Du bist ein ganz mieser Typ, du!
Sie dreht sich vom Baby weg.

46

Ich rührs nicht an.

LEN Dann bleibts die ganze Nacht da liegen!

PAM Das heißt bei dir, du kümmerst dich um mich.
Pause. Len nimmt wieder das Kind.
Siehst du!

LEN Ich kann sichs ja nicht erkälten lassen, bloß weil wir Krach haben.
Er geht auf die Tür zu. Er bleibt stehen.
Er hat gesagt, er kommt mal vorbei.

PAM *dreht sich um:* Wann?
Sie dreht sich zur Wand zurück.
Was hat er gesagt?

LEN Ich hab gesagt, daß du ihn sehn willst. Aber er sagt, er ist bis übern Hals eingedeckt. Da hab ich gesagt, ich hätt Karten fürn Fußball. Jetzt will er früher aufhörn.

PAM Samstag?

LEN Heut abend.

PAM *dreht sich um:* Vielleicht ist er schon unten!

LEN Nee.

PAM *ruft:* Mamma – ist der Fred da? – Vielleicht kommt er früher.

LEN Ist noch ne gute halbe Stunde hin.

PAM *aufgeregt:* Hoffentlich gewinnt sein Verein.

LEN Vielleicht kommt er später.

PAM Nicht zum Fußball. Du kannst ja sagen, sie ist oben, wenn du weg willst. So kannst du sagen.

LEN *sieht das Kind an:* Eingeschlafen.

PAM Seit ich im Bett lieg, hab ich meine Nägel nicht geschnitten.

MARY *draußen:* Lennie!

LEN Soll ich die Schere holen?

PAM Geh runter, sonst hört sie nicht auf. Ich habe meine eigne.

MARY *draußen:* Leonard! Hörst du mich nicht?
Vor der Tür:
Wie lang soll ich denn noch rufen.
Sie kommt herein.
Ich ruf dich schon ne halbe Stunde. 's Essen ist längst kalt.

LEN Ich besorg nur noch das Kleine.

MARY Das ist das letzte Mal, daß ichn warmes Essen gekocht hab. Da könnt ihr euch drauf verlassen.
Zu Pam:
Und du kannst morgen dein Bett selber machen.

Zu Len:
Ich schwitz mich noch kaputt am heißen Herd. Kauft mir so-
wieso keinern neuen.
Zu Pam:
Ich schuft mich doch nicht krumm und dämlich für dich, bei
dem Krankengeld. Wenn einer ins Bett gehört, dann ich.
Mary geht ab.
PAM Ich hab richtige Ringe untern Augen.
LEN Überhaupt nicht.
PAM Ich fühl mich scheußlich.
LEN Siehst aber gut aus.
PAM Ich muß mich wenigstens waschen.
LEN Ja.

Sechste Szene

Der Park. Leere Bühne. Fred hält eine Angel in den Zuschauer-
raum. Er trägt Jeans und eine alte, stumpfe Lederjacke. Len sitzt
neben ihm auf einer kleinen Blechdose. Auf dem Boden stehen
und liegen Büchsen mit Ködern, Schwimmern, anderem Zube-
hör, Milch- und Feldflasche, ein Netz.

LEN Kommst du heut abend vorbei?
FRED Nee.
LEN Es ist Samstag.
FRED Na und?
LEN Die wird schön sauer sein.
FRED Ja. *Pause.*
   Du müßtst dir mal ne gute Angel anschaffen.
LEN Kann ich mir nicht leisten.
FRED Mußts ja wissen.
LEN Leih mir doch mal deine.
FRED Hast wohl ne Meise.
   Kleine Pause.
LEN Paßt dir wohl nicht?
FRED Was?
LEN Daß ich hier rumsitz.
FRED Ist dochn freies Land.
LEN Denkste.
FRED Kühl.
LEN Leih mir mal deine Jacke.
FRED Geh doch ins Wasser.
LEN Was kostn die?
FRED Sowas kriegst du auf Raten.
LEN Schönes Stück.
FRED *fährt mit der Hand die Angel entlang:* Die liegt gut in der
   Hand.
   Pause.
LEN Sie hat gesagt, du kommst zum Fernsehn.
FRED Ist mir neu.
LEN Ich weiß nicht, was es gibt.
FRED Mir doch egal.
LEN Hab nicht nachgeguckt.

Kleine Pause.

Interessiert mich auch nicht. Kann man aber leicht rauskriegen aus der Zeitung, wenn du –

FRED Hör auf jetzt.

LEN Na ja –

FRED Hör jetzt endlich auf damit.

LEN Wie du willst.

Kleine Pause.

Mir ist ja recht. Ich hat nur gedacht –

FRED Mensch – Len, ich bin zum Fischen hier. Laß mich in Ruh mit deim Quatsch.

Kleine Pause. Len dreht seinen Kopf nach rechts und starrt auf den Fluß.

Wirklich wahr, Len – allmählich reichts.

LEN Ich hab bloß gesagt, mir ist recht. Verdammt nochmal, wenn du nicht kannst –

Er unterbricht sich. Pause.

FRED Mist!

LEN Wasn los?

FRED Der Wurm ist weg.

LEN Weg? Dann haben sien abgefressen.

FRED Vonwegen.

LEN Müssen doch.

FRED Abgemacht hat er sich.

LEN Ich hab ihn aber draufgesteckt, wie dus gesagt hast.

FRED *zieht die Schnur hoch:* Komm her. Guck.

Er nimmt einen Wurm aus der Dose.

Also. Du nimmst dein Wurm. Quetscht ihn in den Fingern, daß er kaputtgeht. Das kommt zuerst. Dann reißt dun Stück ab. Da – halt mal fest.

Er gibt Len ein Stück von dem Wurm.

LEN Danke.

FRED Jetzt ziehstn auf dein Haken auf. Schiebstn hoch auf die Schnur. Laß mal. – Gib mir das Stück da. Danke. Dann ziehst du *das* hier aufn Haken, läßt abern gutes Stückchen runterhängen, so hier, und warum, damits im Wasser zappeln kann. Dann schiebst du dein Stück oben wieder runter von der Schnur und tarnst dein Haken. Kapiert?

LEN So hab ichs doch gemacht.

FRED Ja. Aber es kommt drauf an, wie.

Er wirft die Angel aus. Die Schnur surrt.
Prima.
Langes Schweigen.
Son ᵀeben.
Schweigen.
LEN Montag stehn wir wieder vorm Arbeitsamt.
Fred knurrt.
Man müßt was machen.
Schweigen.
Ist doch kein Leben, ist ne Krankheit.
FRED Genau.
Schweigen. Len stochert in der Wurmdose mit einem Stöckchen.
Die mußt du mit Milch füttern.
LEN Ehrlich?
Schweigen.
Dann sag ich ihr also, du kommst nicht.
FRED Len!
LEN Man muß ihr ja schließlich Bescheid sagen.
FRED Wer sagtn das.
LEN Du kannst sie doch nicht einfach –
FRED Was kann ich sie nicht einfach?
LEN Laß mich doch mal ausreden.
FRED Hör mal zu, Chef, du hältst jetzts Maul und gibst mir ne Zi-
    garette.
LEN Nee.
FRED Du hast doch die Taschen voll.
LEN Abstauber! Rauch doch *dein* Kraut. – Die bleibt die ganze
    Nacht auf. Das wird lustig. – Du hast Nerven: meine Zigaretten
    rauchen, wo du genau weißt, ich bin blank. Scheints dein Trick,
    sie drauf warten zu lassen.
Kleine Pause.
FRED Früher hast *du* sie doch umgelegt, oder?
LEN Einmal.
FRED Na also.
LEN Was?
FRED Bedien dich doch.
LEN Wenn sie aber nicht will –
FRED Wieso?
LEN Seit du sie gehabt hast.
FRED Was denkstn du? Nee du – die sind so. Wenn die mal nicht

mehr wollen, wollen sie überhaupt nicht mehr.

LEN Darf sie nicht mal anrührn.

FRED Passiert doch jeden Tag. Gib mir ne Zigarette.

LEN Nee.

FRED Geizknochen.

Kleine Pause.

LEN Chef?

FRED Ja?

LEN Was findstn du an ihr?

FRED Im Bett?

LEN Ja.

FRED Na ja. Hängt vom Mann ab.

LEN Und?

FRED Nee du – ich krieg das am laufenden Band.

Schweigen.

LEN Es wird dunkel.

Schweigen.

FRED Hörn wir auf.

LEN Gleich.

FRED Ich weiß nicht wie dus da noch aushältst.

LEN Schlimmere gesehn.

FRED Ich nicht.

Kleine Pause.

LEN Chef?

FRED Was istn jetzt?

LEN Wieso stehtn die so auf dir?

FRED Das tun sie alle, Freund.

LEN Nee, ich mein – wieso ist sie so – krank danach?

FRED Red doch nicht. Die Grippe hat sie sich geholt.

LEN Ich weiß. Aber wieso ist sie so?

FRED Mir doch egal.

LEN Die wolln doch alle das gleiche, oder? Also mußt du was mehr
haben.

FRED Stimmt! Hej!

LEN Was denn?

FRED Ruhig.

Pause.

Glaub, da hat was angebissen.

Pause.

Doch nicht.

Die Spannung löst sich. Fred schaut zum Himmel.
Packen wir ein.
LEN Jedenfalls, das ist es wo sie drauf aus sind.
FRED Hm?
LEN Die wolln doch alle das gleiche.
FRED Mein Gott –
LEN Ich glaub, du machst mir was vor.
FRED Ich?
LEN Wie mit dem Fisch, der abgehaun ist.
FRED Ich versteh immer nur Bahnhof.
Er schüttelt seinen Kopf.
LEN So groß!
Er hält seine Hände 50 cm weit auseinander.
FRED *lacht:* Dann schon eher so!
Er hält seine Hände einen Meter weit auseinander.
LEN Haha! Das ist es also, wovons ihr schlecht ist.
FRED Jetzt rück mal ne Kippe raus.
LEN Nee.
FRED *spuckt aus:* Muß ich mir eine von mein eignen anstecken.
*Er nimmt sich eine Zigarette aus einem Päckchen in seiner Brust-
tasche. Das Päckchen nimmt er dabei nicht aus der Tasche.*
LEN Paß auf, daß sie dir die Motten nicht zerfressen.
FRED Hat dir schon einer mal Würmer in die Nase, in die Ohrn
und in den Hals gesteckt?
LEN In letzter Zeit nicht.
FRED Passiert aber gleich.
LEN Na, laß endlich'n Glimmstengel rüberwachsen.
FRED Zuhälter!
Er gibt Len eine Zigarette.
Len gibt Fred Feuer.
LEN Ich hab übrigens zugehört, weißt du das?
FRED Wo zugehört? – Der red sichn Stiefel daher.
LEN Bei dir und ihr.
FRED Mir und wer?
LEN Beim Draufmachen.
FRED Was machen?
LEN Immer drauf.
FRED Mensch.
LEN Ja.
FRED Mach kein Witz.

LEN Ehrenwort. Ich hab kein Auge zugemacht. Ihr müßt für die Weltmeisterschaft trainiert haben.

FRED *zieht an seiner Zigarette:* Warum hastn dich nicht gerührt?

LEN Nee, ist doch alles bloß Spaß, oder?

FRED *zuckt die Achseln:* Ja? Da kriegst du noch hinterhers große Kotzen.

Er läßt seine Zigarette auf den Boden fallen und tritt darauf.

Mensch. Wenn das kein Grund ist, daß ich sie abhäng.

LEN Fang ja nicht an, *mir* Vorwürfe zu machen.

FRED Und du hast zugehört.

LEN Ging nicht anders.

FRED Hm.

Er legt seine Angel auf den Boden und beginnt hockend, seine Sachen zusammenzupacken.

Hats dich gestört, daß ich bei ihr immer abgestiegen bin?

LEN Als wenn dasn Unterschied gemacht hätt.

FRED Ich hab doch keine Ahnung gehabt.

LEN Du hast nie von was ne Ahnung. Na ja, ist ja auch egal.

FRED Ich hab gedacht, die ist solo.

LEN Soll ich dir helfen?

FRED Nee. Gib mal die Büchse.

Er packt schweigend zusammen.

Hättst ja auchs Maul aufmachen können. Wozu hast du denn eins.

Schweigen. Mike tritt auf. Von der einen Schulter hat er einen Brotbeutel hängen, in der Hand trägt er eine Angel. Einen kleinen Hut in grellen Farben hat er auf dem Kopf.

FRED Nichts gefangen?

MIKE Für ne Katze zu wenig.

LEN Schad für die Zeit.

MIKE Bei euch auch.

FRED War son Wind.

MIKE Was hastn vor?

FRED Jetzt?

MIKE Ja, heut abend.

FRED Weißt du was?

MIKE Machen wir ein drauf.

FRED Mir ists recht.

MIKE Dann komm doch mit.

FRED Weiter weg?

MIKE Wie stehn die Finanzen?

FRED Ebbe. Und du?

MIKE Ich nehm die Alte noch mal aus.

FRED Für mich gleich mit.

LEN Das reicht grad fürn Bus.

MIKE Ich hol dich bei dir ab.

FRED Nicht zu früh. Ich will noch baden.

MIKE Man kann ja nie wissen, mit wem man ins Bett steigt.

FRED Nach acht.

MIKE Es juckt mich richtig.

LEN Was?

MIKE Eine aufreißen.

FRED *macht ein Geschoß nach:* Tschummmmmm!

MIKE Der schnappt sie sich noch hundert Meter gegen Wind.

FRED Ich hab haltn Starkstrommagnet.

> *Pam tritt auf. Sie schiebt den Kinderwagen. Das Dach ist hochgestellt. Ein länglicher blauer Luftballon ist an einer Ecke des Dachs befestigt.*

PAM Tach.

FRED Was machstn du hier?

PAM Ich geh spaziern.

MIKE *zeigt mit dem Kopf auf den Kinderwagen:* Bißchen spät dafür, was?

PAM *zu Fred:* Was hastn du?

FRED Nichts.

PAM *will sehen:* Laß mich doch mal gucken.

FRED Nichts für dich!

PAM Mach dir nicht ins Hemd.

MIKE Wir waren schon so gut wie weg.

PAM *zu Fred:* Was stellstn dich so an?

FRED Wieso schiebstn das mit dir rum?

PAM Mir war nach Spazierngehn.

FRED Bißchen spät.

PAM Wieso?

FRED Das gehört ins Bett.

PAM Frische Luft macht ihm nichts.

FRED Du hättst früher gehn müssen.

PAM Ich hab keine Zeit gehabt. Warum bistn du nicht?

FRED Das weißt du ganz genau.

PAM Wann kommstn vorbei?

FRED Ich guck mal rein.

PAM Wann?

FRED Weiß ich nicht.

PAM Nur ungefähr?

FRED Später.

PAM Soll ich was zum Essen machen?

FRED Nee.

PAM Macht mir nichts aus.

FRED Meine Alte hats sowieso schon fertig.

PAM Ich hab zwei schöne Kotletts.

FRED Schade.

PAM Na ja, dann eben wenns dir danach ist. Jetzt ist grad keiner zu Haus. Ich hab sie abgehängt.

FRED Hättst du früher sagen sollen.

PAM Also wann?

FRED Ich komm schon.

PAM Bestimmt?

FRED Ja.

PAM Sags doch, wenn du nicht willst.

FRED Ich komm schon.

PAM Das heißt also nein.

FRED Wie du willst.

PAM Wieso sagst dus dann nicht gleich?

FRED *hebt seine Sachen auf. Zu Mike:* Das ist alles.

PAM Ist nicht grad lustig, die ganze Nacht für nichts zu warten.

MIKE Fertig?

FRED *sieht sich um:* Ja.

PAM Warum kannst du nicht einmal die Wahrheit sagen?

FRED Also gut. Ich komm nicht.

LEN Pam –

PAM Du hast überhaupt nie dran gedacht zu kommen.

LEN Du hast wieder die Bremse nicht gestellt.

MIKE *zu Fred:* Alles klar?

PAM *zu Len:* Stell du sie doch, wen du alles besser weißt.

FRED *zu Mike:* Ja.

PAM *zu Fred:* Ich habs immer gewußt.

FRED Na komm, Pam. Geh heim.

PAM Fred.

FRED Ich weiß.

PAM Ich wollte dir wirklich nicht dumm kommen. Ich wollte nett sein zu dir. Ich kann einfach nicht anders.

FRED Geh heim, wos warm ist. Ist schon spät.

LEN *stellt die Bremse fest:* Du mußt besser aufpassen.

PAM *zu Fred:* Ich bin ja selbst schuld. Ich denk immer zu spät.

FRED Du denkst zuviel über dich selbst, das weiß ich.

PAM Das kommt von den Tabletten, die ich krieg.

MIKE *zu Fred:* Kommst du jetzt oder kommst du nicht.

FRED Ja.

PAM Nein.

FRED Ich komm nächste Woche maln Abend vorbei.

PAM Nein.

FRED Montag abend. Ist dirs recht?

PAM Du überlegst dirs doch wieder anders.

FRED Gleich nach der Arbeit.

PAM Das hast du schon mal gesagt.

FRED Mehr kann ich nicht tun für dich.

PAM So kann ich nicht nachhaus jetzt.

FRED Wirst dich schon wieder aufrappeln.

PAM Wenn ich nochn Abend allein in dem Zimmer sitz, dreh ich
   durch.

FRED Du hast doch das Kind.

PAM Grad heute. Ich habs allein einfach nicht mehr ausgehalten.
   Ich hab rausgemußt. Ich weiß nicht mehr, was ich tu. Das Kind
   muß ins Bett. Komm, wir bringens heim, Fred. Es hat schon mal
   ne Lungenentzündung gehabt.

FRED Bring dus heim.

PAM Nur einmal noch? Mehr will ich ja nicht. Das nächste Mal
   krieg ich die Mutter dazu, daß sie bei mir bleibt.

FRED Hat doch kein Zweck.

PAM Lang her, daß dus das letzte Mal gesehn hast, hm?
   Sie dreht den Kinderwagen herum.
   Es hat zugenomen.

FRED Hm?

PAM Es schreit auch nicht mehr soviel. Nicht mehr andauernd.

MIKE Was geht das uns an?

PAM Duu-dii-duu-dii. Sag Pa-pa.

FRED Ja, süß. *Er sieht fort.*

LEN *sieht das Baby an:* Still.

PAM *zu Len:* Wien Fisch.

FRED Was gibst du ihm denn?

PAM Aspirin.

FRED Verträgts das?

PAM Wacht vor morgen früh nicht mehr auf. Es wird dich nicht stören. Wieviel Uhr hast du gesagt?

FRED Ich guck rein. Ich kann nichts versprechen.

PAM Ist egal. Solang ich weiß, daß du kommst.

FRED Also gut.

PAM Schad um die Kotletts. Ich glaub ich brat sie doch noch, falls –

FRED Jaa, ist schon recht. Hängt davon ab, ob –

PAM Ich wart schon.

FRED Es kann aber spät werden.

PAM Das macht nichts.

FRED Pam.

PAM Ich krieg die Zeit solang rum mit ner Tafel Schokolade.

FRED Da laufen doch Typen rum wie Sand am Meer. Warum ziehstn dir nichtn andern an Land.

PAM Nein.

MIKE Nimm mich doch, Süße. Du mußt nur lernen, wer die Hosen anhat.

PAM Was kann ich denn machen, mit dem Balg da am Hals? Wer gucktn mich noch an?

FRED Die alte Dame wird dirs schon abnehmen.

MIKE Gibst ihrn Groschen.

FRED Du probiersts ja nicht mal.

FRED Ich kanns nicht.

FRED Wirst aber müssen.

PAM Ich kanns nicht! Und ich wills auch nicht!

FRED Mich siehst du jedenfalls nicht mehr bei dir.

PAM Nein.

FRED Mal muß Schluß sein.

PAM Du hasts versprochen!

FRED Ist doch nur Zeitverschwendung!

PAM Die habens gehört!

FRED Nee.

MIKE Komm, los, Chef.

FRED Es ist aus.

MIKE Gott seis gelobt. Komm wechseln wirs Lokal!

PAM Nur heut abend. Mir ist egal, wenn du erst mit deinen Weibern gehst. Komm heim danach. Nur einmal. Ich stör dich nicht. Ich laß dich schlafen. Bitte.

FRED Himmelsakra.

PAM Dir ist das ja alles wurscht. Drei scheiß Wochen hab ich auf
der Nase gelegen! Wer hat auch nurn Finger krumm gemacht?
Ich hätt krepiern können! Niemand!
Sie beginnt, den Kinderwagen zu schieben.

MIKE Aus, dein treuer Vater.

PAM *bleibt stehen:* Du bist dem Ding sein Vater. Ja! Darum kannst
du dich nicht rumdrücken!

FRED Kannst dus beweisen?

PAM Ich *weiß* es!

FRED Du *weißts*?

MIKE Doll.

FRED Das halbe Viertel ist durch dich durchmarschiert.

PAM Du lügst!

FRED Ja?
Zu Mike:
Hast du sie nicht gehabt?

MIKE Noch nicht.

FRED Dann bist du der nächste.
Weist auf Len:
Und der?
Zu Len:
Hm?
Zu Mike:
Du bist, scheints, der einzige Steife, außer die aufm Friedhof,
den sie noch nicht weich gekriegt hat.

PAM Ich hasse dich!

FRED Na endlich!

PAM Sau!

FRED Schon besser. Jetzt mach dich dünn!

PAM Da kannst du Gift drauf nehmen.

MIKE Tschüß!

PAM Und dein drecks Ableger kannst du deiner Zicke mitbringen.
Mitm schönen Gruß von mir!
Pam geht ab.
Sie läßt den Kinderwagen stehen.

MIKE Der Abend fängt ja schön an.

FRED *ruft:* Ich nehms nicht mit! Ich laß es stehn wos steht!

MIKE Was läßt du sie auch abhaun.

FRED Fang du nur nicht auch noch an! Ich hab mit der genug gehabt!

LEN Am besten ich geh ihr nach.

FRED Bring sie zurück.

LEN Ich guck mal, was sie macht.

Len geht Pam nach.

FRED *ruft:* Laß ihrn Balg nicht da. Nimm ihn mit.

Mike pfeift ihr nach.

Fred wirft seine Sachen auf den Boden.

Da haben wir die Scheiße!

MIKE Der holt sie schon zurück.

FRED Der hat doch Angst vor der eignen Courage. Wir lieferns ab aufm Weg nach Haus.

MIKE Laß da stehn. Bis wir fertig sind, rentiert sichs nicht mehr fortzugehn.

FRED Warten wir fünf Minuten.

MIKE Die hast du zum letztenmal gesehn.

FRED Wär nichts Schlimmste, was mir passiern könnt.

MIKE Kann deine Liz nicht drauf aufpassen?

FRED Die kratzt mir eher die Augen aus.

Pause. Sie setzen sich.

MIKE An der Ecke haben sie ne neue Kirche aufgemacht.

FRED Was?

MIKE Da gibtsn Klub.

FRED So.

MIKE Da könnten wir mal ne Runde vorbeidrehn.

FRED Heut abend?

MIKE Ja.

FRED Laß dich einsalzen.

MIKE Bis oben hin.

FRED Denk dir was anders aus.

MIKE Der beste Platz dens gibt, wenn wir auf die Schnelle –

FRED Schon lang?

MIKE Ich bin schon mal hingegangen. Der ganze Laden voll von strammen Koffern. Brauchst nur hingreifen.

FRED Tatsache?

MIKE Der alte Geier macht die Augen zu fürs Beten und da kannst du greifen wohin du willst. Dann hat die Polente da ne Razzia gemacht und da haben sie ne Zeitlang zugemacht.

FRED Komm, halt die Luft an.

Pete und Colin kommen von rechts.

PETE Wie stehts?

MIKE Beschissen.

COLIN Wie dein Arsch.

MIKE Und deine Schnauze, wenn du sie nicht zumachst.

PETE Hört – hört!

COLIN Und was läuft heut?

MIKE Faule Witze.

Barry kommt hinter Pete und Colin her.

BARRY Bist du am Angeln?

FRED Nee, ich putzn Christbaum.

BARRY Wer schmeißtn hier mit Kippen durch die Gegend?

MIKE Wo?

BARRY Die sind kaum angeraucht.

PETE Der wart ja bloß, daß wir verduften, damit er sie sich holen kann.

FRED *hält ihm seine Zigarettenschachtel hin:* Auf meine Rechnung.

MIKE Hat er denn auch ne kleine Blechbüchse?

COLIN Wien alter Penner?

BARRY Oi jeh – wer paßt denn aufs Kind auf?

COLIN *sieht den Kinderwagen:* Wozu istn das da?

MIKE Um Kartoffeln drin zu fahren.

FRED *wirft Barry die Kippe zu:* Da, fang!

COLIN Wer hatn das hier stehn lassen?

BARRY Er fährts spaziern.

PETE Nett.

FRED Zisch ab.

BARRY Solche Wörter sind für die Ohrn von dem Wurm! Hej, kommt mal.

Colin und Pete gehen zum Kinderwagen.

Wem sieht das ähnlich?

Sie lachen.

MIKE Halt dem nicht deine dreckige Visage ins Gesicht!

PETE Es hat Angst vorm schwarzen Mann.

BARRY Der Pappa muß ihm dann die Windeln wechseln.

COLIN *amüsiert:* Kleiner Lahmarsch!

FRED Ihr weckts auf und dann könnt ihr sehn wie ihrs wieder einschläfert.

Colin und Pete lachen.

BARRY Einschläfern?

COLIN Das erledigt *der* ein für allemal.

PETE Mitm Backstein.

MIKE Ihm ist scheißegal, obs die ganze Nacht wach ist.

BARRY Wem denn nicht? Wenn mir Kinder in Weg laufen, bin ich immer der gute Onkel.
Er stößt den Kinderwagen.
Duu-dii-duu-dii-duu-dii.

MIKE *zu Fred:* Wolln wirs aufstecken?

FRED Geben wir ihr noch ne Minute.

MIKE Der Len hätt doch dabeibleiben können.

FRED Unser Fehler. Wien Furz verduftet.

MIKE Der hats hintern Ohren.

FRED Ich weiß nicht – Scheißweiber!

MIKE Weißt du was Beßres?
Fred und Mike setzen sich vorn links hin. Pete und Colin sind rechts. Barry stößt den Kinderwagen hin und her.

BARRY Hoppe hoppe Reiter,
wenn er fällt dann schreit er.
Fällt er in den Graben,
fressen ihn die Raben.
Fällt er in den Sumpf,
dann macht er einen Plumps
und spritzt sein bißchen Hirn raus und der Pappi kommt und sammelts ein und hat wieder Köder zum Fischen.
Sie lachen.

FRED Da spart er Geld.
Barry nimmt den Ballon. Er stellt sich mit ihm in Positur.

COLIN Ich denk die sind jetzt rosa.

BARRY *tastet nach Colins Kopf:* Gehst du heute abend mit ins Kino, Süßer?
Mit dem Ballon in obszöner Haltung.
Der hatn Knick drin.

MIKE Im Gegensatz zu seim Vater.

BARRY *bläst ihn auf:* Und wie ist das?

COLIN Mach langsam.

BARRY *bläst wieder:* So ist es schon besser.
Bläst wieder.

COLIN Gibs auf.

MIKE Dabei fällt mir ein, ich hab gesagt, ich würd mich mit der Sü-

ßen heut abend treffen.
Barry bläst. Der Ballon zerplatzt.
COLIN Getroffen!
Er fällt tot um. Barry schiebt den Kinderwagen über ihn.
COLIN Hau ab! Sonst kannst du mirn neuen Anzug blechen.
BARRY *schiebt den Wagen herum:* Vom selben Kleiderkarren?
PETE Dich hab ich hier noch gar nicht gesehn, Süße.
BARRY Laß die Finger weg.
PETE Wolln wir uns seitwärts in die Büsche schlagen?
COLIN Schaffst du auch zwei?
BARRY Wie wärs denn mit dem Kleinchen?
PETE Zu klein für mich.
Er ›faßt‹ Barry ›an‹.
BARRY He! Du Drecksau!
Er zielt mit dem Wagen böse auf Colin. Der Wagen trifft Pete.
PETE Schwein!
Pete und Barry sehen sich an. Pete will den Wagen zurückschieben – spielt aber mit Barry, der nicht weiß, wann er ihn tatsächlich zurückstoßen will. Man hört Mike und Fred sich in ihrer Ecke unterhalten.
MIKE Wenn in der Kirche nichts läuft – weißt du was wir dann machen?
FRED Nee.
MIKE Dann klappern wir die Tag-und-Nacht-Waschsalons ab.
FRED Du gibst nicht auf, das muß man dir lassen.
MIKE Da hast du doch ne ganze Batterie Hausfrau.
FRED Die sind schon'n bißchen drüber weg.
MIKE Ja, die gehn aber noch ganz gut.
Pete stößt den Wagen kräftig auf Barry zu. Der fängt ihn mit der Schuhsohle auf und stößt ihn mit einem äußerst heftigen Tritt zurück. Pete springt zur Seite. Colin hält den Wagen an.
PETE Blöder Hammel!
COLIN Was hatn der?
BARRY Faß mich nicht an mit dein dreckigen Fingern!
PETE Der haut den kleinen Drecksack noch in Klump!
BARRY Ach ja? Und wer fährt mitm Motorrad kleine Kinder in Klump?
PETE Das war was anders.
BARRY Ja – da hat dich keiner gesehn.
Pete entreißt Colin den Wagen, wirbelt ihn herum und stößt ihn

*heftig auf Barry zu. Barry tritt zur Seite und fängt ihn am Griff,
als er vorübersaust.*

BARRY He! – he!

Er sieht in den Kinderwagen.

COLIN Was ist denn?

Colin und Pete gehen zum Wagen.

COLIN Es kann die Augen nicht aufmachen.

BARRY Du hasts aufgeweckt.

PETE Guck dir mal die Fäustchen an.

COLIN Ja.

PETE Der gibt ihm gleichn Kinnhaken.

COLIN Kann man ihm nicht mal übelnehmen.

PETE Der wird maln Boxer.

BARRY Ist es nichtn Mädchen?

PETE Du kennst sowieso kein Unterschied.

BARRY Wie kriegt man denn die wieder zum Einschlafen?

PETE Mußt sie am Haar ziehn.

COLIN Hm?

PETE So!

Er zieht das Baby am Haar.

COLIN Das tut weh.

Sie lachen.

MIKE Was macht der?

COLIN Ziehts am Haar.

FRED Der kriegt dem Wurm seine Alte aufn Hals.

MIKE Dann gute Nacht.

BARRY Der gibt doch nur an.

MIKE *geht zum Wagen:* Zeig mal wies geht.

Pete zieht das Baby am Haar.

Ah ja.

BARRY Es sagt kein Pieps.

COLIN Der kleine Scheißer ist halb tot vor Angst.

MIKE Immer noch wach.

PETE Der hilft uns aber auch überhaupt nicht.

BARRY Versuchs mal mit Zwicken.

MIKE Das müßt wirken.

BARRY So zum Beispiel.

Er zwickt das Baby.

COLIN Guck dir nur den Mund an.

BARRY Es gähnt wien Scheunentor.

PETE Tut wenigstens so.

MIKE Zieh ihm die Hosen aus.

COLIN Ja!

MIKE Aber langsam, im Fall daß sie beschissen sind.

PETE Ha!

BARRY He!

Er wirft die Windel in die Luft.

Jippie!

COLIN Sieh dir das an.

Sie lachen.

MIKE Guck dir mal die kleinen Beine an, wie die strampeln.

COLIN Mensch, sind die häßlich.

BARRY Puuh!

MIKE Kann es die nicht stillhalten?

PETE Es hatn Anfall.

BARRY Vollgeschissen ist es.

Sie stöhnen.

COLIN Halt ihm mal die Nase zu.

MIKE Das ist gegen den Schlucker.

BARRY Rotz ihm mal aufs Fahrgestell.

Er spuckt.

MIKE Ja!

COLIN Ha!

Er spuckt.

MIKE Mitten rein!

PETE Hau mal drauf.

MIKE Immer sachte!

COLIN Sieht doch keiner!

Pete schlägt es.

Puh! Man will ihm ja nicht weh tun.

MIKE Das kannst du sowieso nicht.

BARRY Nicht in dem Alter.

MIKE Klar – hat ja noch kein Gefühl.

PETE Wie die Tiere.

MIKE Hau's nochmal.

COLIN Ich seh ja nichts!

BARRY Fester.

PETE Ja.

BARRY So!

Er schlägt es.

COLIN Und so!

Er schlägt es auch.

MIKE Macht nicht son Terror!

PETE Schläge sind gut für die. Das hab ich gelesen.

BARRY *zu Fred:* Warum haust du denn nicht drauf?

FRED Es gehört nicht mir.

PETE Drückeberger. Man muß seine Pflicht tun.

FRED Mich gehts nichts an. Aber ihr geschiehts recht.

BARRY Hier, kann ich mal draufpissen?

COLIN Schweinepriester!

MIKE Hast du Streichhölzer?

Sie lachen.

PETE Die kleinen Fingerchen müßt man doch leicht brechen können.

COLIN Krack!

PETE Weißt du, was man früher gemacht hat?

MIKE Ja.

PETE Erstickt hat man sie.

BARRY Ja. Das wär mal was.

COLIN Sieht aus wien Chines.

BARRY Zinken wien Jud.

FRED Laßts in Ruh.

PETE Wieso?

FRED Suchst du Streit?

PETE Was für Streit?

MIKE Was fürn Kind?

COLIN Ich hab kein Kind gesehn.

BARRY Denkst du ich?

PETE Du wirst doch nicht gegen deine Kumpels anstinken?

FRED Zieh Leine.

BARRY Das sieht schon krank genug aus. Son Kümmerling.

Er ruckt heftig den Kinderwagen.

PETE Das ist wie beim Hängen – du kriegstn Ruck.

MIKE Und was sagst du, wenn aus dem'n Idiot wird?

PETE Odern Krüppel?

BARRY Brauchst dir nur die Eltern ansehn.

PETE Mistvieh!

Er ruckt kräftig den Kinderwagen.

Davon verlernt ers Grinsen.

MIKE Guck mal! Puh!

BARRY Guck!

COLIN Was?

Sie schütteln sich vor Ekel.

PETE Schmiers ihm ins Gesicht!

BARRY Ja!

PETE Komm mal her!

Er beschmiert das Baby. Sie winden sich alle.

BARRY Laß mich mal. Danach hab ich mir schon immer die Finger geleckt!

PETE Hast du sowas noch nie gemacht?

Barry beschmiert das Baby. Er lacht.

COLIN Die ganzen Augen sind voll.

Schweigen.

FRED Gleich krachts.

MIKE Es kann ja nicht reden.

PETE Und wenn?

FRED Ich hab dich gewarnt.

COLIN Halts Maul.

BARRY Ich kann beschwörn, daß ders nicht angerührt hat.

COLIN Zuviel Schiß.

FRED Ja?

PETE Dann mach mal.

BARRY Ja.

PETE Hast du Angst, daß sie dich verhaut?

FRED Ha!

Er blickt in den Wagen.

Mensch.

PETE Zeig mal, was du kannst.

Pete wirft Fred einen Stein zu. Fred versucht nicht, ihn zu fangen. Er fällt auf den Boden. Colin hebt ihn auf und gibt ihn Fred.

MIKE *ruhig:* Meint ihr, das können wir machen?

COLIN *ruhig:* Ist ja keiner da.

PETE *ruhig:* Weiß doch keiner, daß wirs warn.

MIKE *ruhig:* Sie hats stehngelassen.

BARRY Jetzt ist es passiert.

PETE *ruhig:* Du kannst machen, was du willst.

BARRY Wir wolln ja auch mal unsern Spaß haben.

PETE *ruhig:* So ne Gelegenheit kriegst du nicht jeden Tag.

Fred wirft den Stein.

COLIN Vorbei.

PETE Der aber nicht!

Er wirft einen Stein.

BARRY Und der!

Er wirft einen Stein.

MIKE Ja!

COLIN *rennt herum:* Wo sind'n die ganzen Steine?

MIKE *rennt auch herum:* Hol sie dir aufm Jahrmarkt.

PETE Aufm Jahrmarkt! Drei Wurf eine Mark! Im Dutzend billiger.

MIKE *wirft einen Stein:* Autsch!

COLIN Hast du das gehört?

BARRY Gib maln paar her.

Er nimmt Steine von Colin.

COLIN *wirft einen Stein:* Genau ins Ohr.

Fred sucht nach einem Stein.

PETE Und jetzt ins Maul!

BARRY Und ins Pipi!

FRED *hebt einen Stein auf, spuckt drauf:* Bringt Glück. Die Sau.

Er wirft.

BARRY Huhuuuuu!

MIKE Wie das bummst!

Eine Glocke läutet.

MIKE Wer hatn Streichhölzer?

Er findet welche in seiner Tasche.

BARRY Was willstn machen?

COLIN Mußt dich ranhalten!

MIKE Paß auf, wenn einer kommt.

Er wirft brennende Streichhölzer in den Kinderwagen. Barry wirft einen Stein. Er verfehlt Mike um ein Haar.

Paß auf, hast wohln Arsch offen!

PETE Du Idiot! Mach das aus.

MIKE Nee! Jetzt hast du was du willst!

PETE Wir kriegen gleich den ganzen Park aufn Hals!

Eine Glocke läutet.

BARRY Piß doch drauf! Piß drauf!

COLIN Schwein.

MIKE Ruf den Tierschutzverein an.

Eine Glocke läutet.

FRED Die machens Tor zu.

PETE *im Gehen:* Wir finden schon'n Loch im Zaun.

BARRY Wart mal.

Er sucht nach einem Stein.

PETE Hör jetzt auf!

BARRY Nur noch den!

Er wirft einen Stein, während Pete ihn anstößt. Der Stein fliegt weitab.

Scheiße!

Zu Pete: Du hast mich gestoßen!

PETE Ich dreh dir gleichn Hals um!

BARRY Einmal muß ichs noch schaffen!

Die anderen sind nach links hinten gegangen. Er nimmt einen Stein aus dem Wagen und wirft ihn ohne zu zielen. Trifft.

Jaah!

COLIN Wo istn das Loch?

MIKE Dein Scheißzeug!

FRED Mensch.

Er rennt hinunter zum Angelzeug. Er hebt es auf.

BARRY Du kleine Drecksau!

Er schlägt in den Wagen. Er geht nach hinten links.

PETE Komm schon!

Eine Glocke läutet. Fred hat Schwierigkeiten mit der Angel und den Büchsen. Er wirft eine Büchse fort.

FRED Wart doch!

Er geht nach links hinten.

Alle gehen hinten links ab und machen dabei ein seltsames summendes Geräusch. Eine lange Pause. Pam kommt von links.

PAM Ich hätt mirs denken können, daß die dich einfach stehen lassen. Hast Glück, daß jemand da ist, der sich um dich kümmert. Die Mamma ist da.

Sie schiebt den Wagen. Sie blickt nicht hinein. Sie spricht mit singender Stimme, laut, aber zu sich selbst:

Wer hat dir den Ballon weggenommen? Den hat dir doch die Oma geschenkt. Wirst du mich wieder die ganze Nacht wachhalten? Komm schlaf, schlaf ein. Gleich sind wir zu Haus. Schön warm ist es dann. Keiner will dich. Schön warm. Gleich sind wir zu Haus.

Siebte Szene

Eine Zelle. Links Mitte eine Kiste zum Sitzen. Die Bühne ist sonst leer.
Eine Eisentür knallt. Fred kommt von links. Er hat einen Regenmantel über den Kopf gezogen. Er setzt sich auf die Kiste. Nach einer kleinen Pause nimmt er den Mantel herunter. Schweigen. Eine Eisentür knallt. Pam kommt von links.

PAM Was istn passiert?

FRED Hast du sie nicht gesehn?

PAM Gehört hab ich sie.

FRED Elendes Pack. Gewumst und getreten haben sie die Minna.

PAM Wer denn?

FRED Hausfrauen, elende! Wern sonst! An die Wand stelln müßt man die und erschießen!

PAM Fehlt dir was?

FRED Ja. Dem Polypen hab ich gesagt, mach die Tür nicht auf. Und der, da sind wir, sagt er, das fette Schwein, und läßt sie rein. Getreten und geschlagen haben sie.
Er hält den Mantel hoch.
Guck dir das an! Alles vollgespuckt.
Er wirft den Mantel von sich.
'türlich fehlt mir was!
Äfft sie nach:
›Fehlt dir was?‹

PAM Ich dürft eigentlich gar nicht hier sein, haben sie gesagt. Aber der ist so nett zu mir gewesen. Auf fünf Minuten käms nicht an, hat er gesagt.

FRED Verdammte Scheiße.

PAM Hier können sie doch nicht rein.

FRED Und ich kann hier nicht raus!

PAM Ich mach dir keine Vorwürfe.

FRED Vorwürfe, mir? Ein Scheißdreck kannst du mir vorwerfen, Mensch. Mein Leben hast du ruiniert, das ist alles!

PAM Ich hab doch nicht gewollt –

FRED Warum mußt du auch so spät nachts den Balg herumzerrn, verdammtnochmal?

PAM *kaut an den Nägeln:*

Ich wollte doch nur –

FRED Du hast kein Recht, mitm Kinderwagen hinter mir herzulaufen! Hast mich reinrasseln lassen.

PAM Ich hab doch so ne Angst gekriegt und da –

FRED Ich versteh sowieso nicht, wieso du das Wurm überhaupt gekriegt hast. Du weißt überhaupt nicht was du tust. Du bist ne Gefahr für die Menschheit, das ist es was du bist!

PAM Was istn das?

FRED Sie sollten dich einsperrn, dann wirst dus schon merken. Hast du was zum Rauchen dabei?

PAM Nee.

FRED Du denkst auch an gar nichts! Hast du nicht wenigstens eine?

PAM Nee.

FRED Zu nichts bist du zu gebrauchen.

PAM Was wird denn passiern?

FRED Was weiß ich? Ich bin der letzte, ders weiß. Die ganze Sache warn Unfall. Eine ganze Schlägerbande. Vorher nie gesehn. Frag mich nicht. So Kerle gibts überall. Ich wollt sie wegtreiben.

PAM Ob die dir das glauben?

FRED Nee. Wenn ich zehn Jahre älter wär, bekäm ichs Verdienstkreuz. Aber in so nem Staat wie unserm müssen sie halt ein haben, auf den sie einschlagen können.

Er geht nach rechts.

Verdammte Scheiße.

PAM Du bist doch noch nie in der Klemme gewesen. Höchstens ein oder zwei Schlägereien oder so.

FRED Beinah umgebracht hätten sie mich mit ihrn Handtaschen!

PAM Die müssen dir dochn Arzt schicken.

FRED Arzt! Der dürft bei denen nicht mal ne tote Ratte mitm Paddel anfassen.

Er geht ein paar Schritte.

Sowas nennt sich Essen. Ein halbverhungerter Hund würds nicht anrührn.

Er geht noch ein paar Schritte.

Was ist denn gewesen?

PAM Keine Ahnung.

FRED Bist du allein da?

PAM Was ist denn mit den andern?

FRED Was solln sein?

PAM Ich könnt sagen, daß ich sie gesehn hab.

FRED Davon würds nur schlimmer. Keine Angst. Ich denk mir schon was aus. Da kommen sie nie drauf, was wirklich passiert ist. Eigentlich. Warum sollt ich denn nicht versucht haben, dem Balg zu helfen? Ich hatte doch kein Grund ihm was zu tun. *Er setzt sich auf die Kiste.*

PAM Das hab ich ihnen ja auch gesagt.

FRED *legt seine Arme um ihre Taille und lehnt seinen Kopf an sie:* Du mußt Briefe an mich schreiben.

PAM Ich kauf mirn Block aufm Heimweg.

FRED Pam. Ich hab keine Ahnung was passiert. So verdammte Schläger treiben sich hier überall rum. Und die verdammte Polizei tut ihre Pflicht nicht.

PAM Ich bring mich um, wenn sie dir was tun.
Eine Eisentür knallt. Len kommt von links.

PAM Ich hab dir doch gesagt, du sollst draußen warten.

LEN Ich hab ihm'n paar Zigaretten geholt.
Zu Fred:
Ich hab die Hälfte abgeben müssen.

PAM Der läßt mich immer noch nicht in Ruh, Fred.

LEN Ich darf sowieso nur ne Minute rein. Du, die verlangen ne Untersuchung.

FRED Mensch! Ist die Meute immer noch draußen!

LEN Sie haben ne Absperrung gemacht auf der Straße.

FRED Bißchen spät.

PAM Sag ihm, er soll gehn.

LEN Wir müssen beide gehn. Der Inspektor will mit dir sprechen.

FRED Wo ist das Kraut?

LEN Ich habs dir in die Tasche gesteckt.

FRED *zu Pam:* Also bis dann.
Sie legt ihren Arm um ihn, bevor er die Zigaretten nehmen kann.

PAM Ich wart auf dich.

FRED *tätschelt ihren Rücken:* Ja, ja. Das fehlt grad noch.

LEN *zu Pam:* Du bringst den noch in Schererein, wenn du nicht gehst.
Fred nickt Pam zu. Sie geht weinend hinaus.

FRED Wieviel hastn gebracht?

LEN Sechzig. Die Hälfte hab ich hergeben müssen.

FRED Und damit hat sichs?

LEN Gib ihnen dann noch maln paar, und laß sie nicht rumliegen.

FRED Sie hat nämlich keine mitgebracht. – Ich werf dir auch maln Stein in Garten.

LEN Steck sie in die Tasche.

FRED Was meinstn was ich krieg?

LEN Totschlag.

Zuckt die Achseln.

Alles drin.

FRED Es war doch nurn Kind.

LEN Ich habs gesehn.

FRED Was?

LEN Ich bin zurückgekommen, wie ich sie nicht gefunden hab.

FRED Hast du dicht gehalten?

LEN Ja.

FRED Mhm.

LEN Ich bin aufn Baum geklettert. Hab den Wagen gesehn.

FRED Ja.

LEN Ich hab alles gesehn.

FRED Ja.

LEN Ich hab nicht gewußt, was ich machen soll. Ich hätt euch stoppen müssen.

FRED Ist jetzt zu spät.

LEN Ich habs aber gesehn.

FRED Gesehn! Gesehn! Was nützt denn das? Da hab ich nichts von. In fünf Minuten sitz ich da drin auf der Bank!

LEN Nix. Den Kinderwagen haben sie im Gerichtssaal.

FRED Schon gut, schon gut. Meinst du, wir können noch schnell eine rauchen?

LEN Grad noch.

Er gibt Fred Feuer.

Pause.

Achte Szene

Das Wohnzimmer.
Harry bügelt. Len sitzt dabei.

LEN Das kannst du, als hättst dus gelernt.
Pause.
Platzt dir da nie der Kragen?
HARRY Warum?
LEN Jeden Freitag abend bügeln.
HARRY Einer muß doch Ordnung halten.
LEN Jaja.
Pause.
Man gewöhnt sich dran.
HARRY Hab ich beim Barras gelernt.
LEN Aha.
HARRY Da machen sie'n Mann aus dir.
Mary kommt herein. Sie sieht sich um.
MARY *zu Len:* Du brauchst auch nicht immer in deim Arbeitsdreß
und den Schuhn rumzusitzen. Wozu hastn so schöne Pantof-
feln.
Mary geht hinaus.
LEN Die Pam läßt sie nicht.
HARRY Was?
LEN Die Pam läßt sies nicht für dich machen.
HARRY Ich brauch nicht lang.
Lange Pause.
LEN Du könntst ihr dochs Geld streichen.
Kleine Pause.
Sie könnte nichts machen.
HARRY Dauert nicht lang. Wenn man mal angefangen hat.
LEN Warum versuchst dus nicht mal so?
HARRY Die Pam kann nicht bügeln. Die würd nur alles kaputt ma-
chen.
LEN Und ausziehn? Schon mal dadran gedacht?
HARRY Das Zeug wird so schnell trocken.
LEN Du müßtst dirs wirklich mal überlegen.
HARRY Du weißt nicht was du redst, Junge.
LEN Nee. Weiß ich nicht.

HARRY Es ist genau wie alles andre.

LEN Wielang wohnt ihr denn schon hier?

HARRY Weiß ich nicht.

Er streckt seinen Rücken. Er bügelt weiter.

Dein Kumpel kommt auch bald raus.

LEN Ja. Und?

HARRY Der Pam ihr Typ.

Er spuckt aufs Bügeleisen.

Ist alles nicht so leicht.

LEN Dir istn kleiner Bub umgekommen, hm?

HARRY Nächste Woche, oder?

LEN Ich hab auch nochn Hemd für dich.

Lacht.

Wie ist es?

HARRY Holt sie ihn ab?

LEN Hab nicht gefragt.

HARRY Du?

LEN *zuckt die Schulter:* Ich müßt mir freigeben lassen.

HARRY Hm.

LEN Was macht die Arbeit?

HARRY *sieht auf:* Genug zu tun.

LEN Ich meine: kommst du aus mit deinen Kollegen?

HARRY *bügelt:* Die sind in Ordnung.

LEN Lustig sowas, Nachtarbeit.

Pam kommt herein. Das Haar hat sie in ein Handtuch gewik-kelt. Sie hat ein Kofferradio in der Hand. Jemand spricht. Sie setzt sich auf die Couch und sucht ein Unterhaltungsprogramm. Sie stellt es schlecht ein. Sie unterbricht sich zwischendurch und frottiert ihre Haare.

LEN *zu Harry:* Wie wärs denn mit meim Hemd?

Er lacht. Pam hört auf, das Radio einzustellen. Sie blickt sich um.

PAM Wer hat meine Radiozeitung? Hast du sie gehabt?

Harry antwortet nicht. Sie wendet sich an Len.

PAM Du?

LEN *murmelt:* Fang nicht schon wieder an.

PAM Redst du mit mir?

LEN Mir stinkt deine scheiß Radiozeitung.

PAM Einer muß sie doch gehabt haben.

Sie frottiert energisch ihr Haar.

Ich kauf sie nicht mehr. Das passiert mir nicht nochmal. Ich bestell sie ab. Das wars letzte Mal, daß ich sie in dieses Haus gebracht hab. Ich seh nicht ein, warum grad immer ich dafür blechen soll. Ihr glaubt wohl, ich kann Geld scheißen. Nie ist sie da, wenn ich sie brauch. Nicht einmal. Es ist immer wieder dasselbe.

Sie frottiert ihr Haar.

Es will sie also keiner von euch kaufen. Ich bin doch nicht euer Hanswurscht. Mir stehts allmählich hier.

LEN Jede Woche dasselbe!

PAM *zu Harry:* Hast du sie bestimmt nicht?

HARRY Vor mehr wie acht Jahren hab ich das Hemd gekauft.

PAM Fünfzig Pfennig die Woche kostet mich das. Rechnets euch aus, was das im Jahr macht. Ihr glaubt anscheinend, ich komm vom Mond.

Pause. Sie frottiert ihr Haar.

Letzte Woche war sie nicht da. Nie ist sie da. Hat doch keine Beine bekommen.

Sie geht zur Tür und brüllt:

Mamma! – Die hat mich ganz genau gehört.

Sie geht zur Couch zurück und setzt sich. Sie frottiert ihr Haar.

Einer muß sie doch haben. Ich kann mir nicht vorstelln, daß die Leute von nebenan reinkommen und sie mitgehn lassen. Jeder hat sein Vorteil davon, bloß ich nicht. Es ist immer dasselbe. Ich weiß, was ich in Zukunft mach. Ich spiel nicht mehr mit, da gehörn zwei dazu. Ich bin doch nicht bescheuert.

Sie frottiert ihr Haar.

Von mir aus kann sie sich pumpen wer will, aber man kann doch wenigstens erwarten, daß er weiß was sich gehört und sie wieder zurückbringt.

Pause. Sie frottiert ihr Haar.

Jeder denkt, mit der kann ers ja machen. Na, mir passiert das nicht nochmal. Die behandeln einen wien Fußabtreter. Jeder nimmt sich was er braucht, keiner gibt. Aber faß mal was von den ihren Sachen an und sie gehn gleich an die Decke. Es ist immer dasselbe gewesen, seitdem der –

LEN Ich hab dir doch gesagt, sollst sie in deim Zimmer lassen!

PAM Soll man noch im eignen Haus alles abschließen?

LEN Warum müssen wir uns das jede Woche anhörn, nur weil du zu –

PAM Du weißt ja, was du tun kannst.

LEN Was anders fällt dir nie ein.

PAM Weißt du was Bessers?

Pause.

HARRY Erst warns zwei. Hab pro Stück zehn Mark gespart. Oben
aufm Markt. Eins ist kaputt gegangen, Manschetten durch.
Zehn Mark weg.

LEN Mensch.

Pause.

PAM Diesmal mein ichs ernst. Samstag morgen geh ich als erstes in
das Geschäft und bestell sie ab. Ich schmeiß doch mein Geld
nicht zum Fenster raus, bloß damit –

LEN Zieh Leine!

PAM Sag du mir nicht, was ich tun soll!

LEN Zieh Leine!

PAM Das ist wieder typisch für dich.

Sie geht zur Tür und ruft: Mamma!

Zu Len:

Ich bin doch nicht blöd. Ich weiß genau, wer sie hat.

Sie ruft:

Mamma! – Hat die keine Ohren?

HARRY Steht sowieso nichts Gescheites drin.

LEN Hör auf, sonst fängt sie wieder an.

PAM *zu Len:* Du sitzt bestimmt drauf!

LEN Nee.

PAM Du hast gar nicht nachgeguckt.

LEN Ich guck auch nicht.

PAM Und wie willst du wissen, daß du nicht drauf sitzt?

LEN Ich sitz nicht drauf.

PAM *zu Harry:* Sag ihm, er soll aufstehn!

HARRY Reine Geldverschwendung.

PAM *zu Len:* Das wird dir noch leid tun.

LEN Mir wird noch viel leid tun.

HARRY Die Manschetten sind auch bald durch hier.

PAM *an Lens Stuhl:* Ich geh nicht eher weg, bis du aufstehst.

HARRY Nur Lügen und Fotos von Schwulen.

PAM Du kannst richtig gemein sein, wenn du willst.

LEN Genau.

PAM *geht zur Couch zurück, frottiert ihr Haar:* Wer zuletzt lacht.
Der Fred kommt auch heim nächste Woche.

LEN Heim?

PAM Aber seine alte Dame will ihn nicht im Haus haben.

LEN Und wo geht er dann hin?

PAM Das wirst du schon sehn.

LEN Mein Zimmer kriegt er jedenfalls nicht.

PAM Und wer sagt das?

LEN Als wenn deine Alte das erlaubt.

PAM Das werden wir ja sehn.

LEN Du hast sie noch nicht einmal gefragt.

PAM Ach nee?

LEN Nee.

PAM *frottiert ihr Haar:* Das werden wir schon sehn.

LEN Ich hab hier auchn bißchen was zu sagen. Du bist nur zufrieden, wenn du die Leute rumstoßen kannst.

PAM Kann ich nur von dir haben.

LEN Ich hab gedacht, der zieht mit in *dein* Zimmer.

PAM Ich will kein Streit. Irgendwas muß er doch haben, wo er hinkann. Mensch, weißt du vielleicht, was es heißt, wenn man da so wo eingesperrt ist? Hier hat ers nett und sauber, wenn du erst mal fort bist.

LEN Hast du schon mit ihm gesprochen?

PAM Ich will kein Streit. Wenn der wieder anfängt so rumzuhängen, dann ist er bald wieder in der Klemme. Ich laß mir da jedenfalls von keim mehr was reinreden! Wir werden auch nicht jünger. Er *muß* doch jetzt anders sein.
Sie frottiert ihr Haar.
Im Brief kann man ja nichts sagen. Das kannst du nicht von ihm erwarten.

LEN Hast du mit ihm gesprochen?

PAM Ich will nicht drüber reden.

LEN Holst dun ab?

PAM Wieso? – Du gehst jedenfalls nicht mit!

LEN Wer sagtn das?

PAM Er will nicht, daß du kommst!

LEN Woher weißtn das?

PAM Ach laß mich doch in Frieden!

LEN Ist er mein Freund oder nicht?

PAM Es kotzt mich an wie du dich immer an mich hängst. Hast du denn keine Freunde, wo du hinkannst! Und deine Leute? Wolln die dich auch nicht bei sich haben?

LEN Du stellst manchmal blöde Fragen.

PAM Stolz hast du überhaupt kein. Mich könntst du nicht wo finden, wo mich keiner will.

LEN Und wer will mich nicht?

PAM Ich will dich nicht! Die wolln dich nicht! Das ist doch nur logisch! Ich versteh nicht, daß du das nicht merkst. Nur Krach und Stunk gibts, sonst nichts.

LEN Und wer ist schuld dran?

PAM Kein andrer würd bleiben, auch wenn ers bezahlt bekäm. Du bist an allem schuld gewesen.

LEN Ich hab gewußt, daß das jetzt kommt.

PAM Überhaupt nichts wär passiert, wenn du nicht dagewesen wärst. Du gibst ihm nie ne Chance.

LEN Ja, ja.

PAM Du lebst von Schererein!

LEN Er ist andrer Meinung.

PAM Wieder die alten Lügen.

LEN Ach, das mußt du sagen!

PAM Erst sorgst du dafür, daß sie ihn einstecken –

LEN Sei nicht so blöd!

PAM Eifersüchtig! Und jetzt, wo sie ihn rauslassen, kannst du ihn immer noch nicht in Ruh lassen!

LEN *Du* kannstn nicht in Ruh lassen, meinst du wohl!

PAM Kaputtgelacht hast du dich, wie sie ihn eingesteckt haben.

LEN Saublöd! Frag ihn doch!

PAM Kommt her und will mich fertig machen!

LEN Wenn du dich nur manchmal hören könntst!

PAM Und du dich!

LEN Rumschrein –

PAM Wer schreit rum?

LEN Du!

PAM Mit dir kann man ja nur schrein!

LEN Nur weiter so!

PAM Du bist vielleicht vernagelt!

LEN Nur weiter!

PAM Da kann man nur schrein!

LEN Du bist eine ganz blöde Kuh!

PAM Rumschrein, sagt er! Hör dir das an! Hör dir das an!

LEN Halts Maul!

PAM So gehts jedenfalls nicht weiter! Nacht für Nacht bringst du mich auf die Palme!

LEN Du fängst ja immer an!

PAM Das hört jetzt auf! Es kommt doch nichts raus! Dreht sich immer im Kreis.

Eine sehr lange Stille.

Jetzt kannst du nicht mehr sagen, daß es das Kind ist, was dich hält.

Eine lange Stille.

Und ich schon gar nicht. Das ist längst vorbei.

Stille.

Sitzt da rum in seim dreckigem Arbeitsdreß.

Zu Harry:

Warum setzt *du* ihn nicht an die Luft? Pappa.

HARRY Er zahlt seine Miete.

PAM Die zahlt der Fred auch.

HARRY Hat der Arbeit?

PAM Der kriegt eine.

HARRY Hält ders auch aus?

PAM Das ist allerhand!

LEN Und wer fängt jetzt an?

PAM Du.

LEN Ich hab kein Wort gesagt.

PAM Nee – aber dagesessen hast du!

LEN Ich hab auch gewisse Rechte, weißt du das?

PAM Du bist wien Kind.

LEN Zum Glück nicht deins.

PAM Ich möcht nicht dein bösartigen Charakter haben.

LEN Und ich dein schon gar nicht!

PAM Sehr gut! Ich weiß, warum du da sitzt!

LEN Was weißt du nicht alles!

PAM Ich weiß, wo meine Radiozeitung ist!

LEN Scheiß doch auf deine Radiozeitung!

PAM Ich weiß, warum du da sitzt!

LEN Die scheiß Zeitung!

PAM Warum stehstn nicht mal auf?

LEN Es geht dir ja überhaupt nicht um die Zeitung!

PAM Solang wie du Terror machst!

LEN Du suchst bloß Streit!

PAM Dann bist du glücklich!

LEN Wenn du sie gefunden hättst, würd dir was anders fehlen!

PAM *geht zu Lens Stuhl:* Dann steh doch auf!

LEN Nein!

PAM Kann sie denn nicht zufällig da sein?

LEN Nein!

PAM Siehst du!

LEN Ich laß mich nicht rumkommandiern!

PAM Siehst du!

LEN Ich krieg langsam zuviel!

PAM Du würdst lieber krepiern, statt daß du aufstehst!

LEN Ein kleines bißchen zuviel!

PAM Und rumstreiten!

LEN Halts Maul!

PAM Ausgezeichnet!

LEN Ich hab gesagt, halts Maul!

PAM Nur weiter so!

LEN Oder ich stopfs dir zu!

PAM Ach ja!

LEN Du müßtst mal richtig Dresche kriegen!

PAM Versuchs doch!

LEN Du hast damit angefangen!

PAM Na weiter!

LEN *wendet sich ab:*
Mir wird schlecht von dir!

PAM Jaah – siehst du. Mir wird schlecht von *dir*!
Sie geht zur Tür.
Ich laß mich doch nicht rumkommandiern von'm elenden Knilch wie du!
Ruft:
Mamma!
Sie kommt zurück.
Wenn ich bloß ne Platte hätt von damals, wie du zuerst gekommen bist. In der Hand bist du mir zerschmolzen.
Ruft:
Mamma!

HARRY *hört mit Bügeln auf:* Das wär geschafft, Gott sei Dank!

PAM *ruft:* Mamma! – Hat die keine Ohren?
Sie ruft:
Hörst du nicht?

HARRY Hast du kein Schalldämpfer dabei?

LEN Ich würd ja gern mal wissen, was die Nachbarn über uns re-

81

den.
PAM Laß sie reden!
LEN Die ganze Nachbarschaft muß doch alles gehört haben!
PAM Gut – die können ruhig hören, was du für einer bist!
LEN Und wer hat angefangen von Stolz und so?
PAM *ruft durch die Tür:* Ich weiß doch, daß du mich hörst.
MARY *draußen:* Hast du gerufen, Pam?
PAM *zu Len:* Nur eins: wenn noch was schief geht, dann weiß ich, wer schuld ist.
MARY *draußen:* Pam!
PAM Jetzt kann sie warten.
MARY *draußen:* Pam!
LEN *ruft:* Ist schon gut! Sie hat wieder ihrn Rappel!
PAM *ruft:* Er sitzt aufm Stuhl!
MARY *draußen:* Was?
PAM *ruft:* Er hat meine Zeitung!
MARY *ruft:* Was fürn Stuhl?
PAM *ruft:* Er hat sie!
MARY *draußen:* Ich hab deine Zeitung nicht.
PAM *ruft:* Ist jetzt auch egal!
MARY *draußen:* Was für ne Zeitung denn?
PAM *ruft:* Ist egal! Sitzt du auf den Ohren?
LEN Jetzt fängst du mit der an!
HARRY *schichtet die Wäschestücke sorgfältig übereinander:* Hat nicht lang gedauert.
PAM *zu Len:* Du bist so furchtbar schlau!
LEN Wenn ich dich so auf die Palme bring, warum gehst *du* denn nicht?
PAM Das könnt dir so passen.
LEN *zuckt die Achseln:* Du willst, daß *ich* geh!
PAM Ich laß mich von niemand auf die Straße setzen.
LEN Ich will nur helfen.
PAM Du würdst nicht malm Baby helfen, das schreit.
LEN Du bist die letzte, die so was sagen kann!
PAM Helfen? – Nachdem wie du dich heut abend aufgeführt hast.
LEN Ich hab mein Job verloren, weil ich zu Haus geblieben bin und dir geholfen hab, wie du krank warst!
PAM Gefeuert haben sie dich – wegen Faulheit!
LEN *steht auf:* Zufrieden?
PAM *ohne auf den Stuhl zu blicken:* Du hast sie zerrissen oder ver-

brannt! Dazu wärst du fähig!
Pam geht hinaus. Schweigen. Harry ist fertig mit dem Wäsche-
aufschichten.
MARY *draußen:* Hast du sie?
Pause.
HARRY Willst dus noch?
LEN Nee.
Harry klappt das Bügelbrett zusammen.

Neunte Szene

Das Wohnzimmer.
Len hat eine Zeitung auf dem Boden ausgebreitet. Er putzt darauf seine Schuhe. Mary kommt herein. Sie ist im Unterrock. Sie läuft herum und macht sich fertig.

MARY Ich hoff es stört dich nicht, daß ich so rumlauf.
LEN Wie kommstn du dadrauf?
MARY Ist so ne Hetzjagd. Eigentlich will ich gar nicht gehn.
LEN Dann bleib doch hier.
MARY Jetzt hab ich aber versprochen, daß ich geh.
LEN Sag doch, du fühlst dich nicht wohl.
MARY Ja.
  Sie macht sich weiter fertig.
  Man braucht manchmal ne Abwechslung.
LEN Kann nie wissen, vielleicht wirds ja ganz lustig.
MARY Man muß auch mal was zu seim Vergnügen tun.
  Pause.
  Hoffentlich ist das nicht ihre Radiozeitung.
LEN Hm!
MARY Sie hat einfach keine Geduld. Das bringt sie noch mal ins Unglück. Wie wars denn mit dem Kinderwagen. Ich hab ihr gesagt, sie soll warten. 2000 hätt sie dafür kriegen können.
LEN Mit Leichtigkeit.
MARY *blickt auf ihre Schuhe:* Die sind auch nicht grad sauber. Nee, sie mußn natürlich für 500 hergeben, gleichs erste Angebot. Läßt sich nichts sagen. Könntst du hier nicht mal schnell drüberfahrn?
LEN Wirf sie her.
MARY Dankeschön.
LEN Was kommtn da drauf?
MARY Das weiße Zeugs da.
  Len putzt schweigend ihre Schuhe.
  Denkst du nach?
LEN Nee.
MARY Was istn?
LEN Nichts.
MARY Du bist, glaub ich, wie ich. Du liebst die Ruhe. Mir macht

der ganze Krach hier auch kein Spaß.

LEN Hat sie was wegen meim Zimmer gesagt?

MARY *amüsiert:* Wieso?

LEN Was hat sie gesagt?

MARY Hast du deshalb überlegt?

LEN Ich hab nicht überlegt.

MARY Sie hat mir in meim eignen Haus nichts zu befehlen.
Sie zieht ihre Strümpfe an.

LEN Hm.
Er hält ihre Schuhe hoch:
Gehts so?

MARY Prima. Fahr grad noch mal übern Absatz. Ich bin gern auch
von hinten anständig. Ich hab ihr gesagt, es gibt genug Sorgen auf der Welt, da braucht man nicht noch welche dazuzu-
machen.

LEN Besser so?

MARY Ja. Von *den* zwei hab ich vom letztenmal noch genug.
Sie schlüpft in einen Schuh.
Erst einmal sitzen wir alle im gleichen Boot. Draußen kann sie
machen was sie Lust hat.

LEN *gibt ihr den anderen Schuh:*
Jetzt haben wirs.

MARY Lebenslänglich Zuchthaus müßt der kriegen. Dankeschön.
Man kann nicht verlangen, daß du das in dem Alter alles verstehst, aber so beschissen ist das Leben auch wieder nicht. Es
gibt immer ein, dems noch dreckiger geht.

LEN *räumt das Schuhputzzeug zusammen:* Und der eine kannst du
immer selber sein.

MARY Sie ist mein Fleisch und Blut, aber sie hat gar nichts von mir.
Nicht ein einzigen Gedanken hat sie im Kopf. Aber es ist ihr ja
auch dreckig genug gegangen. Mir tut sie leid wegen dem Kind –

LEN Na ja, sowas gibts. Man darf aber nicht zuviel draus machen.

MARY Wär nie passiert, wenn sie sich ruhig drum gekümmert
hätt. Das hast du aber prima gemacht. Was machstn du heut
abend?

LEN *näht einen Knopf an sein Hemd:*
Ich mach mich fertig für die Arbeit.

MARY Du gehst gar nicht viel aus.

LEN Ich war erst am Dienstag.

MARY Du solltest jeden Abend weggehn.

LEN Kann ich mir nicht leisten.

MARY Es gibt doch so viel nette Mädchen hier.

LEN Ich hab einfach keine Energie mehr die letzte Zeit. Die wolln – immer was Besonderes.

MARY Mir brauchst du nicht zu sagen, was sie wolln. Ich war genauso in dem Alter.

LEN Die Hälfte von denen geht mir sowieso aufn Wecker. Die wissen nicht mal wozu sie da sind.

MARY Ich hab immer gedacht, das ist es, wo ihr Männer hinterher seid.

LEN Bei der Hälfte zahlt sichs nicht aus, daß man sich überhaupt hinbewegt. Ehrlich.

MARY Und bei der andern Hälfte?

LEN Hm!

MARY *hat Schwierigkeiten mit ihrem Strumpfhalter:* Du mußts auch richtig anpacken. Kannst nicht einfach mit som Mädchen in ner nassen Straßenecke rumstehn und dann auch noch glauben, du tätst ihr wunder was fürn Gefallen. Du hast doch oben dein eignes Zimmer. Das istn schönes Zimmer. Wundert mich sowieso, daß du das nicht ausnützt. Mir ist egal, was hier los ist, das weißt du. Solangs nicht laut wird.

LEN Danke.

MARY Es steckt doch in jedem Mann. Muß doch mal rauskommen. *Pause.*
Bei uns gings ja nicht so, wie ich in deim Alter war.

LEN Das kannst du deiner Großmutter erzählen.

MARY Erst wenn du in der Kirche gewesen warst. Jedenfalls, verlobt hast du sein müssen. Ist auch schöner in der Öffentlichkeit. Das ist meine Meinung.

LEN Ich wette, du hast auch in'n paar Ecken gestanden.

MARY Jetzt amüsier dich mal. Ich wüßt schon was ich tät, wenn ich du wär.

LEN Triffst du dich mit eim?

MARY Nee! Ich geh mit der Mrs. Lee aus.

LEN Zeitverschwendung.

MARY Werd nicht frech.

LEN Schön siehst du aus, wenn du dich so aufgemacht hast.

MARY Was istn mit dir los? Hast du meine Miete durchgebracht?

LEN Was wird denn gespielt?

MARY Weiß nicht. Was Verrücktes.

LEN Soll ich mal nachgucken?

MARY Ist doch immers selbe. Sex. Mädchen, die aus ihrn Kleidern raushängen, und Männer, die sich drüberschmeißen.

LEN Ja, ist son Nacktfilm. Die Kollegen haben davon geredet.

MARY Da geh ich lieber doch nicht hin.

LEN Dann versäumst du was.

MARY Für Männer ist das was anders.

LEN Immer voll mit Mädchen, wie ich da war.

MARY Da bringst du also dein Geld hin.

LEN Ganz toll. Massive Titten hopsen auf Sinnemaskop.

MARY Das ist sicher nicht der Mrs. Lee ihr Geschmack.

LEN Ich muß dich da mal mit hinnehmen.

MARY Ich seh ja lieber Tarzan.

LEN Kannst du haben. Komm mal rauf, wenn ichs nächstemal bade.

MARY Damit ich dir die Haare auf der Brust zähl?

LEN Damit fängts an.

MARY Hört sich an wien Horrorfilm.

LEN Ich habs gern wenn man mich bürstet. Aufm Rücken.

MARY In China ist das doch ganz normal.

LEN Nichts dabei.

MARY Nee.

Kleine Pause.

Die Pam ist ja leicht rumzukriegen, fürn gut aussehendes Mädchen. So was fehlt dir jetzt.

LEN Man muß sich halt umstellen.

MARY Und wie machst du das?

LEN Hast dun Vorschlag?

Kleine Pause.

MARY Verdammt!

LEN Hm?

MARY Zerrissen ist er!

LEN Wasn los?

MARY Zum Kotzen! Mitm Strumpf bin ich hängengeblieben.

LEN Ach.

MARY Das mußte ja passiern.

LEN Und wie ist es passiert?

MARY Immer, wenn ich spät dran bin. Verdammt nochmal.

Sie sieht in die Tischschublade.

Lohnt sich überhaupt nicht mehr wegzugehn. Entschuldige

meine Ausdrucksweise. Hier findt man auch nie was, wenn mans braucht.

LEN Was suchstn?

MARY Es ist das einzige anständige Paar, was ich hab.

LEN Son Pech.

MARY Gibt ne Laufmasche.

LEN Laß mich mal gucken.

MARY Hängengeblieben an dem blöden Stuhl. Solang ich denken kann, ist der schon so.

LEN Ojeh. Das ist abern großes.

MARY Überall läßt die Pam ihrn Nagellack rumliegen, nur wenn du ihn mal brauchst –

LEN *hält ihr die Nadel hin:* Ich leih dir die solang.

MARY Es läuft schon, siehst du.

LEN Ziehs doch zusammen.

MARY Die Woche kann ich mir bestimmt keine neuen leisten.

LEN *fädelt die Nadel ein:* Nur die Ruhe.

MARY Sowas geht mir völlig ab.

LEN Nimm maln Anlauf.

MARY Es wird nur noch schlimmer.

LEN Bestimmt nicht.

MARY *stellt ihren Fuß auf den Stuhl:* Mach dus.

LEN Ich?

MARY Ich hab nie mit Nadeln umgehn können. Ich müßt schon da sein.

LEN Ich weiß nicht, ob ich –

MARY Nun mach schon. Tust mir wirklichn Gefallen.

LEN Das ist es nicht. Ich –

MARY Die Mrs. Lee wartet. Ich kann sie jetzt nicht ausziehn. Ich habs furchtbar eilig. Und gleich läuft sie.

LEN Ja. Ist gar nicht einfach. Ich will dich nicht stechen –

MARY Für dein Alter hast du ne ruhige Hand.

LEN *kniet sich vor sie und beginnt zu stopfen:* Ja.
    Er läßt die Nadel fallen:
    Oh.

MARY Gehts?

LEN Sie ist runtergefallen.

MARY Was?

LEN Die Nadel.

MARY Du hältst mich aber ganz schön auf!

LEN *auf allen vieren:* Augenblick.

MARY Hast du sie?

LEN Nee.

MARY *hilft ihm suchen:* Kann doch nicht weit sein.

LEN Sie ist weg.

MARY Was istn das da?

LEN Wo?

MARY Das ist sie. Da.

LEN Ach ja. Danke.

MARY *stellt ihren Fuß wieder auf den Stuhl:* Ich hab nicht die ganze Nacht Zeit.

LEN Ich muß meine Hand mal reinstecken.

MARY Paß auf, wo du hinfaßt. Du bist noch nicht auf der Hochzeitsreise. Deine Hand ist kalt!

LEN Halt still, sonst stech ich dich.

MARY Paß ja auf.

LEN Ich muß esn bißchen weiten.

MARY Gehts?

LEN Schöne Beine.

MARY Mach schon.

LEN Schön und weich.

MARY Kümmer dich nicht um meine Beine.

LEN Wirklich.

MARY Ich kenn Leute, die würden dir was erzählen, wenn sie das gehört hätten. Du weißt ja, wie sie sind.

LEN Verklemmt.

MARY Ich könnte deine Mutter sein.

Harry kommt herein. Er geht direkt zum Tisch.
Mach nur weiter.

LEN Tschuldige.

MARY Paß auf, wo du hinstichst. Das hat wehgetan.

LEN Ich hab dir ja gesagt, halt still.

MARY Du machsts nur größer, anstatt kleiner.

Harry nimmt Tinte und einen Totoschein aus der Tischschublade. Er legt beides auf den Tisch.

LEN Für heut abend wirds gehn.

Er macht einen Knoten in den Faden.

MARY Was istn *jetzt* los?

LEN Schere.

MARY Hm?

LEN Ich hab sie doch grad noch gehabt.

MARY Beißn ab.

LEN Hm?

MARY Mach schon.

LEN *beugt sich vor:* Halt still.

MARY Ich kann doch nicht die ganze Nacht so stehn.

Len beißt den Faden ab. Harry geht hinaus.

Das hat aber gedauert.

LEN *steht auf:* Puh! Ich bin ganz steif!

MARY *sieht sich das Gestopfte an:* Danke, prima.

LEN Lohnt sich jetzt nicht mehr, daß du gehst.

MARY Hab ich meine Zigaretten?

LEN Vielleicht ist was im Fernsehn.

MARY Ich kann die Mrs. Lee nicht enttäuschen.

LEN Ich hab ja im Gefühl gehabt, daß er reinkommt.

MARY Bis ich nach Haus komm liegst du schon im Bett.

LEN So lang wartet die bestimmt nicht.

MARY Ich sag schon Gutnacht. Und danke, daß du mir geholfen hast.

LEN Bleib da und machs dir gemütlich. Ich mach uns ne Tasse Tee.

MARY Man kann seine Freunde doch nicht sitzenlassen. Cheerio.

LEN Okay.

Mary geht. Len nimmt ein Taschentuch aus seiner Tasche. Er macht das Licht aus und geht zur Couch.

Zehnte Szene

Ein Café.
Mobiliar: Stühle und drei Tische, einer hinten rechts, einer rechts
und einer vorn links. Im übrigen ist die Bühne leer. Len und
Pam sitzen an dem Tisch hinten rechts.

LEN *trinkt Tee:* Wärmt einen auf.
  Pause.
  Das Frühaufstehn macht mich fertig. Noch ne Tasse?
  Pause.
PAM Wie spät istn?
LEN Viertel nach.
PAM Warum haben die hier keine Uhr?
  Pause.
LEN Trink doch noch eine.
PAM Das sagst du jetzt schon zum viertenmal.
LEN Wärmt dich auf.
PAM Setz dich lieber an'n eignen Tisch.
  Pause.
LEN Hast du auch bestimmt den Namen richtig geschrieben?
PAM Wir gucken blöd aus der Wäsche, wenn der dich hier findt.
  Was wirdn der sagen?
LEN Tach.
  Pause.
  Ich guck mal, ob ich ihn find.
PAM Nee.
LEN Hat doch kein Zweck –
PAM Nee!
LEN Wie du willst.
PAM Muß man alles zweimal sagen?
LEN Brauchst trotzdem nicht gleich zu schrein.
PAM Ich schrei nicht.
LEN Man kann dich hören bis zum –
PAM Interessiert mich nicht.
LEN Dich intressiert nie was.
  Schweigen.
PAM Len. Ich will nicht immer an dir rummachen. Ich weiß auch
  nicht, was mit mir los ist. Die solln doch mal die Heizung anma-

chen. Ist ja zum Eingehn. Mit ner andern kommst du doch bestimmt viel besser aus.

LEN Vielleicht kommt er gar nicht.

PAM Wer weiß, wie lang die die Fenster aufgehabt haben. Das ist doch kein Leben. Du bist doch nicht der Schlechtste.

LEN Ja. Ich komm bestimmt wieder zu spät.

PAM Dann geh doch nicht.

LEN Zahlst du mir den Ausfall?

PAM *nach einer kleinen Pause:* Warum gehst du nicht irgendwo anders hin.

LEN Wohin?

PAM Gibt doch genug wo du hinkannst.

LEN Leicht gesagt.

PAM Ich find dir was.

LEN Ich hau doch nicht ab, bloß daß du dich verlustiern kannst.

PAM Du bist vielleicht stur, du! Aber mach mir keine Vorwürfe wie ich mit dir umgeh! Mit dir hab ich nichts mehr vor.

LEN Ich hab gewußt, daß es nicht lang dauert!

PAM Du hängst mir zum Hals raus! Hau ab!

Sie geht zum Tisch vorn links und setzt sich. Len geht links hinaus. Pause. Er kommt mit einer Tasse Tee zurück. Er stellt sie vor Pam auf den Tisch. Er bleibt bei dem Tisch stehen.

LEN Es wird kalt.

Pause.

Hat er gesagt, daß er kommt?

Pause.

Hat er auch nur ein Brief von dir beantwortet?

Sie reagiert.

Ich hab ja nur gefragt.

PAM Ich habs dir doch schon gesagt.

LEN Ist schon gut.

Pause.

PAM Wie im Eiskeller hier drin.

Von draußen rechts hört man Stimmen. Jemand brüllt. Eine Tür fliegt auf. Mike, Colin, Pete, Barry, Fred und Liz kommen herein.

COLIN Da sind wir wieder.

BARRY Schuh abtreten.

MIKE An dir!

BARRY Wo wolln wir sitzen?

MIKE Auf deim Kopf.

BARRY Auf mein Arsch!

LIZ Wo istn dan Unterschied.
   Sie lacht.

FRED Hier können wir.

PETE Ja?

LIZ Kann ich mich hier hinsetzen?

MIKE Setz dich hin, wo du willst, Kindchen.

BARRY Und was bestelln wir?

PETE *zu Fred:* Was willstn du?

FRED Was gibtsn?

PETE *sieht nach links:* Zwei Eier, Speck, Schinken, Würstchen,
   Frankfurter, Sparr-ghetti –

BARRY Chips.

FRED Einmal die Karte durch.

PETE Heh, laß dir Zeit.

FRED Und vier Tassen Tee.

PETE Das geht auf mich!

FRED Dann nochmal das Ganze!

BARRY Für mich auch!

PETE *zu Liz:* Und was willst du, Süße?

FRED Jetzt oder nachher?

PETE Jetzt, fürn Anfang.

BARRY Tee mit Hörnchen.

LIZ Könnt ichn Kaffee haben?

FRED Was du willst, Süße.

BARRY Für mich nurn Tee!

COLIN Und was will sie später?

LIZ Mittagessen.

MIKE Tee für alle also.

BARRY Okay.

MIKE *zu Fred:* Setz dich, das machen wir schon.
   Pete, Mike und Colin gehen links ab.

FRED Hat keiner was zu rauchen?

LIZ Ich hab nur noch eine.

FRED *ruft:* Bringt auch Zigaretten mit.

MIKE Große oder kleine Packung?
   *Fred macht eine unflätige Geste. Liz bietet ihm ihre Zigarette
   an.*

FRED Behalt sie, Süße. Ich halts noch aus.

Er wendet sich zu Len und Pam:
Hej, Tach zusammen. Wie gehts denn so?
Er steht auf und geht zu ihrem Tisch. Len hat sich inzwischen gesetzt.
PAM Tach.
FRED Ach ja, du hast ja gesagt, daß du kommst.
Ruft:
Gibts bald was?
Zu Pam:
Ja.
BARRY *zu Fred:* Freßsack!
COLIN Wir können ja nicht hexen!
PETE *draußen:* Manieren haben sie dir drin auch keine beigebracht.
FRED Willst du Streit? Aber vorläufig will ich noch nicht wieder rein.
PAM Gehts dir gut?
FRED Ja. Siehst gut aus.
LIZ Findst du nicht, er ist dünn geworden?
PAM Ich kann nicht –
LIZ Wien Wüstling. Ich habs dir ja gleich gesagt. Mußt jetzt wiedern bißchen was ansetzen.
FRED Passiert gleich, wenn das Zeug kommt.
Barry und Liz sitzen an dem Tisch hinten rechts. Barry schlägt auf den Tisch.
BARRY Bedienung!
COLIN *draußen:* Machs halblang, du Raudi!
BARRY *ruft:* Bring noch zwei Kaffee mit.
Mit affektierter Stimme:
Ich fühle mich danach.
LIZ Ist der immer so direkt?
PETE *draußen:* Stopft ihms Maul!
Barry macht eine Geste.
FRED Warum hat die Polizistin den Scharfrichter geheiratet?
LIZ Hm?
FRED Weil er so schön scharf ist.
Sie lachen.
PETE *draußen:* Warum wurde der Leichenbestatter lebendig begraben?
LIZ Sein Geschäft ist ihm übern Kopf gewachsen.

Sie lachen.

BARRY Warum hat die Frau mit den drei Titten Vierlinge gekriegt?

MIKE Den kennen wir schon!

Die anderen stöhnen.

COLIN *draußen:* Und der Matrose, der in der Badewanne ersoffen ist?

FRED Hatn Bruder bei der Feuerwehr, der sich in Rauch aufgelöst hat.

Sie lachen.

FRED *draußen:* Hab gar nicht gewußt, daß man da drin Witze macht.

LIZ Wie wars'n –

FRED Da drin?

LIZ Ja.

FRED *zuckt die Achseln. Zu Len:* Was macht die Arbeit?

LEN Stinkt mir.

FRED Immer dasselbe.

Er setzt sich an ihren Tisch.

Lang her.

LIZ Hast du Feuer?

FRED *zu Pam:* Ich hab deine Briefe gekriegt.

PAM Ja.

FRED Ich bin kein Briefschreiber.

Pete, Colin und Mike brüllen und lachen draußen.

PAM Was machstn jetzt?

FRED Ich steck mir das größte Essen meines Lebens in den Hals.

BARRY *zu Fred:* Warst du auch schön brav drin?

PAM *zu Fred:* Nee, ich mein hinterher.

FRED Na irgendwas.

PAM Weißt du wo du hingehst?

FRED Was?

PAM Ich nehm dich mit zu uns.

FRED Oh –

LEN Du kannst mit mir in mein Zimmer fürn paar Nächte. Da kannst du langsam wieder zu dir kommen.

FRED Danke, ich will euch nicht –

LEN Du bist wirklich nicht im Weg fürn paar Tage.

PAM Die Mamma hält schons Maul. Es wird schön ruhig sein. Das ist es doch, was du brauchst.

FRED Mach kein Witz!

95

BARRY *zu Liz:* Frag ihn mal, ob er auch schön brav war.

LIZ *zu Fred:* Hast du gehört?

FRED Kennst mich doch.

BARRY Kann man wohl sagen.

FRED Einmal –

LIZ Ja.

FRED – kriegt mich der Pope dran.

BARRY Ach du Schreck.

FRED Will mich beschwätzen. Nichts was ausm Mensch rauskommt, sagt er, kann ganz schlecht sein.

BARRY Was solln das sein?

FRED Dann muß er mal raus und ich schiff mal kurz in sein Tee.
Liz und Barry lachen – Liz sehr laut.

LIZ Und dann?

FRED Hat er gedacht, er hätt vergessen, Zucker reinzutun.
Sie lachen.
Und dann gabs'n Kumpel –

LIZ Ja.

FRED – der glotzt mich an. Glotzt mich immer an. Den ganzen
Tag. Er warn ersten Tag drin.

BARRY Und?

FRED Da schnapp ich mirn am Geländer und hau ihn zusammen.

BARRY Boing!

FRED Und dann stellt sich raus, daß er bloß schielt!
Sie lachen.

LIZ Wie ist es denn drin?

FRED Die haben mich vielleicht fertig gemacht für die Schlägerei,
Wasser und Brot!

BARRY Ganz allein.

FRED Das einzige Gute, daß eim da keiners Essen klaut.

BARRY Hasts denen aber wenigstens gezeigt.

FRED Mein Geschmack ist es jedenfalls nicht. Bin froh, daß ichs
mal kennengelernt hab, aber jetzt reichts. Das nächstemal machen die das nicht nochmal mit mir.

LIZ Wie ist es denn?

FRED Drin?

LIZ Ja.

FRED Kalt.

LIZ Hm?

FRED Kalt.

Schweigen. Mike kommt ein paar Schritte von links herein.

MIKE Dauert keine halbe Minute mehr.

FRED Wird auch Zeit.

COLIN *draußen:* Stöhnt der immer noch?
Colin kommt herein und stellt sich neben Mike.

FRED Hm?

COLIN Ich wette, da drin konntst du nicht so weit aufdrehn.

FRED Gibt viel, was ich da drin nicht gekonnt hab, wenn du dich
dafür intressierst.

MIKE Jeden Tag können wir dich nicht einladen.

FRED Ich zahls mir schon selbst.
Zu Liz:
Gib mal fünf Mark.
Pete kommt herein.

PETE Wer hat gesagt, du sollst selbst bezahlen?

FRED Ein mieses Essen wirds euch doch wert gewesen sein.

PETE Du hast vom Bezahlen angefangen, oder?

BARRY *kommt dazu:* Wasn los?

PETE Wir kriechen dir doch nicht in Arsch.

COLIN Es riecht, als obs gut wär, wolln wir –

PETE Augenblick, Col.

MIKE *zu Pete:* Komm, das ist sein erster Tag draußen, Pete.
Der muß doch erst wieder normal werden.

COLIN Komm los.
Er geht nach links.

PETE Mit mir macht er das nicht.
Pete und Colin gehen links ab.

MIKE *zu Fred:* Der ist mitm linken Fuß aufgestanden.
Mike folgt ihnen hinaus. Kleine Pause.

FRED *lacht:* Der alte Knastbruder kommt aus mir raus!
Schreit:
Jippie!

BARRY Ha – ha! Jippie!

FRED Des Tormanns Tochter wollt sich binden
An den Mittelstürmer Max,
Doch der bolzte am besten von hinten
Und war in der Mitte – eher lax.
Er lacht.
Auf der Pritsche hab ich immer da dran gedacht.

COLIN *draußen:* Was?

FRED Nichts.

LIZ Ist das alles?

FRED Und da dran, wo bei dir die Beine aufhörn.

LIZ Ich mals dir mal auf. Gib mal Feuer.

FRED *zu Pam:* Gib ihr Feuer.

*Er gibt ihr eine Schachtel Streichhölzer. Sie bringt sie zu Liz.
Zu Len:*

Was hatn die vor?

LEN Ich will nichts damit zu tun haben, Genosse.

FRED Ach nee. Hättst du mal die verrückten Briefe gelesen, die sie
mir immer geschickt hat. Mich fängt sie jedenfalls nicht, daß ich
mitgeh zu ihr nach Haus.

LEN Nee. Und wie wars?

FRED Komm, red von was anders.

LEN Nee, vorher.

FRED Hastn Prozeß ja gehört.

Pam kommt zum Tisch zurück.

Pam, hau ab.

PAM Ich will mein Tee trinken.

LEN Der ist kalt.

FRED Bist du schwer von Begriff? Nimm dein Tee doch mit.

PAM Was istn hier los?

LEN Nichts!

FRED Von dir red hier keiner.

PAM *will sich an den Tisch setzen:* Ich würd lieber –

FRED Mensch Pam!

Sie geht zu dem freien Tisch und beobachtet sie.

Leben der ihre Alten noch? Wenn man sowas leben nennen
kann.

LEN Ja.

FRED Du wohnst doch nicht mehr da?

LEN Ich zieh bald aus.

FRED Du bist genau wie die. Und wenn der Monat nur Sonntage
hätt, mich bringen keine zehn Pferde hin.

LEN Wie wars denn?

FRED Ich hab dirs doch gesagt –

LEN Nee, vorher.

FRED Was, vorher?

LEN Im Park.

FRED Hasts ja gesehn.

LEN Was hastn gedacht dabei?

FRED Weiß ich nicht.

LEN Wie dus umgebracht hast.

FRED Wie ich was?

LEN Was du dabei gedacht hast, wie dus umgebracht hast?

BARRY *zu Liz:* Wie wärs mit ner Platte?

LIZ Nichts dagegen.

BARRY Dann gib mal zwei Groschen.

LIZ Du bist geizig wien Fliegenarsch.

BARRY Und halb so schön. Ich weiß. – Kein Kleingeld.

Liz gibt ihm zwei Groschen. Er geht hinten rechts ab. Mike
bringt zwei Tassen.

MIKE Jetzt kommts gleich.

FRED Was du nicht sagst.

BARRY *draußen:* Wie wärn ›I Broke my Heart‹?

LIZ Ja. Das ist toll.

BARRY *draußen:* Nicht da.

LIZ Komisch! Und ›My Heart is Broken‹?

MIKE *zu Liz:* Ein Kaffee.

BARRY *draußen:* Das haben sie.

LIZ *zu Mike:* Ist schon Zucker drin?

MIKE Probier mal.

Mike geht links ab.

LEN Wie war das, Fred?

FRED *trinkt:* Anders wie hier.

LEN Fred.

FRED Ich hab dirs ja gesagt.

LEN Nichts hast du gesagt.

FRED Ich habs vergessen.

LEN Ich hätt gedacht, du wärst voll davon. Ich wär –

FRED Len!

LEN Komisch, ist das alles, was man spürt, wenn man –

FRED Nein.

Er schlägt mit der Faust auf den Tisch.

LEN Okay.

FRED Es ist vorbei.

LEN Ja.

FRED *steht auf:* Was hastn du vor?

Die Musik-Box beginnt zu spielen.

LEN Nichts.

FRED Und worauf willst du raus?

LEN Es ist vorbei.

Pete, Mike, Colin und Barry kommen. Pam steht auf. Liz sitzt noch. Die Musik fängt an.

FRED Ich war nicht der einzige.

LEN Ich mach dir kein Vorwurf, Boß.

PETE Was ist los?

FRED Nichts was dich angeht.

PAM Er hat Krach angefangen.

FRED Es ist nichts. Wo ist das Essen?

PAM Ich hab doch gewußt, daß er was anfängt.

FRED Vergiß es.

PAM Ich hab ihm gesagt, er soll nicht kommen.

FRED Wo bleibt denn nur das scheiß Essen? Bewegt euch!

Colin und Mike gehen links ab.

PAM Er läßt mich nicht in Ruh.

FRED Ich bin am Verhungern. Das ist das einzige was ich weiß.

PAM Er geht überall mit mir mit.

FRED Da kannst du von Glück sagen.

PAM Sag dus ihm doch! Gib ihm eins drauf! Gib ihm!

FRED Ich hab nichts damit zu tun!

PAM Doch! Doch!

BARRY Sie hat angefangen.

FRED Jetzt gehts schon wieder los!

Er setzt sich und vergräbt den Kopf in seinen Händen.

PAM *zu Len:* Siehst du, was du gemacht hast?

FRED Lang hat sie nicht gebraucht.

PAM Du mußt doch jetzt zu mir halten, Freddy. Nach dem was ich alles für dich durchgemacht hab! Einer muß mich doch vor dem da retten.

FRED Danke. Vielen Dank. Ich wills mir merken.

Er steht auf und geht zu seinem Tisch zurück.

LIZ *klopft mit den Fingern:* Ich hör die Musik nicht!

PAM *zu Len:* Sitz nicht so blöd da rum! Hast genug Unheil angerichtet.

PETE Wer hatn die angeschleppt?

FRED Weiß der Himmel!

PAM *zeigt auf Len:* Der hat angefangen!

FRED Ist mir scheißegal, wer angefangen hat. *Du* kannst jedenfalls aufhörn!

PAM *zu Len:* Das wirst du mir büßen!

FRED Zisch ab!

PAM *geht zu Fred, der an seinem Tisch sitzt:* Es tut mir leid. Fred,
der geht jetzt. Es wird alles gut sein, wenn er weg ist.
Len rührt sich nicht.

FRED In Ordnung.

PAM *sieht sich um:* Wo ist sein Essen? Der verhungert hier noch.
Sie berührt seinen Arm:
Ich komm so in Fahrt, wenn der –

FRED Faß mich ja nicht an! Sonst leg ich dich so aufs Parkett, daß
sie mich lebenslänglich einlochen!

PETE *kommt herein:* Okay. Schieben wir mal besser ab.
Colin kommt von links herein.

PAM Es macht nichts. Ich hab mich nur so aufgeregt.
Sie ruft:
Wo istn sein Frühstück? Es wird langsam Zeit, daß –

FRED Frühstück? Ich eß in dem scheiß Lokal nichts, und wenn sies
mir in eim Pariser servieren.

PETE Komm!
Sie ruft:
Mike!

FRED Nach allem was ich für die getan hab, kommt die her und
stänkert herum!

PETE Komm los, ab gehts.

BARRY Der müßt man die Luft abstellen.
*Mike kommt von links. Colin und Fred gehen rechts ab. Die Tür
knallt.*

LIZ Ich hab mein Kaffee noch nicht getrunken.

PETE Ich hab gesagt, ab!

MIKE Verdammtes Irrnhaus.
Mike geht rechts ab. Die Tür knallt.

LIZ Wir haben ihn doch bezahlt!

PETE Ab!
Liz und Barry gehen rechts ab. Die Tür knallt.

PETE Komm dem noch einmal in die Nähe und ich mach dich kalt.
Paß ja auf.
*Pete geht rechts ab. Die Tür knallt. Len sitzt noch. Pam steht.
Pause.*

LEN Ich bring dich heim. Ich komm sowieso zu spät zur Arbeit.
Ich weiß ja, daß ich im Weg bin. Aber so kann man dich nicht

auf die Straße lassen.
Er zögert.
Das ist ihm nicht bekommen. Jetzt ist er wien Kind. Du kannst
von Glück sagen, daß du da raus bist.
Er steht auf.
Ich hab ja gewußt, daß der abhaut! Können wir nicht weiterma-
chen wie vorher?
Er blickt um sich.
Keiner mehr da. Du lebst nur einmal.

Elfte Szene

Das Wohnzimmer.
Auf dem Tisch: Brot, Butter, Brotmesser, Tasse, Untertasse und
Milch.
Mary sitzt auf der Couch.
Harry kommt mit einer Teekanne herein. Er geht zum Tisch. Er
schneidet und schmiert sich Brot. Pause, während er sich damit
beschäftigt.
Mary geht hinaus. Harry macht weiter. Mary kommt zurück
mit Tasse und Untertasse. Sie gießt sich Tee ein. Sie nimmt die
Tasse mit zur Couch und setzt sich. Sie nippt.
Harry dreht sich so, daß er ihr den Rücken zukehrt. Er stellt die
umgestülpte Tasse richtig herum auf die Untertasse. Er gießt
Milch in die Tasse. Er streckt die Hand nach der Teekanne aus.
Mary steht auf, geht zum Tisch und rückt die Kanne aus seiner
Reichweite. Sie geht zur Couch zurück. Setzt sich. Nippt am
Tee.

MARY Meine Kanne.
Nippt. Pause.
HARRY Mein Tee.
Er gießt Tee in seine Tasse. Mary steht auf und geht zum Tisch.
Sie leert seine Tasse auf den Boden aus.
Unsre. Ein Hochzeitsgeschenk.
MARY *geht zur Couch und setzt sich:* Von *meiner* Mutter.
HARRY Für uns zusammen.
MARY Untersteh dich und sprich mit mir!
Harry geht hinaus.
MARY *laut:* Manche Leute muß man mit Salmiak waschen. Seife ist
reine Verschwendung.
Kleine Pause.
Dreckschwein! Und noch mehr! Ha!
Sie geht zur Tür und ruft:
Untersteh dich und sprich mit mir!
Sie geht zur Couch und setzt sich. Harry kommt herein.
HARRY Ich sag dir nur eins. Ich hab dich gesehn mit deim Rock.
Und zu mir sagst du Schwein?
Harry geht hinaus. Kleine Pause. Mary geht zum Tisch und

wirft seine Brote auf den Boden. Sie geht zurück zur Couch und trinkt ihren Tee.

MARY Ne dreckige Phantasie hat der! Ich laß mich doch von so eim Jüngelchen nicht anrührn, auch wenn er dafür bezahlt!

Harry kommt herein. Er geht direkt zum Tisch.

HARRY Ich will nichts hörn.

MARY Dreckschwein!

HARRY In dem Haus hats genug Schererein gegeben. Jetzt fängst du auch mit dem noch an!

MARY Sprich nicht mit mir! Du!

HARRY *sieht seine Brote auf dem Boden:* Du willst nur Schererein anfangen, wie wir schon mal gehabt haben!

Er bückt sich und hebt die Brote auf.

Frau über fünfzig – geht mitm Verflossenen von ihrer eignen Tochter – ist doppelt so alt – macht sich lächerlich – das soll sich einer angucken – keine Selbstbeherrschung.

MARY Dreckschwein!

HARRY Wien Kind – mir tut der Junge leid – bei dem ist ne Schraube locker.

MARY In dem Haus wird sich allerhand ändern. Ab heute laß ich mir das nicht mehr gefallen. Erstens einmal werden meine Sachen nicht mehr angefaßt. Das ganze Zeugs ist aus meiner Tasche gekommen. Ich hab dafür gearbeitet! Und meine Küche machst du mir auch nicht mehr dreckig. Erstens einmal kannst du dir neue Handtücher kaufen! Und Teller! Und Messer! Und Tassen! Du wirst den Unterschied schon spürn!

HARRY Willst du mir drohn –?

MARY Und mein Herd! Und meine Vorhänge! Und meine Betttücher!

HARRY Gleich sagst du was, was dir noch leid tut!

Er kommt auf sie zu. Ein Stuhl ist im Weg. Er stolpert darüber. Das Bein geht ab.

MARY Faß mich nur nicht an!

HARRY Zu dem Spiel gehören zwei! Ja! Ich kann dir morgen's Geld streichen.

MARY Laß ja die Hände unten!

Harry geht zurück zum Tisch. Er beginnt Brot zu schneiden. Pause.

MARY Ich hab gewußt, daß du draußen stehst, wie der hier war. Ich hab dich durch die Tür gehört. Ich hätt mein Kopf gewettet, daß du reinkommst!

HARRY Du könntst seine Mutter sein. Bei dir ist der Notstand ausgebrochen!

MARY Du bist vertrocknet hier. Du kriegst keine mehr.

HARRY Eine hat gereicht.

MARY Mit dir hätts keine andre ausgehalten!

HARRY Ich kann auch ohne! Du bists nicht wert!

MARY Ha! Ich hab dein Gesicht gesehn, wie du durch die Tür gekommen bist. Die ganze Woche hab ich dich beobachtet. Ich kenn dich doch von früher, Harry!

HARRY Du wirst nochmal überschnappen!

MARY Dreckschwein!

HARRY Mir reichts jetzt mit dir! Ich laß mir dein Quatsch nicht länger gefalln. Ich bin zu alt. Ich willn bißchen Ruh und Frieden.

MARY Und warum bist du dann reingekommen?

HARRY Mein Totoschein war in dem Tisch.

MARY Spioniert hast du! Und seit da schnüffelst du überall herum! Ich laß mir deine Schweinerein nicht gefallen! *Sie nimmt die Teekanne in die Hand:*
Du kannst in deim eignen Zimmer bleiben, verdammt nochmal! *Pam kommt herein.*

PAM Mensch.
Sie ruft:
Die sinds!

HARRY *Brot schneidend:* So tief bin ich noch nicht gesunken, daß ich von dir was will!

MARY Eifersüchtiges altes Schwein!

HARRY Wegen nem Schrubber wie dir?

MARY Der denkt anders darüber! Ich hätt mit dem ins Bett gehn können und ich werds auch, das nächste Mal, wenn er mich fragt!

HARRY Wenn der einmal an dir riecht, zieht ern Schwanz ein und geht stiften.
Sie schlägt ihn mit der Teekanne. Der Tee fließt über ihn. Pam rührt sich nicht aus Angst.

HARRY Ah!

MARY Hoffentlich krepierst du!

HARRY Blut!

MARY Sprich anständig mit mir!

HARRY Blut!

PAM Mamma!

HARRY Ah!

LEN *draußen:* Wasn los?

HARRY Ein Arzt.

MARY Zerschmeißt mein Hochzeitsgeschenk. Der.
Len kommt herein.

LEN Lieber Himmel!

HARRY Verbrüht!

PAM Wasn passiert?

HARRY Die wollte mich umbringen!

MARY Du elender Lügner!

PAM Fehlt dir was?

HARRY Du hast sie gesehn.

MARY Der ist übergeschnappt!

LEN Ist bloß ne Schramme.

PAM *zu Mary:* Wieso?

MARY Mit was für Ausdrücken der um sich geschmissen hat.

LEN Du wirsts überleben.

HARRY Blut.

PAM *zu Mary:* Was hat ern gemacht?

LEN Er ist ganz naß.

MARY Mich beschimpft.

PAM Wieso?

HARRY Ein Arzt.

MARY Dem fehlt gar nichts.

HARRY Verbrüht.

MARY Ich habn kaum berührt. Dem gehört mal eins übergezogen!

LEN *zu Pam:* Holn Handtuch.

HARRY Ich darf die Handtücher nicht anfassen.

MARY Dreiundzwanzig Jahr hab ichs aufgehoben. Guckt euch an,
wie ers kaputt gemacht hat!

PAM Was istn passiert?

LEN Nichts. Die haben sich gestritten.

PAM Schrubber hat er sie genannt.

LEN Das ist doch nichts. Ich geh besser zur Arbeit. Sonst krieg ich
noch meine Papiere zurück. Wir haben übrigens grad den Fred
gesehn. Er sieht gut aus, jedenfalls nicht schlecht. Ist natürlich
kein Urlaub.
Zu Pam:

Bring ihn ins Bett. Setz Wasser auf. Ein Tee könnt ihr alle brauchen.

PAM *zu Mary:* Wieso hastn überhaupt mit ihm gesprochen.

MARY Hast doch gehört, wie er mich Schrubber genannt hat.
Zu Len:
Der ist verrückt geworden, weil er dich letzte Woche erwischt hat.

LEN *sieht sich Harrys Kopf an:*
Den Schnitt muß man auswaschen. Sind Teeblätter drin.
Harry betupft die Wunde mit seinem Hemdzipfel.

PAM Wen hat er erwischt, letzte Woche?

MARY *zeigt auf Harry:* Mit seiner dreckigen Phantasie.
Zeigt auf Len: Frag *ihn* doch!

PAM *zu Len:* Was ist passiert?

LEN Nichts.

HARRY Ich hab mir Brot abgeschnitten.
Er hebt sein Messer auf.
Auf mich losgegangen ist sie!

PAM *zu Len:* Ich hab gleich gewußt, daß dus warst!
Zu Harry:
Was hat er gemacht?

LEN Nichts.

MARY *zu Harry:* Dreckschwein!

HARRY Ich hab sie beide erwischt.
Er zeigt mit dem Messer auf die Stelle.

LEN *zerrt an Harry:* Nein!

HARRY Die kanns ruhig wissen.

LEN *zerrt an ihm:* Nein!

HARRY Sie hat ihrn Rock hochgehabt.

PAM Nein!

LEN Du dummer Hund! Du dummer, blöder Hund!
Len schüttelt Harry. Das Messer schwingt durch die Luft.

HARRY Ah!

PAM Das Messer!

MARY Dreckschwein!

PAM Er bringtn noch um!

LEN Blöder Hund.

PAM *schreit:* Nein! Nein! – Daß bei uns *das* noch passieren muß!
Sie setzt sich auf die Couch und weint. Pause.

HARRY Der und die.

PAM *leise weinend:* Warum geht er nicht weg? Warum geht er denn nicht weg? Meine ganzen Freunde sind fort. Das Baby ist fort. Nichts mehr da wie Streit. Tag für Tag. Mit Messern kämpfen sie.

HARRY Mir ist schwindlig.

PAM *weinend:* Die bringen sich noch um.

LEN *zu Pam:* Für die kannst du mich nicht auch noch verantwortlich machen!

PAM *weinend:* Warum kann er nicht weggehn!

HARRY *zieht sein Hemd aus:* Naß.

PAM *weinend:* Guck mich an. Ich kann schon nicht mehr schlafen vor lauter Kummer.

MARY Mein Heim kaputtzumachen.

PAM *weinend:* Mein Kind hat er umgebracht. Mir die Freunde genommen. Mein Heim kaputtgemacht.

HARRY Blutet immer noch.

MARY Ich räum dem nicht hinterher. Der kann sein Dreck selber wegmachen.

PAM *weinend:* Ich kann so nicht weitermachen.

LEN *zu Pam:* Es war überhaupt nichts dabei!

PAM *weinend:* Ich werf mich wo drunter. Das ist die einzige Rettung.

HARRY Kalt.

Len geht zu Harry.

PAM *sitzt und weint:* Halt ihn fest. Die bringen sich um.

LEN *bleibt stehen:* Ich wollt ihm helfen.

PAM *weinend:* Nimm das Messer weg. Das Kind ist tot. Alle sind fort. Es ist die einzige Rettung. Ich kann nicht mehr.

MARY Das nächstemal kommt er nicht so davon.

PAM *weinend:* Das ist doch kein Leben so. Der zerreißt mich in Stücke. Nichts wie Aufregung.

LEN Ich will doch helfen! Wer hilft denn sonst schon? Wenn ich geh, kommen sie dann wieder? Kommt das Kind wieder? Kommt *er* wieder? Ich bin der einzige, der geblieben ist, und mich willst du loswerden.

PAM *weinend:* Ich halts nicht mehr aus. Das Kind ist tot. Keine Freunde.

LEN Dann geh ich eben.

PAM *weinend:* Keiner hört zu. Warum geht er nicht? Warum sagen die ihm nicht, er soll gehn?

MARY Ab heute kann er in seim eignen Zimmer bleiben.

LEN Bis heut abend find ich was.

HARRY Es schlägt mir im Hals.

PAM *weinend:* Kein Zuhaus. Keine Freunde. Das Kind ist tot. Fort. Fred fort.

Zwölfte Szene

Lens Schlafzimmer.
Len liegt mit dem Gesicht auf dem Boden. Die Seite seines Ge-
sichts ist gegen die Dielen gepreßt. Er hat ein Messer in der
Hand. Auf dem Bett steht ein geöffneter Koffer. Darin sind ein
paar Sachen. Pause. Die Tür geht auf. Harry kommt herein. Er
trägt lange weiße Unterhosen. Graue Socken. Keine Schuhe.
Sein Kopf steckt in Bandagen. Er geht, bis er hinter Len steht.
Len bemerkt ihn allmählich.

HARRY Abend.

LEN Abend.

HARRY Steh auf. Da unten erkältst du dich doch.

LEN Wie gehts deim Kopf?

HARRY *faßt seinen Kopf an:* Weiß ich nicht.

LEN Das istn gutes Zeichen.

HARRY Bist du wieder okay?

LEN Ich hab gehorcht.
Er steckt das Messer zwischen zwei Dielenbretter.
Da wird der Ritz größer. Kann man besser hören.

HARRY Das istn prima Messer.

LEN Die hat jemand bei sich.

HARRY Ich hab gedacht, dich würds freun, wenn dir einer Gutnacht sagt.

LEN Du kannst ihre Stimme hören.

HARRY Nee.

LEN Sie hat sich ein mitgebracht. Ich bin mitm Packen überhaupt
nicht weitergekommen.

HARRY Nee, ich hab sie heimkommen sehn.

LEN Ich könnt schwörn, ich hätt jemand gehört.

HARRY Nicht bei der!

LEN Sie sieht immer noch dufte aus.

HARRY Von ihrer Sorte kriegst du zwei fürs selbe Geld. So wie die
sich benimmt, das läßt sich heute keiner mehr gefalln.

LEN Früher hab ich immer den Fred und sie da unten gehört.

HARRY Das ist vorbei.

LEN Da konnt ich nie einschlafen.

HARRY *setzt sich aufs Bett:* Müde. Schön hier.

LEN Könnte schlimmer sein.
HARRY Ruhig.
LEN Manchmal.
Pause.
HARRY Die heult.
LEN So.
HARRY Im Bett. Ich bin an ihrer Tür vorbei.
LEN Ich hab doch gewußt, daß ich was gehört hab.
HARRY Das wars, was du gehört hast.
Len legt ein paar Socken in den Koffer.
Wird nicht das letztemal sein.
LEN Hm?
HARRY Daß sie im Bett heult.
LEN Ja.
HARRY Sie muß bezahln dafür.
LEN Für was?
HARRY Ihr Leben. Es schlägt alles auf ein zurück.
LEN Ich hab die Kofferschlüssel verlorn.
HARRY Wirst schon sehn.
LEN Lang her, daß ich sie das letztemal gehabt hab.
HARRY Wo gehstn hin?
LEN Mir hats gereicht.
HARRY Wo anders ist genauso.
LEN Das hab ich alles schon mal gehört.
Pause.
HARRY Ich hab gedacht, es freut dich, wenn einer Gutnacht sagt.
LEN Ja. Danke.
HARRY Die sind alle im Bett.
LEN Ich bin doch im Weg, oder?
HARRY Hör einfach weg.
LEN Ich hab die Streiterein satt.
HARRY Die haben sich mal Luft gemacht. Jetzt halten sie Ruh.
LEN Ich bring alles durch – ...
HARRY Wenn du gehst, wirds auch nicht anders. Die hören doch
nicht auf.
LEN Bei mir ist das anders.
Er legt ein Hemd in den Koffer.
Ich hab deine Alte kein bißchen angerührt. Ich hab ihr bloß ge-
holfen.
HARRY Ich kenn sie länger wie du.

111

LEN Sie hat gemeint, sie kommt zu spät.

HARRY Interessiert mich nicht.

LEN Aber du hast Stunk gemacht.

HARRY Sie hat Stunk gemacht.

LEN Du hast gebrüllt.

HARRY So wars ja gar nicht.

LEN Ich hab dich doch gehört.

HARRY Es reinigt die Luft. Manchmal. Es ist vorbei. – Du hast gebrüllt.

Pause.

LEN Ich muß den Schlüssel suchen.

HARRY Einmal bin ich ihr davongelaufen.

LEN Du?

HARRY Bin aber wiedergekommen.

LEN Wieso?

HARRY Hab mirs ausgerechnet. Wieso soll ich mir die Hände dreckig machen mit Waschen und Kochen? Soll sies doch machen. Ist ihre Sache.

LEN Du wäschst dir doch die Wäsche selbst.

HARRY Hm?

LEN Und kochst.

HARRY Ja, *jetzt.*

Pause.

LEN Es geht auch ohne Schlüssel. Ich geh nicht weit.

HARRY Warst du beim Militär?

LEN Nee.

HARRY Das sieht man. Weißt du schon, wo du hingehst?

LEN Wos bequem ist. Für die Arbeit.

HARRY Beim Fred in der Nähe?

LEN Nee.

HARRY Den sieht sie auch nicht wieder.

LEN Ist auch das Beste. Du hast nicht gesehn, was aus dem geworden ist. Er ist wien Kind. Der endet nochmal im Knast oder als Säufer. Muß er ja. Und zwar bald. Wirst du sehn.

Er schiebt den Koffer auf dem Bett hoch.

Das laß ich jetzt bis morgen.

HARRY Es ist schad.

LEN Heut bin ich zu müd. Was ist schad?

HARRY Den ganzen Zirkus hast du überstanden. Und jetzt beruhigt sichs und da –

112

LEN Für mich war das der letzte Krach, das weiß ich.

HARRY Setz dich hin.

LEN *setzt sich aufs Bett:* Warn harter Tag.

HARRY Ist vorbei.

Eine lange Pause.

LEN Wenn ich morgen früh aufsteh möcht ich gern gleich raus. Es gibt nichts, was mich hier hält. Was hab ich davon? Sag doch selbst. Auswandern.

HARRY Du bist zu jung zum Auswandern. Das kannst du machen, wenn du über fünfzig bist.

LEN Ist mir scheißegal, ob sie mit eim reden oder nicht, aber die hörn dir ja nicht mal zu. Warum soll ich mir um die Gedanken machen, verdammtnochmal?

HARRY Man muß es nur durchstehn. Wir haben uns auch erst reinfinden müssen, wie du zu uns gekommen bist. Aber jetzt hast du dich doch eingefügt. Es wird sich alles beruhigen.

LEN Keiner sagt eim wirklich mal was.

Kleine Pause.

War die gut?

HARRY Hm?

LEN Im Bett.

HARRY Weißt du doch.

LEN Nee.

HARRY Hängt vom Mann ab.

LEN Und?

HARRY Ich hab gehabt, was ich wollte.

LEN Ja und?

HARRY *ruhig:* Bei mir hat sie gequietscht wien Ferkel.

LEN Ja.

HARRY Erst haben wirn kleinen Jungen gehabt.

LEN Im Krieg.

HARRY Dann das Mädchen.

LEN Auf Urlaub.

HARRY Und zurück an die Front.

LEN Weiter.

HARRY Ich kenn die Welt.

LEN Und wie wars?

HARRY Im Krieg?

Kleine Pause.

Ich kann mich eigentlich nur erinnern, wie still und friedlichs war. Ein oder zweimal ist die ganze Chose in die Luft gegangen. Dann wars wieder still. Alles still. So still findst dus heutzutag nicht mehr.

LEN Hier jedenfalls nicht.

HARRY Nirgends.

LEN Hast du ein erschossen?

HARRY Schon. Du hast die Kerle nie gesehn, außer als Gefangene oder tot. Na ja, einmal hab ich. Ich war in eim Zimmer. Da steht so einer an der Tür. Abgeschnitten, nehm ich an. Da hab ich geschossen. Er ist umgefalln. Wien Mantel vom Bügel fällt, sag ich immer. Kein Mucks.

Pause.

Du hast nie ein umgebracht. Da fehlt dir was. Da lernst du, Dinge mit Abstand sehn. Ich gehör zu den Glücklichen.

Pause.

LEN Wer hat dirn Kopf verbunden?

HARRY Ich allein. Die frag ich nie um was.

LEN Ich kann sowas gut.

HARRY Nicht nötig.

Pause.

Gleich zwölf.

LEN Schon drüber.

Er zieht seine Schuhe aus und steht auf. Er läßt seine Hosen fallen.

HARRY Du brauchst nicht zu gehn.

LEN Hm?

HARRY Geh nicht. Hat doch kein Sinn.

LEN *mit den Hosen an den Knöcheln:* Wieso?

HARRY Würdst doch wiederkommen.

LEN Hat kein Zweck heut nacht irgendwas zu Ende zu reden.

HARRY Laß dich von denen nicht wegjagen.

LEN Hängt davon ab, wie ich mich morgen fühl.

Er setzt sich aufs Bett und zieht die Hosen aus.

HARRY Geh doch, wann *du* willst. Nicht wanns denen paßt.

LEN Heut abend weiß ich gar nichts mehr.

HARRY Ich fänds schön, wenn du bleibst. Wenn du eine Möglichkeit finden könntst.

LEN Wieso?

HARRY *nach einer kleinen Pause:* Ich bleib nicht da.

LEN Was?

114

HARRY Nicht mehr immer.

LEN Ach ja. *Er stellt den Koffer auf den Boden.*

HARRY Wirst schon sehn. Wenn ich jetzt geh, würd sie mich auslachen. Und bald hätt sie ein andern in meim Bett. Die weiß schon, wie sies machen muß, wenn sie will. Kochen kann sie auch.

LEN Ja, ja.

Er schiebt den Koffer unters Bett und setzt sich aufs Bett.

HARRY Ich geh, wenn ich soweit bin. Wenn sie ihre Rente kriegt. Dann findt sie kein mehr, der ihr nachläuft. Und ich bin *draußen*. Dann paß mal auf, was sie macht.

LEN Lohnt sich nicht, Pappa.

HARRY Es ist nur gerecht. Wenn sich jemand aufführt wie die, muß er auch dafür bezahln. Mörder kann man doch nicht laufen lassen. Wo solln das hinführn?

LEN Frag mich nicht.

HARRY Die denkt, sie hat gewonnen. Ich mußn bißchen zurückstecken – paar Sachen kaufen und mehr in meim Zimmer bleiben. Ich kann warten.

LEN Tut der Kopf noch weh?

HARRY Sie wirds schon merken.

LEN Ich kann dirn paar Aspirin geben.

HARRY Hm?

LEN Bringen dich wieder auf die Beine.

Harry steht auf.

Nee, so hab ichs nicht gemeint.

HARRY Du müßtst auch ins Bett. Wir brauchen kein Licht zu verschwenden.

LEN Ich behalts für mich, was du gesagt hast.

HARRY Hm?

LEN Daß du gehst.

HARRY Das weiß sie.

LEN Hast dus ihr gesagt?

HARRY Wir haben keine Geheimnisse. Die machen nur Ärger.

Er geht zur Tür.

Red überhaupt nicht mit denen. Das gibt nur Mißverständnisse.

LEN Mhm!

HARRY Morgen früh gehts dir wieder besser.

LEN Gehst du nicht zur Arbeit heut nacht?

HARRY Samstag.

LEN Hab ich ganz vergessen.

HARRY Nacht.

LEN Komisch, daß wir uns nie unterhalten haben.

HARRY Die hören ja immer zu.

LEN Kommst du nächsten Samstag wieder rauf?

HARRY Nee, nee. Gibt nur Ärger. Da haben sie gleich wieder was zu meckern.

LEN Ich sags ihr gern nochmal, daß sie sich raushalten soll.

HARRY Später. Reg sie nicht auf. Ist ungerecht. So ists für uns alle am besten.

LEN *sieht sich um:* Hast recht.

HARRY Hör mal!

LEN Was?

Harry hält seine Hand hoch. Schweigen.

LEN Heult sie immer noch?

HARRY Jetzt ist sie still.

Schweigen.

Da – sie hat sich bewegt.

Schweigen.

LEN Sie hat uns gehört.

HARRY Siehst du, am besten man hält sich heraus. Gutnacht.

LEN Aber –

HARRY Scht!

Er hält wieder seine Hand hoch. Sie lauschen. Schweigen. Pause.

HARRY Gutnacht.

LEN Nacht.

Harry geht.

Dreizehnte Szene

Das Wohnzimmer.
Pam sitzt auf der Couch. Sie liest die Radiozeitung. Mary nimmt
Sachen vom Tisch und geht hinaus. Pause. Sie kommt zurück.
Sie geht zum Tisch. Sie stellt die Teller zusammen und trägt sie
hinaus.
Pause. Die Tür geht auf. Harry kommt herein. Er geht zum
Tisch und öffnet die Schublade. Er sucht darin.
Pam dreht eine Seite herum.
Mary kommt herein. Sie geht zum Tisch und sucht die letzten Sa-
chen zusammen. Sie geht hinaus.
Harrys Jacke hängt über einer Stuhllehne am Tisch. Er sucht in
den Taschen.
Pam dreht eine Seite um.
Man hört einen lauten Knall (draußen).
Schweigen.
Harry geht zum Tisch und sucht in der Schublade.
Mary kommt herein. Sie wischt die Tischfläche mit einem feuch-
ten Tuch ab.
Man hört einen lauten Knall (draußen).
Mary geht hinaus.
Harry nimmt Tinte und Briefumschlag aus der Schublade. Er
legt beides auf den Tisch. Er setzt sich auf den Stuhl. Er greift
nach hinten und nimmt einen Stift aus der Innentasche seiner
Jacke. Er fängt an, seinen Totoschein auszufüllen.
Ein kurzes Schweigen.
Pam dreht zwei Seiten um.
Im selben Augenblick geht die Tür auf und Len kommt herein.
Er trägt den Stuhl, den Harry zerbrochen hatte, als er darüber
gestolpert war. Er trägt ihn nach rechts hinten und stellt ihn auf
den Fußboden. Er hockt sich hin. Sein Kopf ist tiefer als die Sitz-
fläche. Er blickt unter den Stuhl. Er dreht ihn um. Er wackelt an
dem losen Bein.
Mary kommt herein. Sie glättet die Couch. Sie nimmt die
Schürze ab und legt sie sorgfältig zusammen. Sie setzt sich auf die
Couch und schiebt die Schürze an der Seite der Couch auf den
Boden. Schweigen.
Stop.

Len stellt den Stuhl wieder aufrecht. Er hockt immer noch. Er stützt sein linkes Handgelenk über sich auf die Stuhllehne und seinen rechten Ellbogen auf die Sitzfläche. Seine rechte Hand hängt frei herunter. Er hat den Rücken zum Publikum. Sein Kopf ist zwischen den Schultern versunken. Er überlegt einen Augenblick.
Pam steht auf und geht zur Tür.

LEN Hol maln Hammer.

Pam geht hinaus. Harry schreibt. Mary sitzt. Len preßt seine Hand fest auf den Sitz und der Stuhl wackelt. Mary nimmt sich die Radiozeitung und wirft einen Blick auf die Rückseite.
Harry nimmt eine kleine Lederbrieftasche aus der Innentasche seiner Jacke. Er legt die Brieftasche auf den Tisch.
Pam kommt herein und setzt sich auf die Couch.
Len dreht den Stuhl wieder um und sieht ihn an.
Mary legt die Radiozeitung auf die Couch zurück. Sie klopft das Kissen zurecht. Pam nimmt die Radiozeitung. Mit einer einzigen Bewegung dreht Len den Stuhl wieder herum und reckt sich zu seiner vollen Größe. Er hält die Sitzfläche an zwei sich diagonal gegenüberliegenden Ecken gefaßt, und zwar so, daß die Diagonale zur Front seines Körpers parallel verläuft. Er stellt den Stuhl mit einem Ruck zu Boden, wobei das Stuhlbein, das am weitesten von ihm entfernt ist, zuerst auf dem Boden aufschlägt. Das gibt einen lauten Schlag. Immer noch aufrecht stehend dreht er den Stuhl wieder herum und besieht sich das Bein. Er befühlt es. Er dreht den Stuhl wieder herum und setzt ihn nieder. Er hockt sich hin. Er legt seine flache Hand auf die Sitzfläche. Der Stuhl wackelt immer noch ein wenig.
Pam faltet die Radiozeitung zusammen und legt sie hin.
Harry nimmt eine Briefmarke aus der Brieftasche. Len setzt sich auf den Stuhl mit dem Gesicht zum Publikum. Sie steckt den Kopf zwischen die Knie, um unter den Stuhl zu blicken. Harry leckt die Marke an und frankiert schweigend den Umschlag. Er greift hinter sich und steckt die Brieftasche und den unbenutzten Totoschein in die Innentasche seiner Jacke.
Len steht vom Stuhl auf und hockt sich neben ihn. Sein Rücken ist zum Publikum. Er beugt sich über den Stuhl, so daß sein Bauch oder seine Brust auf die Sitzfläche zu liegen kommt. Er greift mit seiner linken Hand hinunter und zerrt das lockere Hinterbein in die Öffnung.

Harry greift hinter sich und steckt den Stift in die Brusttasche seiner Jacke. Er stellt die Tinte in die Tischschublade. Len greift mit dem linken Arm um die Stuhllehne herum. Seine Brust ist gegen den Seitenrand der Sitzfläche gepreßt. Die Finger seiner rechten Hand berühren den Boden. Sein Kopf liegt seitwärts auf der Sitzfläche.

Mary sitzt. Pam sitzt.

Harry beleckt die Lasche des Umschlags und klebt ihn langsam zu. Der Vorhang fällt rasch.

Trauer zu früh

Deutsch von Christian Enzensberger

Personen:

Prinz ARTHUR, 20 Jahre
GEORGE, Prinz von Wales, 20 Jahre
ALBERT, Prinzgemahl, 45 Jahre
DISRAELI, Premierminister, 45 Jahre
GLADSTONE, Premierminister, 45 Jahre
LORDKÄMMERER, alt
Lord MENNINGS, jung
LEN, Freund von Joyce, 18 Jahre
Gefreiter JONES, 35 Jahre
Soldat GRISS, 19 Jahre
ARZT, 50 Jahre
NED, ein Trommlerjunge, 16 Jahre
Königin VIKTORIA, 45 Jahre
FLORENCE NIGHTINGALE, 20 Jahre
JOYCE, Freundin von Len, 47 Jahre
Volksmenge, Höflinge, ein Lakai, Offiziere, Soldaten, Verwunde-
te, ein Exekutionskommando, Geister, Geschworene, Leichen
usw.

Die meisten Nebenfiguren können als Doppelrollen besetzt und
von den Darstellern der Volksmenge usw. gespielt werden. Das
Stück hat 20 Szenen. Es ist in drei Teilen zu spielen, mit Pausen
nach den Szenen 6 und 14.
Die Ereignisse in diesem Stück sind wahr.

Erste Szene

Ein Korridor auf Schloß Windsor.

Prinz Albert und Disraeli treten auf.

ALBERT *blickt sich um:* Hier sind wir unbewacht.

DISRAELI Viktoria wird in Kürze die Verlobung des Prinzen von Wales bekanntgeben. Viktoria ist nicht beliebt, und sie weiß von unserer Verschwörung. Sie hat Angst. Sie weiß, daß eine königliche Verlobung das Volk besänftigt, wir müssen also jetzt zuschlagen.

ALBERT Genau.

DISRAELI Seit fünf Jahren höre ich von Ihnen »genau«.

ALBERT Ich denke an meine Söhne. Weniger an George – nach Viktorias Ermordung wird er klein beigeben, er ist ja nur ihr Werkzeug – aber an Arthur. Ich möchte, daß er sich uns anschließt.

DISRAELI Darauf hatte ich gehofft. Er ist Thronerbe nach Prinz George. Er hätte unserem Putsch den Anschein von Legalität verschafft. Jetzt ist es dafür zu spät.

ALBERT Ich rede mit ihm.

DISRAELI Noch einmal?

ALBERT Heute nacht. Ich verrate ihm die Verlobung. Das wird ihn aufrütteln.

DISRAELI Gut, aber morgen ordne ich die geheime Mobilmachung an. Heute abend werde ich noch einmal die Schwarze Liste durchgehen. Ich hatte zuerst an Erschießung gedacht – damit klar wird, daß wir die Armee hinter uns haben, verstehen Sie. Inzwischen bin ich für Erhängen – es wirkt solider. Ich werde die Zahlen niedrig halten.

ALBERT Wie viele?

DISRAELI Alle unsere Feinde kennen wir erst, wenn es losgeht. Bis jetzt sind es achthundertdreizehn.

ALBERT Vielleicht besser vierzehn. Die Leute sind abergläubisch. *Er späht nach draußen. Laut:* Ich wäre nicht überrascht, wenn es nun doch nicht regnen sollte.

Sie gehen ab.

Zweite Szene

Schloß Windsor. Das Schlafzimmer der Prinzen. Dunkel.

George und Arthur im Bett, jedoch bleibt George bis zu seinem Erwachen unsichtbar. Albert tritt ein. Er trägt eine Kerze.

ARTHUR Georg schläft.

ALBERT Ich kann dich nicht sehen.

ARTHUR Mach rasch.

ALBERT Wenn ich nur einmal mit dir alleine sprechen könnte – bloß fünf Minuten – dann wären all unsere Mißverständnisse aufgeklärt.

ARTHUR Schnell.

ALBERT Es fällt mir nicht leicht, Arthur. Hilf mir. Versuche –

ARTHUR Sch!

Albert will fortgehen.

Nein, er schläft noch.

ALBERT Er hat etwas gesagt.

ARTHUR Er will Wasser. Er glaubt, er sei in der Wüste. Das träumt er immer, wenn er Angst hat.

ALBERT Wovor hat er Angst?

ARTHUR Er soll heiraten.

ALBERT *ärgerlich:* Von wem weißt du das?

ARTHUR Wer ist die Frau?

ALBERT Wir wissen es nicht. Disraeli macht mobil. Ich kann ihn nicht länger hinhalten.

ARTHUR Er will sich zum Diktator aufwerfen.

ALBERT Natürlich. Aber wir können ihn eine Weile für uns einspannen. Deine Mutter ist die größte Gefahr. Wir müssen sie aufhalten. Sonst setzt sie die falsche Revolution in Gang. Sie hätte Gefängnisdirektorin werden sollen. Sie hat Angst vor Leuten. Sie hält sie für verworfen. Sie begreift nicht, wieviel Kraft in ihnen steckt. Sie unterdrückt sie.

ARTHUR Wenn du Disraeli seinen Willen läßt, stellt er uns zum Schluß alle an die Wand.

ALBERT Nein. Er soll nur zuerst die neue Verfassung durchsetzen, danach kann man ihm Gewaltanwendung vorwerfen – denn Gewalt wird schließlich notwendig sein, wir wollen doch realistisch bleiben – und eine Gegenrevolution aufziehen. Aber du müßtest von Anfang an dabeisein.

ARTHUR Mit gebundenen Händen.

ALBERT Nein, nein. Du mußt von Beginn an Verantwortung übernehmen. Ich meine persönliche Verantwortung, als einer von uns. Das möchte ich von dir.

ARTHUR Wie viele wollt ihr hinrichten?

ALBERT Ein paar. Wenn man eine Brücke einweiht, weiß man, daß sich einige hinunterstürzen werden.

ARTHUR Eine Säuberung.

ALBERT Nein.

ARTHUR Mutter?

ALBERT Ein ruhiger Landsitz.

ARTHUR Und George?

ALBERT Das liegt an dir.

ARTHUR Er müßte sich fügen.

ALBERT Gut.

ARTHUR Meinetwegen. Mach eine Revolution, setze Disraeli außer Gefecht, wenn er die schmutzige Arbeit getan hat, und übernehme die Regentschaft. Ich lege dir nichts in den Weg.

ALBERT Nein, du verstehst mich falsch. Ich tue das nicht aus Haß gegen deine Mutter. Haß zerstört, ich will aufbauen. Das Volk ist stark. Es will *genutzt* werden – um Reiche zu bauen und Eisenbahnen und Fabriken, um Handel zu treiben, um Glauben, Gesetz und Ordnung aufzurichten. Verbrechen, ich weiß es, werden geschehen, doch können wir sie bestrafen. Schließlich werden die Guten die Schlechten überwinden – vielleicht, daß es zuletzt keine Schlechten mehr gibt – aber das glaube ich nicht. Arthur, allein vollbringe ich das nicht. Das wäre tragisch. Versprich mir, daß du mein Werk weiterführst.

ARTHUR Das Schlimme an der Welt ist, daß sie von Politikern regiert wird.

ALBERT Ich werde Disraeli sagen, daß du auf unserer Seite stehst. Dann hast du besser Zeit zum Nachdenken, und wenn du dich dann entschlossen hast – wir brauchen einen Geheimcode –, mußt du sagen, du hättest das Rätsel gelöst.

George setzt sich im Bett auf. Er trinkt Wasser.

GEORGE Ich glaubte, ich wäre in der Wüste. *Er sieht Albert.* Wer ist das?

ALBERT Ich binde mir nur den Schuh.

GEORGE Du hast Pantoffeln an.

ALBERT Sie drücken. Gute Nacht. *Geht hinaus.*

GEORGE Ich werde Mutter davon berichten müssen.

ARTHUR Er braucht diese kleinen Plauderein, weil er auf dich und Mutter eifersüchtig ist. Sie sollte dir nicht dauernd diese Zettel zustecken.

GEORGE Es sind Staatsgeheimnisse. Gute Nacht. *Er legt sich hin.*

ARTHUR Ich möchte dir etwas sagen ... Wir sollten uns nicht streiten. Es kann ja nicht nur an mir liegen, und –

GEORGE Ich versuche es, ich werde es immer wieder versuchen, aber nie wirst du auf mich hören.

ARTHUR Das ist nicht wahr! Ich gebe immer nach, wenn etwas dabei herauskommt. Ich versetze mich dann in deine Lage: es ist nicht leicht, Prinz von Wales zu sein ... Eines Tages wirst du heiraten müssen.

GEORGE Ja.

ARTHUR Ich werde keine Einwände machen.

GEORGE Danke!

ARTHUR Ich kann nicht heiraten. Hast du daran schon einmal gedacht?

GEORGE Das kannst du halten, wie du willst.

ARTHUR *zornig:* Nein, eben nicht. Wie könnte ich je eine Frau in diese Sache hineinziehen, ohne Zwang? *Kleine Pause.*
Wenn du heiratest, müssen wir aufhören zu streiten, oder sie wird wahnsinnig. Sie muß mit sehr viel fertig werden, auch ohne daß –

GEORGE *in plötzlicher Einsicht:* Du weißt es! Du weißt es also.

ARTHUR Du hast im Schlaf geredet.

GEORGE Ganz sicher nicht. Ich habe mich darin geübt, nicht im Schlaf zu reden.
Er hat es dir gesagt.

ARTHUR Wer ist sie?

GEORGE Das geht dich nichts an.

ARTHUR Das ist die Höhe!

GEORGE Gute Nacht.

ARTHUR *zornig:* Ich bin rechtlos – nicht einmal nachgeben darf ich mehr. Ich habe alle Geheimnisse und Zänkereien satt. Ich möchte glücklich sein – möchte einmal wissen, wie das ist. Mehr nicht. Und wenn du das auch wolltest, wäre alles gut. Statt dessen sitze ich in der Falle.

GEORGE ... Wasser ...

Dritte Szene

Der Thronsaal von Schloß Windsor.

Der Lordkämmerer, Lord Mennings, ein Lakai. Andere Lords usf.

MENNINGS Der Prozeß wird ganz große Klasse. Die Frau soll sehr viel älter sein als er, stimmt das?

LORDKÄMMERER Jawohl.

MENNINGS Karten sind nicht mehr zu kriegen. Der schwarze Markt ist ausverkauft.

LORDKÄMMERER Ich bin gewiß ein fortschrittlicher Mensch, aber ich finde doch, Prozesse sollten geheim sein und Hinrichtungen öffentlich. Das vereinfacht die Regierungsgeschäfte und stellt das Volk zufrieden. Wir hätten den Galgen niemals abschaffen dürfen. Dazu ließ sich doch noch aufblicken.

Albert tritt ein. Verbeugungen.

LAKAI Der Prinzgemahl. *Disraeli tritt ein.*

LORDKÄMMERER *im Hereinkommen:* Es war dunkel im Zimmer. Meine Frau und ich unterhalten uns nicht während der Beiwohnung, abgesehen von einer gelegentlichen Bemerkung über das Wetter. Ich entdeckte erst hinterher, daß sie nicht meine Frau war.

Lord Mennings lacht.

In Wirklichkeit habe ich sie für meinen arabischen Kameltreiber gehalten. Ich habe ihn in Gomorra aufgelesen, damit mein anderer aus Sodom Gesellschaft hat; er bekam langsam Heimweh. Sch! Ihre Majestät wird sogleich hier sein.

LAKAI Der Premierminister.

ALBERT *leise zu Disraeli:* Warum hat sie uns rufen lassen?

DISRAELI Ich weiß nicht.

LAKAI Der Prinz von Wales und Prinz Arthur.

Arthur und George treten auf. Es zeigt sich, daß sie siamesische Zwillinge sind. Verbeugungen.

ALBERT Hast du das Rätsel gelöst?

GEORGE Welches Rätsel? *Zu Arthur.* Nun?

ARTHUR Was ist das: es brennt im Wasser, ertrinkt im Feuer, fliegt durch die Erde und legt sich in den Himmel?

GEORGE Was denn?

ARTHUR Ich weiß es nicht.

LAKAI Die Königin.

Viktoria tritt ein. Verbeugungen.

VIKTORIA Albert, Liebster, wo bist du seit dem Frühstück gewesen?

ALBERT *küßt sie auf die Wange:* Mein Liebes.

VIKTORIA Ich danke dir. Du hast mein Kopfweh geheilt. *Sie hält eine formelle Ansprache.* Unser Königreich ist im Niedergang. Unser Volk kann nicht mehr in Frieden über Unsere Landstraßen ziehen, nicht mehr gefahrlos sein Geld zählen, obschon Unser Kopf darauf ist. Das meiste von dem, was Unser Englisch genannt wird, verstehen Wir nicht mehr. Unsere Gefängnisse sind überfüllt. Anstatt gegen Unsere Feinde zu kämpfen, müssen Unsere Armeen Streiks niederschlagen und Unsere Richter beschützen. Unser Friede ist gebrochen.

Wie Sie wissen, stellen sich mit dem Prinzen von Wales gewisse konstitutionelle Fragen. Darum behaupten die Anarchisten und Immoralisten, die Monarchie müsse mit Unserem Tod erlöschen, und darum schießen sie auf Uns. Sie irren. Unser Sohn wird in Unsere Fußstapfen treten, seinen Bruder zur Seite, und später einmal wird sein Sohn auf ihn folgen. Unsere Dynastie ist mit Stonehenge erstanden, und erst mit Stonehenge wird sie untergehen. Wir werden dies Königreich nicht der Anarchie anheimfallen lassen. Und daher geht nun Unser Sohn einen ganz normalen Ehebund ein. Seine Braut ist Miss Florence Nightingale.

Florence Nightingale tritt ein. Sie macht einen Knicks vor Viktoria und dann vor George. Viktoria reicht ihr und George ein Blatt Papier.

GEORGE *liest ab:* Liebe Miss Nightingale, ich heiße Sie auf Windsor willkommen und hoffe, Sie werden hier glücklich sein.

FLORENCE *liest ab:* Ich danke Ihnen.

ARTHUR Warum hat man mir davon vorher nichts gesagt?

GEORGE Er hat es gewußt.

ARTHUR Ich habe nicht gewußt, warum wir hier zusammenkommen!

VIKTORIA Vorher sagen ist undiplomatisch. Meine Herren, Sie können gehen.

MENNINGS Darf ich sagen, mit welcher Freude –

VIKTORIA Ich danke Ihnen.

*Die Herren gehen ab. Zurück bleiben Viktoria, Albert, George,
Arthur, Disraeli und Florence.*
Familienhader in der Öffentlichkeit! Das dulde ich nicht. *Zu Arthur.* Natürlich werden jetzt kleinere persönliche Umstellungen nötig. Aber zuerst kommt immer die Nation. *Zu Disraeli.* Er wird das Leben dieser jungen Frau zu einer Tragödie machen – und eines Tages wird sie mich hassen, das arme Kind.

DISRAELI *während er mit Viktoria hinausgeht:* Ma'am, Ihre Krone ist aus Dornen geflochten.

Disraeli und Viktoria ab. Albert folgt ihnen. Kleine Pause.

GEORGE Ich sollte Ihnen vielleicht das Schloß zeigen.

ARTHUR Manchmal hat er höhere Eingebungen.

FLORENCE Kann man nicht durch einen Schnitt –

ARTHUR Das geht nicht. Ich habe das Herz – er hat keins.

GEORGE Es sind Fehler gemacht worden. Ich zeige Ihnen das Schloß.

ARTHUR Nein.

GEORGE Florence hätte gern –

ARTHUR Ich bin nicht in Stimmung für Besichtigungen.

GEORGE Wir aber! *Er will Arthur mit sich fortzerren. Kurzer stummer Kampf. Er gibt auf.* Du . . . – er will Ihnen beweisen, daß ich mich ohne ihn nicht bewegen kann. Er will, daß Sie denken, ich bin impotent!

FLORENCE Ist es nicht hübsch hier?

ARTHUR Ich setze mich jetzt. Setzt euch doch auch. Unterhaltet euch. Ich werde nicht hinhören. Ihr solltet euch überlegen, wie viele Kinder ihr haben wollt. Ihr könnt es mir dann vorher sagen.

GEORGE Schuft.

ARTHUR Daß er flucht, hat Mutter Ihnen gesagt?

FLORENCE Wenn ich vielleicht störe, dann –

GEORGE Mutter wird ihm das Nötige beibringen.

FLORENCE Ich bin so froh, daß ich hier sein kann. Ich sollte Ihnen etwas sagen . . . Ich liebe Sie.

ARTHUR Wieder ein Zettel.

FLORENCE Ich war elf, als ich Sie zum ersten Mal sah. Sie fuhren in einer großen Kutsche auf der Straße vorbei. Einen Matrosenanzug hatten Sie an. Sie sahen sehr . . . sauber und freundlich und einsam aus. Ich betete für Sie. Ich träume von Ihnen . . . Verzeihung.

ARTHUR *zu George:* Keine übermäßige Erregung! Das tut meinem Herz nicht gut.

GEORGE *faßt ihre Hände:* Mutter ist klug. Ich wußte, sie würde die beste Wahl treffen.

ARTHUR Sag es mir vorher, wenn du niederknien willst.

FLORENCE *zu Arthur:* Hoffentlich werde ich Sie nicht allzusehr stören.

ARTHUR Lösen Sie die Verlobung. Einen besseren Rat hat Ihnen keiner gegeben, seit Sie verlobt sind. Sie wissen nicht, auf was Sie sich eingelassen haben.

FLORENCE Doch. Ich bin Krankenschwester. Könnten wir uns das Schloß ansehen?

ARTHUR *nach kurzer Pause, ohne zu lächeln:* Wenn Sie wollen. *Sie gehen hinaus.*

Vierte Szene

Der Thronsaal von Schloß Windsor. Die Bühne ist leer bis auf einige Stühle oder eine Bank hinten. Im Vordergrund zwei Stühle oder eine kleinere Bühne neben einer offenen Falltür.

Disraeli und Albert allein.

DISRAELI Am Montag findet im Großen Park ein Picknick statt. Ich werde meine Soldaten als Diener verkleiden. Während der Erfrischungen wird die Königin erschossen. Desgleichen jeder, der ihre Partei ergreift. Ich hoffe, Prinz Arthur wird –

ALBERT Ich habe neulich abend etwas an ihm entdeckt. Er sieht sich als gerissenen Politiker. Er wird erst mitmachen, nachdem wir die Macht ergriffen haben. Von allem aber wird er sich nie damit abfinden, daß wir mit der Ermordung etwas zu tun haben. Er ist sehr eigen, was seine Mutter angeht. Es muß so aussehen, als hätte sie ein fanatischer Einzelgänger umgebracht. Wir greifen dann ein, um den Frieden wiederherzustellen. Wir schließen die Häfen und Flugplätze, übernehmen die Kraftwerke, senden leichte klassische Musik und rufen das Standrecht aus. Entscheidend ist, daß sie nicht überlebt. Der Schuß muß sitzen.

DISRAELI Nun, dann mehrere Schüsse. Wer ist der Attentäter? Sie wollten ihn aussuchen.

Albert legt die Hände auf die Lehne des einen Stuhls bei der Falltür.

Ich gratuliere.

ALBERT Seltsam, daß auch Arthur von ihm sprach. Er sagte, dieser Mann würde für fünf Groschen seine Mutter ermorden – vielleicht habe er es auch schon getan, nur um herauszubringen, wie das ist. Viktoria wird ihn heute in Stücke reißen – und ich sage ihm dann die Freilassung zu. Damit haben wir ein Motiv – Rache – und eine Garantie für saubere Arbeit.

Der Lordkämmerer kommt herein. Er trägt ein Bündel alter Kleider, die als Beweisstücke numeriert sind. Er legt sie auf den Boden.

LORDKÄMMERER *ruft:* Bringt den Gefangenen herauf.

Len und Joyce werden von Jones und Griss die Falltür heraufgeführt.

MENNINGS Da ist er!

LORDKÄMMERER Erheben Sie sich.

Viktoria, Florence, George, Arthur, der Arzt treten auf. Sie setzen sich.

VIKTORIA *zu Florence:* Geben Sie mir den Hut dort, liebes Kind. *Florence reicht ihr die schwarze Kapuze. Sie setzt sie auf.* Hier zieht es. Schwarz ist meine Glücksfarbe. *Zum Lordkämmerer:* Verlesen Sie die Anklage. Ort?

LORDKÄMMERER Vor den Alhambra-Lichtspielen, Kilburn High Street.

VIKTORIA Tag?

LORDKÄMMERER Dienstag vor einer Woche.

VIKTORIA Zeit?

LORDKÄMMERER Abends.

VIKTORIA Was geschah?

LORDKÄMMERER Der Angeklagte tötete Joseph Hobson und aß ihn auf.

JOYCE Wenn sich der vordrängelt beim Anstehn.

LEN Ich –

VIKTORIA Ruhe.

JOYCE *zu Len:* Was hab ich dir gesagt? Abwarten hab ich gesagt. Mit so eim kannste nirgends hingehn.

VIKTORIA Wenn er sich danach gerichtet hätte, stünde er nicht hier.

JOYCE Dankeschön, Lady. Aber ich kriegn schon still. *Zu Len.* Halts Maul jetzt. – Wenn du mich fragst, mein Tip wäre ne gesonderte Verhandlung.

LEN Ich –

VIKTORIA Ruhe.

JOYCE Geben Sies ihm nur. *Zu Len.* Daß mir die Klappe zubleibt.

VIKTORIA Ich schreite jetzt zum Urteilsspruch.

LEN *zu Joyce:* He, vorher hats doch geheißen, ich könnt auch mein Senf dreingeben.

JOYCE Du gehst ihr doch bloß aufn Wecker, merkstn das nicht?

VIKTORIA Vereidigt ihn, aber daß er mir dabei nicht die Bibel anrührt. Schließlich hat King James sie übersetzen lassen. *Der Lordkämmerer hält ihm die Bibel vor.*

LEN Ich schwöre die Wahrheit zu sagn dieganzewahrheitundnichtsalsdiewahrheit.

LORDKÄMMERER Amen.

JOYCE Los jetzt.

LEN also wir –

JOYCE Lauter.

LEN & JOYCE Also wir haben anstehn müssen vorm Alhambra.

LEN »Lebendig im Sarg« ist gelaufen.

JOYCE Ach wo, »Der Polizist im schwarzen Dessous«. »Lebendig im Sarg« war doch erst demnächst.

LEN Also schön. Wir haben also angestanden für –

LEN & JOYCE »Der Polizist im schwarzen Dessous«. –

JOYCE – und bei der Gelegenheit möcht ich gern mal wissen, warums beim Anstehn eigentlich nie was zum Hinsetzn gibt. Die behandeln dich bei uns wie den letzten Dreck. Und dann wundern sie sich, wenns Krach gibt. Zahlen darfste. Nicht daß ich zahln müßt. Wenn ich maln schönen Abend haben will, das kost mich gar nichts. Wär ja auch gelacht. Also ich schau hin, und auf einmal steht da dieser Kerl vor uns. Und der hat doch vorher nicht dagestanden, oder?

LEN Hab nicht hingeguckt.

JOYCE Wo ich dir immer sag, zähl nach wie viele vor uns dran sind. Dafür kannste hängen, Mensch.

LEN Also der –

JOYCE Also der stecktn Kopf in die Zeitung und mogelt sich vor uns rein.

VIKTORIA Diese hier?

Der Lordkämmerer hält eine blutbefleckte Zeitung hoch.

LEN Foto von Manchester United auf Seite sechs?

JOYCE Sieben.

VIKTORIA Die Seite spielt keine Rolle.

LEN Wieso keine Rolle wenn United drauf ist.

LORDKÄMMERER Eine Fußballmannschaft ist auf Seite acht abgebildet.

JOYCE Ich hab die Morgenausgabe gemeint.

VIKTORIA Kann er das Blut wiedererkennen?

JOYCE *schnuppert:* Dem seins.

VIKTORIA Weiter.

LEN Also wir stehn da stundenlang an, und auf einmal merk ich wie mir der Bauch knurrt. Naja, ich geb nicht weiter drauf acht. Und da muß sie ausgerechnet sagen »Du, ich hab vielleicht Kohldampf«.

JOYCE Da sieht mans wieder wie du bist. Wo ich doch dein Bauch hör.

133

LEN Ich hab schon öfters maln leeren Bauch gehabt. Das heißt noch lang nicht, daß ich durchdreh. Aber wie du anfängst und jammerst mir was vor von Kohldampf, da –

JOYCE Zieh mich bloß nicht mit rein, Schatz.

LEN Sagen, wies war, ist nicht reinziehn, Schatz.

JOYCE Ach, und das hier ist wohl nurn kleiner Morgenplausch oder was? Jedenfalls, die ganze Schlange dreht sich um und stiert. Woher solln die wissen, daß das nicht mein Bauch war? Nein, ich bin nämlich keine –

LEN Fang bloß nicht damit an.

JOYCE Das hör ich gar nicht.

LEN Du bist ein blöder alter Jammerknochen. Daß dus weißt.

JOYCE O, aber wenn ers Licht ausmacht, hat er andere Namen.

VIKTORIA Das hat Zeit bis zum ärztlichen Gutachten.

LEN Also wir stehn an vorm Alhambra für »Lebendig im Sarg« – klar? Mir knurrt der Bauch, und vor uns steht auf einmal diese verdrückte Type mitm Kopf in der Zeitung – klar? Ich grapsch mir den also bei den Ohren und hol ihn nach hinten, sie knallt ihm kurz mit der Kante von ihrer Tasche übern Hals, und der geht zu Boden wien ausgelaufener Sack – klar? Sie nichts wie drüber mitm Pfennigabsatz, Einstich rumdrehn rausziehn, klasse Nahkampfarbeit, nicht daß sie bei der Armee war, bei der ist das Natur, und er sagt grade noch »He, das mein Platz« und blubbert dann bloß noch wien Baby wenns absäuft, und ich besorg mirn Kanaldeckel ausm Rinnstein und laß ihn auf sein Kopf runter – klar? – und die Schlange geht eins weiter.

JOYCE »Der Polizist im schwarzen Dessous«. Ich weiß das noch ganz genau, weil michn guter Musikfilm immer anspricht.

LEN Bei der kriegste nie recht.

JOYCE Das Schloß von der Tasche war hin. Die machen ja bloß noch lauter Murks. Hat mich schön was gekostet.

VIKTORIA Wer hat ihn zerstückelt?

LEN Könnt ich jetzt nicht mehr sagen. *Zu Joyce.* Weißt du noch wer? Das Messer war meins. Sie hatn Ziehknochen abgekriegt.

JOYCE Ausgezogen hab ich. Die Unterhosen hab ichm drangelassen. Ich bin nicht so für die Sauereien, dies jetzt überall gibt. Toten soll man nichts Schlechtes nachreden, aber bei dem hats wirklich nicht dafürgestanden. Aber ne Abwechslung wars trotzdem. Weißt ja als Hausfrau langsam nicht mehr, wie mal was andres aufn Tisch bringen. Aber Sie brauchen sich ja nicht rumschlagen mitm Wochengeld. Und er mußn natürlich noch überall groß anbieten.

LEN Geht ja auch nicht, dich selber vollfressen, und die andern schaun in Mond, oder? In der Schlange waren ein paar, die haben mit hingefaßt, und das Beil hat mir eine Alte gepumpt, die immer nicht über die Straße gekonnt hat. Da hastn doch anbieten müssen.

JOYCE Wer sagtn was von der Schlange und der Alten. Ich mißgönn keiner Rentnerin was. Ich mein nur, zuerst hatn Bein dagelegen, und bis ich mich rumdreh, ist da keins mehr. Da hat sich einer rangemacht und ist abgehauen damit. Das ist, was ich mein. Noch nicht maln Eintritt hat der gezahlt.

LEN Dann pfeift der Dienstmann, und die Schlange geht weiter.

JOYCE N alter Klaubruder ist das. Braucht mir niemand erklären, wer sich da fettgemopst hat, wie wir drinwaren. Aber drangekriegt hab ichn doch. Ich schieb mir schön was in die Handtasche rein, und wies Licht ausgeht, haben wir nochmal ordentlich zugelangt. Ich steh nicht auf das Zeugs am Stecken, was die dir da immer andrehn wollen. Sitzt am Schluß im Finstern mitm Mund voll Splitter.

LORDKÄMMERER So liegt der Fall.

VIKTORIA Ich fasse zusammen.

ARTHUR Und wo bleibt die Verteidigung?

VIKTORIA Schweig.

ALBERT Es würde sich besser machen.

VIKTORIA Du hast wie immer recht, Albert. *Sie wendet sich an Arthur.* Du verteidigst sie.

ARTHUR Nein, ich dachte, irgend jemand ... *Er zögert.*

VIKTORIA Ich schreite somit zum –

ARTHUR Sind sie von einem Arzt untersucht worden?

ALBERT Ja.

Der Arzt wird angestoßen. Er steht auf. Er hat ein Stethoskop in den Ohren stecken. Pause.

ARTHUR Haben Sie sich die beiden angesehen?

Jemand entfernt das Stethoskop.

Haben Sie sie untersucht?

ARZT Ich habe die Angeklagten einer Untersuchung unterzogen. Ungenau gesprochen, handelt es sich dabei um einen männlichen Angeklagten und einen – ich habe mir seinerzeit Notizen dazu gemacht – *Er findet das Papier in der Tasche und starrt es an. Er merkt, daß er es verkehrt hält. Er dreht es um* – eine Skizze vielmehr – weiblichen.

VIKTORIA So erklären sich die meisten Verbrechen.

Zustimmendes Gelächter.

MENNINGS Es gibt auch andere.

Ein frostiges Schweigen.

ARTHUR Aber haben Sie etwas entdeckt, was uns weiterbringen könnte?

ARZT Gewiß doch. Beide Angeklagte besitzen Mägen.

ARTHUR Und?

ARZT Daraus könnte sich schließen lassen – ich möchte mich nur ungern genauer festlegen – die Angeklagten könnten gelegentlich Dings bekommen – *Zum Stethoskop.* Wie bitte? Verzeihung, ich dachte, es würde gesprochen – äh Bauchgrimmen.

VIKTORIA Eben.

ARZT Ich protestiere! Ich bin mit physischer Gewalt an einer Autopsie gehindert worden. Wäre mir volle akademische Freiheit zugestanden worden, meine Beweise hätten sie an den Galgen gebracht! *Er setzt sich.*

VIKTORIA Ich fasse zusammen: schuldig.

LEN Lege Berufung ein.

VIKTORIA Gewährt.

LEN Ich hab den Kanaldeckel wieder zurückgetan.

JOYCE »Der Polizist im schwarzen Dessous« ist gelaufen. Ich weiß das noch ganz genau, weil ers zuerst mit diesem Richter hat, und dann zieht er sein Dessous aus und erwürgtn damit.

VIKTORIA Die Berufung ist verworfen. Das Urteil des Gerichts lautet: Lebenslängliches Zuchthaus mit anschließender Auslieferung des Leibes an die Ärzte und der Seele an den königlichen Schriftstellerinnenverband.

PFARRER *leise:* Heureka.

LEN & JOYCE *singen:*
    Lord George hat meinen Vater gehenkt
    Und Paps fiel hinunter ins Loch
    Doch er hat sich nur hin und her geschwenkt
    Und sein Hals hat sich einfach nicht ausgerenkt.
    Da schaut der Lord George hinunter ins Loch
    Und sagt, Na Junge was wartest du noch
    Doch der hat sich nur hin und her geschwenkt
    Ihr henkt meinen Paps nicht so schnell wie ihr denkt.

Es entsteht ein Tumult.

VIKTORIA Bringt sie auseinander.

Len und Joyce werden getrennt. Man erkennt, daß sie mit Handschellen aneinandergeschlossen sind.

ARTHUR Nein. *Er geht auf sie zu. George folgt ihm widerstrebend. Arthur bleibt vor dem Kleiderstoß stehen.* Sie sind aneinandergefesselt!

LEN Sie sieht mich eben gern aus der Nähe.

ARTHUR Warum haben Sie ihn umgebracht?

LEN Wenn der sich vordrängelt beim Anstehn.

ARTHUR Warum?

LEN Istn Hobby von ihm.

FLORENCE George steht zu nahe dabei.

VIKTORIA Seien Sie unbesorgt, Florence. Ich kümmere mich um Sie.

ARTHUR Warum haben Sie ihn umgebracht?

LEN Was solln die Fragerei? Ich laß mich doch hier nicht anöden!

ARTHUR Sind das auch sicher seine Kleider?

LEN Klar doch.

JOYCE Mister Hobson seine.

ARTHUR Schuhe. Socken. Hosen. Unterhosen. Unterhemd. Hemd. Trenchcoat. Keine Krawatte.

LEN Wie er dasteht.

ARTHUR Warum haben Sie ihn umgebracht?

LEN Wie oft soll ichs denn noch sagen! Schuhe sind seine! Hosen sind seine! Hemd ist seins! *Er fußballt die Kleider zu Arthur hin.* Ich habs eben gemacht! Ende!

ARTHUR Die Manschettenknöpfe fehlen.

LEN Kapier doch, Mensch! Seine Sachen sind das! Seine! Ich kann genausogut wie du ein Ding drehn! Mit dir nämlich auch, Kollege! Dich krieg ich noch zweimal!

GEORGE *zu Arthur:* Hoffentlich ist deine Neugier jetzt gestillt.

ARTHUR *zu Len:* Warum haben Sie ihn umgebracht?

FLORENCE George!

VIKTORIA Sie zittern ja. Sie sind noch so jung. Kommen Sie, ich bringe Sie fort.

JOYCE Hör jetzt mit dem Gequassel auf. Du kriegst noch mal Schererein damit.

FLORENCE Mein Arm!

VIKTORIA Aber Liebste, ich werde Ihnen doch nicht weh tun.

Viktoria geht mit Florence hinaus. Len und Joyce werden die Falltür hinuntergeschafft. Len singt im Abgehen ›Lord George‹. Arthur, George und Albert bleiben zurück.

GEORGE *zeigt auf Arthur:* Typisch.

ARTHUR *hält den Trenchcoat hoch:* Kann ich das noch eine Weile behalten?

ALBERT Von mir aus.

ARTHUR Jetzt wird Mutter das Schlangestehen verbieten.

ALBERT Und Filme auch. *Er wendet sich zur Falltür.*

ARTHUR Ich habe das Rätsel gelöst.

ALBERT *überrascht:* Das dachte ich mir.

FLORENCE *draußen:* George!

GEORGE *ruft:* Ja!

ALBERT Komm nicht zu dem Picknick.

GEORGE Ich gehe hin!

ARTHUR *zu Albert:* Warum nicht?

ALBERT Laß nur. Ich wollte nichts weiter damit sagen ...
Geht ab durch die Falltür.

FLORENCE *draußen:* Oh!

ARTHUR Ich komme mir vor, als hätte ich zuviel gegessen.

GEORGE Ich will davon nichts hören! *Er will hinaus. Ruft:* Florence?
Sie gehen ab.

Fünfte Szene

Der Große Park von Windsor. Ein Korbstuhl. Ein Eßkorb mit Decke. Die Herren tragen Hosen und bunte Jacken aus Flanell und Kreissägen. Nur die Diener und der Lordkämmerer sind anders gekleidet, dieser in Amtstracht oder Uniform.

Florence kommt langsam herein.

FLORENCE *aufgelöst:* Ich bin umgewandelt. Königin Viktoria hat mich vergewaltigt. Ich hätte nicht im Traum gedacht, daß das geschehen kann. George wird es erfahren. Er wird sich vor mir ekeln ... Mich überkommen böse Gedanken. Ihre Beine sind voller glänzender schwarzer Haare.

Lord Mennings tritt auf. Er hat eine silberne Hüftflasche in der Hand.

MENNINGS Allein?

Schüsse von fern.

FLORENCE Was war das?

MENNINGS Schüsse. Fehlt Ihnen etwas?

FLORENCE Nein, nein.

MENNINGS Ich finde Picknicks schön. *Lacht.* Auch ein Schluck?

FLORENCE Nein. Nein.

MENNINGS *gießt sich aus der Hüftflasche ein:* Prösterchen!

FLORENCE *bevor er trinken kann:* Ich wünsche den Stuhl dort.

MENNINGS *überrascht:* Jawohl. *Er bringt ihr den Stuhl. Sie setzt sich.* Sie sind müde?

FLORENCE Geben Sie mir das.

Er gibt ihr den Becher. Sie zieht sich einen Schuh aus und schüttet den Inhalt hinein.

MENNINGS *auf den Knien:* Ich wußte es! *Er küßt ihr den Schuh am anderen Fuß.* Gebieterin!

FLORENCE Sie wagen mich ohne Erlaubnis zu berühren. Mir gehören alle Schuhe der Welt!

MENNINGS Ich bin schlecht.

FLORENCE Keine Entschuldigungen! Sie sind ein verkorkster kleiner Perverser. Ich werde Ihre Lippen ausbrennen lassen, wo sie mich berührten.

MENNINGS Ah, Schuh-Marschallin!

FLORENCE Legen Sie meine Marschwaffe zur Erde nieder.

139

Er gehorcht.
Trinken Sie.
Er fängt an, wie ein Hund zu trinken. Sofort.
Haben Sie Ihre Danksagung gesprochen?
MENNINGS Ich habe mich versündigt.
FLORENCE Ich entziehe Ihnen alle Schuhe.
MENNINGS Nein. Nein. Mehr! Noch einen Tropfen.
FLORENCE Ein halber Tropfen kann Ihnen vielleicht noch zugestanden werden.
MENNINGS O gnädigste Boss-Herrin!
Viktoria und der Lordkämmerer treten im Hintergrund ein.
Darf – darf –
FLORENCE Sie stottern?
MENNINGS Darf-ich-aus-der-Schuhspitze-schlürfen?
FLORENCE Aber erst auf drei. *Sie hält ihm den Schuh über den Mund, die Spitze nach unten.* Eins – zwei – dr...
Es tröpfelt ihm in den Mund. Er windet sich.
VIKTORIA Das bringt mich darauf, wie durstig ich bin.
Florence ist aufgestanden. Lord Mennings liegt am Boden. Viktoria kommt nach vorn und nimmt Florence den Schuh ab. Zu Florence: Bitte gießen Sie mir ein.
FLORENCE Ich möchte nach Hause. Ich habe einen Schwächeanfall gehabt.
VIKTORIA Ich bin durstig.
Florence gießt den Schuh voll.
LORDKÄMMERER Ma'm, ich könnte einen Becher besorgen.
VIKTORIA Lordkämmerer, Sie sind wie der Bischof, der jedesmal Amen sagte, wenn er bei seiner Frau gelegen hatte. Sie ist frigide geworden. *Zu Florence.* Prost. *Sie trinkt aus und wirft den Schuh über die Schulter.*
FLORENCE Mein Schuh... *Sie geht nach hinten und sucht.*
MENNINGS *hebt sich auf alle viere und beobachtet Florence:* Mein Schuh...
VIKTORIA Lord Mennings, man kommt. Ich werde Sie auspeitschen lassen.
MENNINGS Danke, Ma'am-Herr-Herr. Von der Schuh-Trägerin...
VIKTORIA Unglaublich. *Sie schlägt mit einer Klappe eine Fliege tot.* Achtzehn.
Albert, George und Arthur treten auf. Albert trägt ein Gewehr,

George zusammengebundene tote Vögel.

ALBERT Hast du auch genug Schatten, Liebes?

VIKTORIA Gerade richtig.

Len, Jones und Griss treten in ländlicher Verkleidung auf. Viktoria drückt Alberts Hände an die Brust.

Was für hübsche Kostüme!

Die Verkleideten breiten das Picknick aus.

ARTHUR Warum hinkt Florence? Sie ist doch erst seit einer Woche bei uns.

VIKTORIA Sie hat einen Schuh verloren.

ARTHUR Möchten Sie tanzen?

FLORENCE Tanzen?

ARTHUR *sarkastisch:* Sie tanzen mit einem Schuh und ich mit vier Beinen. Man nennt das ein Hinkerchen.

FLORENCE Davon habe ich noch nie gehört.

ARTHUR Ein neuer Tanz zu Ehren eurer Verlobung. Sie ist sehr gut erzogen. Sie tanzt nur auf Hymnen.

FLORENCE Warum ist er so unhöflich zu mir?

ARTHUR *überrascht:* Unhöflich?

FLORENCE Ich kann meinen Schuh nicht mehr finden. *Sie geht nach hinten.*

Arthur und George stellen sich zu Albert neben den Korb. George legt die Vögel weg.

VIKTORIA *laut:* Ich glaube, dorthin ist er geflogen . . . *Sie nimmt Florence beiseite.* Freddy –

FLORENCE George wird denken –

VIKTORIA Liebling.

FLORENCE Nein.

VIKTORIA Sag Viktor zu mir.

FLORENCE Nicht hier.

VIKTORIA Heute nacht.

FLORENCE Nein.

VIKTORIA Ich hatte noch nie ein Mädchen mit so tiefen Gefühlen. Meine Ehrenjungfrauen hast du ja gesehen. Du weintest, als es kam.

FLORENCE Viktor.

VIKTORIA Der Augenblick wird mir immer teuer bleiben, als ich spürte, daß du noch Jungfrau warst. Willst du etwas mir zuliebe tun?

FLORENCE Ja, ja.

VIKTORIA Töte meinen Mann.

FLORENCE Warum?

VIKTORIA Er will mich umbringen.

FLORENCE Das ist gemein.

VIKTORIA Ach, bei einem Ehemann ist man darauf gefaßt. *Sie schlägt eine Fliege tot.* Zwanzig. Er wird jetzt gleich den Treuetrunk ausbringen – eine seiner pompösen Angewohnheiten. Du reichst ihm das Glas – und schüttest das Pulver aus diesem Ohrring hinein. *Sie nimmt den Ohrring ab und gibt ihn Florence.* Niemand wird dich verdächtigen. Du siehst viel zu unschuldig aus.

FLORENCE Hübsch ist der.

VIKTORIA Trag ihn, und ich trage den anderen. Dann sind wir Blutsbrüder.

FLORENCE Viktor, ich kann dir nichts abschlagen. Aber ist es denn nicht unrecht, jemand zu töten?

VIKTORIA Du wirst nie deinen Charme verlieren, weil du innerlich so sauber bist.

GEORGE *ruft:* Florence, was treibst du?

VIKTORIA *ruft zurück:* Frauensachen. *Zu Florence.* Bis heut nacht. *Viktoria und Florence gehen zu den übrigen. Laut.* Eine Hitze ist das! Sie müssen alle sehr durstig sein.

GEORGE Florence, dir fehlt doch nichts?

FLORENCE Nein.

GEORGE Die Gerichtsverhandlung war zuviel für dich.

FLORENCE Ja.

GEORGE Hat Mutter dich darum hinausgeführt?

FLORENCE Ja. Ich bin ohnmächtig geworden.

GEORGE Aber warum hast du geschrien?

VIKTORIA *schlägt zu, um George zu unterbrechen:* Einundzwanzig! Ach, nur zwanzigeinhalb. Einmal habe ich es auf 187 gebracht. *Schlägt zu.* Einundzwanzig.

ALBERT Ich möchte einen Trinkspruch ausbringen. *Er hat ein volles Glas in der Hand.*

VIKTORIA Liebster, trink doch aus Florries Schuh.

GEORGE Nein!

ALBERT Aber selbstverständlich! Ihr jungen Leute habt keinen Sinn mehr für romantische Bräuche.

Florence hält den Schuh. Einer der Verkleideten gießt ein.

VIKTORIA Voll.

Der Verkleidete gießt nach. Florence schüttet das Gift hinein und bringt den Schuh Albert. Viktoria schlägt mit der Klappe zu. Dreiundzwanzig! Zwei auf einen Streich!

ALBERT Meine Damen und Herren, gewöhnlich bringe ich Ihnen einen Treuetrunk aus. Statt dessen bringe ich Ihnen heute – Florence. Und dann wollen wir den Schuh reihum gehen lassen wie einen Liebeskelch.

Viktoria bekommt einen Hustenanfall.
Er trinkt. Viktoria. Er bietet ihr den Schuh an.

VIKTORIA Ich habe das Gelübde abgelegt. Ich trinke nicht. Ich bin Abstinenzlerin. Trunksucht ist der Ruin meines Landes.

ALBERT Aber du wirst doch auf unsere Schwiegertochter trinken!

Lord Mennings steht auf und rennt auf Albert zu. Wie er an dem Verkleideten vorbeikommt, zieht Len rasch eine Pistole heraus. Lord Mennings greift nach dem Schuh und trinkt.

MENNINGS Nachtigallen! Adler! Kondorvögel!

FLORENCE Er hat alles ausgetrunken.

Gelächter. Len will die Pistole wieder verstecken.

GEORGE Der Mann dort ist bewaffnet!

LEN Halt doch mal still.

VIKTORIA Verrat!

ALBERT *geht zu Len:* Bitte geben Sie mir diese Pistole. *Beiseite.* Erschießen Sie sie, Idiot!

LEN Also was jetzt.

Arthur stellt sich vor Viktoria.

JONES Hauptquartier anpeilen, Sir?

ALBERT Hauptquartier?

GRISS Anweisung verstanden. *Er verwandelt den Eßkorb in ein Sprechfunkgerät, indem er eine Antenne herauszieht und Kopfhörer anschließt.* Tote Königin an Hauptquartier. Hören Sie mich? Bitte kommen.

LORDKÄMMERER Das ist ja erstklassig vorbereitet.

JONES *zu Griss:* Kriegst du was rein?

GRISS Tote Königin an Hauptquartier.

LEN *zu Arthur:* Geh da mal weg, Kleiner.

ARTHUR *zu Albert:* Du hast gesagt, sie wird nicht umgebracht!

ALBERT Aber ich habe keine Ahnung, was hier vorgeht! Du hast selbst gesehen, wie ich ihm die Pistole abnehmen wollte. Er ist außer sich vor Rachedurst.

VIKTORIA Lügner! Das ist dein Werk!

GRISS Tote Königin an –

ALBERT Räumen Sie doch das verdammte Ding weg!

JONES Er muß doch die Funkverbindung herstellen, Sir.

GRISS Die warten sich dort alle schon blau.

VIKTORIA *leise:* George, sieh zu, daß er weiterredet.

ALBERT *leise zu Len:* Schießen Sie, oder ich bringe Sie vors Standgericht!

LEN Wie soll ichn das anstellen, wenn sich der genau vor sie hinpflanzt? Sie haben gesagt, alle nur den nicht.

VIKTORIA Ich bin bereit zu sterben. Ich werde eine Abschiedsrede halten. Ich brauche dreißig Minuten, um meine Gedanken zu ordnen.

ALBERT Arthur, ich bin dein Vater. Hilf mir!

ARTHUR Ein Lügner bist du!

ALBERT Ich führe eine Revolution an. Da muß man lügen. *Er schaut auf die Uhr.* Mir wird übel.

VIKTORIA Endlich! Du bist vergiftet.

MENNINGS Der Schuh!

FLORENCE Das kann nicht sein.

ALBERT *schwankt:* Es tut weh.

GRISS Tote Königin an Hauptquartier.

JONES Probier den andern Kanal.

Albert fällt um.

VIKTORIA Nehmt ihm das Hosenband ab.

LORDKÄMMERER *geht zu Albert:* Ich bitte um Verzeihung. *Er versucht das Ordensband abzumachen. Albert wehrt sich. Der Lordkämmerer schlägt mit seinem Hut auf ihn ein.* Ich will es nur für Sie in Verwahrung nehmen, Sir. *Er nimmt das Ordensband ab.*

GRISS Jetzt krieg ich was rein.

VIKTORIA *schlägt zu:* Vierundzwanzig.

Lord Mennings fällt um.

Ich schlage heute noch meinen Rekord.

Albert will fortkriechen.

LORDKÄMMERER Soll ich den Fuß auf ihn stellen, Ma'am?

VIKTORIA Lassen Sie ihn weiterkriechen, das Gift zirkuliert dann schneller. Aus Totenbetten kriecht man nicht.

GRISS *zu Len:* Kennst du dich mit den Dingern aus?

Len hält sich einen Kopfhörer ans Ohr.

144

ALBERT *noch immer kriechend:* So schießen Sie doch, Sie –

LEN *horcht weiter:* Du Knallkopf! Du hast Radio Luxemburg drin!

VIKTORIA *tritt hinter Arthur hervor:* Ich bin Schirmherrin des königlichen Tierschutzvereins. Ich kann sie nicht leiden sehen. *Sie erwürgt Albert mit dem Hosenband.*

ARTHUR *will Viktoria wegzerren. George will ihn daran hindern:* Nein! Nein! Hör auf!

LEN *horcht weiter. Schnalzt mit den Fingern:* Das ist meine Lieblingsplatte!

ALBERT Ach ja. *Stirbt.*

VIKTORIA Laß es dir eine Lehre sein. *Sie betrachtet ihre Klappe.* Er hat mir meine Klappe kaputtgemacht!

Arthur kniet neben Albert nieder. Disraeli kommt herein und bleibt hinter Len und den zwei Soldaten stehen.

GRISS *nimmt wieder die Kopfhörer:* Tote Königin an Hauptquartier!

DISRAELI Sie lebt noch!

GRISS Ich hab sie! Ich hab sie drin! *Ins Mikrofon:* Kleine technische Störung, Sir. Verzögerung bei der –

DISRAELI Ich bin hier!

Len und die Soldaten drehen sich zu Disraeli um. Sie nehmen Haltung an. Griss salutiert. Viktoria hebt Alberts Gewehr auf. Sie zielt damit auf Disraelis Rücken. Sie kommt mit der Sicherung nicht zurecht. Len sieht sie, läßt seine Pistole fallen und hebt die Hände hoch. Es gibt keine weiteren Waffen auf der Bühne.

LEN Bitte sprechen zu dürfen, Sir.

DISRAELI Abteilung Stillstann!

ARTHUR *löst das Ordensband von Alberts Hals:* Armer Narr.

LEN Bitte sprechen zu –

DISRAELI *zu Jones:* Meldung!

JONES Tote Königin meldet vollzählig angetreten und –

DISRAELI Sie ist doch gar nicht tot!

JONES Funkgerät ist baden gegangen, Sir!

LEN Bitte sprechen zu –

JONES Kein Saft mehr, Sir!

DISRAELI Ich muß hier anscheinend –

LEN Tschuldigung Sir, aber sie zielt mitm Gewehr auf Sie.

DISRAELI *dreht sich zu Viktoria um:* Ein Gegenangriff. Ich hole

Verstärkung. *Ab.*

VIKTORIA *zeigt auf Lens Pistole am Boden:* Er hat die Pistole fallenlassen! Hebt sie auf!

Len und George stürzen sich gleichzeitig darauf. Viktoria drückt auf Len ab. Das Gewehr klickt.

GEORGE Du mußt entsichern!

Len und George erreichen die Pistole gleichzeitig. Sie geraten zusammen mit Arthur in ein unübersichtliches Handgemenge am Boden.

VIKTORIA Wo entsichert man es?

Viktoria und Florence betrachten das Gewehr. Die Soldaten packen das Funkgerät ein.

FLORENCE Da vielleicht?

VIKTORIA Ja. *Sie drückt ab. Der Schuß geht über den Köpfen der Soldaten los.*

GRISS Sie kommen immer näher ran.

JONES Besser wir melden das. *Jones und Griss gehen ab.*

George, Arthur und Len wälzen sich langsam am Boden. Viktoria umkreist sie und versucht, mit dem Gewehr auf Len zu zielen. Florence will ihm mit der zerbrochenen Fliegenklappe eins draufgeben.

LORDKÄMMERER *bürstet sich die Amtstracht mit einer kleinen Handbürste ab:* Ich stehe sogleich wieder zur Verfügung. Als ich dem hohen Verblichenen mit künstlicher Atmung behilflich war, hat er ohne Absicht meine Kleidung beschmutzt. Wer nicht schmuck und rein zu Felde zieht, wird niemals siegen. Ein Wachsoldat mit gewichsten Stiefeln ist fünfzig amerikanische Raketen wert.

Draußen ertönt eine Trillerpfeife.

VIKTORIA *stößt mit dem Fuß:* Bist du das, George?

Im Gemenge am Boden fällt ein Schuß. Sie hören auf zu ringen. Sie fallen auseinander.

ARTHUR *stöhnt:* Schmerzen.

FLORENCE Arthur ist getroffen!

LEN *schaut sich nach den Soldaten um:* Die sind doch verdammt abgehauen. *Er geht hinaus.*

VIKTORIA George ist doch nichts passiert?

George hält sich den Kopf. Arthur hebt ihn hoch. Er ist blutüberströmt. Draußen ertönt eine Trillerpfeife.

ARTHUR Er hat die Kugel abbekommen. Ich kann seine Schmer-

146

zen spüren.

DISRAELI *draußen:* Im Laufschritt marsch!

VIKTORIA Ich dachte mir doch, daß alles zu glatt geht. *Arthur krümmt sich heftig zusammen. Zu Florence.* Wir müssen fliehen.

FLORENCE Ich kann George nicht allein lassen.

VIKTORIA *drängt Florence hinaus:* Schnell. Sonst werden wir erschossen.

Draußen ertönt eine Trillerpfeife. Viktoria und Florence gehen ab.

MENNINGS *hebt den Schuh an den Mund:* Wenn schon sterben, dann wenigstens ein schöner Tod. Der letzte Tropfen!

LORDKÄMMERER Mir obliegt es, dem Staatsoberhaupt zu dienen. Aber wer ist das Staatsoberhaupt? Ungewißheit führt stets zu schlechter Amtsausübung. Ich werde mich einige Wochen zu Bett legen. Bis dahin sind meine Pflichten wieder klar. *Er verbeugt sich vor George und geht hinaus.*

George ist vor Schmerz ohnmächtig. Sein Kopf liegt an Arthurs Brust. Arthur hat die Augen geschlossen. Einige Soldaten kommen herein. Sie tragen Gewehre. Disraeli tritt auf.

MENNINGS *mit leiser werdender Stimme:* Schuh. Schuuh. Schuuuh. *Er stirbt.*

DISRAELI Die Jagdstrecke heute?

Sechste Szene

Ein Zimmer im Schloß Windsor.

Disraeli, der Arzt, George und Arthur. Der Arzt hat einen Verbandskoffer mit dem Roten Kreuz bei sich. George und Arthur sitzen.

ARZT Der Prinz von Wales liegt im Sterben.

DISRAELI Und Prinz Arthur?

ARZT Ich werde ihn durch einen Schnitt befreien.

ARTHUR *schaut George an:* Dann stirbt er sicher.

ARZT Ja. Mein Wort darauf.

ARTHUR Und ich lebe weiter?

Disraeli gibt dem Arzt einen Wink.

DISRAELI Ja?

Ein Offizier kommt herein.

OFFIZIER Sir, draußen sammelt sich der Mob.

DISRAELI Gut.

OFFIZIER Soll ich das Feuer eröffnen, Sir?

DISRAELI Nein. Man bindet den Sack erst zu, wenn er voll ist. Ich komme gleich hinunter.

Der Offizier will gehen.

Ist die Königin gefunden?

OFFIZIER Noch nicht, Sir.

ARZT Er kommt zu sich.

Disraeli entläßt den Offizier mit einer Handbewegung.

OFFIZIER Sir! *Er geht ab.*

ARZT Achten Sie auf meinen Finger. *Er bewegt den Finger vor George hin und her.*

GEORGE *schnappt nach dem Finger. Er beißt daneben:* Knochen.

ARZT Das Gehirn macht nicht mehr mit.

DISRAELI Gut. Dann muß er sein Elend nicht weiter miterleben. *Zu Arthur.* Damit sind Sie König. Der Mob steht vor den Türen. Ich werde den Erlaß gegen Öffentlichen Aufruhr in Ihrem Namen verlesen.

Man hört die Volksmenge von fern.

ARTHUR Ich lasse die Rechte meines Bruders nicht beschneiden.

DISRAELI *nach einer zornigen Pause:* Wie Sie wünschen. *Ruft.* Offizier! *Zu Arthur.* Bisher sagten Sie immer, Sie wollten ihn los

sein.
Der Offizier kommt herein.
DISRAELI Wie steht es?
OFFIZIER Sie werfen mit Steinen.
DISRAELI Ich komme hinunter. Doktor, Sie bleiben hier und behandeln Ihre Patienten weiter. *Zum Offizier.* Verstärken Sie die Wachen vor dieser Tür. Wir müssen Ihre Hoheiten beschützen.
OFFIZIER Sir.
Disraeli und der Offizier gehen ab. Der Arzt öffnet seinen Koffer.
ARZT Ich gebe Ihnen eine Spritze.
ARTHUR Nein.
ARZT Sie haben Schmerzen.
ARTHUR Jetzt nicht mehr.
ARZT Als behandelnder Arzt muß ich –
Zerbrechendes Glas. Die Volksmenge klingt weniger weit entfernt.
Was ist das?
ARTHUR Glas.
ARZT O.
ARTHUR Als Nächstes brechen sie die Türen auf.
ARZT Sie klingen wie Tiere.
ARTHUR Sie beruhigen sich wieder, sobald sie jemanden gelyncht haben.
ARZT Nach dem Lynchen brauchen sie Totenscheine. Gibt es einen Hinterausgang?
ARTHUR Am Ende des Korridors.
ARZT Die Wache wird sich um Sie kümmern. *Er geht ab.*
GEORGE *ängstlich:* Schnitt.
ARTHUR Nein.
GEORGE Brotbrett.
ARTHUR Komm.
GEORGE Messerbrett.
ARTHUR Wir fliehen durch den Geheimgang.
GEORGE Schnitt.
ARTHUR *macht die Falltür auf:* Bald gehts dir wieder gut. Es ist nicht schwer. *Er setzt sich auf die Kante der Falltür. Er stöhnt auf.* Verdammt. *Er klettert hinunter.*
GEORGE *im Hinuntergehen:* Schnitt... Schnitt... Schnitt.
Arthur stützt ihn. Sie gehen ab.

Siebte Szene

Der Große Park von Windsor.

Eine Lynchmeute tritt auf. Gladstone, Joyce, Jones, Griss und Len. Len hat die Arme auf den Rücken gefesselt. Er trägt Beinschellen. Er humpelt und hüpft hinein.

GRISS Für was ist er dran?

JONES Fertigmachen.

JOYCE Fertig mit Zubehör.

JONES Wer hatn die Schnurrolle?

GLADSTONE Moment, Kameraden. Erst die Verhandlung.

GRISS Pfeif doch auf die Verhandlung.

GLADSTONE Ohne Verhandlung wirds ungesetzlich. Ihr wollt euch doch hier nicht aufführen wie gewöhnliche Kriminelle. Zuerst verhandeln, dann vollstrecken; ihr braucht bloß in euer Buch reinzuschauen. Also, was liegt gegen ihn vor?

JONES Er – *Er gibt Len einen Stoß* – hat das Luder laufen lassen – *Er gibt Len einen Stoß* – und dabei haben wir sie grade –

GRISS Jawohl.

JONES – richtig vor ihn hinbugsiert gehabt. *Er gibt Len einen Stoß.*

GLADSTONE So, Kleiner, laß mal hören, was du dazu meinst. Kannst dich ruhig aussprechen, bei uns hier gibts keine totalitären Mätzchen. Aber faß dich kurz. Wir wollen nicht, daß unsere Kameraden Überstunden machen, wie? Die haben ihre Freizeit genauso nötig wie du.

JOYCE Ich war eine unberührte neunfache Mutter und der hat mich verführt. Er hats bei mir klingeln lassen und da hab ich auf meine Mutterschaft vergessen. Fünf sind gestorben. Ich will meine Kinder wieder!

GLADSTONE Ein altes Lied.

JOYCE Kastriert gehört er.

GRISS Kastriert außerdem noch.

JOYCE Und zwar von der Geschädigten.

JONES Das muß ich sehen.

GLADSTONE Steht das auch im Buch, Kameraden?

GRISS Pfeif doch auf das Buch!

GLADSTONE Immer mit der Ruhe, Kameraden. Vorschriften sind zum Einhalten da. Ein Fingerbreit vom graden Pfad, und du weißt nicht, wo du reintrittst. Wir gehen richtig vor und stimmen ab über eine Zusatzvorschrift. Wer ist für Kastrieren? *Alle heben die Hände.*

GRISS Eine Stimme ist so gut wie die andere.

JOYCE Gleiches Stimmrecht für die Frau.

GLADSTONE *zählt stumm die Hände ab:* Kastrieren ist angenommen. Vorschrift 98.

JOYCE Und zwar von der Geschädigten.

GLADSTONE *zählt stumm die Hände ab:* Angenommen. Untervorschrift 98 Absatz eins. Okay, Kinder. Vom Buch her haben wir damit klare Verhältnisse. *Zu Len.* Jetzt vertritt du mal deine Sache.

GRISS Und dann tritt dich gleich was anderes.

GLADSTONE Langsam, Kamerad. Jetzt übertreibst du – das verdirbt doch bloß den Spaß. Reg dich ab. *Zu Len.* Also. Kleiner? *Len spuckt ihn an. Jones schlägt ihn nieder und stellt ihm den Stiefel auf den Mund.*

JONES Jetzt spuck da drauf. Kanns Putzen vertragen.

GLADSTONE Danke, Kamerad. Das Spucken macht mir nichts aus – kann ja vorkommen im Zorn – aber du hast recht, wo bleibt sonst die Würde des Gerichts. Aber am Wickel hat er uns trotzdem. Bevor er uns keine Darstellung aus seiner Sicht gibt, wirds nichts mit dem Aufhängen. Vorschrift 53. *Er wendet sich an Len.* Kamerad – *Len spuckt ihn wieder an.*
Du spuckst noch aus den Fingernägeln, bis ich mit dir fertig bin. *Zu Jones.* Mach ihm mal die rechtliche Lage klar, Kamerad.

JONES Machen wir, Alter. *Er stellt Len wieder auf und tritt ihm gegen die Schienbeine.*

GLADSTONE *geht auf der Bühne auf und ab:* Das Leben! Das Leben! Der Sperling stirbt, der Berg zerfällt zu Staub, wir spucken in den Wind und der weht uns die Asche zurück ins eigene Gesicht.
Griss gibt Len einen Tritt.
Was seh ich da mit meinen Blinkerchen? Das kannst du doch nicht machen, Kamerad. Denk an deine Uniform!

GRISS Wieso Uniform? Ich kann meine Pflicht genauso tun wie der. Dann macht eben eine neue Vorschrift.

GLADSTONE Nicht zweimal am selben Tag, Kamerad. Vorschrift neunzehn. Fahr langsam, und wenn du umdrehst, stößt du nicht mit dir zusammen. Wer hat hier so was wie ein Schneuztuch?

Joyce gibt ihm ein Taschentuch.
Danke, mein Schatz. Ich habs gern, wenn sich meine Frauen-
zimmer sauberhalten. *Er bindet Griss das Taschentuch um den
Arm.* Mit einer Armbinde ist das schon was andres, Kamerad.
GRISS Dank auch schön, Alter. *Er salutiert.*
GLADSTONE Jetzt seht aber auch zu, daß ihr ein bißchen Gruppen-
arbeit auf die Beine stellt. Vier Füße sind besser als drei.
*Die Soldaten fangen wieder an, Len zu treten. Gladstone geht
auf der Bühne auf und ab.*
Die Zeit! Die Zeit! Auf einmal sind die Vögel da, es lenzt, auf
einmal bauen sie ihr Nest, auf einmal brüten sie, die Jungen
werden flügge, ein paar Tage nur und sie sind fort, die Sense
rauscht durchs Korn, die Birne reift und der alte Bauer lehnt auf
seiner Harke, auf einmal schaut er auf und da, es wintert, der
Schädel steht schon auf dem Fenstersims.
JOYCE Der müßt beim Fernsehen sein. Der wär ideal für das Wort
zum Sonntag. *Len stöhnt.*
GLADSTONE Hat er was gesagt?
GRISS Nee. Was gebrochen.
GLADSTONE Ich bin bestimmt der letzte, der andere bei der Arbeit
kritisiert. Ihr kennt mich ja, Kameraden. Aber ihr seid mir zu
schnell aus dem Häuschen. Ihr baut das nicht richtig auf. Laßt
euch mal was von einem alten Hasen zeigen – oder soll ich sagen,
von einem alten Trampeltier.
JOYCE Der ist zum Wimmern.
GLADSTONE Also der Trick ist der: du arbeitest aus dem Schenkel
heraus und läßt die Spitze durch den eigenen Schwung reinhau-
en. Auf die Weise pumpst du dich nicht so aus und hältst dann
länger durch. *Er macht es vor, ohne Len wirklich zu treten.* Paßt
mal auf meine Zehen auf. Immer schön im rechten Winkel zum
Ziel bleiben. Das andere sieht vielleicht besser aus, aber das ist
äußerlich, innen bleibt dir dabei alles heil. Dann die Atmung:
ein, wenn du reinhaust, aus, wenn du rausgehst. Klar? *Er holt
mit dem Stiefel aus.* Raus – Schenkel – Zehen – rein! *Er tritt Len
einmal.* Kinderspiel.
GRISS Von gestern ist der auch nicht.
JOYCE Ich helf mit.
GLADSTONE Du hältst dich mal schön zurück, mein Schatz.
JOYCE Gleiche Rechte für die –
GLADSTONE *erklärt es ihr:* Ich kann nichts dafür, aber die Uni-

form.

JOYCE Ich hab keine Armbinde, aber eine Beinbinde hab ich. *Sie zeigt ihm den Strumpfgummi.*

GLADSTONE Ein bißchen frei ausgelegt, aber für den Notfall kanns durchgehen.

JONES Für meinen Notfall bestimmt.

GLADSTONE Läßt du sie eine kleine Einlage machen?

JONES Ich kann ihr selber ne Einlage machen.

JOYCE *stellt sich in die Reihe:* Ich find das zum Kugeln.

GLADSTONE Eins, zwei, drei!

Sie treten Len.

GLADSTONE Halt!

JOYCE *tritt Len:* Du fettköpfiger, widerlicher Totmacher! Von dir wird gleich nichts mehr übrig sein zum Kastrieren.

GLADSTONE Später, mein Schatz.

Sie hören mit den Fußtritten auf.

Zuerst muß ein Baum her. Soll alles seine Ordnung haben.

Sie treten Len im Hinausgehen.

Achte Szene

Eine Waldlichtung. Die Bühne ist leer bis auf einen großen flachen Grabstein.

George und Arthur treten auf. George sieht fahl aus.

GEORGE Essen.

ARTHUR Da war eine Schlacht. Peng-Bum, weißt du noch? Wir müssen weiter.

GEORGE Essen. *Er bleibt stehen.*

ARTHUR Nein.

George rührt sich nicht. Arthur ist zu erschöpft, um ihn noch viel herumzuzerren.

Also gut. Seit einer Stunde höre ich keine Kanonen mehr. Setz dich.

Sie setzen sich auf den Grabstein. Arthur zieht einen kleinen Kuchen aus der Tasche. George greift hastig danach.

Halt! *Arthur bricht den Kuchen entzwei und gibt George etwas davon.* Langsam! *George schlingt das Stück in sich hinein. Sogleich erschlafft sein Mund. Der Kuchen bröckelt ihm auf die Brust.*

Iß.

GEORGE Schlafen.

ARTHUR Du warst doch hungrig!

GEORGE Schlafen.

ARTHUR Wenn du nichts ißt, kannst du nicht laufen. Du lebst von meinem Herzen – und jetzt auch noch von meinem Magen! *Er hebt die Kuchenstücke auf, die George zu Boden hat fallen lassen, und ißt sie auf.* Der Kuchen schmeckt gut. Viele Leute haben nichts.

GEORGE Schlafen.

ARTHUR *sieht sich um:* ... Ich bin selber müde. *Er bohrt George den Kuchen wieder aus dem Mund und nimmt ihn in die Hand. George legt sich hin.* Gute Nacht. Hier ist es wenigstens still. *Er deckt George mit einem Mantel zu. Er ißt den Kuchen aus der Hand. Er starrt vor sich hin und kaut dabei beiläufig.*

GEORGE Hic... *Pause.* Müde. Kalt. Weh. Schlafen. Essen. Krank. Schnitt. Tot. Hic. Jacet...

ARTHUR Hic jacet... *Er liest die Inschrift auf dem Grabstein.*

Hier liegt unser Vater begraben. *Er richtet sich halb auf, aber George rührt sich nicht.* Wir sind im Kreis gelaufen. *Er will aufstehen.*

GEORGE Kalt. Kalt!

Albert steigt aus dem Grab. Er ist in ein braunes Leichentuch gehüllt.

GEORGE ... Wa ... *Er sieht Albert.* Der Tod ist da! Der Tod läuft rum! Fort!

ALBERT Sei still. – Keine Blumen, Arthur? Ich habe lange gewartet.

GEORGE Fort!

ALBERT Hör es dir an! *Er winkt Arthur zum offenen Grab her.*

ALBERT Das ist die Grube. Dort liege ich, und ihr stampft über mich hinweg ohne Ende. Niemals ist Frieden. Die Lebendigen suchen die Toten heim. Du wirst es noch sehen. *Er hebt die Arme. Es sind schwere Ketten daran befestigt, die im Grab enden.* Die schleppe ich hinter mir her. Hilf mir.

ARTHUR Wie? Wie?

ALBERT Töte die Königin. Werde du König. Laß mich in Frieden sterben.

ARTHUR George ist König.

ALBERT Töte auch ihn.

ARTHUR Nein!

ALBERT Dazu bist du doch hierhergekommen.

ARTHUR Nein! Es war ein Versehen. Wir sind im Kreis gelaufen –

ALBERT Es war Absicht. Du wolltest, daß ich ihn von dir abschneide!

George wimmert. Albert steigt während der folgenden Rede langsam vom Grabstein herab. Man hat mir ein Staatsbegräbnis gegeben. Die Königin hat mein Testament geändert, ohne daß ich etwas davon wußte. Sie schrieb hinein, daß man mir die Hände über dem Bauch falten und eine Bibel dazwischenlegen sollte. So haben sie mich auch aufgebahrt, aber als sie die Augen schlossen beim Beten, habe ich die Hand ausgestreckt und mir mein Schwert geholt. Mit einer Bibel in der Hand richtest du im Himmel nichts aus! *Er zieht aus dem Leichentuch sein Schwert hervor. Es hat keine Scheide.*

ARTHUR Nein.

ALBERT Du warst der erste im Schoß deiner Mutter. Sie schrie und wand sich, bis sich dein Bruder vor dir den Weg ins Freie erkämpft hat.

GEORGE Fort!

*Albert stöhnt, schüttelt sich im Leichentuch frei und führt einen
Hieb. Die Ketten, die noch immer bis ins Grab reichen, behin-
dern ihn dabei. Er stampft und haut nochmals zu.*

ARTHUR *zu George:* Mein Arm! Zerr nicht so!

GEORGE *schreit:* Schnitt! Schnitt!

*Albert haut an George vorbei. Einige Hiebe scheinen ihn zu tref-
fen.*

ALBERT Stirb! Stirb! Stirb!

GEORGE Kikeriki!

ALBERT Tod!

GEORGE Kikeriki!

ALBERT *stellt sich wieder aufs Grab. Er schlingt das Leichentuch
enger um sich.*

Hahnenschrei!

ARTHUR Er wars!

ALBERT Hahnenschrei! *Er schlägt wild um sich.*

GEORGE Bimbam. Bimbam.

ALBERT Glockenschlag!

George kichert vor Angst.

Glockenschlag! Glockenschlag! Mein Schwert ... Mein
Schwert will nicht ... *Es entsinkt seiner Hand.*

ARTHUR Er wars! Geh nicht fort, Vater!

GEORGE Kick-kick-erii!

*Albert versinkt im Grab. George schaut ihm nach. Bimbam
Glockenstrang, hängt der Mesner an der –*

*Alberts Arm kommt langsam aus dem Grab. Er faßt nach
George.*

ALBERT *unsichtbar:* Ich werde ihn zu Tode ängstigen! *Sein Arm
verschwindet.*

George will weglaufen.

ARTHUR Bleib hier! Er ist fort.

GEORGE *will Arthur wegziehen. Keuchend:* Nein!

ARTHUR Zerr mich nicht!

GEORGE *strebt weg:* Du!

ARTHUR Er ist fort!

GEORGE *strebt weg:* Tötest!

ARTHUR Nein!

GEORGE Laß – laß los!

156

ARTHUR *äfft ihn schreiend nach:* Laß los! Laß los!

GEORGE Ich weiß – in deinem Kopf – du warst – froh – Doktor – mich umbringt – aber Angst – Dis – Disra – sagt ihm – dich auch – umbringen – läufst weg – dich selber – retten – nicht mich – du – voller Haß – immer.

ARTHUR Sei still! Ich hör nicht zu! Vater kann dir nichts mehr tun! Er ist tot! Gedacht habe ich es schon – aber ich bin nicht deshalb weggelaufen. Sei still!

GEORGE Tot. *Er stirbt. Pause.*

ARTHUR *schaut auf:* . . . Wie lange bin ich schon hier? Ich muß ihn von mir abschneiden. Dein Blut ist wie Eis. Ich bin frei. Ich bin müde. Ich muß schlafen.

Gladstone, Joyce, Jones und Griss treiben Len mit Fußtritten herein.

GLADSTONE Die Zehen! Paß auf die Zehen auf! Ihr habt den Bogen doch schon rausgehabt! Nicht nachlassen jetzt!

Sie sehen Arthur und George und hören auf.

ARTHUR Was fehlt ihm?

JONES Bis jetzt noch nichts.

GRISS Totschlagen tun wir ihn.

GLADSTONE Gestatten Sie, William Ewart Gladstone. Sie sind wegen Kriegsverbrechens verhaftet.

ARTHUR Rühren Sie mich nicht an. Ich bin krank – mit Bakterien für biologische Kriegführung angesteckt.

GLADSTONE *weicht zurück:* Das sagen Sie nur.

ARTHUR Ich habe es mir auf einem Ihrer Schlachtfelder geholt. Mein Bruder ist daran gestorben.

GLADSTONE Ach, hören Sie doch auf.

JOYCE Nein, sie schauen dann echt so aus. Ich wollte mal neulich zu nem Werbeabend, und da hab ich drei Kleine von mir unters Sofakissen stecken müssen. War einfach keine Zeit mehr, sie ins Bett zu kriegen. Die haben genauso ausgesehen, wie ich die Woche drauf wieder heimkomm. Ich hol mal den Doktor. *Sie geht ab.*

JONES Ich paß auf sie auf.

GLADSTONE Du bleibst, wo du bist.

JONES *schnallt den Gürtel ab:* Kannst eine Frau nicht schutzlos durch die Gegend laufen lassen. Vorschrift zweiundzwanzig. Bei dem Gesocks, was sich jetzt überall rumtreibt. *Er wirft Griss den Gürtel zu.* Halt mal solang. *Er geht ab und knöpft sich dabei die Hose auf.*

GRISS Ich glaub ich helf ihm lieber. *Er geht ab.*

GLADSTONE *ruft:* Ihr kommt vors Standgericht, alle miteinander!

ARTHUR Helfen Sie ihm auf.

GLADSTONE Lassen Sien liegen. Ist mein Sohn, das. Hätt nicht jeder ausgehalten, was der gerade abgekriegt hat. Wenn er stirbt, bin ich der erste, der weint. Ich schäm mich nicht zu heulen. Aber vorläufig bleibt er noch am Leben. Vorschrift 5. Ich und der Kamerad Disraeli, wir haben eine Nationalregierung aufgestellt. Wir haben Sie auf unserer Liste – also hören Sie aufn guten Rat und hauen Sie ab. Auf eigene Faust kann ich Sie nicht einlochen, aber ich bin gleich wieder mit den andern da. Und dann ziehen Sie sich mal lieber ein Paar Spikes an, wenn ich Sie nicht erwischen soll. Bis gleich. *Er geht ab.*

ARTHUR Stehen Sie auf.

LEN *steht schwankend auf den Beinen:* Son Gericht is wohl wie beim Fußball, was? Nicht schießen, solang sich der Schiedsrichter untenrum kratzt. *Versucht in Boxerstellung zu gehen.* Los, komm her. *Schwankt. Schaut sich um.* Wo sindn die ganzen Schläger hin? . . . *Die Arme fallen ihm herunter.* Herrgott, worauf wartstn noch. Mach Schluß, Meister. Für mich reichts. Machs kurz.

ARTHUR Gut, daß Sie es sind. Ich wollte Sie etwas fragen. *Er denkt nach* . . . ja, warum Sie den Mann in der Schlange umgebracht haben.

LEN Was fürn Mann?

ARTHUR Gehen Sie nach Hause.

LEN Nach Hause?

ARTHUR Beeilen Sie sich. Er holt die Truppe.

LEN Ich dreh mich um und habs Messer hinten drin. Ich kenn euch doch – könnt eim noch nicht mal ins Gesicht schauen, wenn ihr ein umlegt.

ARTHUR *zu George:* Wir müssen etwas zum Übernachten suchen.

LEN *erkennt die Lage:* Du bistn prima Kerl, Mensch. Das vergeß ich dir nicht so schnell, Chef. *Er tippt an seine Mütze.* Und wenn du mal ein brauchst, hoffentlich bin ich dann nicht weit vom Schuß. Machs gut, Meister.

Arthur geht hinaus. Er stützt George.

LEN *hustet Blut:* Ich glaub, ich könnt da was für mich rausholen. Wenn ich zur Königin geh und ihr sag, ich weiß wo Ihre Jungs sind – zwei Pfund wärn da immer drin! Drei Pfund, wenn ichs richtig hindreh! Vier Pfund, wenn ich Glück hab! Jawohl! *Pfiffig* . . . Und dann wenn ich da hingeh – *Er weist nach links* . . . Ja . . . Und dann da hingeh – *Er weist nach rechts.* . . . Da könnt ich richtig was für mich rausholn! – wenn die Bluterei da drin solang mitmacht – *Er schlägt sich* – alter Blödmann! *Er geht hinter Arthur und George hinaus.*

Neunte Szene

Eine Höhle in der Nähe von Bagshot.

George, Arthur, Disraeli, Soldaten, ein Offizier. George und Arthur sitzen auf einer Kiste. Die Haut von George ist naß und zeigt Flecken, er sitzt schief und zusammengefallen da. Ihnen gegenüber sind die Soldaten zu einem Exekutionskommando aufgestellt. Die Gewehre sind auf Arthur gerichtet, die Verschlüsse offen. Der Offizier geht die Reihe entlang und legt in jedes Gewehr eine Kugel ein. Die Soldaten laden daraufhin jeweils durch. Bis auf dieses Geräusch ist es still.

DISRAELI Ich werde Ihren Namen für die Nachwelt rein erhalten. Sie sind von den Mördern Ihrer Mutter erschossen worden. Ihre letzten Worte waren »Mit dem heiligen George und Disraeli für England«.

Das Peloton legt an.

ARTHUR *zu George:* Du mußt nicht auf sie achten, dann gehen sie fort.

GRISS *horcht auf eine Stimme im Kopfhörer:* Vorhut hat Königin gesichtet.

DISRAELI Gut. Mein Plan funktioniert. *Zu Griss.* Schärfen Sie den Leuten ein, in Deckung zu bleiben. Sobald sie im Innern ist, schlagen wir aus dem Hinterhalt zu. *Er deutet auf Arthur und George.* Damit hat es Zeit. Wir verwenden lebende Köder. *Zu Arthur.* Ein Wort der Warnung, und ich schieße Ihrem Bruder eine Kugel durch den Kopf.

Arthur erschauert. Disraeli eilt mit seinen Leuten hinaus. Arthur und George sind allein. Gleich darauf kommen Viktoria, Florence und der Lordkämmerer rasch herein.

VIKTORIA So hast du meinen Erben endlich doch getötet.

ARTHUR Er hat das königliche Übel.

FLORENCE Was ist das?

ARTHUR Eine alte Krankheit. Früher haben Königinnen heilen können. Jetzt töten sie.

FLORENCE *zu Viktoria:* Kannst du es nicht versuchen?

VIKTORIA Soweit es die Medizin betrifft, bin ich konstitutionelle Monarchin.

ARTHUR Versuch es.

VIKTORIA Wie soll ich das anstellen? *Sie tippt George auf die Schulter.* Stehe auf, mein Sohn? Er ist tot.

ARTHUR Und jetzt wirst du mich töten.

VIKTORIA Nicht ich, das Gesetz.

ARTHUR Ich habe eine letzte Bitte. Heile ihn.

VIKTORIA Du bist vorlaut.

ARTHUR Versuch es. Aber es ist zwecklos. Du hast ja nie –

VIKTORIA Das ist nicht wahr! Du haßt mich, und darum hältst du mich für herzlos. Er war der Erstgeborene, aber sie sagten, er müßte sterben. Den armen kleinen Jungen töten? Das habe ich nicht zugelassen, und dafür hast du mir nie verziehen. Du hast deine Stellung ausgenutzt, uns zu entzweien. Du hast Albert gegen mich aufgehetzt. Ich habe mein Glück dort suchen müssen, wo es zu haben war: glaubst du, das hätte mir Spaß gemacht?

ARTHUR *zu George:* Ich gebe dir jetzt ein Rätsel auf. Es ertrinkt im Wasser, brennt im Feuer, liegt am Boden und fällt aus dem Himmel – was ist das?

VIKTORIA Ich versuche es. George, Mutter spricht zu dir. Ich möchte, daß du zurückkehrst. *Kleine Pause.* Auch gut. Dein Prozeß ist zu Ende und dein Gnadengesuch abgewiesen.

ARTHUR Verbindet ihm die Augen. *Er bindet George das Halstuch um den Kopf.*
Len tritt auf.

LEN Sind wir soweit?

Viktoria nickt. Er winkt nach draußen. Der Offizier kommt mit dem Peloton zurückmarschiert.

OFFIZIER Abteilung halt. Rechts um. Gewehr ab.

ARTHUR *gleichzeitig:* Sie weiß alle Rätsel. Wer war zuerst da, der Mensch oder sein Schatten? Der Schatten natürlich. Ich habe einmal einen Schatten ausgezogen. Er war weiß unter den Kleidern und hat geweint.

GEORGE Wo bin ich?

FLORENCE Nehmt die Binde ab. *Sie löst das Halstuch.*

GEORGE Wer sind Sie?

FLORENCE Ich bin Florence! Florence! Du warst tot.

VIKTORIA George, ich gratuliere dir. Ich wußte, daß schließlich alles gut wird. Deinen Vater hast du hoffentlich geschnitten.

ARTHUR Wie war es dort?

VIKTORIA Sei ruhig. Er will mir danken.

FLORENCE Ich bin ja wieder so glücklich!

GEORGE *faßt sich an den Kopf:* Mein Kopf.

FLORENCE Er blutet.

ARTHUR Die Wunde ist wieder aufgegangen.

GEORGE *will aufstehen. Erinnert sich:* O. Das habe ich vergessen.

ARTHUR Wir können beide aufstehen.

GEORGE *ohne Nachdruck:* Warum hast du mich nicht losgeschnitten?

VIKTORIA Damit erhebt sich ein schwieriges politisches Problem. Arthur ist zum Tod verurteilt und seine Begnadigung ist abgewiesen worden.

GEORGE *zu Viktoria:* Hast du das gemacht?

VIKTORIA Ja.

GEORGE Dazu hattest du kein Recht!

VIKTORIA Arthur sagte –

GEORGE Natürlich! Du! Niemand sonst hätte mich in dieses Elend zurückgezerrt!

ARTHUR Elend?

GEORGE Ja, Elend! Das hast du mir beigebracht. Warum willst du es jetzt nicht einsehen und mich in Frieden sterben lassen?

ARTHUR Ich habe dir nur helfen wollen.

GEORGE *zu Viktoria:* Du hättest dafür sorgen müssen, daß er mich von sich losschneidet. *Zu Arthur.* Helfen wollen! – Schau dir meinen Kopf an! Das ist Blut!

FLORENCE Ich werde es stillen.

GEORGE Ich will es nicht gestillt haben! Sterben will ich!

VIKTORIA Das reicht. Du hast aus deinem Erlebnis keinen inneren Nutzen gezogen. *Sie wendet sich ab.* Die Regierungsarbeit muß weitergehen. Arthur muß erschossen werden.

FLORENCE Nicht jetzt mehr!

VIKTORIA Das Gericht hat festgestellt, daß er Alberts Champagner vergiftete. Kannst du das Gegenteil beweisen?

FLORENCE Nein.

VIKTORIA Ich hätte ihn gern begnadigt, aber dafür ist es zu spät. Regierungen müssen zu ihrem Wort stehen. Offizier! *Sie nimmt Florence beiseite.* Hör zu, Florence, ich werde ihm sagen, daß George nicht getroffen werden darf.

FLORENCE Wenn Arthur stirbt, stirbt er auch!

VIKTORIA Glaubst du? Die Ärzte sagen ja – und das bedeutet wahrscheinlich nein. Notfalls erwecke ich ihn noch mal zum Leben.

162

FLORENCE Er hat kein eigenes Herz!

VIKTORIA Er hat deines.

FLORENCE Ja. Ich werde dich immer lieben – aber ihn liebe ich auch noch.

VIKTORIA Gut, daß du mir das sagst. *Sie wendet sich ab und geht zum Peloton.*

ARTHUR Wie war es dort?

GEORGE Laß mich in Frieden. Ich will sterben.

ARTHUR Wieso? Wie ist es dort?

Schweigen. Florence kommt zu George herüber.

Soviel besser als hier?

VIKTORIA *beendigt die Inspektion des Kommandos:* Tadellos in Schuß. Mrs. Smith ist wohlauf?

OFFIZIER Mrs. Jenkins, Ma'am?

VIKTORIA Das wollte ich sagen, Major Jenkins.

OFFIZIER Hauptmann, Ma'am.

VIKTORIA Nein, Major, ich habe sie eben·befördert. Ich möchte Sie dafür um einen Gefallen bitten. Erschießen Sie beide. *Beiseite.* Ich werde ihn nicht wiedererwecken. Ich sage einfach, ich hätte meine Gabe verloren. Florence hat sich dafür selbst zu tadeln. Ich kann sie mit niemandem teilen, am wenigsten mit meinem Sohn. Das wäre schlimmer als Blutschande, und ich bin Oberhaupt der Kirche.

LEN Kann ich mal kurz die Pistole kriegen, Ma'am?

VIKTORIA Wozu?

LEN Ihm die letzte Ölung ins Genick verpassen.

VIKTORIA Ja, Sie können für die fünf Pfund ruhig auch was tun. *Sie lacht mit geschlossenem Mund. Sie gibt Len die Pistole.* Kommando Achtung.
Das Peloton zielt auf Arthur.
Legt an. Feuer.
Das Peloton zielt auf Viktoria.
... Ich warne euch: der letzte Schuß kommt von mir.
Disraeli tritt auf.

DISRAELI Guten Morgen, Ma'am.

VIKTORIA Soldat Jenkins, Sie sind entlassen.

DISRAELI *gibt Len Geld:* Saubere Arbeit. Sie bekommen dafür einen Adelstitel auf Lebenszeit.

LEN Danke. Ich hätt lieber ne Nummer geschoben bei der.

LORDKÄMMERER Unerhört!

LEN *zum Lordkämmerer, begütigend:* Tot mein ich. Mit ner Königin hab ichs nämlich noch nie gemacht. Mit keiner toten jedenfalls. Aber lebendig möcht ich nichts von der.

DISRAELI Sie müssen mit den anderen darum losen. Stellen Sie sie jetzt in einer Reihe auf. Ma'am, ich hoffe, wir scheiden als Freunde. Sie starren dem Tod königlich ins Auge. Er wird sich nicht sehr wohl fühlen.

Die Soldaten führen Viktoria, George, Arthur und Florence nach hinten.

LORDKÄMMERER Ich soll mich nicht im Freien aufhalten. Ich hole mein ärztliches Attest. Ich bin im Augenblick –

JONES Da rauf. *Er führt den Lordkämmerer zu den anderen.*

FLORENCE *zu George:* Ich habe Angst. *Zu Arthur.* Arthur, helfen Sie uns.

ARTHUR *schaut sie an:* Versuchen Sie, nicht zu schreien.

VIKTORIA *zu den Mitgefangenen:* Wir müssen Zeit gewinnen. Ein Ausweg findet sich immer. *Zu Disraeli.* Ich habe das Recht, als Königin zu sterben. Ich gebe das Kommando selbst. Achtung. *Pause.* Legt an. *Pause.* Gott schütze die Königin. *Pause.* Herrsche Britannia. *Pause.* Ungewohnt wie es mir sein mag. *Pause.* In Zeiten der Krise. *Pause. Sie zuckt die Achseln.* Feuer! *Stille.* Auch jetzt noch Meuterei!

JONES Bei der wird dir die Schiffe kalt.

DISRAELI Achtung. Legt an. Feuer!

Sie erschießen ihn.

Verrat!

Er fällt tot um.

Gladstone tritt auf.

GLADSTONE Morgen allerseits. Morgen, Ma'am.

VIKTORIA We are not amused.

GLADSTONE Die Gewaltherrschaft wird Staub fressen. Seht euch vor, was eure Linke tut bei Nacht.

LEN Kommando Stillstann!

GLADSTONE Dank dir, mein Sohn, ich habs gewußt, daß du auf deinen alten Pappa aufpaßt. *Er schüttelt Len die Hand.*

LEN Es lebe der William des Volkes! Hipp – Hipp!

Sie rufen hurra.

GLADSTONE Einmal reichts. Nach der Sperrstunde feiern wir dann.

VIKTORIA Liebster Mr. Gladstone –

GLADSTONE Daß er ein Korsett trägt, haben Sie doch gewußt, Ma'am? Ich will nichts von mir hermachen, aber wenns nach mir geht, dann ist so einer im Korsett und mit Lockenwicklern für England einfach nicht gut genug. Nicht mal für die Opposition.

VIKTORIA William – wir können doch William sagen? – verbünden Sie sich mit uns, und dann fahren wir zusammen zur Pauls-kathedrale –

GLADSTONE Mit Fahren wirds nichts, Lady. Jetzt ist das Hackebeil dran.

VIKTORIA Dann muß die letzte Karte stechen: Beten. *Sie kniet nieder.*

LORDKÄMMERER Bill – Bill ist doch richtig? – mein Arzt hat mir frische Luft verboten, ich gehe also nur rasch –

GLADSTONE Bei uns wirst du auskuriert, Kamerad. Ich halte jetzt eine Rede an meine Armee. *Er wendet sich an das Kommando.* Kameraden, ihr gehört jetzt dem William des Volkes. Der hat sich aus der Gosse selber heraufgeschafft und glänzt wie ein neuer Penny. Mein Rezept heißt: langsam. Immer mit der Ruhe. Nehmt alles, wie es kommt. Wer langsam fährt, ist um so schneller dort.

VIKTORIA Amen.

Kleine Pause, während die Gefangenen Gladstone anschauen. Ach so.

ARTHUR Schade, daß ihre Gabe nur in einer Richtung wirkt. Um-gekehrt wäre sie nützlicher in der Politik.

VIKTORIA Ich werde meinen Gott nicht verlassen. *Sie betet.*

GLADSTONE *zum Peloton:* Vergeßt nicht meinen Wahlspruch: nicht so hastig. Was ihr fürs Bier ausgebt, das kriegen die Weiber nicht, aber wenn ihr euch Zeit laßt, klappts zum Schluß trotz-dem. Der William kennt sich aus.

Das Peloton lacht.

LEN Es lebe der William des Volkes! Hipp – Hipp!

Sie rufen hurra.

Hipp – Hipp!

Sie rufen hurra.

GLADSTONE Zweimal reicht, Kinderchen. Immer mit der Ruhe. Also, dann wollen wir mal. Nur keine Aufregung. Rennt mir die Tür nicht ein, am Ende ist sie zugesperrt . . . Ruhig das Ziel . . . Fest der Griff . . . Aufgepaßt auf mein Kommando . . . Eins . . . Zwei . . . Zweieinhalb – *Er fällt tot um.*

LEN *läuft zu Gladstone:* Er hats am Herz. *Er legt seine Pistole zu Boden und sucht in Gladstones Taschen.* Wo hastn wieder deine Pillen, du alter Depp? Pappa? Ich habs ihm gleich gesagt, daß ihm die Hurra-Schreierei zuviel wird. – Jetzt sitzen wir schön blöd da.

VIKTORIA *geht zu Gladstone:* Das Recht wird wieder hoch zu Stuhl sitzen. Über den Toten Gottes geht die Sonne auf.
George hebt Lens Pistole auf.

JONES Paßt auf. Der hat sich die Pistole abgestaubt.

GRISS Wir sind eingeschlossen.

LEN Wir sagen lieber den andern Bescheid.
Die zwei Soldaten, das übrige Kommando und Len gehen ab.

FLORENCE Tus nicht, George, bitte!

ARTHUR *hält Florence von George fern:* Lassen Sie ihn! Er will es so!
George erschießt sich.

FLORENCE O Gott.

GEORGE Noch einmal der Tod. *Er sackt zusammen.*

FLORENCE Es ist geschehen! Es ist geschehen!

VIKTORIA Zum Weinen ist keine Zeit. Sie kommen gleich zurück.

FLORENCE *schluchzt:* George! Keine Hoffnung mehr! Ein Leben ohne Sinn!

VIKTORIA Komm, komm – bedenk, wieviel uns geblieben ist.
Viktoria will Florence wegführen. Florence reißt sich los und läuft vor ihr hinaus. Viktoria folgt ihr rasch.

GEORGE *sterbend:* Ja, jetzt weiß ich wieder … Wir waren dort nicht zusammengewachsen, wir waren frei … Wenn du stirbst, wirst du auch frei sein … frei und glücklich … wenn du stirbst. *Er stirbt.*

Zehnte Szene

Eine Lichtung. Die Bühne ist leer bis auf einen unbestimmten Gegenstand vorne links, der wie ein altes Kleiderbündel aussieht.

Arthur kommt herein. Er ist nach wie vor mit George verbunden, doch ist dieser jetzt ein Skelett. Arthur und George setzen sich auf eine Kiste, oder einen Kanister, und unterhalten sich.

ARTHUR Ich habe deinen Fuß dem Hund nicht gegeben! – Naja, warum behauptest du es dann. Der Hund hat ihn sich einfach geschnappt. – Ich habe ihn nicht hergegeben! Du willst schon wieder Streit anfangen. Wenn schon, hätte ich das ganze Bein genommen! *Pause.* Also gut, es tut mir leid. Ich war unbeherrscht. Ich bin müde. Du bist ziemlich schwer zum Herumtragen. Natürlich ist es nicht leicht, auf einem Fuß zu gehen. Versuch es mal mit einem Stock ... Du ißt nichts. Das ist, was dir fehlt. Wenigstens kannst du schlafen. Darin bist du ganz groß. Und mit dem Hund, das stimmt nicht. *Pause. Plötzlich:* Ja, ich habe deine Kleider verschenkt! Das waren Bettler! Sie kamen aus der Schlacht! Sie froren! – Nein, das habe ich nicht getan. *Pause.*
Der Kopf von George hängt nach vorne links herunter. Was starrst du denn an? *Arthur steht auf, geht nach vorne links, bleibt stehen, schaut, dreht sich um, geht zur Kiste zurück und setzt sich. Ruhig.* Eine Leiche. *Kleine Pause.* Schlafen wir lieber abwechselnd. Ich will nicht schuld sein, wenn du den andern Fuß auch noch verlierst. *Sanft.* Starr ihn nicht immer an. Dir gefiele das auch nicht, wenn du dort lägst ... Kennen wir ihn? *Arthur geht zu dem Toten. Er bückt sich und schaut ihn von nah an.* Der. Das dachte ich mir, daß sie ihn noch kriegen. Knöpf ihm die Hose auf.
Er tut es.
Sie hat also ihr Andenken. Das wär ihm nicht recht.
Er deckt aus Versehen Lens Gesicht auf. Lens Züge sind verquollen. Sein Haar ist verklebt. Er grinst nicht. Seine Augen sind geschlossen. Arthur dreht sich um und will zur Kiste zurück. Er bleibt stehen. Len hat etwas zu ihm gesagt.
Entschuldigung. *Er geht zu Len und knöpft ihm die Hose wieder*

zu. Ich dachte, es wäre dir egal.– Es war aufdringlich, ich weiß. Ist es jetzt gut? – Können wir uns zu dir setzen? Danke. *Er setzt sich. Pause.* Ach, meistens unterwegs. Es tut gut, wenn man sich wieder einmal vernünftig unterhalten kann. *Er schaut George an. Er weint bitterlich.* So viele Knochen sind entzweigegangen ... *Zu Len.* Er hört nichts. Ich tue nur so, weil ich immer allein bin. – Hast du das gemerkt? Sch, ich habe ihn einem Hund gegeben. Ich bin aufgewacht und sah diesen Köter, mit dem Schwanz zwischen den Beinen und zurückgelegten Ohren, wie er sich mit dem Fuß davongemacht hat. Ich warf ihm einen Stein nach und da ließ er ihn fallen ... Dann habe ich mirs anders überlegt. Ich habe ihn zurückgerufen und ihm den Fuß gegeben. Ich habe meine Grenzen. Ich kann kein hungriges Kind mehr sehen, keinen Mann mit einem Bein, keine fliehende Frau, kein leeres Haus. Ich gehe an keinen Fluß mehr, wo die Brücken abgebrannt sind. Sie sahen aus wie Knochen von einem verkohlten Nilpferd. Ich mag keine versehrten Kühe, keine toten Pferde, keine verstümmelten Schafe. Ich habe meine Grenzen. *Er schaut George an.* Er wird ihn nicht vermissen. *Längere Pause.* Ich rede zuviel. – Träumst du manchmal? Ich auch. Träumst du auch von der Mühle? Da sind Männer und Frauen und Kinder und Ochsen und Vögel und Pferde und drehen eine Mühle im Kreis. Sie zermahlen andere Ochsen und Leute und Kinder: sie stoßen einander hinein. Manche fallen von selber. Das zermahlt dann die Knochen, verstehst du. Und die, die das Rad schieben, auch die Tiere, schauen immer geradeaus zum Horizont. Dann stolpern sie. Sie bleiben mit den Füßen in den Lumpen und dem Verbandszeug hängen, die von ihren Wunden heruntergerutscht sind. Immer rund herum gehen sie, rund herum. Zum Schluß laufen sie sehr schnell. Sie rufen. Die Hälfte läuft im Schlaf. Einige werden zertrampelt. Sie glauben ganz fest, daß sie bald den Horizont ereichen ... Später komme ich zurück. Dann ist ein Sandsturm. Alles ist voll mit weißem Staub. Ich finde die Mühle wieder, sie steht still. Der Letzte ist zur Hälfte drin gestorben. Eine von den Holzspeichen ist abgebrochen, ein Toter liegt darunter. *Er schaut nach rechts.* Jemand beobachtet uns. *Kleine Pause.* Ich habe auch bessere Träume. In einem schlägt jeder erwachsene Mann seine Familie und sein Vieh tot, und dann bringt er sich um.

Der Arzt kommt herein. Er ist voller Öl- und Rußflecken. Seine

Kleider haben Risse. Sein Koffer ist verschmutzt und leer. Der Deckel steht offen.

ARTHUR Doktor.

ARZT *im Weitergehen:* Kein Nachschub. Halten Sie sich still. Versuchen Sie zu schlafen.

ARTHUR Kommt man hier nach Windsor?

ARZT *deutet:* Dort.

ARTHUR Wer hat gesiegt?

ARZT Wir nehmen Truppenumstellungen vor. *Er geht auf der Bühne umher und schaut nach außen.*

ARTHUR Ist Napoleon dabeigewesen?

ARZT Ich habe ihn nicht gesehen.

ARTHUR Hitler? Einstein?

ARZT Versuchen Sie zu schlafen.

ARTHUR Doktor, Sie haben Medizin studiert. Warum hassen die Menschen das Leben? Liegt es am Licht? Hat man es besser, wenn man nur noch Lehm und Asche ist? *Der Arzt geht auf die andere Seite und schaut nach außen.* Warum arbeiten die Guten den Schlechten in die Hände? Doktor? *Er dreht sich um zu Len.* Nicht viele werden so groß wie Hitler. Die meisten nähren in sich nur einen kleinen Haß. Sie töten nur mit Erlaubnis. Doktor, Hitler war ein Seher. Er hat gewußt, wie wir hassen, uns selbst und einander, und hat in seiner Barmherzigkeit erlaubt, daß wir töten und getötet werden.

ARZT Kein Nachschub! *Er geht auf die andere Seite und schaut nach außen.*

ARTHUR Heil Hitler! Heil Einstein! Hitler hat sich einen schlechten Namen gemacht und Einstein einen guten. Das ist gleichgültig. Die Guten töten auch. Und die Zivilisierten töten mehr als die Wilden. Das ist der Zweck der Wissenschaft, auch wo sie Gutes tut. Zivilisation heißt nur größere Leichenhaufen. Zählen Sie nach.

ARZT *geht auf die andere Seite:* Versuchen Sie zu schlafen.

ARTHUR Man ist gegen Hitler ungerecht. Bei seiner Einsicht hätte er sich mit zwanzig umbringen können. Aber er blieb am Leben und hat seine Pflicht getan. Sicher hat er gewußt, daß man ihn falsch verstehen wird. Nun ja, Heilige warten aufs Kreuz. Doktor, warum fragen Sie mich nicht etwas? Fragen Sie mich, warum nicht jeder sich selbst umbringt. Das wäre das Einfachste. Aber sehen Sie, sie hassen nicht nur das eigene Leben – sie

hassen das Leben überhaupt. Mit einer Art von Gewissenhaftig-
keit, von eingefleischter Pflicht leben sie weiter – um andre umzubringen. Sie können nicht in Frieden sterben, solang sie nicht
die Welt tot zu ihren Füßen sehen. Und deswegen haben sie
Ärzte und Medikamente und Kampagnen gegen die Hungersnot
und Wissenschaftler und Fabriken und Wohnkomfort, um sich
länger am Leben zu erhalten – wo doch ihr Glück schon lange
tot ist. Eine Tragödie. Aber sie dauert nicht mehr lange. Sie sind
klug. Sie kommen schon noch darauf, wie sich ihre Wünsche er-
füllen lassen. *Er merkt, daß der Arzt fortgegangen ist.* Schade.
Ich hätte ihm gern gesagt, warum ich zurück nach Windsor
gehe. Die Welt hat bisher Glück gehabt. Es hat immer genug
Gewaltherrscher gegeben, die ihr Elend erleichterten. Aber
selbst Hitler hatte seine Grenzen. Er hat immer so getan – und in
dunklen Augenblicken fürchte ich, sogar sich selbst gegenüber
–, als tötete er um einer andern Sache willen. Ich aber habe den
nächsten logischen Schritt entdeckt, den der Mensch tun muß,
den wahren Fortschritt der Menschheit. Zum erstenmal in meinem Leben kann ich von Nutzen sein. Hitler hat sein eigenes
Volk geschützt. Was jetzt gebraucht wird, ist der große Verräter, der auf beiden Seiten tötet, die eigenen und die anderen. Es
wundert mich, daß noch keiner darauf gekommen ist. Dadurch
kann man doppelt so viele umbringen. Er will mir gratulieren.
Er faßt George bei der Hand. Zuerst mache ich mir das Volk ge-
fügig. Das ist jetzt leicht, wo seine Anführer tot sind. Und dann
gehen wir nach Windsor. Die Hand darauf. *Er schüttelt die
Hand von George.*

Elfte Szene

Die große Ausfahrt von Windsor. Im Hintergrund hängen drei Tote an einem Doppelgalgen. Ein zweiter Toter ist an dem einen, zwei andere an dem anderen Galgenpfosten festgebunden. Diese letzten drei sind mit verbundenen Augen erschossen worden.

Viktoria und Florence.

FLORENCE *schaut nach außen:* ... Was will Arthur hier?

VIKTORIA Wir werden es bald erfahren. Ich habe der Wache befohlen, ihn gleich heraufzuführen.

FLORENCE *betrachtet die Leichen:* Heute war ich besser. Man darf nur nicht aufgeregt sein und muß sich vorher alles schön zurechtlegen. Wie beim Kochen.

VIKTORIA Ich bin stolz auf dich.

Arthur tritt ein. George hängt noch immer an ihm, aber ein Bein, ein Arm und die Hälfte der Rippen fehlen ihm.

Ich habe deinen Brief bekommen. Ich pflege Kriegsverbrecher gewöhnlich nicht zu empfangen.

ARTHUR *schaut auf den Galgen:* Wer waren die?

VIKTORIA Sie hießen alle Albert. Ich darf nichts riskieren.

FLORENCE Die Angebundenen habe ich nicht erschossen, aber die anderen habe ich selbst gehenkt.

ARTHUR *schaut zu ihnen hinüber:* Gut, gut.

FLORENCE Ich bin die erste Henkerin der Geschichte – öffentliche Henkerin, meine ich. Einer unserer Beiträge zum Endsieg. Wenn wir uns emanzipieren wollen, müssen wir auch konsequent sein. Wir übernehmen daher jeden passenden Männerberuf.

ARTHUR *Ihnen* wird es bestimmt auch lieber sein.

FLORENCE Viktoria strickt die Kapuzen.

VIKTORIA Ich lade wöchentlich zu einem Stricktee ein. Die Damen machen sich gern nützlich.

FLORENCE Ich benutze jedesmal eine frische Kapuze. Es gibt dem Ganzen einen Hauch weiblicher Feinfühligkeit. Das ist in einem Krieg sehr kostbar.

ARTHUR Wie hoch ist Ihr Tarif?

FLORENCE Nur Nadelgeld.

*Arthur geht zum Galgen. Er nimmt einem der Erschossenen die
Augenbinde ab. Er betrachtet ihn. Lange stille Pause. Florence
geht auf Zehenspitzen zum Galgen. Sie faßt einen der Gehäng-
ten bei den Füßen und schaukelt ihn so, daß Arthur einen Tritt
bekommt.*

FLORENCE Einen Groschen für den da.

ARTHUR Ich will sie nur anschauen...

VIKTORIA Du nennst dich König.

ARTHUR Ja.

VIKTORIA Und sagst deinen Leuten, sie würden siegen.

ARTHUR Ich will sie verraten.

VIKTORIA Warum?

ARTHUR Du hattest recht und ich unrecht.

VIKTORIA Sehr unrecht.

ARTHUR Weil ich ohne politische Erfahrung war. Inzwischen
weiß ich, daß es ohne Gesetz und Ordnung keine Gerechtigkeit
gibt. Leider. Aber das Volk ist blutdürstig, gewalttätig, gemein,
ziellos, gefährlich, mordlustig, verräterisch, hinterhältig, roh,
treulos, schmutzig, zerstörerisch, blutdürstig –

FLORENCE Das sagten Sie schon.

VIKTORIA Es führt unsaubere Reden.

ARTHUR Ja.

VIKTORIA Und wäscht sich nicht. Ich bin von dir entzückt. Es
geht nichts über politische Verantwortung, um einen Menschen
zu bilden.

ARTHUR Die Tiere müßten schamrot werden, wenn sie ihn Bruder
nennen sollten. Die Erde gehört ihm nicht – er hat sie gestohlen
und einen Schweinestall aus ihr gemacht. Sogar die Läuse kriechen von ihm fort, wie Ratten von einem verlorenen Schiff. Er
kennt kein Mitleid. Er sieht nicht weiter, als sein eigener Schatten reicht. Er ißt den eigenen Dreck und schafft sich eine eigene
Nacht, in der er sich verbirgt. Das ist das Schlimmste an der
Welt: daß sie bewohnt ist. Leben! Leben heißt, von der Wiege
nach rückwärts zum Grab gezerrt und eingescharrt werden, bevor man sehen kann, wohin es geht!

VIKTORIA Ja. Wir müssen uns den Sinn fürs rechte Maß bewahren.
Haß ist keine Antwort auf... Der Tod ist keine Antwort auf...
Ich bin gutherzig, wo ich es sein kann. Man macht sich damit be-
liebt. Du schreibst von einem Plan.

ARTHUR Ich habe mir ein langes Seil besorgt. Ich will zwischen unseren zwei Armeen ein Tauziehen veranstalten. Wir deklarieren das zur letzten großen Anstrengung vor dem Endsieg. Jeder kommt ans Seil – alle Männer, Frauen, Kinder, Pferde, Hunde, Katzen, Vögel – auch die Kranken. Ich suche eine geeignete Stelle aus und stelle meine Partei vor einem Abgrund auf. Wir fangen mit dem Tauziehen an wie üblich, und wenn alle tief im Seil liegen, gebe ich – oder du – ein Zeichen. Auf dieses Zeichen hin läßt deine Seite los. Die meinen ziehen weiter, stolpern rückwärts über die Klippe und sind tot. Der Abgrund ist sehr tief.

VIKTORIA Das klingt vernünftig.

ARTHUR Ich habe gesagt, ich wollte ein wenig frische Luft holen. Sie werden schon nach mir suchen. Die Einzelheiten schicke ich dir später. *Plötzlich, zu Florence.* Warum starren Sie ihn so an? Haben Sie ihn denn nicht gern gemocht?

FLORENCE Doch.

ARTHUR *zögernd:* Er spricht dauernd von Ihnen. Das ist unangenehm. *Er geht hinaus.*

VIKTORIA Wie habe ich dafür gebetet! Er ist wahnsinnig. Das macht aber nichts. Wenn wir sie erst zusammen haben, können wir sie schlagen. Und vielleicht will er sie wirklich loswerden – und dann werden wir auch ihn los. Davon habe ich geträumt: vom Frieden.

FLORENCE Ich gehe an die Front.

VIKTORIA Nein.

FLORENCE Deswegen bin ich so unglücklich gewesen. Ich erkannte es, als ich diese Knochen sah. Draußen sterben unsere Männer. Sie brauchen mich.

VIKTORIA Ich brauche dich auch.
Florence bricht auf.
Florrie! Fred! Sie werden dich töten! Du bist alles, wofür ich lebe.
Florence geht hinaus.
Wieder, und wieder … Zuerst sieht es aus, als ginge alles gut, und dann verliere ich alles. Freddie, verlaß mich nicht! Tus nicht! Tus nicht! *Sie folgt Florence nach draußen.*

Zwölfte Szene

Slough. Ein Krankenzimmer in einem Lazarett. Die Bühne ist leer. Auf dem Boden liegen Männer in Decken gehüllt.

Der Trommlerjunge Ned, Jones und andere Soldaten. Griss wird hereingetragen.

JONES Wo hatsn dich erwischt, Mann?

GRISS Bein ab.

NED Bloß das eine?

GRISS Ja.

NED Bis jetzt.

GRISS Stimmt das?

JONES Mit dem Lazarett hier?

GRISS Naja.

NED Stimmen tuts schon. Aber sie läßt dich erst dran, wenn du am Krepieren bist.

GRISS Was für ein Abgang.

NED Ich bin erst sechzehn, aber so sterb ich zufrieden.

GRISS Was fehltn dem?

JONES Seine Unschuld hat er verloren.

NED Bei dir jedenfalls nicht, du schmieriger alter Spinner. *Er rührt die Trommel.* Habs hier gut gehabt. Daheim hätt ich doch bloß mein rechtes Handgelenk weitertrainiert. Aber hier hab ich mehr gebumst als der Alte, und der feiert mit seiner Alten schon bald die silberne Wippe. *Er rührt die Trommel.*
Florence kommt herein. Sie trägt eine Lampe.

STIMMEN Gott zum Gruß, Mum. Gottes Segen, Mum. Engel von Mons. Engel der Barmherzigkeit. »Vor der Kaserne, la-lala-lala.«

FLORENCE Schönen Abend, Jungs. *Zu Griss.* Du bist der Neue?

GRISS Kann ich Ihr Kleid anfassen, Lady?

NED He! Bei denen ist auch langsam Feierabend – jetzt ziehn sie schon die Fetischisten ein. Gleich stellt sich der auf ihren Schatten drauf und macht sich einen ab.

FLORENCE Ned.

NED Es tut immer noch weh.

FLORENCE Wo?

NED Brauchen mir bloß die Hand geben, dann machen wir eine

174

Besichtigungstour.

FLORENCE Die Königin hat einen Brief geschrieben.

NED Verlangen Sie bloß nicht, daß ich mich neben mein Bett stell.
Da wär ganz schön was los.

JONES Wir tätens gar nicht merken, Kleiner.

FLORENCE *liest vor:* Liebe Krieger, ich möchte euch sagen, daß ich
in Gedanken immer bei euch bin, bei Tag und Nacht. Auch ich
habe in diesem Krieg meine Opfer gebracht, und ich weiß, was
Leiden heißt. *Sie hält den Brief näher an die Lampe.* Ich kann
nichts sehen.

NED Ich wüßt nen dickeren Docht.

FLORENCE Ich habe mit dem Feind ein Tauziehen um den Sieg
vereinbart. Ihr alle werdet daran teilnehmen.
Stöhnen ringsum.
Krücken und Rollstühle stehen zur Verfügung. Nach dem Sieg
könnt Ihr nach Hause gehen.
Hochrufe, Gelächter, Pfiffe.
Ich habe einen großen Vorrat an Gestricktem zurücklegen kön-
nen, aus dem jetzt Bettjacken für euch genäht werden.
Ein Bewunderungspfiff.
Bei Miss Nightingale seid ihr in guten Händen.
Stöhnen ringsum.
Gott segne euch alle, Viktoria Regina Imperatrix.

GRISS Könnt ich den wohl behalten, Mum.
Florence gibt ihm den Brief.

NED Sag bloß, bei dem stecken noch Gefühle unter seim Dreck.

JONES Schnauze.

NED Vorsichtig, sonst komm ich rüber und steck dir meine
Trommelstöcke rein, wo du sonst die Brieftasche hintust. Zwei
Stück davon. *Er rührt die Trommel.*

JONES *sofort:* Das dauert aber lang.

GRISS Und ich geh wohl leer aus?

NED *zu Griss:* Paß bloß auf. Der steht auf Leichen mit eim Bein.
Gehört schon längst in die Isolierstation. *Er rührt die Trommel.*
Vergeßt den Trommler nicht! *Zu Florence.* Komm Schatz, zieh
die Namen ausm Hut. *Er gibt ihr eine Feldmütze.* Wer die erste
Tour hat heute abend. Schüttels nur ordentlich durch. *Er rührt
die Trommel, während Florence ein Papier herausnimmt und
auseinanderfaltet. Dann hört er auf, und sie liest den Namen
vor.*

FLORENCE Ned.

JONES Mich hauts hin.

NED Ihr paßts aber. Wird auch gut sein. Die Schärfe macht mich würzig, sprach der Hering.

JONES Ich versteh nicht, Süße, was Sie mit dem wollen. Wo Sie doch mich haben.

NED Ich verscheuch ihr eben ihre düsteren Erinnerungen.

FLORENCE Er ist der reinste Mensch, den ich kenne. Er hat die meisten Tugenden von Christus und keins von seinen Lastern.

NED Und das alles schieb ich auf einer Kugel. Die andere hat mir die Leichte Brigade weggeputzt. Hätt noch schlimmer kommen können. Hätt ja auch die Schwere Brigade sein können. Macht mal das Licht aus.

JONES Halt, sie muß erst noch die anderen Namen vorlesen.

FLORENCE *liest:* Ned, Ned, Ned.

GRISS Der hat seinen blöden Servus auf alle blöden Zettel draufgeschmiert, der schäbige kleine –

JONES *zu Griss:* Laßn doch. Morgen schreiben wir die Namen drauf.

Jones schraubt die Lampe herunter, während Florence zu Ned hinübergeht. Sie bleibt neben ihm stehen. Es wird fast dunkel. Sie geht zu Jones zurück.

FLORENCE Gib mir die Lampe. *Er gibt sie ihr. Sie dreht sie ganz auf und geht damit zu Ned zurück. Sie betrachtet ihn.* Er ist tot...

Schweigen.

GRISS Machs halblang.

JONES Der blöde kleine Rumtreiber ... Die ganze Zeit hab ich ihm gesagt, er soll langsam machen...

FLORENCE Ich sage draußen lieber, sie sollen –

JONES Nein. Laß ihn nur. Der liegt da ganz gut. Es ist kalt auf dem Gang.

Dreizehnte Szene

Steilküste bei Beachy Head. Die Bühne ist leer.

Die zwei Parteien stellen sich am Seil auf. Einige haben geschiente Gliedmaßen und gehen auf Krücken. George hängt immer noch an Arthur, aber er besteht jetzt nur noch aus einem Schädel und einigen Knochen, eine struppige Epaulette an Arthurs Schulter.

VIKTORIA Wir wollen Gott danken, daß er uns den Sieg gewährt hat.

IHRE PARTEI: Amen.

JONES Bis jetzt hat er noch nicht.

ARTHUR *vorn. Er spricht mit dem Schädel:* Hast du es erraten? Diesmal ist das Rätsel nicht schwer. Wenn meine Leute die Klippe herunterstürzen, was tun dann ihre? Was denkst du dir? Was ist das einzige Natürliche, Normale, Menschliche? Sie laufen zum Rand und schauen zu, wie die anderen sterben. Ihre ganze Armee wird sich auf diesem Rand aufstellen. Deswegen habe ich die Stelle ausgesucht. Der Rand ist morsch, er wird herunterbrechen, und dann fallen ihre Leute auf meine Leute und alle sind auf einmal tot. Grins nicht, sonst merkt sie etwas. *Zu Viktoria.* Sie kennen das Zeichen.

VIKTORIA Ja. Wenn ich ›Frieden‹ rufe, lassen sie los.

ARTHUR Gut. Eins – zwei – zieht!

VIKTORIA Zieht!

Viktoria und Arthur schreien weiter ›zieht‹, während sich die Parteien ins Seil legen.

V.-PARTEI Zieht.

A.-PARTEI Zerrt.

V.-PARTEI Stöhnt.

A.-PARTEI Ächzt.

V.-PARTEI Weiter!

A.-PARTEI Vorwärts!

V.-PARTEI Aufwärts!

A.-PARTEI In die Zukunft!

V.-PARTEI Auf zum Licht!

A.-PARTEI Freiheit! Gerechtigkeit!

V.-PARTEI Bildung! Demokratie!

A.-PARTEI Wissenschaft! Kultur!

V.-PARTEI Unsere Zukunft! Unsere Herkunft!

A.-PARTEI Unsere Kinder! Unsere Heimat!

V.-PARTEI Versöhnung! Bruderschaft! Liebe! Menschheit!

VIKTORIA Frieden!

Viktorias Partei läßt das Seil los. Die Partei von Arthur rennt rückwärts über die Klippe. Die Gegenpartei bleibt einen Augenblick lang stumm stehen. Dann laufen alle jubelnd zum Rand der Klippe und reihen sich dort auf. Sie schauen hinunter, lachen, winken, die Klippe sackt donnernd ab. Sie fallen hinunter.

Vierzehnte Szene

Am Fuß der Klippe. Die Bühne ist mit Leichen übersät, darunter sind ein paar auseinandergebrochene Menschenpuppen. Das Seil ringelt sich auf dem Boden über, unter und zwischen den Toten hindurch.

Arthur kommt herunter. Er hat den Schädel verloren, aber die Knochen hängen noch an seiner Schulter.

ARTHUR Es ist vorbei. Schluß. Jetzt kann ich in Frieden sterben.
Er zieht eine Pistole heraus.
Florence kommt herein. Sie ist schmutzig und aufgelöst. Sie hat den Verbandskoffer mit dem Roten Kreuz bei sich.

ARTHUR Wieso sind Sie nicht mit herabgestürzt?

FLORENCE Viktoria ist zum Rand gelaufen, also blieb ich stehen.

ARTHUR Von Rechts wegen müßte ich Sie umbringen. Es ist ungerecht, Sie übrigzulassen. George würde meinen, ich haßte Sie. Aber für ein Leben habe ich Gutes genug getan. Wollen Sie etwas für mich tun?

FLORENCE Was?

ARTHUR Mir die Augen schließen.

FLORENCE Wozu?

ARTHUR Ich habe auch meine Schwächen.
Hinten erhebt sich eine Reihe von Geistern. Sie sind in schwarze Leichentücher gehüllt und stehen eng beieinander.

ARTHUR Schauen Sie. Geister.
Die Geister kommen ein paar Schritte nach vorn. Sie bleiben stehen.
Kommt nur näher. Ich habe keine Angst. Seht her. *Er erschießt sich.* Ah! Das ist Blut. Fast genau am richtigen Fleck. Es kann nicht lang dauern . . . *Zu den Geistern.* . . . Jetzt ist mir wohler. Stellt euch hierher. Hopp! Hopp! Salute! Ich bin stolz! Ich habe mein Leben gut gelebt! Arthur der Gute! Ich habe euch befreit! Jetzt seid ihr für immer frei!
Die Geister treten auseinander. Sie sind wie eine Reihe von Scherenschnitten mit einem Streifen untereinander verbunden.
Nein. Das ist nicht wahr. Lüge! Nein! Ich habe euch umgebracht! Ihr seid frei! – Es stimmt schon alles, mein Verstand läßt nach, ich bilde mir etwas ein . . . Ihr habt kein Recht, so hierher

zu kommen! Florence, halte sie auf!

FLORENCE Wen?

ARTHUR Sie!

FLORENCE Sie sind doch tot!

ARTHUR Nein, nein. Hilf ihnen.

FLORENCE Es ist Rauch von den Öltanks.

ARTHUR *außer sich:* Gott im Himmel! Die Grube! Die Grube! Den Lebenskuß! Dem! Dem da. *Er atmet in den Mund eines Toten.*

George tritt aus dem Reigen der Geister vor.

Mein Blut! Ich muß ihnen mein Blut geben! *Er netzt seine Hand am Kopf.* Mein – *Er erblickt George. Er schrickt zurück. Er fällt hin.*

FLORENCE Er ist tot.

George geht zu Arthur. Er bückt sich und macht sich wieder an ihm fest. Arthur erschauert und stöhnt auf.

ARTHUR *ächzend:* Nein. Nein. Nein. Nein. Nein.

Fünfzehnte Szene

Im Himmel. Die Bühne ist leer. Der Korbwagen, der im folgenden öfters vorkommt, besteht aus einem großen, auf Rädern montierten Eßkorb. Er hat je einen Griff zum Schieben und zum Ziehen.

Alle, bis auf Viktoria und Florence. Arthur und George sitzen vorn. Sie sind zusammengewachsen wie zu Anfang. Die übrigen sitzen hinten unter einem Flaschenzug.

ARTHUR *wiederholt ungläubig:* Wo?

GEORGE Im Himmel.

ARTHUR Was macht ihr hier?

GEORGE Nichts.

ARTHUR Das klingt langweilig.

GEORGE Langeweile ist eine Gewohnheit. Hier vergißt man alle Gewohnheiten. Sogar Schmerz ist eine Gewohnheit, wir fühlen keinen. Im Himmel ist jeder glücklich.

ARTHUR Sex?

GEORGE Nein.

ARTHUR Wir sind noch immer zusammengewachsen.

GEORGE Bis zum Prozeß.

ARTHUR Was für ein Prozeß?

GEORGE Jeder kommt vor Gericht. Dann schneiden sie uns voneinander los.

ARTHUR Ich sah einige, die zusammengekettet waren.

GEORGE Das dachtest du nur. Einbildung! Auch nur eine Gewohnheit!

Albert und Viktoria treten auf.

ALBERT Arthur! Das ist aber nett.

VIKTORIA Ja, ich bin wieder im Schoß meiner Familie. Du kommst reichlich spät – wir sind schon lange hier. Beginnen wir gleich mit dem Prozeß.

ALBERT *zu Arthur:* Der Vater übernimmt die Anklage, die Mutter die Verteidigung. Das ist so üblich.

VIKTORIA In Sachen Arthur gegen Gott.

Während des Prozesses schlendern viele, darunter auch die Geschworenen, zwischen dem Gerichtshof und dem Flaschenzug hin und her. Einmal sind alle Geschworenen unter dem Fla-

schenzug. Von dort ist Lärm und Gelächter zu hören.

ARTHUR *deutet auf den Flaschenzug:* Was ist das?

VIKTORIA Du bist sicher hungrig. Aber du kannst erst essen, wenn der Prozeß vorbei ist. Wie lautet die Anklage?

Der Lordkämmerer flüstert Viktoria ins Ohr.

VIKTORIA Ah. Nun, wir haben eine unangreifbare Verteidigung.

Sie zieht einen riesigen Stoß von Papieren heraus.

ALBERT Vereidigt die Geschworenen.

Die Geschworenen heben nacheinander die Hand und sprechen eine der folgenden Zeilen. Einige sprechen mehr als eine Zeile, doch nie zwei aufeinanderfolgende. Sie lächeln und nicken Arthur beim Reden zu. Einer winkt mit der Hand.

Er notzüchtigt kleine Mädchen.

Er notzüchtigt kleine Jungen.

Er notzüchtigt weißhaarige Omas.

Er notzüchtigt weißhaarige Opas.

Er notzüchtigt Hunde.

Er notzüchtigt alles.

Er notzüchtigt sich selber.

Er peitscht gern.

Er steckt Babys mit Syphilis an.

Er säuft vor dem Frühstück.

Er verwendet Strom.

Er ist ein Geizhals.

Er steckt den Tripper mit Syphilis an.

Er ist ein Totmacher.

Er bohrt in der Nase.

Er schaut schmutzige Bilder an.

Er bohrt in der Nase und schaut dabei schmutzige Bilder an.

Er ist ein Totmacher.

Er kann seine natürlichen Bedürfnisse nicht beherrschen.

Er hat nur unnatürliche Bedürfnisse.

Er ist ein Totmacher.

Er frißt Dreck.

Er träumt vom Totmachen.

Man sollte eine Geschlechtskrankheit nach ihm taufen.

VIKTORIA Keine Einwände.

JOYCE Erster Zeuge.

Len kommt aus der Gruppe um den Flaschenzug nach vorn.

LEN Soviel geb ich zu, wie sein Bruder sich hat umbringen wollen, hat ern gelassen. Hat ihm sogar noch Gift in sein Kuchen getan. *Die Geschworenen klatschen.* Aber wie er dann glücklich tot war, da hat ern wieder zurück ins Leben gezerrt! – Ich bin erster. *Er geht nach hinten zum Fla-schenzug.*

ARTHUR Ich wollte ihn glücklich machen.
Die Geschworenen lachen.
Ich war durcheinander.

VORSITZENDER DER GESCHWORENEN Der Angeklagte darf nicht dazwischenreden.

VIKTORIA *zu Arthur:* Still doch. – Keine Fragen. *Zu Arthur.* Bitte misch dich nicht ein. *Sie ordnet ihre Papiere.*

ALBERT Ein abschließendes Wort. Ich kann seine Fingerabdrücke bis hierher riechen.

VIKTORIA Wir rufen keine Zeugen. *Sie rafft ihre Papiere zusam-men.* Verehrte Geschworene, wir appellieren an die Mütter un-ter ihnen. *Es sind lauter Männer.* Mein Sohn hat mich bisher immer enttäuscht. Jetzt aber hat er uns alle umgebracht. Zum ersten Mal kann ich ihn meinen Sohn nennen. Mit voller Zuver-sicht bittet Sie die Verteidigung um einen Schuldspruch. *Sie räumt ihre Papiere weg.*

ALBERT Meine Herren Geschworenen, Ihr Urteil.
Die Geschworenen stecken die Köpfe zusammen.

VORSITZENDER Wir ordnen die Erprobung im Gottesurteil an.

ARTHUR Das ist –

VIKTORIA Die übliche Formalität.
Der Lordkämmerer kommt vom Flaschenzug nach vorn. Er hat Alberts Schwert in der Hand. Der Vorsitzende prüft die Schnei-de.

VORSITZENDER Weißglühend.

ALBERT Ich mache dir das Hemd auf. *Er knöpft Arthurs Hemd auf. Die Menge unter dem Flaschenzug hat schon längere Zeit ein regelmäßiges Geräusch von sich gegeben, das jetzt in einen Singsang übergeht: »Zieht-zieht-zieht«. Albert durchbohrt Ar-thur mit dem Schwert. Arthur zeigt keine Reaktion. Eine kleine Pause. Albert zieht das Schwert wieder heraus.*

VIKTORIA *schnuppert:* Riecht es hier angebrannt?

ALBERT Das Urteil?

VORSITZENDER Schuldig, und zugelassen zum Himmel.
Albert schneidet Arthur mit dem Schwert von George los. Laute

*Rufe aus der Menge beim Flaschenzug. Len kommt nach vorn
gerannt, ein Bein in der Hand. Es ist an der Hüfte abgerissen
und noch mit Schuh und Socke bekleidet. Der Stumpf ist zerfetzt
und blutig. Len nagt daran. Die Menge balgt sich wie ein Spat-
zenschwarm um ihn.*

MENGE Ich! Ich! Ich!

LEN *wehrt sie ab, indem er nach ihnen tritt und das Bein im Kreis
schwingt:* Weg da! Bleibt droben! Holt euch das andere! *Er
kaut.*

ALBERT Sie stören eine Gerichtsverhandlung.

VIKTORIA Es ist unerhört. Wenn Sie Lärm machen müssen, machen Sie ihn anderswo.

MENGE Ich! Ich! Abgeben!

LEN Weg da, hört auf. *Er wendet sich an Arthur.* Du hast mir mal
wo rausgeholfen. Schön, daß du da bist im Himmel. Das kriegst
du von mir. *Er reißt noch einen Bissen mit den Zähnen los.* Was
noch übrig ist. *Er übergibt Arthur das Bein und tritt verlegen
zurück. Er wischt sich verlegen die Hände am Hosenboden ab.
Verlegen und freundlich.* Hoffentlich erstickst du dran.

JOYCE Schau einer an – hätt ich nicht geglaubt, daß er das fertig-
bringt.

Einige aus der Menge klopfen ihm auf die Schulter.

ALBERT Im Himmel essen wir einander auf.

VIKTORIA Es tut nicht weh.

ALBERT Und es wächst wieder nach.

GEORGE Wie Krebse.

VIKTORIA Hier bleibt alles ohne Folgen. Deswegen gibt es keine
Schmerzen. Stell dir vor – keine Schmerzen! Bon appetit. *Sie
schnuppert, argwöhnisch.* Ich könnte schwören, daß es hier angebrannt riecht.

*Ein Einbeiniger steht unter dem Flaschenzug auf. Er hat einen
Strick um den Hals, der oben durch den Flaschenzug geschlun-
gen ist. Er zieht ihn heraus.*

VIKTORIA *schnuppert:* Schwören könnte ich.

*Der Einbeinige will hinaushüpfen. Das Seil hängt ihm vom Hals
und schlängelt sich hinter ihm her.*

LEN Der reißt aus.

LORDKÄMMERER Holt ihn ein!

GEORGE Halali – oh!

Sie schreien und jagen dem Einbeinigen nach. Arthur ist allein.

Seit er das Bein in der Hand hält, hat er sich nicht bewegt. Er trägt es senkrecht, den Stumpf nach oben. Sein Gesicht ist ausdruckslos geblieben. Kleine Pause. Es scheint, daß er flüstert. Dann spricht er mühsam.

ARTHUR Ich bin nicht tot. Lieber Gott, laß mich sterben.

Sechzehnte Szene

Im Himmel.

George windet sich mit angezogenen Knien am Boden. Viktoria führt Albert herein.

VIKTORIA Das ist sein zweiter Anfall heute.

ALBERT Vielleicht hat er etwas Falsches gegessen.

VIKTORIA Ich hatte auf ein vernünftiges Wort von dir gehofft! – Ich weiß, was hinter dem Ganzen steckt. *Sie wendet sich ab.* Wo ist Arthur? Ich habe ihn seit dem Prozeß nicht mehr gesehen, und das ist Wochen her.

Florence tritt auf.

ALBERT Florence! Wie nett!

VIKTORIA Eben sprachen wir von dir. Wie kamst du hierher?

FLORENCE Ach, ein ausgerutschter Büchsenöffner.

GEORGE Hunger.

FLORENCE Geht es George nicht gut?

VIKTORIA Nein. George, du kannst im Himmel keine Schmerzen haben. *Sie nimmt Florence beiseite.* Du kommst gerade recht, meine Liebe. Ich gebe eine kleine Gartenparty – ich bin mir das schuldig. Die anderen Gäste werden gleich dasein. Ich habe etwas Speise zurücklegen können, aber ich habe George nichts davon gesagt.

Arthur tritt auf und geht hinten über die Bühne. George steht sogleich auf und stellt sich neben ihn.

VIKTORIA Arthur.

ARTHUR *wendet sich beiläufig um:* Florence... *Er kommt zu ihr nach vorn.* Bist du tot?

FLORENCE Ja. *Pause.*

ARTHUR Du siehst nicht so aus...

VIKTORIA Arthur. *Er dreht sich zu ihr um.* George geht es nicht gut. Er hat Hunger. Und du? *Kleine Pause.* Arthur, Lieber?

ARTHUR Nein.

VIKTORIA Ich habe noch ein paar Bonbons aus meinen Lebzeiten.

ARTHUR *seine Hand schnellt nach vorn:* Ja!

Alle starren ihn an. George stöhnt.

VIKTORIA Du ißt also nichts. Deshalb hat George Hunger.

GEORGE *steht noch immer neben Arthur:* Ganz schwach ist mir.

VIKTORIA Bist du hier nicht glücklich?

ALBERT Selbstverständlich ist er glücklich. Wir sind hier im Himmel. Herauskommen kann er ohnehin nicht. Man stirbt nur einmal. Er kann sich nicht zu Tode hungern.

GEORGE Um Himmels willen iß! Du könntest diese Qual nicht aushalten.

ARTHUR Ich spüre sie wie du.

VIKTORIA Arthur, fehlt dir irgend etwas? Etwas, was dir nicht zusagt? Woran wir nicht gedacht haben? Liegt es an mir? Du darfst es ruhig sagen.

Arthur geht hinaus.

GEORGE *bleibt Arthur dicht auf den Fersen:* Iß! Iß! *Er geht hinaus.*

VIKTORIA Gut – sie hätten mir nur meine Party verdorben. Albert, geh und paß auf sie auf. Sie dürfen nicht zurückkommen, bis es vorbei ist.

ALBERT Aber ich sollte doch –

Die Menge tritt nach und nach auf. Albert geht hinaus. Viktoria begrüßt sie, aber sie reagieren nicht darauf.

VIKTORIA Wie schön, daß Sie gekommen sind.

LEN Gern geschehen.

VIKTORIA Wie schön, daß Sie gekommen sind.

GRISS Wo stehn das Essen?

FLORENCE *zu Viktoria:* Du bist verstört. Du hättest absagen sollen.

VIKTORIA Ich bin im Kampf gestorben. Ich gebe auch jetzt nicht nach. – Wie schön, daß Sie gekommen sind.

LEN Was fürn Gartendings soll das werden?

JOYCE N Picknick halt.

GRISS *beim Korbwagen:* Ist da's Essen drin? *Macht die Körbe auf.* Überrascht. Mensch, die muß ihre eigene Zucht haben. Muffelt ganz schön.

LEN *schnuppert:* Das is hinüber.

VIKTORIA Es ist Wildbret.

GRISS Wasn Ding?

VIKTORIA Es ist abgehangen – damit es Geschmack bekommt.

JOYCE Muß ja auch. *Zu Len:* Abgehangen, verstehste? *Zu Viktoria.* Vielen Dank auch. *Sie ißt.* Is aber doch kein Schmu dabei, oder? Is doch menschlich?

VIKTORIA O gewiß.

GRISS Englisch.

VIKTORIA Nun, britisch.

GRISS Son eingeführten gelben oder schwarzen Dreck würd ich auch nicht anrührn.

LEN Kost ja nichts. *Er ißt.* Schmeckt auch danach. *Er ißt.*

GRISS Nase zuhalten und schnell runterschlucken, dann gehts.
Arthur tritt auf.

VIKTORIA Ihr solltet doch wegbleiben!

ARTHUR *hat Schmerzen:* Wegbleiben?

JOYCE Wasn los?

GEORGE Bitte tu es, Arthur. Was kann an Fleisch schlecht sein?

ARTHUR *hat Schmerzen:* Verdammt.

LEN Was führtn sich der so auf?

GEORGE *sieht die anderen essen:* Essen! *Er rennt zum Wagen und nimmt sich.* Ah!

GRISS Dir geb ich gleich schubsn.
Während er ißt, beginnt Arthur zu würgen, und steckt George damit gegen dessen Willen an. George wälzt sich am Boden. Er ißt und würgt gleichzeitig. Die Umstehenden starren ihn an.

JOYCE Der is vergiftet.

GRISS Was isser?

JOYCE Ich hab gleich gesagt, das schmeckt komisch.

GRISS Soll wohln Witz sein.

JOYCE Gar nicht. Daheim die Oma hat mal angefangen Polka tanzen, grade wie ich fernsehen will. Ich hab ihr zum Schluß n Entkalkungsmittel inn Schnaps tun müssn. Zur Benebligung. Die hat damals genauso auf der Stiege rumgezuckelt.

GEORGE *ißt und würgt:* Arthur hör auf! Laß mich essen!

LEN *läßt seinen Happen fallen:* Wenn die das sagt, stimmts auch.

GRISS *läßt seinen Happen fallen:* Ich kriegs im Bauch.

VIKTORIA Vergiftungen gibts im Himmel nicht.

GEORGE Ahh! Arthur!

ARTHUR *hat Schmerzen:* Ich kann nichts essen! Ich kann nichts essen!

GRISS Kann nichts essen!

JOYCE Da habt ihrn besten Beweis.
Sie stöhnen und krümmen sich.
Viktoria und Florence laufen hinaus.

JOYCE *ängstlich:* Und was passiert mit uns?

LEN Das is schlimmer wien doppelter Wadenkrampf.

JOYCE Solln wir jetzt nochmal krepiern? Die können uns doch hier

nicht rausschmeißen? Und wir stehn dann ohne was da.
Albert kommt herein. Er sieht George und Arthur.

ALBERT Da seid ihr. Und wo ist Viktoria? *Er nimmt sich ein Stück Fleisch aus dem Korb.*

JOYCE Der gehört auch dazu!
Die Menge steht still. Kurze Pause.

GRISS Alles dieselbe Bagasche.
Die Menge umringt Albert.

ARTHUR *hat Schmerzen:* Nein! Nein!

JOYCE Nehmt ihm den Knochen weg!
Griss nimmt Albert das Stück Fleisch ab.

ALBERT Ich dachte, meine Frau sei hier. Ich will doch lieber –

GRISS Los, den ziehn wir! *Er nimmt sich eine Seilrolle von der Schulter.*
Die Menge stößt Albert in den Korb und macht das Seil an ihm fest. Griss entfernt sich und zieht dabei am Seil. Die Menge drängt sich um den Korb und hält Albert darin fest. Griss zieht weiter. George rennt zwischen Griss und der Menge anfeuernd hin und her und will mithelfen.

GEORGE Essen! Essen!

ARTHUR *hat Schmerzen. Rasch:* Nein! Nein! Keine Schmerzen mehr, kein Krieg mehr, kein Leiden mehr – wir sind im Himmel!

JOYCE *ruft zu Arthur herüber:* Schon gut, Kleiner, wir besorgen das schon mit dem!

ARTHUR Warum kann ich sie nicht in Frieden lassen!

LEN *ruft zu Arthur herüber:* Dir gehörtn Verdienstkreuz, daß du den aufgespürt hast!

ARTHUR *rasch:* Ich will tot sein! Ich will brennen! Das ist diese Qual nicht wert! Ich zerstöre den Himmel damit!
Die Menge schreit. Das Seil erschlafft und Griss fällt mit einem Plumps auf den Hintern.
Halt! Nicht weiter! Ich esse! Ich esse!
George rennt vom Korb weg und ißt ein Stück von Albert. Arthur nimmt auch ein Stück aus dem Korb. Er beißt etwas davon ab.
Ich werde essen und gut sein! Gut sein! Gut sein! Von jetzt ab will ich gut sein!

JOYCE *beim Korb:* Zieht ihn auf unsre Seite rüber.

LEN *hilft ihr:* Was machtn dein Bauch?

JOYCE Bißchen besser.

LEN Nächstes Mal essen wir die Alte. Die treibt durch.

Sie ziehen den Korb hinaus. Der Wagen bleibt auf der Bühne stehen. George sitzt allein da und ißt.

ARTHUR *ißt:* Iß und tu Gutes. Tu Gutes und stirb. Stirb und sei glücklich.

Sie kauen eine Weile schweigend.

Lieber Gott, laß mich sterben. Laß mich sterben. Laß mich sterben – und alle werden glücklich sein.

Siebzehnte Szene

Im Himmel.

Viktoria und Florence treten auf. Florence späht nach hinten. Viktoria hat ein blutunterlaufenes Auge. Sie ist ungekämmt.

VIKTORIA *bleibt stehen:* Laß uns fünf Minuten rasten.

FLORENCE *späht nach hinten:* Sie werden uns einholen. Es ist gefährlich. *Ruft.* George!

VIKTORIA Wenn es im Himmel Schmerzen gibt, warum dann keine Liebe? *Sie denkt nach.* Ich könnte nicht sagen, daß ich dich liebe. Liebst du mich?

FLORENCE Nein.

VIKTORIA Hast du Schmerzen?

FLORENCE Nein.

VIKTORIA Ich auch nicht. Und auch nicht die Meute dort. Das Volk läßt sich alles einreden.

George rollt Albert auf dem Wagen herein. Albert hat keine Beine.

GEORGE *stöhnt:* Verflucht. *Er hört auf zu schieben.* Ich kann nicht mehr. Es wird immer schlimmer. Ich dachte, es geht weg, als er anfing zu essen.

VIKTORIA Er muß wieder aufgehört haben. Wir können nicht immer weiterfliehen. Zum Schluß fangen sie uns ja doch ein. Wir müssen handeln.

ALBERT Ja.

VIKTORIA Bis Arthur kam, war Frieden im Himmel. Ich kann destruktive Menschen nicht ausstehen. Er gehört nicht hierher. Er hat kein Talent zum Glücklichsein. Wir müssen ihn loswerden.

George stöhnt.

ALBERT *mutlos:* Im Himmel kann man niemand umbringen.

VIKTORIA Wir könnten ihn aufessen.

ALBERT *zuckt die Achseln:* Dann wächst er wieder nach.

VIKTORIA Wir könnten ihn noch einmal aufessen. Wir heben seine Knochen auf, und alles Leben, das sich darin zeigt, nagen wir gleich wieder ab.

ALBERT Das ist ein glänzender Einfall!

VIKTORIA Aber er hilft nichts.

ALBERT Warum?

VIKTORIA Weil wir ihn niemals zu fassen kriegen. Die Meute schützt ihn. Er hat sie mit seinem Irrsinn angesteckt – jetzt meinen sie *alle*, sie hätten Schmerzen. Er ist ihr Messias.

GEORGE Nehmt doch Florence.

VIKTORIA Was?

GEORGE Sie könnte ihm sogar einen Ring durch die Nase stecken und ihn auf den Knien hierherziehen.

FLORENCE Meinst du?

VIKTORIA Ach so. Mir ist eben ein Licht aufgegangen. *Zu George.* Ich habe dich unterschätzt. *Zu Florence.* Hole ihn aus der Meute heraus. Geh mit ihm spazieren. Dann sind wir vier gegen einen.

FLORENCE Nein.

VIKTORIA Nun ist mir noch ein Licht aufgegangen. Das zweite heute.

FLORENCE Ich fürchte mich vor der Meute.

GEORGE Er wird nicht zulassen, daß sie dir etwas antun. *Er stöhnt.*

VIKTORIA Du hättest zumindest eine Chance. Wenn wir so weitermachen, fangen sie uns noch alle ein. Und denk daran, was das bedeutet: Frieden.

FLORENCE Ich will es versuchen.

VIKTORIA *im Gehen:* Wir gehen zurück.

FLORENCE Jetzt?

VIKTORIA Jetzt. Ich spüre es, mein Glück kehrt wieder.

George stöhnt. Sie gehen hinaus.

Achtzehnte Szene

Im Himmel.

Arthur sitzt hinten. Etwas von ihm entfernt sitzen Len, Joyce, Jones und Griss. Sie stöhnen leise. Arthur hat langes Haar und einen langen Bart, beide schmutzig. Florence steht vorn. Sie schaut Arthur an.

ARTHUR Ja?

FLORENCE Ich war mir nicht so sicher, ob du es bist.

LEN *steht auf:* Was gehtn hier vor?

ARTHUR Setz dich.

Len setzt sich.

FLORENCE Ich habe dich gesucht.

ARTHUR Was macht mein Bruder?

FLORENCE *zuckt die Achseln:* Er hat Schmerzen. Können wir woanders hingehen?

LEN Der soll in Ruhe gelassen werden.

GRISS Mir tut schon alles weh.

JOYCE Das istn Gefängnis und kein Himmel.

JONES Wir wollen was Anständiges zu fressen kriegen.

ARTHUR Ich ginge ganz gern spazieren.

LEN *zuckt die Achseln:* Na, dann wolln wir mal. *Er hilft Arthur auf.*

ARTHUR Ich bin gleich wieder da.

Arthur und Florence kommen nach vorn. Alle andern ab.

ARTHUR Setz dich. *Er setzt sich nieder.*

FLORENCE Nicht hier.

ARTHUR Ich bin müde.

Florence setzt sich. Arthur fährt sich mit dem Unterarm in einer sonderbar wischenden Bewegung über den Mund.

Du hast mich gesucht.

FLORENCE Warum bist du nicht glücklich?

ARTHUR Ich habe Schmerzen.

FLORENCE Entschuldige, aber das kann nicht sein. Nicht im Himmel.

ARTHUR Du spürst keine Schmerzen.

FLORENCE Manchmal bin ich hungrig. Weiter nichts. – Sie haben meinen Arm aufgegessen. Es hat nicht weh getan.

ARTHUR Nein.

FLORENCE Iß mich, einen Teil von mir.

ARTHUR Nein.

FLORENCE Du ißt aber doch. Manchmal lassen bei George die Schmerzen nach.

ARTHUR Ich esse mich selbst.

FLORENCE Ach.

ARTHUR Wenn es zu schlimm wird. Ich esse meinen Arm. *Er wischt sich mit dem Unterarm über den Mund, aber ohne zu essen.*

FLORENCE Tut das weh?

ARTHUR Weniger als der Hunger.

FLORENCE Es klingt ungerecht. *Pause.* Du bist alt.

ARTHUR Der Bart ist mir über Nacht gewachsen. In der Nacht, als mein Vater aufgegessen wurde. Ich habe auch von ihm gegessen. Was, weiß ich nicht. Als ich aufwachte, war ich alt. Ich hatte weiße Haare und einen Bart. Der war von Anfang an weiß, und naß. Ich muß geweint haben. Ich war sehr müde, als wäre ich mit einem Bart zur Welt gekommen.
Eine kleine Pause.

FLORENCE George glaubt, du hättest mich gern.

ARTHUR Warum bist du hierhergekommen?

FLORENCE Ich weiß nicht genau.

ARTHUR Ich will dich um etwas bitten. Aber zuvor – ich bleibe nicht im Himmel.

FLORENCE Es gibt nichts anderes.

ARTHUR Hier bleibe ich nicht. *Er greift nach ihrer Hand.*
Sie steht auf und blickt sich um.
Was ist?

FLORENCE Nichts. Ich bin hungrig.

ARTHUR Iß meinen Arm.

FLORENCE Nein! Es tut dir weh. – Ich kann nichts für meinen Hunger! Man bekommt ihn eben! – Was wolltest du mich bitten?

ARTHUR Iß nicht mehr.

FLORENCE Ich –

ARTHUR Die meisten Leute sterben, bevor sie zehn sind. Sie sterben als Babys und kleine Kinder. Manche werden vierzehn oder fünfzehn. Fast niemand lebt länger als bis dreißig.

FLORENCE Gott sei Dank.

ARTHUR Es heißt immer, daß der Leib stirbt und die Seele weiter-
lebt. Das stimmt nicht. Zuerst sterben die Seelen, und die Leiber
leben fort. Sie irren umher wie Geister, sie rempeln sich an, treten sich auf die Füße, suchen einander heim. Auch deswegen ist
es besser, daß man stirbt und hierherkommt – wenn man tot ist,
muß doch Frieden sein. Nur – ich bin nicht tot.
FLORENCE Natürlich bist du tot! Du mußt nur an dich glauben!
ARTHUR Nein. Nicht ganz. Ich habe es versucht, aber ich kann
nicht sterben. Nicht einmal das Essen hat mich umgebracht. Es
gibt etwas, was ich nicht abtöten kann, was mir niemand abtöten
kann. Schade. Es muß schön sein, wenn man tot ist. Aber wenn
ich nicht sterben kann, muß ich leben. Ich habe mich abgefun-
den mit meinem Fluch – ich nehme ihn auf mich. Wahrschein-
lich werde ich am Ende noch glücklich sein.
Florence macht eine Bewegung.
Um Gottes willen, geh nicht fort.
Florence bleibt stehen.
Du suchst etwas.
FLORENCE Ich bin hungrig! Ich bin hungrig!
ARTHUR Geh nicht zurück zur Familie!
FLORENCE Ich muß aber.
ARTHUR Geh mit mir.
FLORENCE Wohin?
ARTHUR Anderswohin.
FLORENCE Es gibt kein Anderswo!
ARTHUR *verzweifelt:* Wir finden eins.
FLORENCE Und wozu? Du wirst dort auch nicht essen.
ARTHUR Wir essen uns selbst.
FLORENCE Nein.
ARTHUR Einer den anderen.
FLORENCE Du hast gesagt, du tust es nicht.
ARTHUR Also gut – gut – wenn du bleibst.
FLORENCE Du tust es nicht. Du weißt, daß du es nicht tun wirst.
Du wirst es dir anders überlegen. Wenn du vom Leben redest,
meinst du Schmerzen. Deswegen machst du alle unruhig. Du
kannst sie nicht in Frieden sterben lassen. Der große Haufe,
deine Mutter – immer wird irgend jemand töten wollen, und
kann es nicht, und so geht es ewig weiter. Ich bin hungrig! Sie
sind hungrig! Du bist hungrig! Wir sind alle tot und hungrig!
Überall, wohin du auch gehst.

ARTHUR Du hältst mich am Leben.

FLORENCE Du bist nicht am Leben! Wir sind im Himmel! Du kannst nicht mehr leben und lachen und schreien und Schmerzen haben. Du kannst nicht mehr lieben! Und andere Leute quälen! Laß mich in Frieden! Du bist ein Gespenst! Ein Gespenst! Ein Gespenst! Du machst mir Alpträume – hör auf!

ARTHUR Du weinst ja.

FLORENCE Nein, nein, nein, nein.

ARTHUR Aber meine Hand ist naß.

FLORENCE Es gibt nichts zu weinen mehr. Es ist zu spät dazu. Warum hast du mir nichts gesagt? Was, glaubst du, habe ich getan, solang ich auf dich wartete? Ich weine nicht. Vielleicht bin ich am Leben, vielleicht müssen wir wirklich nicht so sein. Wenn ich doch nur nachdenken könnte... *Schweigen.*
Viktoria kommt hereingerannt.

VIKTORIA *ruft:* Albert! Ich habe sie gefunden!

FLORENCE *will Viktoria zum Fortgehen bewegen:* Wir müssen fort. Die Meute ist hier.

VIKTORIA Nein. Er war kaum fort, da sind sie schon auf Jagd nach Essen gegangen. *Albert und George kommen herein. Albert hat wieder Beine. Er hinkt.*

VIKTORIA *ergreift einen Arm von Arthur. Zu Albert:* Nimm den anderen Arm.

GEORGE *reibt sich die Hände:* Jetzt hast du es.

VIKTORIA *zu George:* Geh und paß auf.
George geht nach hinten. Albert hinkt zu Arthur hin.

ARTHUR Hilf mir, Florence!

GEORGE Ich bin hungrig.

VIKTORIA Albert, steh nicht hier herum.

GEORGE *geht zu Arthur:* Essen!

VIKTORIA *zu George:* Hier können wir ihn nicht essen. Geh und paß auf, ob jemand kommt.

GEORGE *geht nach hinten:* Beeilt euch!

VIKTORIA Albert, wir müssen ihn jetzt –

ARTHUR *zu Florence:* Hilf mir!

ALBERT Sie hören uns noch!

FLORENCE Wir können ihn nicht essen! Es tut ihm weh!

VIKTORIA *zu Albert:* Kneble ihn!

ALBERT Aber ich habe doch kein –

ARTHUR Florence!

VIKTORIA Würg ihn!

ALBERT Aber ich habe doch kein –

VIKTORIA Mit seinem Bart!

ALBERT Seinem –

VIKTORIA Bart! So! *Sie schlingt Arthur den Bart um die Kehle.* Und so. Zwei. Drei. *Zu Arthur.* Es ist zu deinem eigenen Besten. Sechs. Sieben. Acht.

GEORGE *hinten. Er späht nach draußen:* Macht schnell!

VIKTORIA Neun. Zehn. *Sie läßt los.* Jetzt ist er gute zehn Minuten lang bewußtlos.

GEORGE *kommt zu den anderen zurück:* Sie müssen etwas gehört haben!

VIKTORIA Bleib ruhig! Ruhig. *Zu Albert.* Lade ihn dir auf den Rücken. *Sie hebt Arthur zusammen mit George auf Alberts Rücken.*

FLORENCE *geht unruhig umher:* Er kann Schmerzen nämlich spüren, müßt ihr wissen.

VIKTORIA Du mußt gehen. Nicht rennen.

Albert macht sich mit der Last auf den Weg.

GEORGE *stöhnt:* Ich bin am Verhungern.

Albert, George und Viktoria gehen hinaus.

FLORENCE Ach ja. Warum hat er mir nur nichts gesagt? Wer wartet, muß dafür bezahlen. *Sie folgt den anderen.*

Neunzehnte Szene

Im Himmel.

Viktoria, Albert und Florence auf der Rast. Florence sitzt auf dem Wagen.

ALBERT Wo ist George?

FLORENCE Er sammelt die Knochen ein.

VIKTORIA Er hat eine ganze Spur davon auf unserem Weg verstreut. Er hofft, er findet noch Fleisch daran.

ALBERT *schleckt sich die Finger:* Viel kann es nicht sein.
George kommt herein. Er nagt an einem Knochen und hat ein Knochenbündel unter dem Arm geklemmt.

GEORGE Ich habe immer noch Hunger.

VIKTORIA Das hätte aufhören müssen, als wir ihn aßen.

GEORGE *nagt und stöhnt:* Hat es aber nicht.

VIKTORIA Gib mir die Knochen da.
Er gibt sie ihr, behält aber den einen, den er benagt.
Den auch.

GEORGE Ich bin noch hungrig.

VIKTORIA Den auch.
Er gibt ihr den Knochen.
Wir müssen sie beisammenhalten. *Sie stellt sie in einen großen Blechkübel und ordnet sie wie einen Blumenstrauß.* Wo ist sein Kopf?

GEORGE Ich habe ihn nicht. *Er stochert in den Zähnen und kaut hungrig.*

VIKTORIA Florence?

FLORENCE Nein.

VIKTORIA Albert?

ALBERT Nein.

VIKTORIA Man verliert nicht einfach einen Kopf.

ALBERT Ach du lieber Gott.

VIKTORIA *verärgert:* Deswegen hast du auch noch deine Schmerzen.

GEORGE *stellt sich neben die Knochen und betrachtet sie gierig:* Weit kann er nicht sein.

VIKTORIA *zu Florence:* Du sitzt nicht etwa drauf, mein Kind?

FLORENCE Nein.

VIKTORIA Also wer kann sich erinnern, daß er ihn gegessen hat?

GEORGE Ich nicht.

VIKTORIA Wie solltest du auch.

GEORGE *stöhnt:* Das ist ungerecht! Hungrig sein reicht wirklich, auch ohne daß –

VIKTORIA Gut, dann müssen wir ihn eben suchen. Der Kopf muß her. Er wächst sich sonst zu einem neuen Körper aus!

FLORENCE Kann er das?

VIKTORIA Etwas derartig Perverses würde ihm ähnlich sehen. Zum Schluß haben wir es noch mit zwei Arthurs zu tun. Das wäre zuviel für mich. *Zu Albert und George.* Kommt jetzt – Florence.

FLORENCE Ich bleibe hier zum Knochenhüten.

VIKTORIA Gut. *Im Abgehen.* Man verliert nicht einfach einen Kopf.

George stöhnt. George, Albert und Viktoria gehen hinaus. Florence wartet eine Weile. Dann deckt sie ihren Schoß auf. Arthurs Kopf liegt darin.

FLORENCE Ach ja.

ARTHUR Was denn? Ich liebe dich.

FLORENCE Sie suchen nach dir.

ARTHUR Ich weiß.

FLORENCE *schaudert:* Ach ja.

ARTHUR Was ist?

FLORENCE Du hast geschrien.

ARTHUR Das tut mir leid.

Florence deckt seinen Kopf zu. George kommt herein.

GEORGE Du lieber Gott. *Er geht zu den Knochen, wählt sich einen aus und nagt daran.* Ich werde sonst noch schwach. *Er geht nagend hinaus.*

Florence wartet eine Weile. Dann deckt sie Arthurs Kopf auf.

ARTHUR Zum ersten Mal bin ich glücklich. Ich habe keinen Hunger mehr.

FLORENCE Dir fällt gleich etwas ins Auge. *Sie entfernt es.*

ARTHUR Es muß ein Haar sein.

FLORENCE Bleib ruhig.

ARTHUR Mein Bart. Mutter hat ihn mir ausgerissen, als sie mich würgte.

FLORENCE Warum lächelst du?

ARTHUR Es ist schön hier.

FLORENCE Was?

ARTHUR In deinem Schoß.

FLORENCE Ah.

ARTHUR Wenn sie einem ein Bein amputieren, dann spürt man es trotzdem noch. Mir geht es auch so. Sie haben mir den Leib abgeschnitten, aber ich bin lebendig. Ich könnte jetzt mit dir schlafen. Ich kann es spüren. Hart. Deswegen liege ich so gern in deinem Schoß.

FLORENCE *lacht. In Verwirrung:* Ich weiß nicht, was ich tun soll.

ARTHUR Du machst dir immer noch Vorwürfe, weil du mich gegessen hast.

FLORENCE Viktoria hat aufgepaßt.

ARTHUR Und weil du auf dem Spaziergang gelogen hast.

FLORENCE Ja. Aber nicht die ganze Zeit.

ARTHUR Dann macht es nichts. Ich liebe dich.

FLORENCE Aber was kann ich machen?

ARTHUR Nicht essen.

FLORENCE Das sagst du immer!

ARTHUR Sage Viktoria, daß du mich liebst. Das wird sie nicht dulden – es ist Verrat. Sie wird dafür sorgen, daß sie dich aufessen, und dann bist du wie ich.

FLORENCE Was nützt das?

ARTHUR Du lebst.

FLORENCE Wo? Wie?

ARTHUR Mit mir.

FLORENCE Aber du bist nichts! Sie haben dich gegessen!

ARTHUR Ich lebe trotzdem. Oder fange an zu leben.

FLORENCE Wo? Wie?

ARTHUR Ich weiß nicht. Ich kann es dir nicht sagen. Du mußt es selbst herausbringen. Ich bin wie ein Feuer im Meer, oder wie die Sonne unter der Erde. Ich lebe. Du liebst mich.

FLORENCE Es ist zu spät. Lieben, lieben – ich weiß nicht, was das jetzt heißt. Du redest von Sonne und Feuer – und ich bin hungrig.

ARTHUR Natürlich bist du hungrig. Die Toten sind immer hungrig.

FLORENCE Ich kann dich nicht verstehen.

ARTHUR Du verstehst mich gut.

FLORENCE Ich möchte, aber ich kann nicht.

ARTHUR Warum hast du mich dann versteckt?

FLORENCE Ich weiß nicht warum!

ARTHUR Ich liege in deinem Schoß! Das ist der Beweis!

FLORENCE Vielleicht. Ich werde es versuchen. Ich werde es versuchen.

ARTHUR Küß mich.

FLORENCE Jetzt nicht. Ich muß nachdenken.

ARTHUR Küß mich! Ich kann es nicht. Heb meinen Kopf mit deinen Händen hoch und halte ihn an deinen Mund. Dann ist es gut. Dann sind wir allein, und glücklich.

FLORENCE Ja... Ja. *Sie zögert. Sie beugt den Kopf leicht zu ihm hinunter. Sie nimmt seinen Kopf in die Hände und will ihn hochheben.*

VIKTORIA *draußen:* Man verliert nicht einfach einen Kopf. *Florence deckt Arthurs Kopf zu. Viktoria kommt herein.*

FLORENCE Habt ihr ihn gefunden?

VIKTORIA Ich finde ihn noch.

Albert und George treten auf. Albert hat die Hände in den Taschen. Die Schmerzen von George sind sichtlich schlimmer geworden. Er nagt an einem Knochen. Albert schnalzt mit der Zunge.

GEORGE Verdammt! *Er läßt den Knochen in den Kübel fallen.* Davon wird keine Mikrobe satt. *Er sucht unter den übrigen Knochen.* Wenn wir ein Feuer hätten, könnten wir Suppe kochen.

VIKTORIA Man verliert nicht einfach einen Kopf.

FLORENCE Er wird irgendwohin gerollt sein. Es macht doch nichts.

VIKTORIA *zu George:* Tu die Knochen zurück. *Sie stellt den Kübel von ihm weg.* Es geht mir nicht noch etwas verloren. Albert, mit den Händen in den Taschen kannst du nicht nachdenken. Kein Wunder, daß sein Kopf weg ist.

ALBERT Du lieber lieber Himmel.

GEORGE *plötzlich:* Ich halte es nicht mehr aus! Ah! *Er wälzt sich am Boden. Albert schaut ihm zu.*

ARTHUR Er will sich nur wichtig machen. Florence, wir gehen spazieren.

FLORENCE Es ist ganz schön hier.

VIKTORIA Ein Spaziergang ist noch schöner.

ALBERT *betrachtet George:* Viktoria, diesmal ist es ernst. Ich wußte nicht, daß er so schlecht dran war.

VIKTORIA *betrachtet George:* Hm. – Florence, komm her und sieh ihn dir an.

FLORENCE Ich glaube kaum, daß ich ihm helfen kann.

VIKTORIA Unsinn, du bist Krankenschwester. *Sie bückt sich und betrachtet George. Florence geht schwerfällig auf sie zu.*

VIKTORIA *zu Albert:* Zähl seinen Puls. George, sag doch einmal die Nationalhymne rückwärts her. Das beruhigt.
Viktoria und Albert zählen ihm, jeder auf seiner Seite, den Puls. Florence langt bei ihnen an.

VIKTORIA Hast du einen Knochen mitgenommen?

FLORENCE Einen Knochen?

VIKTORIA Damit er etwas zwischen die Zähne bekommt!
Florence dreht sich um und geht zum Korb zurück.

VIKTORIA *zu George:* Bist du schon bei Königin die schütze Gott angelangt?

FLORENCE *bleibt stehen und schlägt Arthur unter ihrem Rock:* Hör auf!
Viktoria und Albert drehen sich um und schauen sie an.

VIKTORIA Was ist, mein Kind?

FLORENCE Ich habe mir den Rücken verknackst. *Sie macht noch einen Schritt.*

VIKTORIA Was hast du denn mit deinen Beinen?

FLORENCE Sie sind mir eingeschlafen.

VIKTORIA Versuch es mit Hüpfen.

FLORENCE Das wird mir kaum –

VIKTORIA Es beschleunigt den Kreislauf –

FLORENCE Ich habe Kopfweh.

VIKTORIA – heilt Kopfweh und hilft unfehlbar bei verknackstem Rücken. Hüpf!
Florence hüpft.
Das ist doch nicht gehüpft. Hüpf hüpf hüpf! Höher!
Florence hüpft noch mal.
Komm, ich massiere dir die Beine.

FLORENCE Nein, nein. Es hat nachgelassen. *Sie geht schnell zum Kübel und nimmt einen Knochen heraus.*

ALBERT Ich glaube, es geht ihm wieder besser.

VIKTORIA George, Florence holt dir gerade einen Knochen.

GEORGE Knochen? Knochen? *Er setzt sich auf und sieht Florence mit dem Knochen in der Hand. Er steht auf, geht schwankend auf sie zu und reißt ihr den Knochen aus der Hand. Er will hineinbeißen, hält dann aber inne. Er schaut sich um. Er beginnt zu*

schnüffeln. Er wendet sich von Florence ab und dann wieder zu ihr zurück. Er schnüffelt heftiger. Er schnüffelt an ihrem Kleid entlang nach unten. Er läßt sich auf die Knie fallen. Er beschnüffelt laut ihren Rock. Fleisch! *Er hebt den Rock hoch und zieht rasch darunter Arthurs Kopf hervor.* Arthur!
Stille. Florence tut einen kleinen Schrei.

VIKTORIA Bitte. Man verliert nicht einfach einen Kopf.
George beißt den Kopf an. Arthur lacht laut.
GEORGE *hält inne:* Er hat gelacht!
VIKTORIA George, gib diesen Kopf her!
GEORGE Nein! *Er steckt sich den Kopf unter die Jacke.*
VIKTORIA Albert, sprich du mit ihm.
ALBERT George –
George rennt nach hinten. Er beißt den Kopf an. Arthur lacht laut.
GEORGE Oh! *Er läuft mit dem Kopf hinaus. Schweigen.*
FLORENCE Warum hat Arthur gelacht?
VIKTORIA *zu Albert:* Sammle die Knochen ein.
ALBERT *zu Viktoria:* Du mußt deswegen nicht bitter werden. Der Tag war für uns alle nicht leicht.
George kommt mit dem Kopf zurückgelaufen. Er ist halb abgenagt.
GEORGE *kaut:* Ein Wunder! Meine Schmerzen gehen weg!
VIKTORIA Albert!
ALBERT George, ich bin sehr böse auf –
George geht ab.
FLORENCE Warum hat er gelacht, als George ihn aufaß?
George kommt zurückgerannt. Er hat einen Schädel in der Hand.
GEORGE Meine Schmerzen sind weg! Weg! Ganz und gar weg!
ALBERT *nimmt George den Schädel ab:* Und wenn er nachgewachsen ist, bekommst du auch nicht einen Bissen.
GEORGE Ich bin frei! Ich bin frei! *Er läuft hinaus.*
VIKTORIA Er wird nicht mehr nachwachsen.
ALBERT Warum denn nicht?
VIKTORIA Er ist tot.
ALBERT Wie meinst du das?
VIKTORIA Wenn die Schmerzen von George weg sind, ist Arthur auch weg.
ALBERT Wo soll er sein?

VIKTORIA Das weiß ich nicht. Ich will es auch nicht wissen. Er ist tot – das genügt mir. Gib mir seinen Schädel.

Albert gibt ihn ihr. Sie legt ihn in den Kübel auf die übrigen Knochen.

Jetzt haben wir einen kompletten Satz.

GEORGE *draußen:* Hurra!

ALBERT Was geschieht jetzt?

VIKTORIA Wir werden ja sehen.

FLORENCE Ob er nicht doch nachwächst?

VIKTORIA Vielleicht. Aber es wird totes Fleisch sein. Für menschlichen Genuß ungeeignet. Und auch Schmerzen wird es nicht mehr geben.

GEORGE *draußen:* Hurra!

VIKTORIA Er darf nicht soviel Lärm machen. Ich möchte nicht vor der Meute ohne eine Leiche dastehen müssen.

Sie gehen alle hinaus. Die Knochen im Kübel bleiben auf der Bühne stehen.

Zwanzigste Szene

Im Himmel.

Arthur liegt am Boden. Er hat einen Fuß im Kübel. Die Knochen sind verschwunden. Joyce liegt in seiner Nähe und schläft. Viktoria, Albert, George und Florence treten auf.

ALBERT Er ist nachgewachsen.

VIKTORIA *stupst Arthur:* Aber tot. *Zu George.* Hast du noch Schmerzen?

GEORGE Nein.

VIKTORIA Gut. Dann holt einen Sarg.
George und Florence gehen hinaus. Sie rütteln Joyce.
Liegen Sie schon lange hier, mein Kind?

JOYCE Ihr habt den Meister totgemacht.

VIKTORIA Er hat vorausgesehen, daß man das sagen würde. Laufen Sie und holen Sie Ihre Freunde, mein Kind.

JOYCE Aber sicher! *Sie rennt hinaus.*

ALBERT Was hast du vor?

VIKTORIA Die Sache erledigen.
George und Florence kommen mit einem Sarg herein. Sie stellen ihn neben Arthur ab.

VIKTORIA *zu Albert:* Hole das Essen, aber bringe es erst herein, wenn ich so mache. *Sie gibt ihm ein Zeichen.*

JOYCE *draußen:* Lululululu!

VIKTORIA *zu Florence:* Hammer?
Florence geht hinaus.
Ich muß an alles selber denken. Ich bin gespannt, ob sie die Nägel mitbringt.
Joyce, Len, Jones und Griss treten mit der restlichen Menge auf.

LEN *zu Joyce im Hereinkommen:* Du meinst, sie habn ihm Gift verpaßt?

JOYCE Genug fürn Pferd.

VIKTORIA *geht ihnen entgegen:* Im Himmel kann man niemand umbringen. Man kann sich nur selber töten.

GRISS Kein Gequatsch jetzt.

VIKTORIA Ihr seid hungrig.

LEN Wer sagtn das?

VIKTORIA Er selbst. Deswegen hat er sich getötet.

LEN Hat was?

VIKTORIA Er hat euch verboten, einander aufzuessen.

LEN Stimmt.

VIKTORIA Aber er wußte auch, daß dieses Verbot unnatürlich und unmöglich war. Von Grund auf unmöglich. Und weil er euch liebte – denn nur aus Liebe war er so streng mit euch – wollte er nicht von euch verlangen, daß ihr euch selber eßt, wie er.

Len versteckt den Arm hinter dem Rücken.

Und so starb er, damit ihr einander in Frieden essen könnt.

GRISS Tatsache?

LEN Nie.

VIKTORIA Seine letzten Worte zu mir waren »Nähre sie«. *Sie gibt Albert das Zeichen.*

GRISS Ach geh!

Albert kommt mit dem Korb herein. Florence ist bei ihm.

GRISS Is da zu Essn drin?

VIKTORIA Ja.

JOYCE Augenblick mal.

JONES Was?

JOYCE Beim Prozeß damals.

GRISS Hm.

JOYCE Er hat sich angesengt wies Messer reinging. Es hat nach Angebrannt gerochen.

JONES Stimmt auch.

GRISS Hab ich gleich gesagt.

JOYCE Hat nie hier reingehört, versteht ihr?

LEN Gibts bald was?

VIKTORIA Erst wenn er im Sarg liegt.

Albert und George legen Arthur in den Sarg.

Deckel.

Len legt den Deckel auf.

Hammer.

Florence reicht ihr den Hammer.

Nägel.

Florence läßt die Hände sinken.

Ich nehme meine Zähne. *Sie zieht sich einen Zahn aus und betrachtet ihn.* Das hält besser. *Sie schlägt ihn in den Sarg.* Eins. *Sie zieht sich einen zweiten Zahn aus und schlägt ihn ein.* Zwei. Tragen besser schon das Essen auf. *Sie zieht sich einen dritten Zahn aus.*

LEN Nichts Importiertes dabei, Ma'am?

VIKTORIA *hämmert:* Nein.

JOYCE Schade. Mir schmeckt das ausländische Zeugs. Die Leute wissen nicht, was gut ist.

VIKTORIA Einen noch.

GRISS Lassen Sie nochn paar drin.

VIKTORIA Sie wachsen nach. *Hämmert.* Mein Zahnfleisch schafft es schon solange.

LEN Die ist richtig!

ALBERT *beiseite zu Viktoria:* Wird es gutgehen?

VIKTORIA *zu Albert:* Natürlich. Ich schmeichle mir eines rechten Tones mit dem Volk. – Haut den Fraß ruhig schon auf den Deckel, Jungs.

Sie stellen das Essen auf den Sargdeckel und setzen sich um den Sarg. Nur Florence sitzt etwas abseits und blickt nach vorn.

VIKTORIA Bitte Ruhe. Für das, was wir nun empfangen sollen.

ZWEI STIMMEN Amen.

Sie essen alle, außer Florence.

LEN Das Stück wär was für mich.

JOYCE *zu Len:* Du hast doch vorhin schon eins gekriegt, Freßsack. *Arthur tritt aus dem Sarg hervor. Er stellt sich auf den Sargdeckel. Er sieht jetzt etwas sauberer aus, aber das Haar und der Bart sind noch immer wirr und schmutzig. Er ist in ein langes weißes Hemd oder einen Schal gehüllt. Er ordnet das Hemd, so daß es glatter fällt. Die anderen sehen ihn nicht. Sie essen und unterhalten sich.*

GRISS Warn ordentlicher Kerl. Bloß hat er sich immer in alles einmischen müssen. Soll man nicht. Aber Verbrechen isses auch keins.

VIKTORIA Er wird mir fehlen. Und doch bin ich froh, daß er nicht mehr da ist. Er hat sich niemals von mir helfen lassen. Sonst wäre manches anders ausgegangen. Ich arbeite gerade einen Plan aus für die Reihenfolge, in der wir gegessen werden. Dann kann es keinen Streit geben. Mein Name steht an erster Stelle.

Arthur steigt durch die Luft nach oben. Seine Hände sind halb zur Brust erhoben. Der Schal hängt ihm hinten herunter. Seine Füße sind sichtbar. Florence sieht ihn nicht. Sie weint leise.

VIKTORIA Florence? *Sie bietet ihr zu Essen an.*

FLORENCE Mir ist etwas ins Auge gekommen.

VIKTORIA Wisch es aus.

JONES Wirdn Stück Dreck sein.

VIKTORIA Es gibt im Himmel keinen Dreck. Es gibt im Himmel nur Frieden und Glück, Gesetz und Ordnung, Einverständnis und Zusammenhalt. Mein Lebenswerk hat Früchte getragen. Es ist alles erledigt.

LEN *zu Joyce:* Gib mal den Schenkel rüber.

Anhang

Der Anhang enthält die Farce aus der Neunzehnten Szene in einer früheren Fassung. Die überarbeitete Fassung ist leichter spielbar.

ALBERT *betrachtet George:* Viktoria, diesmal ist es ernst. Ich wußte nicht, daß er so schlecht daran ist!

VIKTORIA *betrachtet George:* Hm. Florence, komm und sieh ihn dir an.

FLORENCE Ich glaube kaum, daß ich ihm helfen kann.

VIKTORIA Unsinn, du bist Krankenschwester. *Sie bückt sich, um George zu betrachten. Florence geht schwerfällig auf sie zu.*

ALBERT Soll ich ihm die Handgelenke massieren?

VIKTORIA Nein.

ALBERT Etwas müssen wir doch tun.

VIKTORIA Schiebt ihm etwas zwischen die Zähne. George, wir schieben dir jetzt etwas zwischen die Zähne. *Zu Florence, die gerade bei ihnen angelangt ist.* Hole es ihm, Florence.

FLORENCE Was?

VIKTORIA Einen Knochen.

FLORENCE Ja. *Sie macht sich auf den Weg zum Wagen.*

VIKTORIA George, sag doch einmal die Nationalhymne von rückwärts auf. Ich tue das immer, wenn ich mich beruhigen muß.

Florence bleibt stehen. Zu Arthur unter ihrem Rock. Hör auf damit! *Sie gibt ihm einen Klaps.*

VIKTORIA Was ist, mein Kind?

FLORENCE Ich habe mir den Rücken verknackst.

VIKTORIA Das tut mir leid.

Florence geht weiter.

Geht es dir wieder gut, Liebste?

FLORENCE *geht weiter:* Sehr gut.

VIKTORIA Was hast du mit deinen Beinen?

FLORENCE Sie sind mir eingeschlafen.

VIKTORIA Du hättest doch mit mir spazierengehen sollen.

FLORENCE *kommt zu dem Kübel mit den Knochen. Sie nimmt einen davon heraus und macht sich wieder auf den Rückweg zu Viktoria. Viktoria murmelt die Nationalhymne rückwärts.*

VIKTORIA Zieht ihm die Schuhe aus.

ALBERT Warum?

VIKTORIA Einem Kranken zieht man immer die Schuhe aus.

Albert fängt an, George die Schuhe auszuziehen. George stöhnt. Florence ist bei ihnen angelangt. Viktoria nimmt den Knochen entgegen.

Vielen Dank. *Sie steckt George den Knochen in den Mund. Sein Stöhnen wird leiser. Florence wendet sich wieder zum Gehen. Viktoria nimmt Albert einen Schuh ab und gibt ihn Florence.*

Halte das Liebste.

FLORENCE Vielen Dank.

VIKTORIA Und das auch. *Sie gibt Florence den zweiten Schuh in die andere Hand.*

FLORENCE Ja.

VIKTORIA *zu Albert:* Und jetzt die Jacke.

FLORENCE Nein, nein. Bei der Kälte – *Sie gibt Arthurs Kopf unter dem Rock einen Klaps. Sie windet sich und schneidet Gesichter.*

VIKTORIA Was macht das Bein?

FLORENCE Mein Bein?

VIKTORIA Es war dir eingeschlafen.

FLORENCE Es wird schlimmer. Ich muß mich setzen. *Sie will fortgehen.*

VIKTORIA Du mußt hüpfen.

FLORENCE Das wird mir kaum –

VIKTORIA Es fördert den Kreislauf.

FLORENCE Ich habe Kopfweh.

VIKTORIA Es wirkt Wunder bei Kopfweh. Ich empfehle es stets bei verknackstem Rücken. Hüpfe!

Florence hüpft einmal.

Noch mal. Höher.

FLORENCE *hält ihr die Schuhe hin:* Könntest du solange –

VIKTORIA Das war nicht hoch. Fest!

Florence hüpft einmal.

Krankenschwestern pflegen sich immer schlecht. Komm, ich massiere dir das Bein.

FLORENCE *weicht rasch zurück:* Es ist vorbei. *Zu Arthur unter dem Rock.* Hör auf!

VIKTORIA Siehst du wohl. Hüpfen heilt alles.

ALBERT Sollen wir ihn auf den Korb setzen?

VIKTORIA Das wollte ich eben sagen. Hebe ihn bei den Beinen hoch. Florence, nimm ihn du bei den Schultern.

FLORENCE Mein Rücken ist glaube ich noch nicht –

VIKTORIA Etwas Bewegung kann dir nur guttun. Ich dirigiere dich.

Florence faßt George bei den Schultern. Sie tragen ihn langsam zum Korb. Florence geht rückwärts.

VIKTORIA Mehr nach links . . . Du hast etwas fallen lassen.

FLORENCE Oh. *Sie schaut nach. Sie läßt George los. Sie hat die Schuhe von George fallen lassen.*

George fällt der Knochen aus dem Mund. Er stöhnt laut auf. Sie hebt einen Schuh auf.

GEORGE Der Knochen.

FLORENCE Der Knochen. *Sie hebt den zweiten Schuh auf und bückt sich nach dem Knochen.*

Man hört Arthur kichern. Sie gibt ihm einen Klaps unter dem Rock.

VIKTORIA George, lache jetzt nicht. Du bist doch angeblich krank.

GEORGE Ich habe nicht gelacht. Es war –

Florence steckt ihm einen Schuh in den Mund.

Er spricht hinter dem Schuh hervor.

– ga ga ga.

VIKTORIA Und sprich nicht mit vollem Mund. *Sie nimmt ihm den Schuh aus dem Mund und steckt dafür den Knochen hinein.*

FLORENCE *hebt George wieder auf. Sie möchte schneller gehen:* Gehe ich gerade?

VIKTORIA Ja, ich dirigiere dich doch.

FLORENCE Es kam mir so vor, als wäre ich –

VIKTORIA Du gehst genau richtig.

Florence tritt in den Kübel mit den Knochen. Ihr Fuß bleibt darin stecken. Sie läßt George fallen.

VIKTORIA Paß doch auf! Und mach dir diesen Kübel ab.

FLORENCE *hüpft und will den Kübel losmachen:* Entschuldige vielmals.

VIKTORIA Du machst mir meinen Korb kaputt.

Florence tritt zurück. Sie stolpert über den Korb. Sie fällt hin und streckt die Beine in die Luft. Viktoria sieht den Kopf. Sie packt Florence bei den Beinen und hält sie hoch. Sie reckt den Kopf bis vor Arthurs Gesicht.

Arthur! Nun? Man verliert nicht einfach einen Kopf.
George nimmt den Kopf fort.
Gib das her.
GEORGE Nein! *Er steckt sich den Kopf unter die Jacke.*
Usw.

Lear

Deutsch von Christian Enzensberger

Mit einem Nachwort des Autors

(

Lear lebte ungefähr um das Jahr 3100. Er war 60 Jahre lang König. Er erbaute die Stadt Leicester und wurde unter dem Fluß Soar begraben. Sein Vater kam um bei dem Versuch, über London zu fliegen. Seine jüngste Tochter nahm sich das Leben, als sie die Macht verlor.

Holinshed und Geoffrey von Monmouth

Personen:

LEAR
HERZOG VON NORTH
HERZOG VON CORNWALL
LORD WARRINGTON
ALTER STAATSRAT
ALTER MATROSE
ALTER KALFAKTOR
VORARBEITER
BAUER
TOTENGRÄBERSOHN
THOMAS
JOHN   } *junge Männer*
BEN
SCHREINER
BAUERNSOHN
SIMPSON, *ein kleiner Mann*
BODICE   } *Lears Töchter*
FONTANELLE
BAUERSFRAU
FRAU DES TOTENGRÄBERS } *junge Frauen*
SUSAN

RICHTER, BISCHOF, GEFÄNGNISKOMMANDANT, INGENIEUR, JUNGE, OFFIZIERE, SOLDATEN, ARBEITER, GEFANGENE, FREMDE, AUFSTÄNDISCHE, GERICHTSBEAMTE

Erster Akt

Erste Szene

In der Nähe der Mauer.

Gestapeltes Bauwerkzeug – Schaufeln, Pickel, Pfosten, eine Segeltuchplane.
Stille. Dann hinter der Bühne ein plötzlicher undeutlicher Schrei, ein Aufprall, Rufe. Ein Vorarbeiter und zwei Arbeiter tragen einen toten Arbeiter herein und legen ihn hin. Ein Soldat folgt ihnen.

1. ARBEITER Holt Wasser! Er muß Wasser haben.

VORARBEITER Er ist tot.

SOLDAT Dann schafft ihn weg!

VORARBEITER Nimm die Beine.

SOLDAT *zum Vorarbeiter:*
Kann man sie sehen? Geh nachschauen! Sie kommen drüben aus dem Graben hoch.
Der Vorarbeiter geht nach hinten und schaut. Der 3. und 4. Arbeiter kommen zusammen herein.

3. ARBEITER *im Hereinkommen:*
Ich hab noch geschrien: weg!

VORARBEITER *nach vorn kommend:*
Verschwindet! Arbeiten!
Der 4. Arbeiter geht wieder hinaus.

3. ARBEITER Du hast doch gehört, wie ich schrei.

1. ARBEITER Er sagt, er ist tot.

VORARBEITER Arbeiten!

SOLDAT *zum 1. Arbeiter:*
Du! – kümmer dich drum, daß sein Pickel ins Magazin zurückgeht.
Er sieht plötzlich etwas draußen und rennt nach vorn zu den andern.
Deckt ihn zu! Schnell!

VORARBEITER *zeigt auf die Plane:*
Nehmt das da!
Sie decken die Leiche mit der Plane zu. Lear, Lord Warrington,

ein alter Staatsrat, ein Offizier, ein Ingenieur und Lears Töchter
– Bodice und Fontanelle – kommen herein. Der Soldat, der Vor-
arbeiter und die Arbeiter stehen stramm. Warrington gibt ihnen
ein Zeichen, und sie arbeiten weiter an der Plane.

BODICE *zu Fontanelle:*
Wir können stehenbleiben. Das Ende ist von hier aus zu sehen.

INGENIEUR Hier hört der Kalkboden auf. Von jetzt ab kommen
wir schneller voran.

STAATSRAT *schaut auf seine Landkarte:*
Ist da nicht ein Sumpf eingezeichnet?

FONTANELLE *zu Bodice:*
Ich habe nasse Füße.

LEAR *zeigt auf die Plane:*
Was ist das?

INGENIEUR Geräte für die –

WARRINGTON *zum Vorarbeiter:*
Wer ist es?

VORARBEITER Arbeiter.

WARRINGTON Was?

VORARBEITER Unfall, Sir.

LEAR Wer hat das Holz da im Dreck liegenlassen?

INGENIEUR Es ist gerade angeliefert worden. Wir bringen es gleich
zum –

LEAR Das fault hier schon wochenlang.
Zu Warrington:
So werden wir nie fertig. Setzen Sie mehr Leute ein. Die Offi-
ziere müssen die Leute zum Arbeiten bringen!

BODICE *schüttelt dem Ingenieur die Hand.*
Die Besichtigung ist sehr unterhaltsam und lehrreich für uns
gewesen.

FONTANELLE Ein hochinteressanter Tag.

WARRINGTON Wir können keine Leute mehr abziehen. Auf dem
Land verfällt sonst alles, und wir bekommen Hungersnöte in
den Städten.

LEAR Zeigt mir die Leiche.
Warrington und der Soldat ziehen die Plane weg.

LEAR Ein Schlag auf den Kopf.

VORARBEITER Hacke.

LEAR Was?

VORARBEITER Eine Hacke, Sir. Auf ihn draufgefallen.

LEAR Auf Arbeitsbehinderung steht Auspeitschung.
Zu Warrington:
Sie müssen mit diesem Fieber fertig werden. Sie behandeln Ihre
Leute wie Vieh. Sie müssen nach Arbeitsschluß in trockene Ba-
racken eingewiesen werden. Diese ganzen Baracken sind feucht.
Sie vergeuden Ihre Leute.

STAATSRAT *notiert sich etwas.*
Ich werde einen Barackeninspektor ernennen.

LEAR Heute nacht ist die Mauer wieder aufgegraben worden.

OFFIZIER Bauern aus der Gegend. Wir erwischen sie nie, sie ver-
krümeln sich zu schnell in ihre Häuser.

LEAR Stellen Sie Tellereisen auf.
Zum Vorarbeiter:
Wer hat die Hacke fallen lassen?

WARRINGTON *zum Vorarbeiter:*
Machen Sie schon!
Der Vorarbeiter und der Soldat stoßen den 3. Arbeiter nach vorn.

LEAR Er kommt vors Kriegsgericht. Stellen Sie ein Erschießungskommando ab. Ein Standgerichtsverfahren wegen Sabotage.
Leises Überraschungsgemurmel. Der Offizier geht hinaus.

FONTANELLE Ich habe nasse Füße.

BODICE Sie erkältet sich noch, Vater.

LEAR Wer war Zeuge?

WARRINGTON *zeigt auf den Vorarbeiter.*
Sie!

VORARBEITER Er hat ihm eine Spitzhacke auf den Kopf fallen lassen. Er ist mir schon länger aufgefallen, Sir. Immer arbeitsscheu
und –

LEAR *zum 3. Arbeiter:*
Kriegsgefangener?

VORARBEITER Nein. Einer von den unsern. Ein Bauer.

LEAR Aha. Er hat etwas gegen uns. Ich habe ihn von seinem Land
weggeholt.
Der Offizier und das Erschießungskommando marschieren auf.

OFFIZIER Abteilung – halt!

LEAR Ich stelle fest, was gegen ihn vorliegt. Er hat einen Arbeiter
an der Mauer getötet. Das allein stempelt ihn zum Verräter.
Aber er hat auch sonst etwas Verdächtiges an sich. Haben Sie
heute nacht die Mauer aufgegraben?

BODICE *seufzt.*

Es läßt sich leicht nachprüfen, ob er bei den Nachtappellen gefehlt hat.

LEAR Ich habe mit dieser Mauer begonnen, als ich jung war. Ich habe meine Feinde auf dem Schlachtfeld aufhalten können, aber sie wurden immer mehr. Wie konnten wir da jemals frei sein? Also baue ich diese Mauer, um unsere Feinde abzuwehren. Mein Volk wird im Schutz dieser Mauer leben. Auch wenn euch Dummköpfe regieren, ihr werdet immer in Frieden leben. Meine Mauer wird euch befreien. Deswegen wollen die Feinde an unseren Grenzen – der Herzog von Cornwall und der Herzog von North – den Bau hintertreiben. Ich frage ihn gar nicht, für welchen von beiden er arbeitet. Sie stecken unter derselben Decke. Lassen Sie ihn erschießen.

3. ARBEITER Sir.

FONTANELLE *beiseite zu Bodice:*
Gut, daß wir vorgesorgt haben.

OFFIZIER Abteilung in Feuerstellung – marsch!

LEAR *zeigt aufs Erschießungskommando.*
Sie müssen zur Arbeit an der Mauer zurück, es geht ohnehin langsam genug.
Zu Warrington:
Erledigen Sie das hier. Ich gehe hinunter zum Sumpf.

BODICE Vater, wenn du diesen Mann erschießen läßt, begehst du ein Unrecht.

LEAR Mein Kind, du willst mir helfen, aber die Dinge, die ich besser verstehe, mußt du mir überlassen. Hör zu und lerne daraus.

BODICE Was heißt lernen? Es ist dumm, Kleinigkeiten aufzubauschen. Es ist ein Unfall passiert. Nichts weiter.

LEAR *halb beiseite zu ihr:*
Natürlich war es ein Unfall. Aber die Arbeit geht zu langsam. Ich muß die Offiziere irgendwie auf Trab bringen. Dazu bin ich hier, sonst ist die ganze Besichtigung umsonst gewesen. Und es GIBT Saboteure, und an dem Mann IST etwas Verdächtiges –

BODICE Aber denk ans Volk! Es heißt jetzt schon, du führst dich auf wie ein Schuljunge oder wie eine alte Jungfer –

LEAR Worauf warten sie? Es ist grausam, ihn warten zu lassen.

OFFIZIER ⎱ Sir, Sie stehen –
WARRINGTON ⎰ Gehen Sie zur Seite, Sir.
Lear geht aus der Schußlinie.

BODICE *laut:*

Man höre mir zu. Ich bitte zur Kenntnis zu nehmen, daß ich mich von diesem Willkürakt distanziere.

LEAR Sei still, Bodice. Du kannst so nicht reden von mir.

FONTANELLE Und ich pflichte meiner Schwester bei.

LEAR Ach meine armen Kinder, ihr seid zu gut für diese Welt. *Zu den andern:*
Ihr seht, wie gut sie euch regieren werden, wenn ich einmal tot bin. Bodice, es ist recht von dir, daß du gütig und barmherzig sein willst, und das kannst du auch, nach meinem Tod – weil du die Mauer hast. Du wirst in einer Festung wohnen. Nur ich kann mir Güte und Barmherzigkeit nicht leisten. Ich muß die Festung erst bauen.

BODICE Wie kleinlich, wegen einer Nichtigkeit so starrköpfig zu sein.

LEAR Ich habe es erklärt, und du mußt es jetzt begreifen.

BODICE Es ist schäbig und kleinlich, wegen –

LEAR Ich habe es erklärt.

BODICE Schäbig und kleinlich! Es ist alles nur in deinem Kopf. Der Herzog von Cornwall ist kein Ungeheuer. Der Herzog von North hat nicht geschworen, dich zu vernichten. Ich habe Beweise dafür.

LEAR Sie sind meine geschworenen Feinde. Ich habe die Väter getötet, also müssen mich die Söhne hassen. Und als ich die Väter tötete, stand ich im Feld zwischen unseren Toten auf und schwor, auch die Söhne zu töten! Jetzt bin ich zu alt dazu, sie haben mich überlistet. Aber sie werden nicht mein Land erobern und meine Knochen aus dem Grab reißen, wenn ich tot bin. Nie.

FONTANELLE *zu Bodice:*
Jetzt sollten wir es ihm sagen.

BODICE Ich werde den Herzog von North heiraten, und meine Schwester den Herzog von Cornwall.

FONTANELLE Er ist gut und zuverlässig und ehrlich, und ich traue ihm so sehr, als wären wir zusammen aufgewachsen.

BODICE Lieber Himmel! – wie sollten sie sich freundschaftlich zeigen, wenn du sie wie Feinde behandelst? Deswegen haben sie dir gedroht: es ist politisch notwendig gewesen. Na ja, das alles war einmal! Jetzt haben wir sie dir deiner Familie zugeführt, und du kannst deine sinnlose Mauer wieder abreißen. Siehst du? *Kleines Lachen.*
Du brauchst dein Volk nicht zu versklaven, um dich vor deinen

Schwiegersöhnen zu schützen.

LEAR Meinen Schwiegersöhnen?

FONTANELLE Gratuliere uns, Vater, gib uns deinen Segen.

BODICE Ich heirate North.

FONTANELLE Und ich heirate Cornwall.

LEAR *zeigt auf den 3. Arbeiter.*

Macht ihn fest! Er fällt um!

BODICE Und also brauchst du ihn jetzt auch nicht erschießen zu lassen. Das könnten dir unsere Ehemänner außerdem auch niemals gestatten.

FONTANELLE Mit meinem Mann kommst du bestimmt gut aus. Er ist sehr rücksichtsvoll, er weiß, wie man mit alten Leuten umgeht.

LEAR Fester!

BODICE Du wirst sie bald achten lernen wie deine Söhne.

LEAR Ich habe keine Söhne! Ich habe keine Töchter!

Er ringt um Fassung.

Sagt mir –

schweigt verwirrt

du heiratest North und du heiratest – Nein, nein! Sie haben euch getäuscht. Ihr kennt sie gar nicht. Wann habt ihr sie kennengelernt? Hinter meinem Rücken?

FONTANELLE Wir haben uns gegenseitig Fotografien und Briefe geschickt. Ich kann jeden Mann nach seinem Gesichtsausdruck beurteilen.

LEAR Ach, jetzt verstehe ich! Ihr kennt sie gar nicht. Ihr seid wie blinde Kinder. Seht ihr denn nicht, daß sie nur über die Mauer wollen? Sie werden hier hausen wie die Wölfe im Schafspferch.

BODICE Mauer, Mauer, Mauer! Die Mauer muß abgerissen werden!

FONTANELLE Natürlich. Mein Mann macht das zur Bedingung im Heiratsvertrag.

BODICE *zum Offizier:*

Ich befehle Ihnen, diesen Mann nicht zu erschießen. Unsere Männer werden jeden erschießen, der ihn erschießt. Sie bieten uns Frieden an, wir können nicht Unschuldige füsilieren, nur weil wir sie für ihre Spione halten!

LEAR Erschießt ihn!

BODICE Nein!

LEAR Das ist unerträglich! Man muß mir gehorchen!

WARRINGTON Sir, die Sache gerät außer Kontrolle. Mit Härte in kleinen Dingen ist nichts gewonnen. Stellen Sie ihn unter Arrest. Der Kronrat wird tagen. Es gibt Wichtigeres zu besprechen.

LEAR Meine Befehle sind keine kleinen Dinge. Welchen Herzog heiraten Sie? An wen haben Sie mich verkauft?

BODICE Wenn der König nicht mehr vernünftig handelt, ist es Ihre Amtspflicht, sich ihm zu widersetzen.

WARRINGTON Ma'm, Sie verschlimmern die Lage. Ich darf –

LEAR *nimmt dem Offizier die Pistole ab und bedroht damit das Erschießungskommando.*
Erschießt ihn!

BODICE Da, jetzt ist es passiert. Nun, die Ärzte haben uns ja gewarnt.
Laut:
Meinem Vater ist unwohl. Warrington, bringen Sie den König in sein Quartier zurück.

FONTANELLE Er hätte heute nicht hier herauskommen sollen. Der Schlamm war zuviel für ihn. Ich habe patschnasse Füße.

LEAR Meine Feinde werden mein Werk nicht zerstören. Ich habe diesem Volk mein Leben geopfert. Ich habe Armeen auf allen vieren in Blut robben sehen, wahnsinnige Frauen, die ihre toten Kinder an leeren Brüsten säugten, sterbende Männer, die mir mit ihrem letzten Atem Blut entgegenspuckten, unsere tapferen jungen Männer in Tränen. – Aber ich habe das alles ertragen können. Wenn ich tot bin, wird mein Volk in Freiheit und Frieden leben und meinen Namen in Erinnerung behalten – nein, verehren! . . . Sie sind meine Lämmer, und wenn eins verlorengeht, will ich Feuer in die Hölle tragen, wenn es nur wieder loskommt. Ich habe alle meine Kinder geliebt und gehegt, und ihr habt sie jetzt an ihre Feinde verkauft!
Er erschießt den 3. Arbeiter, seine Leiche fällt in einer tiefen Verbeugung vornüber.
Die Zeit ist abgelaufen, es ist zu spät, jetzt noch zu lernen.

BODICE Ja, du richtest dich selbst zugrunde. Unsere Männer können nicht zulassen, daß du dieses Volk terrorisierst – es wird bald IHR Volk sein. Sie müssen es vor deinem Wahnsinn schützen.

LEAR Arbeiten! Schicken Sie Ihre Leute an die Arbeit! Schicken Sie sie an die Mauer!

Die Arbeiter, Soldaten und der Vorarbeiter gehen hinaus. Sie nehmen die zwei Leichen mit.

Ich wußte, daß es soweit kommen wird. Ich wußte, daß ihr bösartig seid. Ich habe meine Mauer gegen EUCH gebaut so gut wie gegen meine übrigen Feinde. Ihr redet von Heirat? Ihr habt eure Familie ermordet. Es werden keine Kinder mehr zur Welt kommen. Eure Männer sind impotent. Das ist keine leere Beschimpfung. Briefe habt ihr einander geschrieben? Meine Spione wissen mehr. Dieses Verbrechen wird euch nichts einbringen. Ihr habt perverse Lüste. Niemand wird sie befriedigen. Es IST pervers, seine Lust zu suchen, wo man andere leiden macht. Ich bemitleide die Männer, die euer Bett mit euch teilen. Ich habe euch zugesehen, wie ihr Pläne geschmiedet und intrigiert habt – sie werden neben euch liegen, wenn ihr träumt. Wo wird euer Ehrgeiz enden? Ihr werdet alte Männer aus ihren Särgen werfen, Kindern die Beine brechen, alten Frauen die Haare ausreißen, junge Männer frierend und bettelnd auf die Straße jagen, und ihre Frauen werden leer und verzweifeln – Ich schäme mich für meine Tränen! Das habt ihr mir angetan. Das Volk wird richten zwischen euch und mir.

Lear geht hinaus. Der Ingenieur und der alte Staatsrat folgen ihm.

WARRINGTON Es tut mir leid, Ma'm. Hätten Sie es ihm irgendwann sonst gesagt –

FONTANELLE Sie hätten ihn wegbringen sollen, als es Ihnen befohlen wurde –

BODICE Sie waren nicht auf Ihrer Hut. Nun gut, lernen Sie daraus. Übrigens ist ja nichts Schlimmes passiert. Gehen Sie und halten Sie sich in seiner Nähe. Wir benachrichtigen Sie, was weiter zu geschehen hat.

Warrington und die übrigen gehen hinaus. Bodice und Fontanelle bleiben allein zurück.

Wir müssen heute nacht zu unseren Männern.

FONTANELLE Endlich das Glück! Ich habe immer Angst vor Vater gehabt.

BODICE Wir müssen angreifen, bevor die Mauer fertig ist. Ich spreche mit meinem Mann und du mit deinem. Wir werden zu viert Kriegsrat halten. Wir müssen einander helfen. Adieu.

FONTANELLE Adieu.

Die Töchter gehen hinaus.

Zweite Szene

Paradeplatz.

Eine Prominententribüne. Lear, der alte Staatsrat, Warrington, ein Bischof, Adjutanten, Marschtritt, Marschmusik und Paradekommandos während der Szene. Lear steht, mit ausgebreiteten Armen grüßend und segnend.

LEAR Ich grüße das achte Regiment!
Weiter grüßend, zu Warrington:
Sie werden den rechten Flügel befehligen und sie von rechts einkreisen. Ich greife dann in der Mitte an. So habe ich die Väter zerschlagen.
Grüßt weiter.
Ich grüße meine treuen Kameraden!

WARRINGTON Wir bräuchten diesen Krieg nicht anzunehmen. Wir sind alt, Sir. Wir könnten unsern Abschied nehmen und diese jungen Leute ihren eigenen Weg gehen lassen. Fordern Sie von Ihren Töchtern einen ruhigen Sitz auf dem Lande.

LEAR *grüßt weiter.*
Wie kann ich mich ihnen überantworten? Meine Töchter sind öffentlich verbannt, sie genießen kein Kriegsrecht mehr. Jeder kann sie vergewaltigen – oder ermorden. Warum sollten sie einen Prozeß bekommen? Ihre Verbrechen sind in meinen Gesetzen nicht vorgesehen. Woher kommt ihre Niedertracht?

WARRINGTON Es war meine Pflicht, Ihnen diesen Rat zu geben. Aber ich bin stolz, daß Sie ihn nicht angenommen haben.

LEAR *grüßt weiter.*
Ich grüße mein ruhmreiches Neuntes!

WARRINGTON Ich habe zwei Briefe von Ihren Töchtern bekommen. Sie schreiben beide geheim und wünschen, daß niemand davon erfährt, am wenigsten die andere Schwester.

LEAR Geben Sie her.

WARRINGTON Nein, Sir. Sie möchten, daß ich Sie verrate und dann die beiden aneinander. Sie wollen mich beide zum Armeechef machen und ihr Bett mit mir teilen.

LEAR Sie leben in ihren eigenen Hirngespinsten! Sie haben sich ihre Männer gut ausgesucht, es ist richtig, daß sie mit meinen Feinden verheiratet sind. Haben die Hochzeiten stattgefunden?

Es ist nicht wichtig.

Nimmt Warrington die Briefe ab. Er liest den einen teilweise durch.

»Er ist wahnsinnig. Welche Sicherheit haben Sie, wenn er siegt?«

Er liest im anderen Brief.

»Er wird sich gegen Sie wenden, wie er sich gegen uns gewendet hat.«

Grüßt wie vorher.

Ich grüße meine Freunde vom Neunten!

Grüßt weiter.

Warrington, wenn ich umkomme oder ihnen in die Hände falle, müssen Sie an meine Stelle treten und die Mauer zu Ende bauen.

WARRINGTON Sir. Diese Bande wird mit ihnen nicht fertig werden. Ihre Armee ist kampfbereit.

BISCHOF Unsere Gebete werden Sie ins Feld begleiten. Gott segnet die Gerechten. Von Kriegshetzerinnen wendet er sich ab.

STAATSRAT Ich fühle mich zuversichtlich bis in die Knochen. Darauf habe ich mich noch immer verlassen können. Wenn ich noch ein junger Mann wäre!

LEAR Die Trompete! Ich rieche Sieg!

Hurrageschrei und Trompetenstoß. Sie gehen hinaus.

Dritte Szene

Kriegsrat der Töchter.

Tisch, Stühle, Landkarte, Bodice, Fontanelle, North, Cornwall.
Bodice strickt.

NORTH Den Oberbefehl übernehmen wir gemeinsam.

CORNWALL Ja.

NORTH Wir müssen erraten, wie Lear seinen Angriff führt.

BODICE *strickt.*

Er wird Warrington nach rechts ausschicken und in der Mitte selbst angreifen.

CORNWALL Bist du sicher, Schwester?

BODICE So hat er es immer gemacht, und er hat feste Gewohnheiten.

Cornwall, North und Bodice beugen sich über die Landkarte.
Bodice strickt dabei weiter.

FONTANELLE *beiseite:*

Ich bin von meinem Mann bitter enttäuscht. Diese Frechheit! Ein Beamter hat ihm die Briefe geschrieben, und für die Fotos hat ein Schauspieler gesessen. Wenn er sich auf mich drauflegt, werde ich so zornig, daß ich bis zehn zählen muß. Und schon das wird mir lang. Dann warte ich, bis er schläft, und mache mich allein fertig. Aber lange lasse ich mich nicht mehr so abspeisen. Ich habe an Warrington geschrieben, er soll alle seine Truppen gegen Bodice einsetzen und meine Armee in Ruhe lassen – dann ist sie erledigt –, und dann habe ich mir einen jungen blonden Leutnant vom Stab meines Mannes eingekauft, daß er ihn während der Kämpfe erschießt. Danach heirate ich Warrington und lasse ihn das Land regieren für mich.

NORTH *über die Landkarte gebeugt:*

Um diese Berge kommen sie nicht herum.

CORNWALL Nein.

BODICE *beiseite:*

Ich bin von meinem Mann nicht enttäuscht. Ich habe mir nichts von ihm erwartet. Ich höre ihm sogar ganz gern zu, wenn er auf mir herumquiekt, weil er sein kleines Paddel nicht gleich reinkriegt. Ich liege still und lasse ihn jaulen, und denke mir, das bezahlst du noch, mein Junge. Er sieht, wie ich lächle und zufrieden bin, und glaubt, das kommt von seiner Männlichkeit. Männlichkeit! Blut aus einem Stein quetschen ginge leichter, und schneller außerdem. Ich habe einen Major von seinem Stab bestochen, daß er ihn in der Schlacht erschießt – korrupt sind sie alle –, und an Warrington geschrieben, er soll alle seine Streitkräfte gegen die ihren einsetzen. Sie wird aufgerieben werden, und danach heirate ich Warrington und regiere durch ihn das Land. Ich werde über drei Länder herrschen: das von meinem Vater, von meinem Mann, und von meiner Schwester.

NORTH Bis morgen.

CORNWALL Ja.

Geht zu Fontanelle.

Wir wollen zu Bett gehen. Ich brauche deinen Körper, bevor ich mein Leben aufs Spiel setze.

FONTANELLE Mein Liebling.

Beiseite:

Ich werde ihn betrunken machen. Er ist ein verschreckter kleiner Junge, vorm Kämpfen hat er eine Heidenangst. Sicher zukkelt und rammelt er wieder die ganze Nacht. Seine Kotze aufwischen wäre mir lieber.

NORTH *zu Bodice:*

Ich will dich zu Bett bringen, meine Liebe. Ich muß dich auf mir spüren, wenn ich ins Feld ziehe.

BODICE Ja, North.

Beiseite:

Er muß sich beweisen, daß er ein Mann ist, bevor er mit seinen Soldaten spielt. Sicher strampelt und reibt er wieder die ganze Nacht, aber seine Fahne kriegt er nicht hoch. Ich helfe ihm dabei, dann geht es noch schlechter. Bis zum Morgen wird er nicht mehr wissen, auf welcher Seite er kämpft. Und der Major hat leichteres Spiel.

FONTANELLE Schlaft gut.

BODICE Ihr auch.

Sie gehen alle hinaus.

Vierte Szene

Gefängnisareal.

Hinten drei Soldaten, A, B und C.

SOLDAT A Wie lang wolln uns die denn noch rumschikaniern? Der Krieg is aus. Jetzt müssn sie uns heimlassen.

SOLDAT B Die findn schon n Weg.

Deutet nach draußen.

Hastn schon austretn lassen?

SOLDAT A Steht nicht mehr dafür.

Bodice, Fontanelle und ein Offizier kommen vorn schnell herein.

BODICE Ist unser Vater schon gefaßt?

OFFIZIER Er ist entkommen.

FONTANELLE *stampft auf.*

Verdammt! Jetzt ist alles verpatzt!

Cornwall kommt herein.

Beiseite:

Mein Mann! Verdammt! Verdammt! Verdammt! Hat der Leutnant gewagt, mich zu verraten?

CORNWALL *küßt Fontanelle.*

Ein großer Sieg! Sie haben gekämpft wie die Teufel, aber wir haben sie geschlagen!

BODICE *beiseite:*

Wenn ich ihm Vaters Schlachtplan nicht verraten hätte, läge er jetzt tot unter seinem Heer.

North kommt herein.

Beiseite:

Verdammt noch mal! Mein Mann!

NORTH *küßt Bodice.*

Deine Feinde sind davongejagt!

FONTANELLE *zu Cornwall, forschend:*

Wie hoch sind unsere Verluste? Ist dein Stab in Sicherheit?

NORTH Ich habe einen Major verloren. Er sprach vor der Schlacht gerade noch mit einem von Cornwalls Leutnants.

CORNWALL Ein blonder junger Mann namens Crag.

FONTANELLE Ja, den kannte ich.

CORNWALL – und die erste Granate hat zwischen sie eingeschlagen und ihnen die Köpfe weggeblasen.

BODICE *beiseite:*
  Man kann nicht alles einkalkulieren.
NORTH Warrington sitzt im Käfig.
BODICE *beiseite:*
  Jetzt muß ich mich vorsehen. Er hat die Truppen meiner Schwester nicht angegriffen, und die Gefahr war zu groß, daß er von meinem Brief schwatzt. Ich habe ihm die Zunge herausschneiden lassen.
CORNWALL Wir wollen sehen, was er zu seiner Verteidigung zu sagen hat.
FONTANELLE Wartet...
  North und Cornwall bleiben stehen.
  Er hat Beleidigungen über euch geschrien, und ich wollte nicht, daß die Truppe nervös wird. Ich habe ihnen erlaubt, ihm die Zunge herauszuschneiden. Ich hielt das für das beste.
CORNWALL Ach, meine Leute hätten ihn nur ausgelacht.
BODICE *beiseite:*
  Meine Schwester denkt wie ich, ich darf ihr niemals trauen.
NORTH Es macht nichts, er wird ohnehin getötet.
BODICE Ich nehme das für dich in die Hand. Geh und danke unseren Heeren.
  Beiseite:
  Er könnte noch Zeichen machen. Es ist besser, er stirbt im stillen.
NORTH Ja, Cornwall gehen wir zusammen.
  Cornwall und North gehen mit dem Offizier hinaus.
BODICE Gut, daß sie fort sind. Nach einem Krieg sind Männer zimperlich.
  Zu Soldat A:
  Gefreiter, Sie sehen kräftig und fähig aus, möchten Sie es gern zu etwas bringen?
SOLDAT A Jawoll, Ma'm.
FONTANELLE Gute Zähne außerdem.
BODICE Schicken Sie sie weg.
  Soldat A winkt mit dem Kopf, und die Soldaten B und C gehen hinaus.
  Holen Sie ihn heraus.
  Soldat A holt Warrington auf die Bühne. Er ist abgerissen, schmutzig und gefesselt.
SOLDAT A Soll ich ihn bloß so hinmachen oder hättn Sie gern was

Ausgefallnes? Das wird ab und zu verlangt. Ich hab schon mal ne Gurgel abgeschnittn fürn paar Damen, damit die sehn, wie das geht.

FONTANELLE Mir fällt die Wahl so schwer.

BODICE *setzt sich auf ihren Reitstock und nimmt ihr Strickzeug zur Hand.*

Laß ihn wählen.

Strickt.

SOLDAT A Lebendig abhäutn, hab ich auch mal mitgeholfen. Wär ich allein nicht zurechtgekommen. Brauchste mindestens zwei dazu. Soll ichn zusammenschlagn?

FONTANELLE Nichts wie Gerede! Luft und Pisse!

SOLDAT A Ich fang doch erst an. Nehmen Sie mirs nicht krumm, aber ich fang doch erst an. Wenn wir erst mal abgefahrn sind, werdn Sie schon sehen.

FONTANELLE Aber ich möchte irgendwas –

BODICE *strickt.*

Ach sei doch still und laß ihn machen.

Nickt Soldat A aufmunternd zu.

SOLDAT A Danke, Ma'm. Ja, dann wolln wir mal sehn, wie schnell wir dich umgekrempelt habn.

FONTANELLE Im Ernst?

SOLDAT A *schlägt Warrington.*

Ach, der brauchts auf die harte Tour.

Schlägt ihn.

Schau bloß, wie der den Offizier raushängen läßt!

Schlägt ihn.

Bei mir nicht, Kleiner!

FONTANELLE Nehmen Sie den Stiefel!

Soldat A tritt ihn.

Springen Sie auf ihn drauf!

Sie gibt Soldat A einen Stoß.

Springen Sie ihm auf den Kopf!

SOLDAT A Nu mal langsam, Fräulein, langsam! Wer soll den jetzt umbringen, ich oder Sie?

BODICE *strickt.*

Eins rechts, zwei links, eins rechts.

FONTANELLE Werfen Sie ihn hoch und lassen Sie ihn herunterfallen. Ich will hören, wie er fällt.

SOLDAT A Das is nicht so einfach, zum Fallenlassen is Spezialgerät nötig –

FONTANELLE Machen Sie doch was! Er muß seine Strafe haben. Ach verdammt, warum habe ich ihm nur die Zunge herausgeschnitten? Ich will hören, wie er schreit!

SOLDAT A *reißt Warrington den Kopf hoch.*

Schaun Sie die Augn, Fräulein. Grantiert echt gelittn.

FONTANELLE Ja richtig, Tränen und Blut. Wenn doch mein Vater hier wäre. Wenn er ihn doch sehen könnte. Schaut, seine Hände! Schaut, wie sie herumfahren! Was, betet er oder klammert er sich fest? Zerquetscht ihm die Hände!

Soldat A und Fontanelle springen Warrington auf die Hände.

Mach ihm die Hände kaputt! Mach ihm die Füße kaputt! Spring drauf – auf alles! Der tut uns nichts mehr. Schaut seine Hände, wie Krebse beim Kochen! Kaputtmachen! Kaputtmachen! Mach ihn innen kaputt! Mach ihn tot! Vater! Vater! Ich will mich auf seine Lungen setzen!

BODICE *strickt.*

Rechts, links, rechts. In der Schule war sie genauso.

FONTANELLE Ich habe mich immer schon einem auf die Lunge setzen wollen. Laßt mich jetzt. Gebt mir seine Lungen.

BODICE *zu Soldat A:*

Runter auf die Knie.

SOLDAT A Ich?

BODICE Runter.

Soldat A kniet sich hin.

Bitten Sie um sein Leben.

SOLDAT A *verwirrt:*

Dem seins?

Beiseite:

Das isn Paar! – Ach laßt ihn am Leben, Ma'm.

BODICE *strickt.*

Nein.

SOLDAT A Wenns nur irgendwie möglich wär. Er isn armer alter Herr, hat niemand mehr, der arme Hund.

BODICE Doch nicht links? Da muß das Strickmusterheft falsch sein.

FONTANELLE Ach laßt mich auf seinen Lungen sitzen. Holt sie ihm raus für mich.

BODICE Ich werde seine Begnadigung ablehnen. Das befriedigt mich immer am tiefsten. Setzen Sie ihn auf.

230

Soldat A setzt Warrington auf.

FONTANELLE Schaut seinen Mund! Er will etwas sagen. Das hätte ich zum Sterben gern gehört. Ach, warum habe ich ihm nur die Zunge herausgeschnitten?

SOLDAT A Er will wissen, was jetzt kommt. Das kann man dran sehen, wie er guckt.

BODICE *zieht die Nadeln aus dem Strickzeug und gibt es Fontanelle zum Halten.*
Nimm das und gib acht damit.

SOLDAT A Schaut, wie er guckt!

BODICE Ich muß Ihnen mitteilen –

SOLDAT A Halt dich ruhig! Schau die Dame an, wenn sie mit dir redet.

BODICE – daß Ihre Begnadigung abgelehnt worden ist. Sprechen und schreiben kann er nicht mehr, aber er ist schlau – irgendwie verbreitet er doch noch seine Lügen. Wir müssen ihn in sich selber einsperren.
Sie sticht Warrington die Nadeln in die Ohren.
Ich fahre nur eben noch ein bißchen darin hin und her. Dadie, dadie, dadie, da.

FONTANELLE Er kann mein Gesicht sehen, aber nicht hören, wie ich lache!

BODICE Stell dir vor! Wie wenn man in einen stillen Sturm starrt.

FONTANELLE Und jetzt die Augen.

BODICE Nein... Ich glaube nicht.
Zu Soldat A:
Fahren Sie ihn mit einem Lastwagen weg und lassen Sie ihn laufen. Die Leute sollen wissen, was passiert, wenn man meinem Vater helfen will.
Zu Fontanelle:
Laßt mich auf seinen Lungen sitzen! Du alter Geier! Geh doch und flattere auf dem Schlachtfeld rum.

FONTANELLE Mach dich nicht lustig über mich. Du bist dumm. Du verstehst nie etwas.

BODICE Ich glaube, ich möchte dich auch nicht verstehen.
Nimmt ihr das Strickzeug ab.
Du hast die Maschen laufen lassen!
Bricht auf.
Komm jetzt, wir haben den Krieg gewonnen, aber wir dürfen nicht trödeln, der Tag ist noch nicht aus. Ich muß nachsehn, was

mein Mann anstellt.

Bodice und Fontanelle gehen hinaus. Soldat A führt Warrington langsam hinaus.

SOLDAT A Jetzt isses ausgestandn. Gehäcksel auf Beinen! Mir darfst dus nicht ankreiden, ich mach auch nur mein Job. Wenns morgen ne Schlacht gibt, kann sein, ich beneid dich noch. Komm jetzt, auf mit dir. Wenn du willst, lebst du schon weiter. *Sie gehen hinaus.*

Fünfte Szene

Wald.

Ein großer leerer Teller mit Krug auf der sonst leeren Bühne.
Weiter vorn ein Stück Brot.
Lear und der alte Staatsrat kommen herein. Sie sind zerlumpt,
müde, schmutzig und verängstigt.

STAATSRAT Ich habe Menschenkenntnis, Sir. Ihre Töchter sind
nicht schlecht. Liefern Sie sich ihnen aus. Sie werden Ihr Vertrauen erwidern.

LEAR Niemals.
Bleibt stehen.
Ein Teller und ein Krug. Leer!

STAATSRAT Wenigstens sind Leute in der Nähe! Ich dachte schon,
wir sind am Ende der Welt. Warten Sie hier, Sir, ich gehe mich
umsehen.

LEAR Nein, lassen Sie mich nicht allein!

STAATSRAT Vielleicht ist ein Dorf in der Nähe, und ich kann etwas
zu essen besorgen. Ich passe schon auf, Sir. Setzen Sie sich hin
und ruhen Sie aus.
Der alte Staatsrat geht hinaus. Lear findet das Brot am Boden.

LEAR Brot! Jemand hat hier gegessen, und hat es dann fallen lassen
und ist weggerannt.
Er ißt es auf.
Mehr ist nicht da.
Lear setzt sich hin. Er ist sehr müde. Warrington kommt hinten
herein. Er ist verkrüppelt, und sein Gesicht ist verunstaltet wie
von vielen mißglückten kosmetischen Eingriffen. Er hält ein
Messer ungeschickt in der Hand. Er hat Lear gesehen und
kommt auf ihn von hinten zugeschlichen.
Meine Töchter haben mir das Brot vom Mund genommen. Sie zer-
mahlen es mit meinen Tränen und den Schreien verhungernder
Kinder – und essen. Die Nacht ist ein schwarzes Tuch auf ihrem
Tisch, und die Sterne sind Krümel, und ich bin ein darbender
Hund, der auf der Erde sitzt und heult. Ich mache den Mund auf
und sie legen mir eine alte Münze auf die Zunge. Sie versperren die
Tür an meinem Sarg und sagen mir, ich soll sterben. Mein Blut
sickert heraus und sie schreiben darin mit einem Finger. Ich bin alt

und zu schwach, um noch einmal aus diesem Grab zu klettern.
Warrington sieht jemanden herlaufen und geht hinaus.
Lear schaut nach draußen.
Kommt der von meinen Töchtern?
Der Totengräbersohn kommt herein. Er hat Brot und Wasser dabei.
Nein, er ist nicht voll Blut. – Wer sind Sie?

SOHN Ich wohne in der Nähe.

LEAR Ist das Brot?

SOHN Ja.

LEAR Ist es vergiftet?

SOHN Nein.

LEAR Dann ist er nicht von meinen Töchtern geschickt. Sie hätten es sich nicht entgehen lassen, ein gutes Brot zu vergiften. Für wen ist es?

SOHN Für einen, der hier herumläuft. Er lebt wild. Er ist im Krieg verwundet worden, heißt es.

LEAR Ich bin hungrig. Mitleid werden Sie keins zu verkaufen haben, das wird immer knapp im Krieg, aber vielleicht Brot. Ich kann zahlen.
Sieht sich um.
Mein Freund bewahrt mein Gold für mich auf.

SOHN Nimm es. Es ist nicht viel.
Lear ißt.
Kommst du von weit her?

LEAR Nein.

SOHN Wohin willst du?

LEAR Das weiß ich erst, wenn ich dort bin.

SOHN War das dein Freund, mit dem Stock? Er hat dich sitzenlassen, er wollte ein Pferd, und damit in die Stadt reiten.

LEAR Der Verräter! Gebt ihm ein schlechtes Pferd, daß er sich den Hals bricht!

SOHN Ich kann dich nicht allein hier draußen lassen. Besser, du kommst mit zu mir zum Übernachten. Dann kannst du überlegen, was du tun willst.

LEAR Mit zu dir? Hast du Töchter?

SOHN Nein.

LEAR Dann gehe ich mit. Keine Töchter! Wo er wohnt, kann der Regen nicht naß sein und der Wind nicht kalt, und die Löcher rufen, daß du nicht in sie trittst.
Der Totengräbersohn führt Lear hinaus.

234

Sechste Szene

Beim Haus des Totengräbersohns.

Hinten ein Holzhaus. Einige Stufen vor der Haustür. Ein Brunnen. Eine Bank mit Bettzeug.
Lear und der Totengräbersohn sitzen am Boden.

SOHN Mein Vater war der Dorftotengräber. Ich habe ihm als Junge gern geholfen, und er hat mir das Handwerk beigebracht. Er wollte nicht im Friedhof begraben sein – niemand wird gern begraben, wo er arbeitet.

Die Frau des Totengräbersohns kommt mit drei Suppenschalen aus dem Haus. Sie verteilt die Schalen und setzt sich neben ihren Mann. Sie essen.

Wie er dann gestorben ist, habe ich diesen Platz gefunden und angefangen, sein Grab zu schaufeln. Und als ich unten war, bin ich auf eine Quelle gestoßen. Ich dachte mir, es gibt Wasser hier, und Land auch, warum soll ich mein Leben lang Gräber schaufeln? Seitdem lebe ich hier und habe mir den Hof gebaut.

Nickt zur Schale hin.

Schmeckt gut.

LEAR *ißt. Für sich. Die Frau starrt ihn an.*

Die Maus kommt aus ihrem Loch und äugt. Der Riese will den Drachen aufessen, aber der Drache hat das Bratenmesser gepackt.

SOHN Meine Frau hält Schweine. Ich habe zwei Äcker und stelle Wildfallen auf. Hier draußen hat niemand was dagegen. Noch mehr?

Lear schüttelt den Kopf. Die Frau trägt die Schalen hinein.

Jetzt wo es nachts heiß ist, schlafen wir immer draußen. Du kannst drinnen schlafen, wenn du willst.

LEAR Ich kann nicht mehr allein schlafen, seit ich mein Heer verloren habe.

SOHN Dann schlaf hier draußen.

Deutet auf den Brunnen.

Der Brunnen ist im Sommer ausgetrocknet. Ich habe noch mal nachgraben müssen. Jetzt fehlt nichts mehr, ich bin ganz unten an der Quelle.

LEAR *für sich:*

Meine Töchter haben einen Hund aus seiner Hütte gejagt, weil ihm sein Sack liebgeworden war.

SOHN Die Schweine kosten mich nichts, ich lasse sie den ganzen Tag herumwühlen und nachts sperre ich sie ein. Sie mästen sich selber, ich muß sie dann bloß noch schlachten. Willst du ein Stück gehen? Ich zeig dir, wo wir sie halten. Und dann müssen wir schlafen. Ich stehe früh auf.
Sie stehen auf. Er ruft ins Haus:
Wir sind gleich wieder da. Holst du noch die Extradecke?
Zu Lear:
Häng dich bei mir ein.

LEAR Nein. Ich kannte einmal einen Mann, der ist bei einer Überschwemmung auf der Brücke ertrunken.
Lear und der Totengräbersohn gehen hinaus. Einen Augenblick später kommt Warrington herein. Er hält noch immer das Messer. Er hat Lear beobachtet und starrt ihm jetzt nach. Er sieht eine Bewegung im Hauseingang und versteckt sich. Die Frau kommt mit einer Decke aus dem Haus. Sie weint leise, unstill und gleichmäßig, wie aus Gewohnheit. Sie sieht Warrington.

FRAU Geh weg!
Sie wirft die Decke nach ihm.
Bettler, Herumtreiber, dreckige alte Männer!
Sie sieht sich nach einem Wurfgeschoß um. Sie läuft laut weinend ins Haus zurück. Warrington blickt voller Schrecken um sich. Er versteckt sich im Brunnen. Die Frau kommt mit einer Suppenschale aus dem Haus und will sie nach ihm werfen. Sie sieht Warrington nirgends mehr. Sie setzt sich hin und weint laut und bitterlich.
Der Totengräbersohn kommt hereingerannt.

SOHN Was ist? Ist dir was passiert?

FRAU *weint.*
Dein Wilder ist dagewesen!

SOHN Was hat er angestellt? Ist dir was passiert?
Lear kommt hereingegangen.

LEAR Es ist niemand da.

FRAU *weint.*
Natürlich nicht! Er ist weggelaufen.

SOHN Hör auf zu weinen.

FRAU *weint.*
Ich will ja.

SOHN Er wollte bloß sein Essen. Ich geh morgen früh hinauf und brings ihm. Komm, leg dich hin. Du zitterst ganz.
Er richtet ihr Decke und Kissen.
Da, ich deck dich zu.
Sie legt sich hin. Ihr Weinen wird ruhiger.
Siehst du.
Zu Lear:
Sie ist nämlich schwanger.
LEAR Arme Frau.
SOHN *führt Lear auf die andere Seite.*
Wir schlafen lieber auch, sie braucht ihre Ruhe. Du kannst da schlafen.
Er richtet ihm Decke und Kissen.
Da bist du gut aufgehoben. Gute Nacht.
Der Totengräbersohn geht zu seiner Frau und legt sich neben sie. Lear setzt sich auf sein Bett.
LEAR *für sich:*
Es ist Nacht. Meine Töchter leeren ihre Gefängnisse und verfüttern die Menschen an die Toten in ihren Friedhöfen. Der Wolf verkriecht sich vor Angst und versteckt sich bei den Ratten. Hopp Prinz! Hopp Harro! Zeigt, was ihr könnt für Menschenfleisch! Wenn die Toten satt sind, gehen sie heim in ihre Grube und schlafen.
Er legt sich ungeschickt nieder und schläft.
FRAU *weint.*
Halt mich fest. Mach, daß ich nicht mehr weine.
SOHN *umarmt sie.*
Du mußt dich jetzt schonen. Du arbeitest zu schwer.
FRAU Sag das nicht! Das ist nicht wahr!
SOHN Gut, ich sags nicht.
FRAU Aber du glaubst mir nicht.
SOHN Doch, doch.
FRAU Nein. Das sehe ich doch. Warum kann ich dich nicht glücklich machen?
SOHN Ich bin glücklich.
FRAU Nein. Ich weiß es. Du machst mich glücklich – obwohl mein Vater damals gesagt hat, ich würde unglücklich hier, aber das stimmt nicht, du hast mich sehr glücklich gemacht – warum kann ich dich dann nicht glücklich machen? Schau, wie du wieder diesen Mann hier angebracht hast! Den ersten besten! War-

um? Ich habe so Angst, daß etwas passiert.

SOHN Stört er dich?

FRAU Natürlich stört er mich! Und dann noch ein Landstreicher!

SOHN Ich sage ihm, er muß sich waschen.

FRAU Siehst du! Du verstehst mich nicht. Wer ist er denn?

SOHN Ich weiß nicht. Er hat mir erzählt, er wäre Offizier gewesen, aber das ist nicht wahr. Von dem läßt sich keiner befehlen.

FRAU Und er redet mit sich selber. Ich habe Angst vor ihm.

SOHN Das ist bloß eine Eigenart. Er hat eben niemand. Er tut dir nichts, ich dachte, du hättest gern jemand, der dir hilft. Er kann die Schweine hüten.

FRAU Ich habs gewußt! Du erlaubst ihm, daß er dableibt.

SOHN Was soll ich denn sonst machen? Er kommt nicht allein zurecht. Ein armer alter Mann – ich kann ihn doch nicht davonjagen! Wer soll dann auf ihn aufpassen? Das tu ich nicht.

FRAU Ach, du bist verrückt! Kann denn jeder hier wohnen, der will? Hast du denn gar kein Pflichtgefühl?

SOHN Pflichtgefühl!

LEAR ... Als er grüßte, sah ich Blut an seiner Hand...

FRAU Horch!

LEAR ... Ich verschlief am Morgen, weil die Vögel alle tot waren...

FRAU ... Jetzt ist er still.

SOHN Komm, schlaf jetzt. Bitte. Wegen dem Kind.

Stille. Alle schlafen. Warrington steigt aus dem Brunnen. Er hält noch immer das Messer. Er geht zum Totengräbersohn und der Frau und beugt sich über sie, um zu sehen, wer sie sind. Er geht auf die andere Seite zu Lear und bleibt stehen. Er beugt sich über ihn, um zu sehen. Er wirft sich auf Lear, brüllt, und sticht auf ihn mit dem Messer ein. Lear springt auf.

LEAR *noch im Traum.*

Meine Töchter – helft mir! Da! Wache!

Er bekommt Warrington zu fassen und starrt ihm ins Gesicht.

Was ist das? ... Nein! Nein!

Der Totengräbersohn rennt zu Lear, und Warrington läuft hinaus.

Ein Geist!

SOHN Er ist fort! Er ist weggerannt!

LEAR Ein Geist!

FRAU Der Wilde wars! Ich habe ihn gesehen!

SOHN Ein Licht!

Die Frau rennt ins Haus.

Er blutet! Wasser! Ein Tuch!

Zu Lear:

Dein Arm! Er hat einen Schnitt.

LEAR Er ist tot. Ich habe sein Gesicht gesehen! Es war wie ein Stein! Ich muß sterben.

Die Frau kommt mit einem Licht aus dem Haus.

SOHN Wasser –

FRAU Führ ihn hinein! Es ist gefährlich hier draußen!

SOHN *führt Lear ins Haus.*

Ja. Hol die Decke. Schnell. Er blutet.

LEAR Ich sterbe. Ich habe einen Geist gesehen. Ich werde sterben. Deswegen ist er zurückgekommen. Ich sterbe.

SOHN Die Stufen.

Der Totengräbersohn führt Lear hinein. Die Frau rafft die Decken zusammen und geht ihnen nach.

Siebte Szene

Wie vorher.

Am folgenden Nachmittag. Es ist niemand auf der Bühne. Der Totengräbersohn kommt herein. Er nimmt den Hut ab und hängt ihn seitlich am Haus auf. Seine Frau kommt von der anderen Seite herein. Sie hat einen Schweinestock und einen leeren Schweinekübel in der Hand.

FRAU Schläft er noch?

SOHN Ich weiß nicht. Ich bin grade zurück.

FRAU Du hast ihn nicht gefragt wegen gestern nacht.

SOHN Noch nicht.
Er küßt sie.
Es geht dir besser.

FRAU Ja.
Sie trägt den Stock und den Kübel neben das Haus.
Der Brunnen ist dreckig, ich habe es heute früh beim Wäschewaschen gemerkt.

SOHN Ach du lieber Gott! Ich steige später runter.
Der Schreiner kommt herein. Er ist groß und dunkel und trägt eine Holzkiste.
Grüß dich.

SCHREINER Grüß dich.

SOHN Wie gehts?

SCHREINER Gut. Bißchen viel Arbeit.

SOHN *zeigt auf die Kiste:*
Was ist das?

SCHREINER Ich hab was geschreinert.

SOHN Es ist noch früh, aber ich gehe schon und sperre die Schweine ein.
Der Totengräbersohn geht hinaus.

FRAU Was ist es?

SCHREINER Eine Wiege.
Er gibt sie ihr.

FRAU Ach.

SCHREINER Er hat nichts dagegen.

FRAU Schön ist sie.
Der Schreiner setzt sich und schaut die Frau an. Kleine Pause.

Er hat einen hier aufgenommen. Einen alten Mann. Du hast ihn nicht schon im Dorf gesehen?

SCHREINER Nein. Wer ist es? Ich höre mich um.

FRAU Er hat ihn einfach mitgebracht, zum Schweinehüten. Warum? Er ist so dumm, so dumm . . .

SCHREINER *nach einer zweiten kleinen Pause:*
Habt Ihr was zu reparieren?

FRAU An der Tür fehlt was, aber das macht er selber.

SCHREINER Nein, ich habe mein Werkzeug auf dem Karren, ein Stück die Straße runter. Ich bessers aus.

SOHN *draußen:*
I-ju! I-ju! I-ju!
Zwei, drei Schweine quieken.
Lear kommt aus dem Haus.

LEAR *verwundert:*
Ich habe den ganzen Tag verschlafen. Es ist abends.
Sieht den Schreiner.
Wer ist das?

FRAU Einer aus dem Dorf.

LEAR Ach.
Er setzt sich auf die Wiege.

SCHREINER ⎫ Nicht da drauf!
FRAU ⎭ Sie machen es kaputt!

LEAR *steht auf.*
Wo ist Ihr Mann?

FRAU Er kommt gleich. Sie gehen jetzt sicher fort nach heute nacht.

LEAR *verwirrt:*
Ich weiß nicht. Ich habe geträumt –
Der Totengräbersohn kommt herein.

SOHN Wie gehts dir? Ich dachte doch, daß du auf bist. Laß deinen Arm sehen.

FRAU John hat was mitgebracht.

SOHN *schaut die Wiege an.*
Ach, das ist aber gut ausgedacht. Für das Kind. Danke.
Der Schreiner steht auf.
Deswegen mußt du nicht fort.

SCHREINER Deine Frau hätte gern ihre Tür repariert.
Der Schreiner geht hinaus. Der Totengräbersohn schaut sich Lears Schnittwunde an.

FRAU *hebt die Wiege auf.*

Es ist nicht tief.

SOHN Es gehört ausgewaschen.

Die Frau geht mit der Wiege ins Haus.

LEAR Wer ist er?

SOHN Dorfschreiner. Er macht Särge und Wiegen und repariert Stühle und so. Er ist sehr geschickt. Mach dir keine Gedanken wegen ihm, er kommt dauernd hierher. Er ist in meine Frau verliebt.

LEAR Ich habe heute nacht einen Geist gesehen.

SOHN *belustigt:*

Mein Vater hat gesagt, Geister gibts nicht, und er hat es wissen müssen. Es war der Wilde.

LEAR Ach so, ach so... Dann war das alles nur mein Traum.

Kleine Pause.

Ich hätte immer hier leben müssen.

SOHN *schaut sich die Schnittwunde an.*

Es tut mir leid für dich.

LEAR *noch verwirrt und ratlos:*

Ich habe mich schon öfter geschnitten. Es ist fast vorbei. Als ich hierherkam, war ich schlechter dran. Du hast gut für mich gesorgt. Es ist so still hier, ich habe den ganzen Tag geschlafen wie ein Kind. Ich habe zu lang nicht mehr so geschlafen, ich wußte gar nicht mehr... Und jetzt werde ich wieder gesund. Alles geht so einfach und leicht hier.

Zornig werdend:

Aber wohin soll ich jetzt, wovon kann ich leben, was soll aus mir werden?

SOHN Bleib hier. Du kannst meine Schweine hüten. Ich kann dir nichts bezahlen, aber du kannst bei uns essen und schlafen.

LEAR Nein. Ihr hättet nur Scherereien mit mir. Nein, nein. Ich muß fort.

SOHN Sag mal, wieviel Mann hast du befehligt?

LEAR Ein paar.

SOHN Na die werden sich doch nicht den weiten Weg machen, bloß wegen einem alten Mann, der ein paar andere Mann befehligt hat. Also bleib.

LEAR Ich könnte ein neues Leben anfangen hier. Ich könnte alles vergessen, was mir Angst macht – die Jahre, die ich vertan habe, meine Feinde, meinen Zorn, meine Fehler. Ich habe zuviel Vertrauen gehabt, zuviel Nachsicht! Immerzu quält mich die Reue – ich muß das alles vergessen, wegwerfen! Ja! – laß mich hier wohnen und für dich arbeiten.

SOHN Gut. Du kannst mir sehr viel helfen, wenn du einmal eingewöhnt bist. Ich kann dann noch ein paar Äcker dazupflügen. Wegen der Soldaten mach dir keine Sorgen. Die sind viel zu beschäftigt, den König zu suchen. Weißt du schon, daß sie seine Mauer wieder einreißen?

LEAR Die Mauer?

SOHN Aufbaun, einreißen, aufbaun, einreißen. Der König war verrückt. Er hat alle Männer vom Dorf weggeholt. Aber ich habe mich versteckt. Sie waren ihr Leben lang Handarbeit gewohnt, aber als sie an der Mauer anfingen, haben ihnen die Hände eine Woche lang geblutet.

LEAR Nein.

SOHN Du bist entweder an der Arbeit gestorben, oder sie haben dich wegen Arbeitsunwilligkeit erschossen. Es gab eine Krankheit –

LEAR Sie haben alles dagegen versucht.

SOHN – der »Mauertod«. Die Füße sind ihnen vom Schlamm angeschwollen. Den Gestank hast du noch im Schlaf gerochen! Lebendig begraben! Der soll sich hier nur blicken lassen – dann fange ich mein altes Handwerk noch mal an und schaufle ihm ein Grab! Solang der Bau hier in der Nähe war, haben wir seine Mauer nachts immer wieder aufgegraben. *Seufzt.* Reden wir von was andrem. *Lear hört ihm nicht mehr zu.* Mit meiner Frau, das wird schon. Sie braucht eine Weile, bis sie auftaut, aber dann ist sie bestimmt froh, daß du da bist und mithilfst . . . Wir passen nicht zueinander, angeblich. Ihr Vater war gegen die Heirat jedenfalls. Er hat uns noch nie besucht. Ich habe ihn eingeladen. Ich mag so was nicht, es drückt einen. Er ist Pfarrer, sie hat alles von ihm gelernt. Sie ist sehr gescheit, aber wie ich lebe, kann sie nicht verstehen. Ich habe mein Haus, meinen Hof, meine Frau – und jede Nacht sage ich ihr, ich liebe sie. Wie soll ich da unglücklich sein? Aber sie hat Angst, es wird alles anders, sie möchte am liebsten einen Zaun um uns ziehen und alle andern hinaussperren. *Seine Frau kommt mit einem langen Seil aus dem Haus. Sie spannt es hinten zu einer langen Wäscheleine auf. Kurze Stille.*

LEAR Mir fällt von meinem Traum wieder etwas ein. Es war ein König, und der hatte einen Springbrunnen im Garten. Er war so groß wie das Meer. Einmal nachts hat der Springbrunnen geheult, und am Morgen ist der König hingegangen und hat nachgeschaut. Der Brunnen war rot. Die Diener haben ihn leergeschöpft und unter dem Meer eine Wüste gefunden. Der König hat in den Sand geschaut, und da lag ein Helm und ein Schwert. *Die Frau geht ins Haus.*

Dann hat der König –

SOHN Ich weiß. Das hat uns ein Clown auf dem Jahrmarkt schon erzählt.

Lear starrt ihn an. Die Frau kommt mit einem Korb Wäsche aus dem Haus.

FRAU Ich brauche noch mal Wasser, aber es ist dreckig.

SOHN *steht auf.*

Ich steige hinunter.

Die Frau nimmt ein paar Wäscheklammern von der Wand und beginnt eine Reihe von weißen Laken aufzuhängen. Der Totengräbersohn steigt in den Brunnen und verschwindet darin.

LEAR *zur Frau:*

Ich mache das. Sie sollen nicht zu schwer arbeiten.

Sie gibt keine Antwort, aber Lear hilft ihr. Sie hängen die Laken so auf, daß sie fast bis auf den Boden reichen.

FRAU *steckt ein Laken fest.*

Wer ist der Wilde? Sie haben ihn heute nacht erkannt.

LEAR *hält ein Laken hoch.*

Nein. Ich habe geträumt.

FRAU *nimmt ihm das Laken ab.*

Wann gehen Sie?

LEAR *bückt sich nach Wäscheklammern.*

Ihr Mann will, daß ich für ihn arbeite.

FRAU *steckt das Laken fest.*

Sie bleiben nicht hier. Ich erlaube es Ihnen nicht.

LEAR *reicht ihr die Klammern.*

Er braucht mich. Er hat es selbst gesagt.

FRAU *nimmt die Klammern.*

Ich will keine dreckigen alten Penner im Haus. Ich bin schwanger, ich darf mich nicht aufregen.

LEAR *rückt ein Laken zurecht. Zornig werdend:*

Sie hängen sie nicht gerade auf.

FRAU *steckt ein Laken fest.*

Ich könnte ihn leicht überreden, daß er Sie wegschickt.

LEAR Gerade.

FRAU *steckt ein Laken fest.*

Aber ich möchte lieber nicht. Ich will nicht mehr mit ihm streiten und schreien, es regt ihn zu sehr auf. Bitte gehen Sie – und sagen Sie ihm nicht, daß es wegen mir ist.

LEAR *hält ein Laken hoch.*

Wo kann ich hingehen?

FRAU *nimmt ihm das Laken ab.*

Irgendwohin. Sie sind frei. Sie können in die ganze Welt.

LEAR Er will, daß ich bleibe! Nein, ich gehe nicht!

Er geht auf die andere Seite zum Brunnen.

Er hat gesagt, ich kann bleiben. Er wird Wort halten. Ich bin zu alt, ich komme nicht mehr allein zurecht. Ich kann nicht in Straßengräben und Scheunen schlafen und um Reste betteln und bei den Bauern um Lohn arbeiten. Nein, ich lasse mich nicht herumstoßen! Sie sind von meinen Töchtern geschickt! Gehen SIE doch! SIE zerstören den Hof hier! Wir müssen Sie loswerden –

Er verstummt und starrt den Eimer an.

FRAU Was ist?

LEAR Blut.

FRAU Was?

LEAR Blut. Das ist Blut im Wasser. Ich weiß, wie das aussieht.

Ruft in den Brunnen:

Was machst du? Wo bist du?

SOHN *drunten:*

Was?

FRAU Da hat er sich versteckt!

Ruft in den Brunnen:

Er hat sich da unten versteckt heute nacht –

Zu Lear:

und dann ist er herausgestiegen und wollte Sie umbringen und ist weggerannt!

LEAR *ängstlich:*

Nein. Da ist zuviel Blut . . . Er ist zurückgekommen und jetzt ist er da unten . . .

Stille. Ein Feldwebel und drei Soldaten, D, E und F, kommen herein. Sie tragen alle Gewehre.

SOLDAT D Stehenbleibn. Ich möcht keine Frauenbeine brechn.

FELDWEBEL Stellt das Haus aufn Kopf.

Soldaten D und E gehen ins Haus.

Wen habt ihrn sonst noch rumkrebsn?

LEAR Niemand. Ich bin der Gesuchte. Wir können jetzt gehen.

Er will gehen. Soldat F hält ihn auf.

Nein, nein! Wir müssen gehen.

SOLDAT F Wer sonst noch? In dem Alter die Leute verkohln?
Könntst du langsam besser wissn.

FELDWEBEL Los, Mädchen, einer muß dir doch den Weckn rein-
geschoben habn.

SOLDAT F Der bestimmt nicht.

Soldat D kommt aus dem Haus.

SOLDAT D Hätt ne Steckrübe dazu nehmen müssn.

SOLDAT F Tät ihm gleichsehn, dem alten Schmierlappen.

FRAU Gehen Sie –

SOLDAT D *zum Feldwebel:*

Niemand.

FRAU – er ist davongelaufen.

FELDWEBEL Son nettes kleines Bumsloch wie dich, wer wirdn sowas sitzenlassn?

Soldat E kommt von hinter dem Haus zurück.

SOLDAT E Hintn sind Schweine.

LEAR Die hüte ich!

FELDWEBEL Wir wissn, es is nochn Junger da.

LEAR Nein, niemand sonst. Führen Sie mich fort.

SOHN *drunten:*

Er ist da! Ich hab ihn!

Die Soldaten starren sich an.

LEAR Wir können gehen. Die Frau hat nicht gewußt, wer ich bin.
Ich werde Sie melden wegen –

Soldat F hält ihm den Mund zu. Stille.

SOHN *drunten:*

Er hat sich das Genick gebrochen.

Soldat D zeigt auf den Brunnen.

FELDWEBEL *droht Lear mit dem Gewehr.*

Sag ihm was.

LEAR *spricht in den Brunnen:*

Ja.

SOHN *drunten:*

246

Er ist tot. Ich bring ihn rauf. Zieh das Seil hoch.

Der Feldwebel zieht am Seil. Die Soldaten nehmen die Frau und verstecken sich mit ihr hinter den Laken.

Drunten. Näher:

Vorsichtig.

Lear geht nach hinten, setzt sich auf die Stufen oder die Bank und schaut zu. Der Feldwebel geht hinter die Laken. Der Totengräbersohn kommt aus dem Brunnen. Er trägt Warrington. Warrington ist tropfnaß.

Er ist hineingefallen. Er muß gleich tot gewesen sein. Moment mal! – er atmet. Er hat Blasen vor dem Mund! Schau! Hilf mir!

Er legt Warrington auf den Boden. Eine Pfütze bildet sich um ihn. Der Totengräbersohn schaut zu Lear hin. Plötzlich ist er außer sich vor Schrecken und ruft:

Cordelia!

Der Feldwebel und die Soldaten E und F kommen hinter den Laken hervor.

Cordelia!

Soldat E erschießt ihn. Er stolpert nach hinten auf die Laken zu. Sein Kopf ist gesenkt. Er faßt ein Laken und zieht es von der Leine. Cordelia steht dahinter. Sie hat den Kopf gesenkt und hält sich die Hände vors Gesicht. Soldat D macht sich gerade daran, sie zu vergewaltigen. Der Totengräbersohn dreht sich langsam weg und umwickelt sich dabei mit dem Laken. Er steht einen Augenblick stumm in das Laken eingehüllt da. Nur der Kopf ist zu sehen, hochgeworfen im Schock, die Augen und der Mund offen. Er steht erstarrt. Plötzlich breitet sich auf dem Laken ein riesiger roter Fleck aus.

FELDWEBEL Stecht die Schweine ab.

Soldat E rennt hinaus.

SOLDAT F *beugt sich über Warrington.*

Mensch, schau dir das an!

FELDWEBEL *zu Soldat D:*

Mach das drinnen.

LEAR Sie ist schwanger.

SOLDAT D Das kann mitm Schwanzende spielen.

SOLDAT F *stochert mit der Gewehrmündung Warrington in den Mund.*

Schau, was der Blasen läßt!

Von draußen Schweinegequiek bei der Abschlachtung. Soldat D zieht die Frau ins Haus. Der Totengräbersohn fällt plötzlich tot um.

FELDWEBEL Schmeiß ihn ins Loch runter.

Der Feldwebel und Soldat F werfen Warrington in den Brunnen.

SOLDAT F Da ist noch einer.

FELDWEBEL Hopp!

Sie werfen den Totengräbersohn in den Brunnen. Der Feldwebel zeigt auf Lear.

Und den bringst du zum LKW runter.

Der Feldwebel geht ins Haus.

SOLDAT F Und die feinen Hunde stoßen sich solang gesund. Mitm altn Opa mag ich auch nicht.

Das Quieken draußen hört auf.

LEAR *steht auf.*

Verbrennt auch das Haus! Ihr habt den Mann ermordet, das Vieh erschlagen, den Brunnen vergiftet, die Mutter geschändet, das Kind umgebracht – ihr müßt das Haus verbrennen! Ihr seid Soldaten – ihr müßt eure Pflicht tun! Meine Töchter verlangen das! Verbrennt auch das Haus! Verbrennt das Haus! Verbrennt das Haus!

SOLDAT F Halts Maul und beweg dich.

Soldat F führt Lear hinaus. Soldat E von hinter dem Haus zurück.

Im Hinausgehen:

Brennt es nieder! Verbrennt es!

Soldat E hat Blut im Gesicht, am Hals, an den Händen, Kleidern und Stiefeln. Cordelia gibt im Haus einen hohen, kurzen, nach innen geholten Schrei von sich.

SOLDAT E *zufrieden vor sich hin murmelnd:*

Die schnapp ich mir vollgesaut mit Schweineblut. Gibtn intressantn Brief ans Mütterchen.

Der Schreiner kommt hinter ihm herein. Er hat seinen Werkzeugkasten dabei. Er nimmt einen Schrotmeißel heraus.

Sieht den Schreiner.

Ja?

Eine Sekunde später ruft er zum Haus:

Feldwebel!

Der Schreiner tötet ihn mit einem Hieb mit dem Schrotmeißel.

SCHREINER *schaut zum Haus.*

Seid ihr noch mehr?

Der Schreiner hebt das Gewehr von Soldat D auf und geht ins Haus. Kleine Pause. Drei Gewehrschüsse im Haus. Stille.

Pause.

Zweiter Akt

Erste Szene

Gerichtssaal.

North und Cornwall kommen herein und unterhalten sich leise, während das Gericht zusammentritt. Es erscheinen ein Richter, ein Gerichtsdiener, ein Schreiber und andere Beamte.

CORNWALL Unsere Frauen werden ihn verurteilen und seinen Tod verlangen.

NORTH Ja.

CORNWALL Ich finde, wir sollten ihnen nicht zuviel durchgehen lassen.

NORTH Bodicė ist eine gute Frau. Aber sie hat zu lang mit allem allein fertig werden müssen. Jetzt kann sie vielleicht niemandem mehr trauen.

CORNWALL Das gilt für beide. Sperren wir ihn in ein sicheres Gefängnis. Er stirbt auch ohne unser Zutun.

Bodice und Fontanelle kommen herein. Der Richter geht zu ihnen.

BODICE Sie haben sich mit Ihren Anweisungen vertraut gemacht?

RICHTER Gewiß, Ma'm.

BODICE Dies ist ein politischer Prozeß. Politik ist die höhere Form von Gerechtigkeit. Der alte König ist wahnsinnig, und es ist gefährlich, ihn am Leben zu lassen. Unsere Entscheidungen sind von Familienrücksichten ungetrübt. Ich lasse diejenigen auftreten, die ihn am verläßlichsten durcheinanderbringen.

FONTANELLE Ich bin Zeugin.

BODICE Er soll sich um Kopf und Kragen reden. Helfen Sie nach, wo es günstig ist – aber nicht zu offen.

RICHTER Ich verstehe, Ma'm.

Der Richter nimmt seinen Platz ein. Lear wird unter Bewachung hereingeführt.

BODICE *zu Fontanelle:*

Er wirkt angegriffen. Ich muß den Aufseher für einen Orden vormerken.

RICHTER Sie sind der vormalige König?

LEAR Sie wissen, wer ich bin. Ich habe Sie angestellt.

RICHTER Und diese Damen sind Ihre Töchter.

LEAR Nein.

RICHTER Sie sind Ihre Töchter.

LEAR Nein.

RICHTER Erkennen Sie sie nicht?

LEAR Ich habe sie nie gesehen.

RICHTER Setzen Sie sich.

Lear setzt sich.

Der vormalige König behauptet von seinen Töchtern –

LEAR Sie sind nicht meine Töchter!

Bodice schiebt Fontanelle an. Fontanelle geht zum Zeugenstand.

FONTANELLE Ich werde die Wahrheit sagen.

RICHTER Ma'm, versuchen Sie, den vormaligen König an Sie zu erinnern.

FONTANELLE Vater, einmal hast du nach der Schlacht ein weißes Pferd eingefangen. Du hast es mir geschenkt, und es hat sich auf dem Eis ein Bein gebrochen. Man hat es an einen Baum gebunden und erschossen. Die arme kleine Fontanelle hat geweint.

LEAR Das arme Pferd.

FONTANELLE Ein anderes Mal fragte ich dich, wie hoch die Mauer werden sollte. Du hobst mich über deinen Kopf und sagtest zu mir: Du könntest immer noch nicht drübersehn.

LEAR Ich war immer genau. – Führt mich ins Gefängnis zurück. Dort sind wir freier.

Fontanelle zuckt die Achseln und geht auf ihren Platz neben Bodice zurück. Bodice lächelt ihr zu. Ein alter Matrose wird zum Zeugenstand geführt.

MATROSE Ich werde die Wahrheit sagen. Ich kann nicht sehen. Ich war Matrose und die See hat mich blind gemacht. Ich kann schwach etwas erkennen, aber in einem Nebel. Ich habe Ihnen das Segeln gezeigt. Ihre Stimme hat sich nicht verändert. Sie besuchten mich noch mal, als Sie König waren, und führten mir Ihre Töchter vor. Ich konnte damals noch sehen. Dies sind Ihre Töchter, Sir.

LEAR Sind Sie versorgt?

MATROSE Ich bin seit sieben Jahren blind, Sir. Es heißt, ich hätte klare Augen, aber ich sehe nichts mehr mit ihnen.

LEAR Sind Sie in guter Pflege, Sir?

MATROSE Ja, Sir. Ich habe eine brave Tochter.

LEAR Gehen Sie heim und passen Sie auf sie auf. Sie ändern sich

schneller als der Wind auf See.
Der alte Matrose wird hinausgeführt. Der alte Staatsrat geht
zum Zeugenstand.
STAATSRAT Ich werde die Wahrheit sagen.
Zieht sein Notizbuch heraus.
Sir, Sie kennen mich.
LEAR Durch und durch.
STAATSRAT *schaut ins Notizbuch.*
Ich verhalf Ihnen zur Flucht am –
LEAR Sie sind mir nachgerannt, um sich zu retten.
STAATSRAT Also Sie sollten nicht behaupten –
LEAR Und als Sie merkten, daß ich am Ende war, sind Sie wieder
zurückgerannt.
STAATSRAT Als Mann von Pflichtgefühl war es mein Teil –
LEAR Ihr Vorteil!
LEAR Sir, als ich sah –
LEAR – daß man mich fassen würde –
STAATSRAT – daß Sie seelisch gestört waren –
LEAR – haben Sie mich verraten! Gilt keine Ehre mehr unter alten
Männern? Sie haben sich von Ihren Kindern verderben lassen!
BODICE Gebt ihm meinen Spiegel!
Beiseite zum Richter:
Wahnsinnige fürchten sich vor sich selbst.
Der Gerichtsdiener geht auf sie zu, aber Bodice läuft an ihm
vorbei und bringt Lear den Spiegel.
LEAR Was für eine häßliche Stimme! Das ist nicht die Stimme mei-
ner Tochter. Sie klingt wie Ketten an einer Gefängnismauer.
Bodice gibt ihm den Spiegel in die Hand und geht zu ihrem Stuhl
zurück.
Und sie geht wie etwas, was in einem Sack zappelt.
Er schaut kurz in den Spiegel.
Nein, das ist nicht der König.
RICHTER Leisten Sie vorher den Eid.
LEAR Sie haben kein Recht, dort zu sitzen!
RICHTER Leisten Sie den Eid.
LEAR Ich habe Sie angestellt, weil Sie korrupt waren!
RICHTER Leisten Sie den Eid.
LEAR Der König steht immer unter Eid!
Er starrt auf den Spiegel hinunter.
Nein, das ist nicht der König... Das ist ein kleiner Käfig aus

Stäben mit einem Tier darin.
Schaut genauer hin.
Nein, nein, das ist nicht der König!
Gestikuliert plötzlich heftig. Der Gerichtsdiener nimmt ihm den Spiegel ab.
Wer hat das Tier in diesen Käfig gesperrt? Laßt es heraus. Habt ihr sein Gesicht hinter den Stäben gesehen? Da sitzt ein armes Tier und hat Blut am Kopf und die Tränen laufen ihm übers Gesicht. Wer hat ihm das angetan? Ist es ein Vogel oder ein Pferd? Es liegt im Staub und hat gebrochene Flügel. Wer hat ihm die Flügel gebrochen? Wer hat ihm die Hände abgehackt, daß es nicht an den Stäben rütteln kann? Es drückt seine Schnauze gegen die Scheibe. Wer hat dieses Tier in einen Glaskäfig gesperrt? Ach, es gibt kein Mitleid in der Welt. Ihr seht zu, wie es sich das Blut aus den Haaren leckt in einer Käfigecke, wo es sich vor seinen Peinigern nirgendwo verstecken kann. Kein Schatten, kein Loch! Laßt dieses Tier aus dem Käfig!
Er nimmt sich den Spiegel und zeigt ihn herum.
Schaut! Schaut! Habt Mitleid. Schaut, wie seine Krallen den Käfig aufkratzen wollen. Es schleppt sich mit zerschlagenem Leib über den Boden. Ihr seid grausam! Grausam! Schaut, wie es in seiner Ecke liegt! Es ist benommen und zerschnitten und zittert, und leckt sich das Blut an seinen Flanken.
Der Gerichtsdiener nimmt Lear den Spiegel wieder weg.
Nein, nein! Wo bringt ihr es jetzt hin! Nicht, wo ich es nicht mehr sehen kann! Was haben sie jetzt mit ihm vor? Ach, gebt es mir! Ich will es halten und streicheln und ihm das Blut abwischen!
Bodice nimmt dem Gerichtsdiener den Spiegel ab.
Nein!
BODICE Ich werde ihn täglich putzen und aufpassen, daß er keinen Sprung bekommt.
LEAR Dann tötet es. Tötet es. Tötet es. Laßt nicht zu, daß sie es quält. Ich kann mit diesem Leiden in der Welt nicht weiterleben.
RICHTER Seht den Wahnsinn des Königs.
LEAR Meine Töchter sind ermordet worden, und diese Ungeheuer haben sich an ihre Stelle gesetzt! Ich höre alle ihre Opfer schreien: wo ist Gerechtigkeit?
BODICE Ja! Ich habe dieses Tier in einen Käfig gesperrt und ich lasse es nicht mehr heraus!
FONTANELLE *lacht und hopst im Stuhl auf und ab.*

Schaut seine Tränen!

LEAR Grausam! Grausam! Seht, wo sie es hochgezerrt haben an den Haaren!

BODICE *zum Schreiber:*
Nehmen Sie das alles auf!

SCHREIBER Ma'm.

RICHTER Die Sitzung ist vertagt.

Lear wird schnell abgeführt, und das Gericht geht hinaus.

LEAR *im Gehen:*
Sein Blut ist auf den Stufen, über die die Gefangenen kommen!

Der Richter geht zu Bodice und Fontanelle.

RICHTER Das ging besser als ich dachte, Ma'm.

BODICE Es ging wie von mir geplant. Ein Todesurteil ist vorgesehen, aber noch nicht fest entschieden. Guten Tag.

Der Richter verbeugt sich und geht. Bodice und Fontanelle sind allein.

FONTANELLE Es WAR entschieden – bis sich dein Mann eingemischt hat.

BODICE Der deine auch. Nimm ihn fester an die Leine! Nun, sie müssen eben zur Vernunft gebracht werden. Männer sind immer eigensinnig, das ist ihre Art zu reifen. Ich habe schlechte Nachrichten. Meine Spione haben Aufwiegler und Unzufriedene in jedem Dorf entdeckt. Es steht ein ernsthafter Kampf bevor – Bürgerkrieg.

FONTANELLE Gut! Wo er sich zeigt, rotten wir ihn aus. Immer direkt drauflos. Wußtest du schon, daß das Gesindel von einer Frau angeführt wird? Cordelia heißt sie.

BODICE *beiseite:*
Ja, meine Schwester hat ihre eigenen Spione. Die Macht steigt ihr in den Kopf. Der Kopf gehört zurechtgestaucht. Zufällig stehen ihre Spione bei mir in Sold, sie kann also nie mehr wissen als ich. Aber von jetzt ab traue ich ihr noch weniger als sonst. Wenn alles gutgeht, sind ihre Tage gezählt.

Zu Fontanelle:
Ich glaube, wir kümmern uns jetzt lieber um unsere Männer. Der Feldzug braucht die rechte Vorbereitung.

FONTANELLE Dann dürfen wir sie nicht ihnen überlassen!

BODICE Außerdem muß die Armee gesäubert werden. Siegen bekommt Soldaten nicht, es untergräbt ihre Moral.

Sie gehen zusammen hinaus.

Zweite Szene

Lears Zelle.

Kahl und leer. An der Wand eine Steinplatte zum Sitzen. Die Soldaten G und H führen Lear herein. Soldat H läßt eine zusammengerollte Sackleinwand zu Boden fallen. Soldat G stellt sich an die Tür. Sie beachten Lear nicht.

SOLDAT G Eigentlich ganz guter Job, wenn bloß der Mief nicht wär.

SOLDAT H Wird nicht lang dauern.

SOLDAT G Nee, dann gehts ab zur Front mit den andern.

SOLDAT H Hak den Kleinen ab.

Soldat G trägt etwas in eine Liste ein. Die zwei Soldaten gehen hinaus.

LEAR Ich muß vergessen! Ich muß vergessen!

Der Geist des Totengräbersohns erscheint. Seine Haut und seine Kleider sehen verwaschen aus. Sie haben alte, eingetrocknete Blutflecken.

GEIST Ich habe dich schreien hören.

LEAR Bist du tot?

GEIST Ja.

LEAR Es gibt ein Tier in einem Käfig. Ich muß es herauslassen, oder die Erde wird vernichtet. Große Brände kommen und das Wasser trocknet aus. Alle Menschen verbrennen, und ihre Asche wird vom Wind zu riesigen Säulen aufgewirbelt und kreist auf ewig um die Erde. Wir müssen es herauslassen!

Ruft, trommelt an die Wand.

He! Reiß deine Kette heraus! He! Zerbrich sie!

Von der andern Seite wird an die Wand getrommelt.

Was? Es ist da! Ein Pferd!

GEIST Nein. Das sind andere Gefangene.

LEAR Hilf mir!

GEIST Was ist es für ein Tier? Ich habe es noch nie gesehen!

LEAR Wo sind meine Töchter! Sie würden mir helfen!

GEIST Ich kann sie holen.

LEAR Meine Töchter? Du kannst sie hierherholen?

GEIST Ja.

LEAR Hol sie! Schnell!

Der Geist pfeift leise.
Wo sind sie?
GEIST Du siehst sie gleich. Warte.
Pfeift noch mal leise.
Der Geist von Fontanelle erscheint.
LEAR Fontanelle!
Der Geist pfeift. Der Geist von Bodice erscheint.
Bodice!
GEIST Laß sie zuerst sprechen.
Die Geister der Töchter bewegen sich anfangs nur langsam, als hätten sie geschlafen.
FONTANELLE Steck mir das Haar auf... Vater kommt heute heim.
BODICE Ich muß mir mein Kleid anziehen.
FONTANELLE Ach, bei dir geht das Anziehen so schnell! Steck mir das Haar auf.
Bodice frisiert sie.
LEAR Meine Töchter!
BODICE Sie begraben Soldaten im Friedhof. Vater hat die Särge auf Wägen hergefahren. Die Bahrtücher sind zugeschneit. Schau, eins von den Pferden leckt sich den Huf.
FONTANELLE Heute früh habe ich vom Bett aus zugeschaut, wie der Wind an den Vorhängen zog. Zog, zog, zog... Jetzt kann ich die schreckliche Glocke hören.
LEAR Fontanelle, du bist noch so ein kleines Mädchen.
Er setzt sich auf die Steinplatte.
Setz dich her.
FONTANELLE Nein.
LEAR Auf meine Knie.
Er setzt sie sich auf die Knie.
So ein kleines Mädchen.
BODICE *horcht.*
Vater! Ich muß mich anziehen! Ich muß mich anziehen.
Sie kämpft aufgeregt mit ihrem Kleid.
LEAR So ists gut.
FONTANELLE Horch, die Glocke und der Wind.
LEAR *leckt sich den Finger und hält ihn hoch.*
Woher weht er?
Bodice schlüpft in das Kleid und kommt zu ihm nach vorn.
Er zeigt auf sie.
Zieh das aus!

BODICE Nein.

LEAR Zieh es aus! Es ist von deiner Mutter!

BODICE Sie ist tot! Sie hat es mir geschenkt!

LEAR *zeigt auf sie.*

Zieh es aus!

BODICE Nein!

LEAR Doch, oder du mußt es immer anbehalten!

Er zieht sie zu sich her.

Bodice! Mein armes Kind, das ist ja, als hättest du ihr Bahrtuch angezogen.

Bodice weint, an ihn gelehnt. Ben, ein junger Kalfaktor, kommt herein. Er trägt einen kleinen Teller mit Krug. Er stellt sie auf den Boden.

BEN Laß es nicht rumstehn, Opa. Die kommen gleich wieder fürs Leergeschirr. Tut mir leid, wenns nicht ganz wie sonst schmeckt. Ich bin nicht der Hotelkoch, bloß der Oberkellner.

Ben geht hinaus. Die Geister der Töchter setzen sich auf den Boden neben Lear und legen ihm die Köpfe auf die Knie. Er streicht ihnen über die Haare.

BODICE Wo sind wir?

LEAR In einem Gefängnis.

BODICE Warum?

LEAR Ich weiß nicht.

BODICE Wer hat uns hierhergebracht?

LEAR Ich weiß nicht.

FONTANELLE Ich habe Angst.

LEAR Denk nicht daran.

BODICE Kommen wir wieder heraus?

LEAR Ja.

BODICE Weißt du das sicher?

LEAR O ja.

BODICE Wenn ich nur drauf hoffen könnte! Aber das Gefängnis hier, der Schmerz –

LEAR Ich weiß, daß er aufhört. Alles geht vorbei, auch die Verwüstung. Dann müssen die Wirrköpfe schweigen. Wir werden uns nicht an die Toten ketten, oder unsere Kinder auf den Friedhof zur Schule schicken. Die Peiniger und Minister und Priester verlieren dann ihre Ämter. Und wir gehen aneinander auf der Straße vorbei, ohne darüber zu schaudern, was wir einander angetan haben.

BODICE Es ist friedlich jetzt.

FONTANELLE Und still.

LEAR Das Tier schlüpft dann aus seinem Käfig, und liegt in den Äckern, und läuft den Fluß entlang, und putzt sich in der Sonne, und schläft in seiner Höhle von abends bis morgens.

Drei Soldaten (G, H und I) kommen herein. Sie treten ruhig und planmäßig auf. Die Antworten von Soldat I sind zu einer Silbe zusammengezogen.

SOLDAT H Paß auf und guck dich überall um.

SOLDAT I Woll Herr Freiter.

SOLDAT H Auch unterm Sack und in den Ecken.

Soldat G macht ihm die Durchsuchung vor.

Kannste das behalten? Fünfmal am Tag. Personal wird ausgelassn.

SOLDAT I Woll Herr Freiter.

SOLDAT H Jetzt laß sehn, was du kannst.

SOLDAT I *durchsucht die Ecken.*

Wann mußt du los?

SOLDAT G Morgn. Wenigstens aus dem Loch da raus.

SOLDAT I Mir is alles recht, solangs nicht an der Front is.

SOLDAT H Du hasts noch nicht begriffn. Wenn Krieg is, sind zum Schluß alle an der Front.

SOLDAT I *hört mit der Durchsuchung auf.*

Fertig, Herr Freiter.

SOLDAT H Dann könntste jetzt die Liste abhaken.

SOLDAT I Woll Herr Freiter.

Geht und will die Liste abhaken.

SOLDAT H Haste die Matratze nachgeschaut?

SOLDAT I Nein Herr Freiter.

SOLDAT H Dann schau die Matratze nach.

SOLDAT I *schaut unter die Matratze.*

Fertig, Herr Freiter.

SOLDAT H Und jetzt kannste deine Liste abhaken.

SOLDAT I Woll Herr Freiter.

Hakt die Liste ab.

SOLDAT H Grünschnäbel!...

Soldat I ist fertig.

Und jetzt der nächste.

Die drei Soldaten gehen hinaus.

BODICE Horch.

Sie steht auf.

LEAR Wohin willst du?

BODICE Mutter ist tot. Ich muß den Tee ausgeben. Sie läuten.

LEAR Bleib hier.

FONTANELLE Sie warten. Eine lange Schlange steht hinter den Särgen. Sie stehen ganz still!

LEAR Bleibt hier, dann können sie nicht anfangen! Wir können hier zusammenbleiben!

GEIST Sie müssen fort! Du kannst sie nicht festhalten!

LEAR Aber mein Kopf! Mein Kopf!

Die Töchter gehen hinaus.

Horch! Das Tier kratzt. Es ist blutig im Maul. Seine Schnauze blutet. Es will graben. Es hat jemand gefunden!

Er fällt bewußtlos auf seinen Sack.

Ein alter Kalfaktor kommt herein.

KALFAKTOR Sing ruhig weiter, ich tu dir nichts. Ich hol die leeren Teller.

Sieht das unberührte Essen.

Ach, soll ich später kommen? Gesuche abfassn und Bittschriftn, undn bißchen auf sich selber schaun, und die Fantasie beschäftigen, das is alles ganz schön – aber essen mußt du. Na ja mußt selber wissn, was dir schmeckt.

Beruhigend:

Ich gehör nicht zur Leitung.

Kleine Pause.

Die jungen Scheißer kommen jetzt alle an die Front. Sollnse krepiern. Schade für die schönen Kugeln. Ich bin schon vor tausend Jahren reingekommen, vor hunderttausend. Ich weiß nicht mehr, warum ich reingekommen bin. Ich habs vergessn. Mir haben so viele erzählt, warum sie reingekommen sind, daß ich alles durcheinanderbring. Mir hamse schon jedes Verbrechn im ganzn Gesetzbuch gestandn. Mußn Rekord sein. Weiß nicht, was meins gleich wieder war. Mord? Einbruch? Körperverletzung? Ich hätts gern gewußt. Wegen dem innern Friedn. Daß das Gewissn Ruhe hat. Aber keiner weiß es mehr. Es is alles weg. Schon lang. Die Akten verlegt. Schon vor hundert Jahren.

Zeigt auf den Teller.

Soll ich noch warten?

Keine Antwort.

Der Kunde hat immer recht.

Der alte Kalfaktor nimmt den Teller mit Krug und geht hinaus.

LEAR Ich hätte nicht hinschauen sollen. Ich habe so viele Leute getötet und keinem von ihnen ins Gesicht gesehen. Aber bei dem
Tier habe ich hingeschaut. Falsch. Falsch. Falsch. Ich bin ein
dummer alter Mann davon geworden. Welche Farbe haben
meine Haare?

GEIST Weiß.

LEAR Ich fürchte mich hinzuschauen. Sie sind voll Blut, wo ich
daran gerissen habe mit meinen Händen.

GEIST Laß mich bei dir bleiben, Lear. Wie ich gestorben war, bin
ich irgendwohin gekommen. Wohin weiß ich nicht. Ich wartete
und nichts geschah. Dann bin ich allmählich verfault, wie eine
Leiche im Boden. Schau meine Hände an, sie sind wie von einem
alten Mann. Sie sind welk. Ich bin jung, aber mein Magen ist
eingeschrumpft und mein Haar ist weiß geworden. Schau,
meine Arme. Faß an, wie dünn ich bin.
Lear bleibt unbeweglich.
Hast du Angst, mich anzufassen?

LEAR Nein.

GEIST Faß an.

LEAR *zögert. Faßt ihn an.*
Ja, dünn.

GEIST Ich habe Angst. Laß mich bei dir bleiben, behalte mich hier,
bitte.

LEAR Ja, ja. Armer Junge. Leg dich zu mir. Da. Ich halte dich fest.
Wir helfen einander. Weine, wenn ich schlafe, und ich weine
und wache, wenn du schläfst. Wir wechseln einander ab. Der
Klang der Menschenstimme wird uns trösten.

Dritte Szene

Feldposten der Aufständischen.

*Cordelia und einige aufständische Soldaten. Pete pflegt den
verwundeten Soldaten Terry. Lewis steht hinten als Wachtposten. Soldat I sitzt, die Hände auf den Rücken gebunden und
ohne Mütze. Neben ihm ein Soldat in der Hocke mit einem Gewehr. Einige der übrigen Soldaten tragen Gewehre. Sie haben
einfache, zweckmäßige Kleidung an, keine Uniformen. Ge-
spannte Stille.*

LEWIS *schaut nach draußen.*

Sie kommen.

CORDELIA *ihre Spannung läßt etwas nach. Sie geht zu dem verwundeten Soldaten.*

Geht es ihm gut?

PETE Es sind keine Medikamente da, keine Instrumente, nichts.

*Der Schreiner kommt mit zwei weiteren aufständischen Solda-
ten herein. Sie tragen Gewehre und Bündel.*

SCHREINER Was waren das für Schüsse?

CORDELIA Ein Spähtrupp hat uns entdeckt. Schon gut, wir haben
sie erwischt. Was bringst du mit?

SCHREINER Tee, Spitzhacken, zwei Decken. Sie nehmen kein
Geld. Sie wollen mitmachen.

CORDELIA Wie viele?

SCHREINER Bis zu zwanzig.

CORDELIA Haben sie eigenen Proviant?

SCHREINER Ja.

CORDELIA Wir nehmen sie mit beim Durchmarsch. Wir sind hier
fast soweit.

SCHREINER *deutet auf Soldat I:*

Einer von dem Spähtrupp?

CORDELIA Ja. Die andern sind alle erschossen. Ich wollte vorher
mit ihm reden. Terry ist verwundet.

SCHREINER Ach...

*Die zwei neu angekommenen Soldaten trinken hastig Tee. Die
übrigen Soldaten tragen ihre Bündel hinaus. Ein Soldat bringt
dem Schreiner eine Blechtasse mit Tee.*

CORDELIA *zu Soldat I:*

Wie weit seid ihr hergekommen?

SOLDAT I Schwer zu schätzen. Es is nie gradaus gegangen, und die Karten sind Mist. Ich bin aus der Stadt. Die Felder hier sind China für mich.

CORDELIA Wie lang habt ihr gebraucht?

SOLDAT I Das kann ich genau sagn. Wir sind beim ersten Licht los.

SCHREINER *schlürft Tee.*
Sie sind schon am Fluß.

SOLDAT I Ja, übern Fluß sin wir drüber. Mitm Seil – das warn Ding! Die richtige Brücke ham die Bauern angezündet. Kein Witz.

CORDELIA Wie klappt euer Proviant?

SOLDAT I Nix. Anfangs noch regelmäßig. Jetzt ist alles verbrannt. Wir sind durch sone Stadt gekommen. Dasselbe – abgebrannt. Von wegen Plündern. Hübscher Ort früher.

CORDELIA Warum kämpft ihr gegen uns?

SOLDAT I Ich hab mehr Schiß vor den Unsern als vor euch. Ich wär abgehaun, aber dann hätt ich ne Kugel hinten drin gehabt. Ich will euch nicht einseifn oder was. Ich bin doch praktisch einer von euch, wenn mans so nimmt. Wenn ich als Waldheini aufgewachsen wär, wär ich doch jetzt auch bei euerm Haufen, oder?

Cordelia und der Schreiner gehen von ihm weg.

SCHREINER Er könnte bei uns mitmachen.

CORDELIA Er ist ein Kind, er krabbelt weiter, wo man ihn hinsetzt. Es braucht ihn nur einer gefangenzunehmen, und er fängt an zu reden. Wenn man kämpfen will wie wir, muß man hassen, wir können keinem trauen, der nicht haßt. Sonst ist er unbrauchbar.

Zu dem Soldaten in der Hocke:
Wir sind soweit.

Der Soldat in der Hocke und Lewis führen den Soldaten I hinaus. Ein anderer Soldat geht für Lewis auf Wachposten.

SOLDAT I He, ziehn wir schon los?

Die drei gehen hinaus. Der Schreiner schaut nach dem verwundeten Soldaten.

SCHREINER Wo?

PETE Magen.

VERWUNDETER Schon gut, ihr könnt laut reden. Ich werde euch

nicht lästig fallen. Wir haben versprochen, wir wollten still sterben, wenn es geht. Nicht schreien oder betteln. Das macht die anderen nervös und hält sie auf...

CORDELIA Du mußt jetzt ausruhen, bevor wir –

VERWUNDETER Ja, ja. Ihr braucht mich nicht wie ein Kind zu behandeln, weil ich sterbe. Gebt mir einen Schluck Wasser.

PETE Nein.

VERWUNDETER Wegen dem Magen ist es gleich. Es tut mir gut in der Kehle.

Der Schreiner gibt ihm Wasser.

Ja. Macht euch jetzt fertig.

Sie lassen ihn allein und machen sich zum Aufbruch fertig.

CORDELIA *zum Wachtposten:*

Sag ihnen, sie sollen abrücken. Und wegbleiben von der Straße.

Der Wachtposten geht hinaus.

VERWUNDETER Wenn es dunkel ist, tu ich so, als käme mir meine Frau entgegen und ich könnte sie auf der Straße sehen. Ich nehme unsere Kleine Huckepack und sie zieht mich an den Haaren und ich sage au...

PETE Noch mal Tee?

SCHREINER Nein.

Pete gießt die Teekanne aus und packt sie ein.

VERWUNDETER Sie sieht einen Vogel und fragt mich, wie er heißt, und ich sage, ein Wasserläufer, aber ich weiß es selber nicht... Wer sagt es meiner Frau, wenn ich tot bin?

Draußen ein einzelner Schuß. Niemand reagiert.

Es ist dunkel, da sind die Sterne... schaut...

Lewis und der Soldat, der ihn begleitet hat, kommen zurück. Sie heben ihre Sachen auf.

CORDELIA Wenn wir an der Macht sind, wird so etwas nicht mehr nötig sein.

Alle bis auf den Verwundeten gehen hinaus.

VERWUNDETER Die Sterne... Schaut... Einer... Zwei... Drei...

Stille.

Vierte Szene

Hauptquartier.

Bodice schläft vornübergebeugt auf einem Schreibtisch. Auf dem Schreibtisch eine Landkarte, Papiere, Feder und Tinte, eine Handglocke. Neben dem Schreibtisch Bodices Strickkorb, vollgestopft mit Papieren. Draußen ein Klopfen. Bodice hört es und bewegt sich, setzt sich aber nicht auf. Draußen neuerliches Klopfen. Bodice setzt sich auf und schellt einmal mit der Glocke. Ein Adjutant kommt herein.

ADJUTANT Ihre Schwester ist jetzt da, Ma'm.

BODICE Wie spät ist es?

ADJUTANT Zwei.

BODICE Lassen Sie sie herein.

Der Adjutant läßt Fontanelle eintreten und geht hinaus.

FONTANELLE Dein Adjutant sagt, unsere Männer seien geflohen!

BODICE Sie hatten heute nachmittag eine Besprechung mit ihren Stabschefs. Die Armee glaubt, daß der König verloren ist.

FONTANELLE Unmöglich. Unsere Gegner sind Bauern.

BODICE Die Armee denkt –

FONTANELLE Sie kann nicht denken! Unsere Männer haben den Feldzug geführt, deswegen haben wir verloren. Aber jetzt, wo sie weg sind, werden wir siegen!

BODICE Du dummes Stück, hast du noch immer nichts gelernt? Ich habe ihnen eine Truppe nachschicken müssen, um sie zurückzuholen. Sie sind jetzt unten im Keller.

FONTANELLE Wozu?

BODICE Wozu? Wir brauchen ihre Armeen!

FONTANELLE Ach – die kämpfen für uns auch.

BODICE Die reißen für uns keiner Fliege ein Bein aus. Warum glaubst du habe ich mir diesen Ehemann solang gefallen lassen?

FONTANELLE Gefallen lassen?

BODICE Ach, verschone mich mit deiner Heuchelei. Du hast deinen schon einmal umbringen wollen. Ich weiß das von meinen Spionen, und die lügen nicht. Sie sind die einzige moralische Anstalt hierzulande.

FONTANELLE *zuckt die Achseln.*

Na, inzwischen läßt er mich kalt. Er hat endlich aufgehört, mich vollzusabbern, und ich schlafe, mit wem ich will.

BODICE Es muß allmählich schwierig werden, jemand zu finden.

FONTANELLE *nach einer Pause, mit kleiner Stimme:*
Schön, aber ich wecke sie nicht mitten in der Nacht auf, damit
sie mir die Wolle halten. Schläfst du deswegen allein?

BODICE Dann kämen sie wenigstens vorher zum Schlafen. Unterschreib das, bevor du gehst.

FONTANELLE Was ist es?

BODICE Verschiedene Urteile. Wir müssen das Land zusammen
regieren – aber von Büroarbeit verstehst du nichts, du brauchst
es gar nicht zu versuchen.

FONTANELLE Ich unterschreibe nur, was ich mit meinem Gewis-
sen vereinbaren kann.
Hebt ein Papier hoch.
Was ist das?

BODICE Vaters Todesurteil.

FONTANELLE Wo ist die Feder?

BODICE *während Fontanelle unterschreibt:*
Eine Reihe von alten Fragen darf nicht länger offenbleiben, das
wäre politisch riskant. Sie hätten längst erledigt werden müssen,
aber natürlich sind sie an uns hängengeblieben.

FONTANELLE Wo ist er?

BODICE Eine Gruppe von Gefangenen wird gerade ins Hauptquartier gebracht. Man hat die Gefängnisse räumen müssen. Die
Urteile werden bei ihrer Ankunft vollstreckt. Unterschreib die
übrigen.
*Ein Klopfsignal an der Tür. Bodice schellt einmal mit der Glok-
ke. Zwei Geheimpolizisten führen die Herzöge Cornwall und
North herein. Sie sind verhört worden, aber ohne sichtbare Spuren. Ihre Jacken, Gürtel und Schnürsenkel sind ihnen abge-
nommen worden. Sie stehen mit roten Köpfen da. Bodice steht
auf.*
Nein – seid still! Kein Wort! Erklärungen sind überflüssig.
Meine Spione haben über euch mehr erfahren, als ihr selber
wißt, und nichts davon hat mich überrascht.

FONTANELLE Laß sie verbrennen!

BODICE Schweig! Ihr kommt in Einzelzellen, bis wir euch für
einen öffentlichen Auftritt oder sonstwie benötigen.
North will etwas sagen.
Schweig! Außerhalb eurer Zellen werden euch meine Geheim-

polizisten ständig begleiten. Bei der kleinsten Aufsässigkeit werdet ihr sofort erschossen.

North will etwas sagen.

Wirst du schweigen! – Wir würden es als feindliches Attentat ausgeben.

FONTANELLE Laß sie verbrennen! Ich bin abergläubisch, sie bringen uns Unglück.

BODICE Führt sie in den Keller.

Die zwei Geheimpolizisten führen die Herzöge Cornwall und North hinaus.

FONTANELLE Und was hast du für Pläne für den Krieg?

BODICE *schellt einmal mit der Glocke.*

Du gehst jetzt besser schlafen. Sonst muß dein Chauffeur zu lang auf dich warten.

Fontanelle geht zur Tür und begegnet dem Adjutanten, der gerade hereinkommt.

FONTANELLE Major Pellet, lassen Sie sich von meiner Schwester nicht überanstrengen.

ADJUTANT Es gibt sehr viel zu tun, Ma'm.

FONTANELLE Wenn sie Sie schikaniert, sagen Sie es mir.

ADJUTANT Ma'm.

Fontanelle geht hinaus. Bodice gibt ihm die Urteile.

BODICE Geben Sie das dem zweiten Adjutanten. Morgen früh reicht.

ADJUTANT Jawohl. Ma'm.

Der Adjutant geht hinaus. Bodice betrachtet die Landkarte.

BODICE Krieg. Macht.

Draußen lacht Fontanelle kurz auf, dann der Adjutant ebenso.

Ich muß hier am Tisch sitzen, mit meiner Schwester zusammenarbeiten, neben meinem Mann dahergehen. Ich soll alles mögliche entscheiden, aber ich entscheide nichts. Meine Entscheidungen werden mir aufgezwungen. Ich ändere jedermanns Leben, und es geschieht sehr viel – es ist wie ein Berg, der sich vorwärtswälzt, aber nicht, weil ich es will. Ich fing an, die Mauer abzureißen, und mußte damit wieder aufhören – die Leute werden hier gebraucht.

Sie klopft mit den Fingerspitzen einer Hand auf die Landkarte.

Und jetzt muß ich sie dahin verlegen und dahin –

sie fährt mit dem Zeigefinger auf der Landkarte hin und her

– weil die Landkarte meine Zwangsjacke ist, und mir nichts anderes übrigbleibt. Ich bin in der Falle.

Draußen schlägt rasch eine Uhr. Stille. Sie denkt über ihr Leben nach, aber ungezielt, sie versucht zu begreifen, was mit ihr geschehen ist.

Ich haßte es, ein Mädchen zu sein, aber wenigstens war ich manchmal glücklich. Und mit dem Aufwachsen wurde es besser, ich konnte ich selbst sein – damals haben sie mich nicht erniedrigt. Ich war beinahe frei! Ich steckte voller Pläne, eines Tags würde ich mein eigener Herr sein! Jetzt habe ich die ganze Macht... und bin ein Sklave. Noch weniger!

Schellt einmal mit der Glocke.

Pellet! – Ich werde arbeiten. Ich werde bei jedem Fehler zuschlagen, den der Feind macht!

Schellt einmal mit der Glocke.

Der Krieg ist so voller Zufälle! Ich muß nur ein bißchen Glück haben.

Schellt zweimal mit der Glocke.

Pellet! Pellet!

Nimmt die Landkarte und geht auf die Tür zu.

Schlafen Sie?

Sie geht hinaus.

Fünfte Szene

Landstraße.

Gefangenenzug auf Transport. Lear und vier Gefangene am Hals aneinandergekettet und mit verbundenen Augen. Lear ist außerdem geknebelt. Sie werden von drei Soldaten (J, K und L) angeführt und bewacht. Alle sind müde und schmutzig. Außer Lear sprechen sie alle ängstlich und leise. In der Ferne anhaltendes schweres Artilleriefeuer.

SOLDAT J *schaut auf die Landkarte.*
Die Scheißkarte taugt auch nichts.

SOLDAT K *sieht sich um.*
Wir ham uns verlaufn.

SOLDAT J Halts Maul!
Zu den Gefangenen:
Hopp! Hopp!

1. GEFANGENER *leise:*
Ich kann nicht mehr.

2. GEFANGENER Lehn dich auf mich.

SOLDAT K Hopp.

3. GEFANGENER *zum 2. Gefangenen:*
Laß ihn. Er weiß, wenns ihm reicht.

SOLDAT L Hopp.

2. GEFANGENER Nein. Sie erschießen ihn.

SOLDAT K Wir sin im Kreis gelaufn.

SOLDAT J Halt!
Die Gefangenen bleiben sofort stehen.
Hinsetzn.
Sie setzen sich. Zu Soldat K:
Geh maln bißchen auf Spähtrupp. Du hastn gutn Ortssinn.
Soldat K geht hinaus. Die Gefangenen lassen einen Wasserkanister herumgehen. Sie nehmen die Augenbinden nicht ab.

4. GEFANGENER Ich bin dran.

SOLDAT J *geht in die Hocke und sucht auf der Landkarte.*
Muß vom Himalaya sein oder was.

2. GEFANGENER *gibt dem 1. Gefangenen zu trinken.*
Ich halt dirs.

SOLDAT L Ich hab gesagt Ruhe.

SOLDAT J Aus welcher Ecke kommtn das Feuer?

SOLDAT L Wechselt.

2. GEFANGENER Genug.

1. GEFANGENER Danke.

2. GEFANGENER Vielleicht kann ich sehen, wo wir sind. Stellt euch vor mich.

4. GEFANGENER Her jetzt.

Er bekommt den Wasserkanister. Er ist fast leer.

Säue! Er ist leer!

Trinkt.

3. GEFANGENER Laß was drin.

Nimmt ihm den Kanister weg.

SOLDAT L *bemerkt, wie sich der 2. Gefangene umsehen will.*

He, was hastn du vor!

SOLDAT J Wasn los?

2. GEFANGENER Nichts, nichts.

SOLDAT L Ich hab dich gucken sehen.

2. GEFANGENER Nein.

SOLDAT J Hat er geguckt?

SOLDAT L Ja! Nochn paar Muckn und du hastn Luftloch im Schädel. Ich hab den Feind praktisch am Arsch hängen, ich mach da nicht lang rum wegen dir, Kleiner.

Die zwei Soldaten schauen wieder in die Landkarte.

SOLDAT J *schaut nach draußen.*

Wo bleibtn der?

SOLDAT L Sag bloß, der is auf und davon. Solln wir abhaun?

SOLDAT J *deutet auf die Gefangenen.*

Und was is mit den Hübschen da?

SOLDAT L Dalassn. Umlegn.

SOLDAT J Wart nochn bißchen. Lieber n Befehl durchführn, solangs geht.

SOLDAT L *bösartig vor sich hin murrend:*

Ich führ den Kehricht da nicht mehr lang spaziern. Wo wir selber nicht sicher sin.

Ruft plötzlich nach Soldat K, leise und dringlich:

Billy?

Stille.

Er hört nicht. Was meinst du, is er getürmt?

SOLDAT J Billy, nein.

3. GEFANGENER *nimmt Lear den Knebel heraus und hält ihm den*

Kanister an den Mund.
Da, trink und sei still.
LEAR *trinkt einen Mundvoll.*
Mehr.
4. GEFANGENER Es ist aus.
LEAR Ich sehe nichts.
3. GEFANGENER Sie haben uns die Augen verbunden.
LEAR Wo sind wir?
SOLDAT L Witzbold. Wer hatn dem den Stöpsel rausgemacht?
LEAR *laut und mit innerer Ruhe:*
Warum zerren sie mich so herum? Warum vertun sie ihre Zeit mit
mir? Sie bräuchten mich nur loszulassen, und ich ginge ruhig da-
von. Wie könnte ich ihnen schaden? Sie sind jung, warum vertun
sie ihr Leben damit, daß sie einen alten Mann am Strick führen?
Das Kanonenfeuer wird lauter.
SOLDAT L Hör dir das an!
Ruft wie vorher:
Billy?
SOLDAT J Laß das.
SOLDAT L Ich geh mal nach ihm schaun.
SOLDAT J Denkste. Du bleibst.
LEAR Ich habe meinen Jungen verloren.
SOLDAT L *zu den Gefangenen:*
Ich warn euch nicht noch mal. Er soll still sein.
LEAR Es sind so viele Stimmen überall! Ich muß ihn finden. Ich
hatte einen furchtbaren Schmerz im Kopf, und er hat mich ge-
heilt, und jetzt muß ich ihm auch helfen. Er ist verloren. Er
braucht mich. Was werden sie ihm alles antun, wenn ich nicht da
bin und sie hindere? Junge! Junge! He!
SOLDAT L Schluß jetzt, still, verdammt!
LEAR *steht auf.*
Hier! Hier!
4. GEFANGENER Haltet ihn fest! Mein Hals!
SOLDAT J Der dreht verdammt durch!
4. GEFANGENER Gebt ihm einen Tritt!
SOLDAT L *rennt zu Lear und knebelt ihn.*
Ich hab gesagt Schluß, Opa. Jetzt red mit dir selber.
Er geht zurück zu Soldat J, der immer noch die Karte vor sich hat.
Nimm deine Knarre. Die ham lang genug gelebt.
SOLDAT J Laß sie nochn bißchen.

Er kniet sich vor die Karte.
Wir müssen da wo sein.
Pause. Lear stößt durch den Knebel hindurch Laute aus. Die Soldaten J und L heben langsam die Hände hoch – sie sehen aus wie Mohammedaner beim Beten. Soldat K kommt herein, die Hände überm Kopf. Sie bleiben eine kurze Weile schweigend so stehen. Der Schreiner, Lewis, Pete und andere aufständische Soldaten kommen herein. Sie bewegen sich rasch, leise und ange-spannt.
SCHREINER Sind sie das?
SOLDAT K Ja.
Lewis geht nach hinten als Wachposten. Ein aufständischer Sol-dat nimmt die Gewehre der Soldaten J und L an sich.
SCHREINER Hat jemand den Befehl?
SOLDAT J Hier.
SCHREINER Wo habt ihr hingewollt?
SOLDAT J Hauptquartier. Den Haufn dorthin verlegen.
SCHREINER Euer Hauptquartier war einmal.
4. GEFANGENER *nimmt die Augenbinde ab.*
Wir sind frei...
Die Gefangenen stehen unbeholfen da.
Können wir die Ketten abnehmen?
SCHREINER Nein. Erst wenn die politische Abteilung mit euch fertig ist.
Zeigt auf die Soldaten J, K und L:
Fesseln.
Den drei Soldaten werden die Hände auf den Rücken gebunden. Der Schreiner geht nach einer Seite, pfeift und winkt jemand her.
4. GEFANGENER Sie können mich losmachen. Ich bin ein politi-scher Gefangener. Auf Ihrer Seite. Nach der Neuordnung werde ich Einfluß haben. Ich kann dann für euch Soldaten ein gutes Wort einlegen. Ihr habt mir das Leben gerettet.
Dem Pfiff des Schreiners folgend, kommen Fontanelle und ein aufständischer Soldat herein. Fontanelle hat die Hände auf den Rücken gefesselt. Sie ist schmutzig und aufgelöst, ihre Kleider sind zerrissen.
SCHREINER Macht sie hinten an der Reihe fest.
PETE *bindet Fontanelle an der Gefangenenkette fest.*
Können sie die Augenbinden runtertun?
SCHREINER Meinetwegen.

Die Gefangenen nehmen die Augenbinden ab. Der 3. Gefangene löst die Binde von Lear.

LEAR Macht die Kette ab. Meine Hände sind weiß. Es ist kein Blut daran. Mein Hals ist wie altes Leder. Ihr hättet eure Mühe, mich jetzt aufzuhängen. Ich will nicht mehr leben, außer für den Jungen. Wer kümmert sich sonst um ihn?

FONTANELLE Fesselt mich nicht an ihn!

Weint vor Zorn.

Ach, wie ekelhaft . . .

LEAR Wer weint da?

Immer noch mit innerer Ruhe. Er erkennt sie nicht.

Hör auf, Kind. Bitte sei leise. Du bist eine Frau, du mußt das können. Manche sind freundlich, manche hören zu.

FONTANELLE Du dummer, dummer, gemeiner Idiot!

LEAR Du mußt nicht schreien. Da hört keiner zu. Hier schreien alle.

SCHREINER Wer ist das? Den kenn ich doch.

SOLDAT J Für mich sehn die alle gleich aus. Der da meint, er is König.

SCHREINER Jesus Christus sein wäre sicherer.

Draußen ein Pfiff.

LEWIS Es geht los.

Er pfeift zurück.

PETE Auf die Beine.

Die Gefangenen stehen auf.

FONTANELLE Führen Sie mich nicht so weg. Die Leute werden Steine nach mir werfen und mich anschreien. Sie hassen mich. Ich habe Angst. Ich werde ohnmächtig werden und kreischen. Ich bin niemals gedemütigt worden, ich weiß nicht, wie ich mich verhalten soll. Helfen Sie mir. Bitte.

LEAR Bitte sie um nichts. Geh mit uns. Sei fügsam und zerre nicht.

SCHREINER Paßt auf den Alten auf. Wo der ist, gibts Ärger.

LEAR Wir wollen ruhig und anständig laufen und meinen Jungen suchen. Er hat mir sehr geholfen. Er hat mir den Verstand gerettet, als ich wahnsinnig wurde. Und ich gebe zu, ich habe ihm einmal ein großes Unrecht getan, ein sehr großes Unrecht. Er hat es mir nie vorgeworfen. Ich muß jetzt freundlich zu ihm sein. Kommt jetzt, miteinander werden wir ihn finden.

Sie gehen nach der Seite hinaus, von wo die Gefangenen gekommen sind.

Sechste Szene

Lears Zelle.

Es ist dunkler als vorhin. Lear, Fontanelle und die Gefangenen aus dem Transport (außer dem 4. Gefangenen) sitzen am Boden. Eine nackte elektrische Glühbirne hängt von der Decke. Sie ist ausgeschaltet. Draußen plötzlich eine Gewehrsalve.

1. GEFANGENER *springt auf.*
Jetzt fangen sie wieder an!

2. GEFANGENER Nein. Sie haben letzte Woche gesagt, es wäre nur einmal. Um die schädlichen Elemente auszuschalten.
Versucht ruhig zu sprechen:
Wir dürfen uns nicht verrückt machen.
Der alte Kalfaktor kommt mit einem Kübel herein und stellt ihn hinten ab.

3. GEFANGENER Da, wir kriegen noch was zu fressen. Das schmeißen die nicht zum Fenster raus...

2. GEFANGENER *zum Kalfaktor:*
Was ist los?

KALFAKTOR Mir is nix aufgefalln.

1. GEFANGENER Wir haben schießen hören.

KALFAKTOR Schon möglich. Ich hör schon seit hundert Jahren nix mehr.

3. GEFANGENER Warum sind wir immer noch eingesperrt? Wir sollten schon längst draußen sein.

KALFAKTOR Keine Anweisungen, keine Papiere, keine Formulare, nix kommt durch – niemand kennt sich mehr aus.
Der alte Kalfaktor geht hinaus. Alle, außer Lear und dem 1. Gefangenen, essen und beobachten dabei hungrig die andern. Fontanelle ißt nur wenig. Lear bleibt am Boden sitzen. Er ist ruhig und abwesend.

2. GEFANGENER *drängelt sich an den Kübel.*
Langsam!
Der Geist des Totengräbersohnes kommt herein. Er ist weiß und dünn.

LEAR Wo bist du gewesen? Hast du Schmerzen?

GEIST Was? Ich weiß nicht. Mich friert so. Schau, wie mager ich bin. Schau meine Beine. Ich glaube, meine Brust ist innen leer.

Wo bist du gewesen?

LEAR Ein paar Männer haben uns auf einer Landstraße aus der Stadt geführt, und dann haben uns ein paar andere Männer aufgehalten und wieder zurückgebracht. Ich war einsam ohne dich und unruhig, aber ich wußte, ich finde dich.

Lear und der Geist lehnen sich mit den Rücken aneinander.

GEIST Erzähle mir, was du gesehen hast. Die Stadt ist wie ein Grab. Ich wollte dir nachlaufen, aber wie wir im Freien waren, ist der Wind so stark gewesen und hat mich zurückgeweht.

LEAR Es war soviel Himmel dort. Ich konnte kaum sehen. Ich schaute immer nach unten auf den Hügel und das Ufer, wo der Feind versteckt war. Aber es gibt dort bloß einen kleinen Streifen Erde und sonst den ganzen Himmel. Du bist jetzt wie mein Sohn. Ich wollte, ich wäre dein Vater gewesen. Ich hätte so gut für dich gesorgt.

Der Gefängniskommandant, der alte Kalfaktor und drei Soldaten (M, N und O) kommen herein. Die Soldaten tragen Gewehre.

KOMMANDANT Was soll der Eßkübel hier?

KALFAKTOR Sie kriegen ihr Essen immer um die Zeit. Das is ständige Vorschrift.

KOMMANDANT Sie alter Trottel.

Liest von einer Liste ab:

Evans.

3. GEFANGENER Ja.

KOMMANDANT M 413. Kommen Sie weg von da. L 37 Hewit.

2. GEFANGENER Ja.

KOMMANDANT H 257 Wellstone.

1. GEFANGENER Ja.

KOMMANDANT Rauskommen.

SOLDAT M Antreten marsch.

2. GEFANGENER Wir stehen auf der falschen Liste.

SOLDAT N Kannst du mir draußen erzählen.

3. GEFANGENER Wir sind Politische.

2. GEFANGENER Ich war auf eurer Seite. Ich bin nur deswegen hier.

KOMMANDANT Es hat sich alles aufgeklärt. Sie werden verlegt. Raus, zeigen Sie jetzt Haltung.

2. GEFANGENER Nein.

Die Soldaten M und N bringen den 2. Gefangenen im Lauf-

schritt hinaus. Er schreit unterwegs noch einmal »nein!«. Der Kommandant und Soldat O führen den 1. und 3. Gefangenen hinaus. Der alte Kalfaktor sammelt Essensstücke vom Boden auf und wirft sie in den Kübel. Lear geht zum Kübel und ißt.

KALFAKTOR Schmeißen ihren Dreck auch überall rum.

FONTANELLE Solang ich weiß, hat es Elend und Verwüstung und Leiden gegeben, wo du warst. Du lebst in deiner eigenen wahnsinnigen Welt, du hörst mich nicht. Du hast mein Leben zerstört, und ich kann es dir nicht einmal sagen. Ach Gott, wo finde ich Gerechtigkeit?

LEAR Viel haben sie nicht übriggelassen.

Draußen eine Gewehrsalve.

KALFAKTOR Mach das, lauf hin, bring das her, bring das weg. Fertig?

Er nimmt den Kübel.

Denen kannst du heute nicht mal richtig niesen. Wenn so was is, kommt der ganze Bau durcheinander.

Im Hinausgehen:

Schuftn. Schuftn. Schuftn.

Der alte Kalfaktor geht hinaus. Fontanelle geht zu Lear.

FONTANELLE Rede mit ihnen. Sag, du wüßtest etwas, was die Regierung unbedingt erfahren muß. Versprich ihnen etwas. Irgend etwas. Bring sie dazu, daß sie – verhandeln! – uns vor Gericht stellen! Vater, du mußt jetzt nachdenken!

LEAR Er hat den Kübel weggetragen. Ich kratze ihn sonst immer aus.

FONTANELLE Bodice kämpft noch. Sie wird sie schlagen, sie schlägt jeden. Hilf mir, Vater. Wenn Bodice uns rettet, werde ich für dich sorgen. Ich verstehe dich jetzt. Du kannst alles wiederhaben. Ich will es weiß Gott nicht mehr. Schau, ich helfe dir dabei. Denk nach, Vater. Versuch es. Rede mit ihnen, überzeuge sie – das kannst du doch so gut. Setz dich hin.

Sie streicht ihm das Haar aus dem Gesicht.

Wir dürfen einander nicht mehr anschreien. Ich liebe dich doch. Ich bin so ein dummes Frauenzimmer. Ja –

sie lacht

– dumm, dumm! Aber du verstehst mich. Was wirst du ihnen erzählen?

LEAR Der ganze Himmel.

FONTANELLE Erinnere dich! Erinnere dich!

LEAR Und ein kleines Stück Erde.

Der Schreiner, der Kommandant, der alte Kalfaktor, der 4. Gefangene und die Soldaten M, N und O kommen herein. Der 4. Gefangene trägt einen zerknitterten dunkelblauen Anzug mit Nadelstreifen.

KOMMANDANT *zu den Soldaten, in die Zelle deutend:*
Hier freihalten für die Familie.

FONTANELLE Stellen Sie uns vor Gericht?

SCHREINER Das Verfahren Ihres Vaters läuft noch. Das Ihre ist abgeschlossen.

FONTANELLE *ruhiger:*
Eine Berufung müßte ich an Sie richten?

SCHREINER Ja.

FONTANELLE Meine Schwester wird Sie bestrafen, wenn Sie uns etwas tun!

SCHREINER Wir haben sie. Sie wird hierhergebracht.

Draußen eine Gewehrsalve.

FONTANELLE *wieder unruhig:*
Lassen Sie mich Gift schlucken. Für Sie ist es gleich, wie ich sterbe, wenn ich nur aus dem Weg bin. Warum müssen Sie mir weh tun?

SCHREINER *schüttelt den Kopf.*
Nein. Ich kann mich nicht lange aufhalten und muß es vorher erledigen. Ich muß die Leiche identifizieren.

Soldat N erschießt Fontanelle von hinten. Sie ist sofort tot.

KOMMANDANT Wollen Sie im Büro auf mich warten? Es ist wärmer dort.

SCHREINER Danke.

Der Kommandant und der Schreiner gehen erschöpft hinaus. Der Soldat M und N folgen ihnen. Lear, der Geist, der 4. Gefangene und Soldat O bleiben zurück. Soldat O hilft dem 4. Gefangenen einen Tisch auf Holzböcke stellen.

4. GEFANGENER Das hierherholen.

Soldat O hilft dem 4. Gefangenen die Leiche von Fontanelle auf den Tisch legen. Sie bewegen sich leise und zweckmäßig. Der 4. Gefangene schaltet die Glühbirne über dem Tisch ein. Er hat seine weißen Manschetten über die Jackettärmel geschlagen. Der Geist krümmt sich weg. Lear starrt den 4. Gefangenen an. Er steht langsam auf. Er merkt allmählich, wo er ist.

GEIST Es fängt an.

LEAR Was?

GEIST Schnell, Lear! Ich nehme dich mit. Wir gehen dorthin, wo ich verloren war.

LEAR Nein. Ich bin so oft davongelaufen, aber mein Leben ist trotzdem zerstört. Jetzt bleibe ich.
Er starrt den 4. Gefangenen an.

4. GEFANGENER *sachlich:*
Ich bin der Gefängnisarzt. Wir kennen uns aus unseligeren Tagen. Ich sprach damals von meinem guten Ansehen bei der Regierung. Meine Papiere haben das bestätigt. Ich warte nur noch auf einige weitere Unterlagen, um dann mit einer Stellung von weit größerer Wichtigkeit betreut zu werden. Wir können anfangen.

LEAR Was sollen Sie tun?

4. GEFANGENER Eine kleine Autopsie. Keine große. Wir kennen ja die Todesursache. Aber ich halte mich auch bei solchen Routinearbeiten an die Vorschriften. Man könnte sonst zögern, mir größere Aufgaben anzuvertrauen. Meine Unterlagen werden mir viele neue Aussichten eröffnen.

LEAR Wer war sie?

4. GEFANGENER Ihre Tochter.

LEAR Hatte ich eine Tochter?

4. GEFANGENER Ja, das steht auf ihrer Begleitkarte. Dies ist ihr Magen und darunter die Leber. Ich mache nur ein paar Einschnitte, um die Behörden zufriedenzustellen.

LEAR Ist das meine Tochter...?
Zeigt.
Das ist...?

4. GEFANGENER Der Magen.

LEAR *zeigt.*
Das?

4. GEFANGENER Die Lungen. Sie sehen, wie sie starb. Die Geschoßbahn verläuft durch die Lungen der Verstorbenen.

LEAR Aber wo ist das... Sie war grausam und zornig und hart...

4. GEFANGENER *zeigt.*
Der Schoß.

LEAR So viel Blut und kleine Teile mit dieser ganzen Sorgfalt eingepackt. Wo ist das... wo...?

4. GEFANGENER Wie war die Frage?

LEAR Wo ist das wilde Tier? Das Blut steht still wie ein See.

Wo...? Wo...?

4. GEFANGENER *zu Soldat O.*
Was fragt der Mensch?
Keine Antwort.

LEAR Innen schläft sie wie ein Löwe und ein Lamm und ein Kind. Die Sachen sehen so schön aus. Ich staune. Ich habe so etwas Schönes noch nie gesehen. Wenn ich gewußt hätte, wie schön sie ist... Ihren Leib hat eine Kinderhand gemacht, so sicher und nichts Unreines an ihm... Wenn ich gewußt hätte von dieser Schönheit und Geduld und Sorgfalt, ich hätte sie sehr geliebt. *Der Geist fängt an zu weinen, aber bleibt dabei vollkommen still.* Habe ich das gemacht – und dann vernichtet?

Bodice wird von den Soldaten M und N hereingeführt. Sie ist schmutzig und aufgelöst, aber hat sich notdürftig gesäubert und gekämmt. Sie versucht, eifrig und überlegen zu sprechen.

BODICE Hier herein? Ja. Danke. Ist mein Brief der Regierung zu-gegangen?

SOLDAT M Hier warten.

BODICE Ja. Danke. Ich muß mit einer verantwortlichen Stelle sprechen. Damit ich meinen Brief erläutern kann, verstehen Sie. *Sieht Lear.*
Ah ja, sie haben uns zusammengelegt. Das muß eine versöhn-liche Geste sein. Jetzt weiß ich, daß alles seine Ordnung haben wird!

4. GEFANGENER Geben Sie mir meine Formulare.
Soldat O reicht ihm einige Formulare.

BODICE *aufgeräumt und mit geheucheltem Interesse:*
Was tun Sie da?

LEAR Das ist deine Schwester.

BODICE Nein!

LEAR Ich habe sie vernichtet.

BODICE Vernichtet? Nein, nein! Wir bekennen nichts. Wir haben nach bestem Wissen gehandelt. Getan, was nötig war.

LEAR Ich habe sie vernichtet! Ich wußte nichts, ich sah nichts, ich lernte nichts! Idiot! Idiot! Dümmer als ich wußte!
Er taucht seine Hände in den Körper von Fontanelle und zieht Organe und Eingeweide heraus. Die Soldaten reagieren unbe-holfen und planlos.
Seht meine tote Tochter!

BODICE Nein, nein!

LEAR Seht! Ich habe sie getötet. Ihr Blut ist an meinen Händen! Zerstörer! Mörder! Und jetzt muß ich von vorn anfangen. Ich muß durch mein Leben gehen, Schritt für Schritt, ich muß weitergehen in Erschöpfung und Bitterkeit, ich muß ein Kind werden, hungrig und nackt und erschauernd in Blut, ich muß meine Augen öffnen und sehen!

Der Kommandant rennt herein, er zeigt auf die Soldaten und schreit sie an.

KOMMANDANT Sie! – Sie! – Was ist hier los! Schaffen Sie Ordnung!

4. GEFANGENER Ich wollte sie hindern – Saboteure! – Ich hoffe, meine Eingabe wird dadurch nicht –

Der Schreiner kommt herein.

BODICE Gottlob! Endlich! Ich habe an Ihre Frau geschrieben. Sie hat Sie also zu mir geschickt. Sie nimmt mein Angebot zur Zusammenarbeit an. Ich war gegen die Kämpfe. Ich kann Ihnen die Stenogramme vorlegen. Mein Vater ist wahnsinnig, das sehen Sie – und meine Schwester hat ihn so weit getrieben!

SCHREINER Die Regierung hat in Ihrem Fall keine mildernden Umstände festgestellt.

BODICE Ja – aber Sie wissen noch längst nicht alles. Sie müssen sich mit den Tatsachen vertraut machen. Nein, ich erwarte nicht, daß Sie mich einfach laufenlassen. Ich bin der Beihilfe schuldig. Ich habe unüberlegt gehandelt. Ich lasse das gelten. Eine Gefängnisstrafe muß jetzt sein. Ich lasse das voll und ganz gelten.

SCHREINER Sie sind zum Tod verurteilt worden.

BODICE Nein! Sie haben nicht das Recht! Ich füge mich nicht Ihrem – Ausschuß! Ich habe Anspruch auf ein gerichtliches Urteil! Ach, ihr seid grausam, sobald ihr ein wenig Macht habt – wenn man so mächtig ist wie ich bisher, bettelt man die Leute, Gnade anzunehmen, damit Gott einen nicht verurteilt!

Fällt nieder.

Bitte. Bitte. Bitte.

SCHREINER Macht schnell.

Soldat N tritt mit einer Pistole hinter Bodice. Sie sieht ihn und wehrt sich wütend. Die Soldaten M und O springen bei, aber können nicht sicher zielen. Soldat O steckt ein Bajonett auf. Bodice beißt den Soldaten M.

SOLDAT M Miststück!

Soldat M wirft sie wieder zu Boden. Sie windet sich weg und schreit.

Halt sie fest!
Soldat N tritt sie. Die Soldaten M und N nageln sie mit den Stiefeln am Boden fest. Sie windet sich und schreit.
Festhalten! Festhalten!
Soldat O sticht dreimal mit dem Bajonett auf sie ein. Kleine Pause. Sie windet sich. Er sticht noch einmal zu. Sie krümmt sich und stirbt.
SCHREINER Danke. Tut mir leid. Ihr habt Haltung bewiesen.
SOLDAT O ... Schöner Salat.
KOMMANDANT *zu den Soldaten:*
Räumt auf, Jungs.
Der Schreiner will gehen. Der Kommandant hält ihn auf.
Während der Kommandant mit dem Schreiner spricht, tragen die Soldaten Fontanelle, Bodice und den Tisch weg und schalten das Licht aus.
Will den Schreiner zum Nachdenken zwingen.
Wir sollten reinen Tisch machen. Der alte Mann ist noch da.
SCHREINER Sie wissen, ich kann das nicht. Meine Frau ist dagegen. Sie kennt ihn von früher.
KOMMANDANT Ich habe den Gefängnisarzt gesprochen. Sehr zuverlässiger Mann, Sir.
Er winkt den 4. Gefangenen her.
Wegen dem Alten.
4. GEFANGENER Wenn er am Leben bleiben soll –
SCHREINER Das habe ich schon erklärt –
4. GEFANGENER Ich bin im Bild, Sir. Dann könnte er politisch ausgeschaltet werden.
SCHREINER Was heißt das?
4. GEFANGENER Wahnsinnige versehren sich oft selbst.
SCHREINER Aber nicht töten. Das ist zu durchsichtig.
4. GEFANGENER Nur versehrt.
SCHREINER Na ja, im Krieg kann viel passieren.
KOMMANDANT Gut.
Der Kommandant und der Schreiner gehen hinaus.
4. GEFANGENER Damit könnte ich mich auszeichnen.
Der 4. Gefangene geht nach hinten ins Dunkle.
SOLDAT M Sie hat mich gebissn. Was hilftn gegen Schlangengift?
SOLDAT N *schaut sich die Wunde an.*
Ich täts ausbrennen.
SOLDAT O Das is bloß ne Portion Tollwut.

Der 4. Gefangene kommt mit einer Menge von Geräten nach vorn. Der Geist steht auf und schaut ihm stumm zu. Lear steht unbeweglich. Er ist ganz in sich versunken.

4. GEFANGENER Also.

Er geht zu Lear.

Guten Morgen. Zeit für Ihre Ausfahrt. In den Mantel mit Ihnen.

Lear wird in eine Zwangsjacke gesteckt. Er hilft nicht beim Anziehen.

Kreuzen Sie die Arme und halten Sie Ihre Insignien fest. Jetzt die Knöpfe. Dieser scheußliche Wind geht durch alle Ritzen. Sie waren zu lang im Haus, die frische Luft ist Ihnen unzuträglich.

Lear wird auf einen Stuhl gesetzt.

Setzen Sie sich bequem.

Seine Beine werden an den Stuhlbeinen festgeschnallt.

Und jetzt noch Ihre Krone.

Ein quadratischer Holzrahmen wird über seinen Kopf und sein Gesicht heruntergelassen. Der 4. Gefangene tritt zurück. Lear spricht.

LEAR Sie haben mich wieder zu einem König gemacht!

4. GEFANGENER *nimmt ein Instrument zur Hand.*

Dies ist ein Gerät, das ich an Hunden entwickelt habe und das zur Entfernung menschlicher Augen dient.

LEAR Nein, nein. Sie dürfen mir nichts an den Augen tun. Ich muß meine Augen haben!

4. GEFANGENER Mit diesem Instrument kann das Auge unbeschädigt entnommen und dann weiterverwendet werden. Es beruht auf einem Suchgerät, das ich als Junge hatte.

SOLDAT N Machen Sie schon. Es ist spät.

4. GEFANGENER Sie verstehen, daß dies kein Folterwerkzeug ist, sondern ein wissenschaftliches Gerät. Sehen Sie, wie es das Lid zurückschiebt, damit keine Narbe bleibt.

LEAR Nein – nein!

4. GEFANGENER Schön ruhig.

Er entfernt Lears eines Auge.

LEAR Aahh!

4. GEFANGENER Beachten Sie, wie das Auge in die tiefere Kammer gleitet und dort von einer lindernden Formaldehydlösung aufgenommen wird. Noch mal bitte.

Er entfernt Lears anderes Auge.

LEAR Aaahhh!

4. GEFANGENER *betrachtet die Augen im Glasbehälter.*
Wunderbar.

LEAR *im Stuhl hin- und herzuckend:*
Aaahhh! Die Sonne! Sie brennt mir in die Augen!

4. GEFANGENER *besprüht mit einer Spraydose Lears Augenhöhlen.*
Das Mittel begünstigt die Schorfbildung und hält Fliegen fern.
Zu den Soldaten:
Wischen Sie hier auf mit Eimer und Lappen.

Der 4. Gefangene will hinausgehen.

LEAR Aaahhh! Es tut weh!

4. GEFANGENER Halten Sie sich ruhig. Es wird davon nur schlimmer.

Der 4. Gefangene geht hinaus.

SOLDAT M Komm, wir gehn und sperrn die Tür zu.

SOLDAT N Der macht uns noch den ganzn Bau wild.

SOLDAT O Das fehlt noch.

Die drei Soldaten gehen hinaus. Lear und der Geist bleiben zurück.

LEAR Aaaahhh! Das Dröhnen in meinem Kopf! Ich sehe Blut.
Spuckt.
Ich habe Blut im Mund.
Zuckt im Stuhl.
Meine Hände – macht mir die Hände los, daß ich mich umbringen kann.

GEIST Lear.

LEAR Wer ist da! Was willst du? Die Augen kannst du mir nicht mehr nehmen, aber nimm alles sonst! Töte mich! Töte mich!

GEIST Nein – die Leute werden jetzt zu dir freundlich sein. Sicher hast du genug gelitten.

LEAR Du.
Der Geist beginnt Lear loszumachen.
Sag mir, daß die Schmerzen bald aufhören. Die Schmerzen müssen aufhören! Oh, aufhören, aufhören, aufhören!

GEIST Sie werden aufhören. Sie kommen vielleicht manchmal wieder, aber du wirst lernen, wie du sie aushältst. Ich kann bei dir bleiben, jetzt wo du mich brauchst.

LEAR Wisch mir den Mund. Er ist blutig. Ich schlucke Blut.

GEIST Steh auf. Bitte.
Lear taumelt auf die Füße.
Gehe, als könntest du sehen. Versuch es. Wir gehen in mein

Haus zurück. Da ist es ruhig, da lassen sie dich endlich in Frieden.

LEAR *taumelt vorwärts.*

Führ mich weg! Die Schmerzen müssen aufhören! Ah!

Taumelt hinaus.

Führ mich wohin zum Sterben!

Lear taumelt mit dem Geist hinaus.

Siebte Szene*

In der Nähe der Mauer. Offenes Feld.

Ein Bauer, seine Frau und sein Sohn kommen eilig herein und überqueren hinten die Bühne. Sie tragen Bündel.

SOHN Kommt doch. Swerd speet.

BAUERSFRAU Tu nicht quengeln. Geh nur, mir kommen ja.

Lear taumelt vorn mit dem Geist herein. Lear hat jetzt einen Stock.

LEAR Wo sind wir, wo sind wir? Der Wind sticht mir in die Augen. Sie sind voller Staub.

GEIST Wir sind gleich bei der Mauer. Wenn wir oben sind, geht sichs leichter. Halt. Da sind Leute. Sollen wir uns im Gebüsch verstecken?

LEAR Nein. Ich muß betteln.

Lear zieht eine Schüssel heraus und bettelt.

Eine milde Gabe! Ich bin kein Verbrecher, ich bin nicht von einem Richter geblendet. Eine milde Gabe!

Der Bauer, seine Frau und sein Sohn kommen nach vorn zu Lear.

BAUER Grüß dich, Vadder.

Er schaut auf die Schüssel. Der Sohn winkt ab.

Mir ham nix zu fuddern für dich. Mir sin arme Vertriebne vom Land. Das is mei Frau und mei Großer.

LEAR Kann ich mich bei euch zu Hause ausruhen? Ich bin sehr müde.

BAUER Das könntens schon, gern sogar, aber das Haus is weg. Nämlich wie der alde König verrückt worden ist, hams mit der Mauer aufgehört, und da sin haufenweis die Leut herzogen. Der alde König hat doch wegen seiner Mauer vorher alle vertribn gehabt. Lauder fedder Boden. Da ham mir ein Pflug gnommen und uns Häuser baut.

BAUERSFRAU Und jetzt bauns wieder weider an der Mauer, weil die Regierung anders worden is.

BAUER Und da ham uns die Kamradn wieder von unserm Land vertribn. Jetzt gehn alle ins Arbeitslager und baun bei der

---

* Die vom Übersetzer gewählte Dialektfärbung soll die Szene nicht regional festlegen. Sie kann je nach Herkunft der Schauspieler abgeändert werden.

Mauer mit. Mir müssen schnell machen, weil sonst kein Platz mehr is.

BAUERSFRAU Die Weiberleut genauso.

BAUER Und unser Großer geht zu die Soldatn.

BAUERSFRAU Bei uns is aus mitm Vollfuddern und Ausstaffiern.

LEAR Aber in der Armee wird er umgebracht.

BAUER Mir müssn hoffn, daß ihm nix passiert.

SOHN Swerd speet. Mir ham kei Zeit zum Ratschn. Kommt doch.
Der Sohn geht hinaus.

BAUERSFRAU Mir laufn ja schon, Großer.
Der Bauer und seine Frau gehen hinter dem Sohn hinaus.

LEAR Ich könnte Blindsein mit Geduld ertragen lernen, aber das könnte ich nie ertragen!
Ruft:
Kinder! Ah!
Lear fällt auf die Knie.

BAUERSFRAU *draußen:*
Der arme Mann is hingeschlagn.
Der Bauer, seine Frau und sein Sohn kommen eilig herein.

LEAR Ich bin der König! Ich knie vor dieser Mauer. Wie viele Leben habe ich hier ausgelöscht? Geht weg. Geht irgendwohin. Geht weit weg. Rennt. Ich rühre mich nicht, bevor ihr nicht geht!

BAUERSFRAU StehnS doch auf, Herr.

LEAR Ich habe eure Stimmen gehört. Ich habe nie einen Armen gesehen! Ihr nehmt zuviel Mitleid aus mir, wenn kein Mitleid mehr da ist, werde ich sterben an dieser Traurigkeit.

SOHN Der Alde is ein rechter Großredner.

LEAR Sie geben euch Essen und Kleider – seid ihr deswegen blind? Alles was lebt, will in Sicherheit sein. Ein Wolf, ein Fuchs, ein Pferd – die würden davonrennen, die sind vernünftig. Warum lauft ihr eurem Schlächter in die Arme? Warum?

SOHN Ich wart auf euch im Lager.
Der Bauernsohn geht hinaus.

BAUERSFRAU Das is nicht recht, daß ma den so allein rumlaufn läßt, Vadder.

BAUER Das arme Luder. Aber wennstn mitnimmst, dann schlagns ihn und tun ihn in Keddn. Laßn gehn, der is im Freien daheim. Laßn sei Kreuz in Friedn weidertragn.
Der Bauer und die Bauersfrau gehen hinaus.

286

LEAR *taumelt auf.*

Die Menschen vernichten einander und nennen das Pflicht? Das ist nicht möglich! Warum lassen sie sich so täuschen? Cordelia weiß nicht, was sie tut. Ich muß es ihr sagen – ihr schreiben!

GEIST Nein, nein, nein! Sie hören niemals zu!

LEAR Ich kann nicht schweigen! Ah, meine Augen! Vom Weinen sind mir die Wunden aufgegangen! Es kommt wieder Blut! Schnell, schnell, hilf mir! Meine Augen, meine Augen! Ich muß Cordelia aufhalten, bevor ich sterbe!

Lear taumelt am Arm des Geistes hinaus.

Pause.

Dritter Akt

Erste Szene

Haus des Totengräbersohns.

Baufälliger geworden, aber offensichtlich bewohnt. Die Bühne bleibt einen Augenblick leer. Thomas und John kommen herein.

THOMAS *ruft:*
Wir sind wieder da!
Er streckt sich und gähnt zufrieden.
Ich bin erledigt.
John holt einen Eimer Wasser aus dem Brunnen und wäscht sich. Susan kommt mit Lear vor die Tür. Thomas umarmt sie.

SUSAN War viel zu tun?

LEAR Keine Nachricht im Dorf?

THOMAS Nein.

LEAR Gar nichts?
Thomas führt Lear gegen eine Sitzbank hin.
Cordelia hätte mir auf den letzten Brief antworten müssen. Er war nachdrücklicher als die andern. Ich dachte, darauf müßte sie antworten –

THOMAS *beruhigend:*
Ich weiß, ich weiß.

JOHN Ich esse heute abend im Dorf bei meiner Freundin.

SUSAN *leicht verärgert:*
Das hättest du auch früher sagen können.
Zu Thomas:
Es ist gleich fertig.

THOMAS Ich bin halb am Verhungern!
Susan geht mit Thomas ins Haus. John schüttet sein Waschwasser weg. Ein Kleiner Mann kommt herein. Er ist schmutzig, verängstigt und zerlumpt.

MANN Ich such – jemand. Kann ich Wasser kriegen?
John deutet mit dem Kopf auf einen Krug beim Brunnen. Der Kleine Mann trinkt geräuschvoll.

JOHN Sie sind von der Straße abgegangen.

MANN *zu Lear:*

Ah, Sir. Sie hab ich gesucht, Sir. Es hat geheißen –
verstummt.
Sie haben mich als Soldat gekannt, Sir. Ein kleiner Dunkler.
Schwarze Haare.
LEAR Wie heißen Sie.
MANN Ach so. McFearson.
JOHN Wo haben Sie sich so zugerichtet?
*Thomas kommt aus dem Haus. Er legt Lear die Hand auf die
Schulter.*
MANN Auf der Landstraße. Deswegen hab ich auch Hunger.
LEAR Ja, ich glaube, ich weiß Sie noch. Wenn Sie hungrig sind,
müssen Sie zum Abendessen bleiben.
MANN Danke schön, danke.
LEAR Gebt ihm Johns Essen. Er geht ins Dorf. Führ ihn ins Haus.
*Thomas führt den Kleinen Mann ins Haus. Er wendet sich in der
Tür um.*
THOMAS *zu Lear:*
Er kann nicht bleiben. Schon weil nicht genug zum Essen da ist.
LEAR Ich werds ihm sagen.
*Thomas geht ins Haus. Der Geist ist hereingekommen. Er sieht
dünner und abgezehrter aus.*
GEIST Weißt du, wer er ist?
LEAR Ein Soldat.
John dreht sich um und beobachtet Lear.
GEIST Stimmt, ein Deserteur. Wahrscheinlich hat sich der Idiot
überall gezeigt, ist bei Tageslicht marschiert und hat alle nach dir
gefragt. Sie werden ihn bald bis hierher verfolgt haben. Schick
sie alle weg! Dann sind wir sicher.
Der Kleine Mann kommt aus dem Haus.
MANN Ich hab der Hausfrau nicht im Weg stehn wollen. Es ist
schön von Ihnen, daß Sie mir erlauben –
verstummt.
Ich habe gedacht, wegen früher ... Im Regiment hat es immer
von Ihnen geheißen, einen Bessern wie Sie gibts nicht.
JOHN *zieht sich die Jacke an.*
Ich geh dann.
*John geht hinaus, und der Kleine Mann setzt sich sofort auf die
Bank.*
MANN War ne schöne Zeit, eigentlich.
Lacht.

Nur merkt mans nicht, solangs dauert. Schön hier, schönes Haus. Sie habens sehr gut hier – im Verhältnis.

LEAR Ja.

MANN Ziemlich unter Druck, das geb ich zu. Nicht viele, wenn alles gemacht werden soll. Doch bloß die zwei Männer und die Frau, oder?

Keine Antwort.

Und bis Sie versorgt sind, braucht auch seine Zeit. Und versorgt werden müssen Sie ja. Das haben Sie verdient. Doch. Ich war Bursche – soviel werden Sie noch wissen.

LEAR Entschuldigung. Ich dachte an etwas anderes. Ich habe an Cordelia geschrieben, aber sie antwortet nicht. Ja, wir sind nur zu viert. Das Haus stand leer, als sie einzogen, und sie haben mich versorgt, seit ich wieder zurück bin. Ich glaubte, ich würde sterben, aber sie haben mich gerettet. Aber erzählen Sie mir etwas über Ihr Leben. Ich hätte gern gewußt, wie Sie leben und was Sie getan haben.

MANN Ach nichts. Das könnte ein hohes Tier wie Sie nicht interessieren. Nicht der Rede wert.

LEAR Aber Sie haben doch in großen Kriegen mitgekämpft und mitgeholfen bei großen Veränderungen in der Welt.

MANN Wie?

Thomas kommt aus dem Haus, und der Kleine Mann springt auf.

Ah, war das Ihr Platz?

THOMAS Wo kommen Sie her?

MANN Na ja, meine Frau ist mir gestorben, und ich bin ganz allein dagestanden. Da habe ich mir gesagt – geh auf Reisen! Schau dir die Welt an, solang sie noch steht. Jede Nacht ein anderes Bett, jeden Tag ein neues Leben –

THOMAS Und wer hat Sie so zugerichtet?

MANN Na ja.

Setzt sich.

Also gut, warum soll ichs Ihnen nicht sagen. Ich wollte eigentlich nicht – die Wahrheit regt die Leute nur auf. Aber Sie kennen sich ja aus in der Welt. Sie haben mich zusammengehauen. Richtige Schlägertypen, die würden die eigenen Kinder einem Wachhund vorwerfen, nur daß er nicht bellt –

THOMAS Er lügt –

MANN Ich nehms auf Eid – so wahr ich dasteh –

THOMAS Sie lügen!

LEAR Natürlich lügt er! Merkst du das jetzt erst?

THOMAS Wer weiß, wer ihn geschickt hat! Er kann gefährlich sein!

MANN Nein, nein, das stimmt nicht. Gefährlich!

Halbes Lachen.

Ich könnt keiner Fliege was tun.

THOMAS Wer sind Sie dann? Reden Sie!

MANN Nein! Ich hab ihn gesucht, nicht Sie!

THOMAS Wer sind Sie?

MANN Niemand! Von der Mauer bin ich natürlich. Sind Sie denn blöd? Ich bin weggelaufen! Ich habe die Arbeit nicht geschafft. Man sieht mir doch an, daß ich krank bin. Ich spuck Blut. Und da haben sie mich in eine Strafabteilung versetzt. Und dann der Schwarzmarkt... aber wenn du nicht arbeiten kannst, kriegst du nichts zu fressen. Da bin ich abgehauen. Ich hab nicht mehr gewußt, was ich tu. Ich muß durchgedreht sein. Jetzt ist es zu spät.

THOMAS Und warum gerade hierher?

MANN Ich hab mich in den Bäumen versteckt, aber die waren überall. – Warum das? Im Lager haben alle Angst, da spricht sich viel rum. Deswegen haben wir von Ihnen gehört.

SUSAN *draußen:*

Es ist fertig.

MANN Wie ich hier war, hab ich mir gesagt, du mußt alles abstreiten, irgendwas erzählen, und was ist, wenn sie dich melden? Ach verdammt, ich hab nicht mehr gewußt, was ich machen soll. Deswegen hab ich gesagt, Sie kennen mich. Weil Sie doch blind sind, dachte ich –

LEAR Was haben sie im Lager gesagt?

MANN Daß Sie die Armee auflösen wollen und die Mauer sprengen und die Lager zumachen und die Gefangenen heimschicken. Wenn einer ausreißt, helfen Sie ihm mit Geld weiter.

THOMAS Stimmt das?

MANN Und an der Mauer wär ich draufgegangen.

John kommt herein.

JOHN Es kommen Soldaten den Hügel rauf.

LEAR Bringt ihn in den Wald.

THOMAS Lear! –

LEAR Nein! Das kannst du mir später sagen. Versteckt ihn. Sagt Susan Bescheid. Er ist nicht hiergewesen.

Der Kleine Mann wimmert. Thomas geht schnell mit ihm ins

Haus.

Setz dich.

John und Lear setzen sich. Pause. Er spricht weiter, um die Stille auszufüllen.

Jetzt wartet deine Freundin im Dorf.

JOHN Ja. Ich komme schon wieder zu spät. Immer kommt was dazwischen, und sie regt sich dann auf...

LEAR Willst du sie heiraten?

JOHN *horcht.*

Sie kommen.

LEAR Hast du sie schon gefragt? Vielleicht nimmt sie dich gar nicht.

JOHN Nein, noch nicht.

Ein Offizier und drei Soldaten (P, Q und R) kommen herein.

Es sind ein paar Soldaten da, Lear.

LEAR *nickt.*

Brauchen Sie etwas? Wasser oder Essen?

OFFIZIER Wer ist sonst noch hier?

LEAR Eine Frau im Haus und noch ein Mann irgendwo.

OFFIZIER Wer noch?

LEAR Niemand.

OFFIZIER *zu den Soldaten:*

Seht euch um.

Die Soldaten P und Q gehen ins Haus. Zu John:

Haben Sie jemand gesehen?

LEAR Er war arbeiten, er ist gerade zurück.

SOLDAT R *will losgehen.*

Den Wald durchkämmen, Sir?

OFFIZIER *verärgert:*

Da findet ihr ihn nie.

Susan kommt aus dem Haus und bleibt still stehen.

Zu Lear:

Ein Mann hat sich im Dorf nach Ihnen erkundigt. Ein kleiner Dunkler.

LEAR Wenn sie ihm gesagt haben, wo ich bin, wird er schon auftauchen. Ich benachrichtige Sie dann.

Die Soldaten P und Q kommen aus dem Haus.

SOLDAT P *schüttelt den Kopf.*

Fehlanzeige.

OFFIZIER *zu Lear:*

Also gut. Das Haus steht ab jetzt unter Beobachtung.
Der Offizier und die drei Soldaten gehen weg.
JOHN Sie sind fort.
LEAR Begleite sie hinunter.
John geht hinaus. Susan geht nach hinten und ruft.
SUSAN Tom!
Zu Lear:
Sie können uns nichts anhaben. Wir können nichts dafür, daß er
gekommen ist. Ich gebe ihm etwas zu essen mit. Wenn sie ihn
erwischen, kann er sagen, er hat es gestohlen.
Thomas kommt herein. Susan geht zu ihm.
THOMAS Was war? Was haben sie gesagt?
LEAR Ich weiß nicht. Ich habe nicht zugehört. Es waren einfache
Soldaten. Kein Dienstgrad.
THOMAS Er muß schleunigst aus dem Haus. Wenn er hier erwischt
wird, sind wir geliefert.
*Ben, der junge Kalfaktor, kommt herein. Er ist schmutzig, auf-
gelöst, zerlumpt und außer Atem. Sie starren ihn an.*
BEN Es warn Soldaten auf der Straße. Ich hab das letzte Stück
robbn müssn.
Der Kleine Mann kommt herein und schaut zu.
Geht zu Lear.
Ich hab Sie in der Zelle versorgt, Sir. Sie ham mich an die Mauer
geschickt, weil ich im Bau Rauch verhökert hab.
LEAR Ja. Sie haben mir im Gefängnis zu essen gegeben. Sie können
bleiben.
THOMAS Nein!
LEAR Er kann bleiben!
THOMAS Aber wir müssen alle dafür gradestehen. Es wird heißen,
wir verleiten sie dazu! Sie werden uns die Schuld an allem geben!
Das ist Wahnsinn!
LEAR Wo kann er sonst hingehen? Dann geh DU, wenn du Angst
hast!
THOMAS Wie kannst du dich nur so verbohren, wie kannst du nur
so ein Idiot sein!
BEN *zu Lear:*
Ja, Sie sind eben kein x-beliebiger Gefangener, bei Ihnen kön-
nen sie sich nicht alles rausnehmen.
LEAR Nein, das dürfen Sie nicht sagen. Ich bin kein König, ich
habe keine Macht. Aber bleiben können Sie. Sie tun nichts Bö-

ses. Ich bin hungrig jetzt, führt mich hinein. Ich werde noch einmal an Cordelia schreiben. Sie meint es gut, sie braucht nur jemand, der sie zur Vernunft bringt. Führt mich hinein. Als ich herkam, war ich hungrig, ich fror und hatte Angst. Keiner hat mich fortgeschickt, und ich schicke auch keinen fort. Sie können mein Essen haben, solange es reicht, und wenn nichts mehr da ist, können sie fortgehen, wenn sie wollen, aber ich schicke keinen mehr weg. So will ich mein Leben beschließen. Ich werde bald eingesperrt sein in ein Grab, und bis dahin bleibt diese Tür offen.

Er lächelt.

Lear und die übrigen gehen aufs Haus zu.

MANN *geht ihnen nach. Er spricht halb mit sich selbst:*

Das ist alles schön und gut. Aber so einer wie der kommt auch nicht an die Mauer. Wir können nicht jeden reinlassen. Bloß nicht auffallen jetzt.

Der Kleine Mann geht hinter den andern ins Haus.

Zweite Szene

Wie vorher.

Monate später. Viele Fremde haben sich versammelt, um Lear zu hören. Thomas führt ihn aus dem Haus und nach vorn zu den Zuhörern und dreht ihn mit dem Gesicht zu ihnen. Während Lear nach vorn kommt, sagen einige Fremde »guten Morgen«, und Lear lächelt ihnen zu und antwortet »guten Morgen«. Thomas steht neben Lear, John etwas hinter ihm. Die Fremden verfolgen alles respektvoll.

LEAR *zu den Zuhörern:*

Ein Mann wachte eines Tages auf und merkte, daß er seine Stimme verloren hatte. Er ging sie also suchen, und wie er in den Wald kam, war da der Vogel, der sie ihm gestohlen hatte. Er sang sehr schön, und der Mann sagte sich: »Jetzt wo ich so schön singen kann, werde ich reich und berühmt.« Er sperrte den Vogel in einen Käfig und befahl ihm: »Wenn ich den Mund weit aufmache, mußt du singen.« Dann ging er zum König und sagte: »Ich will Euer Majestät ein Loblied singen.« Aber als er den Mund aufmachte, konnte der Vogel nur stöhnen und greinen, weil er im Käfig saß, und der König ließ den Mann auspeitschen. Der Mann nahm den Vogel wieder mit heim, aber seine Familie konnte es nicht aushalten, wie der Vogel stöhnte und greinte, und lief ihm davon. Da trug der Mann den Vogel schließlich wieder in den Wald zurück und ließ ihn aus dem Käfig. Aber der Mann dachte, der König hätte ihn ungerecht behandelt, und sagte in einem fort vor sich hin: »Der König ist ein Idiot«, und weil der Vogel immer noch die Stimme des Mannes hatte, sang er das im Wald nach, und bald lernten es auch die anderen Vögel. Als der König das nächste Mal auf Jagd ging, sangen zu seiner Überraschung alle Vögel »der König ist ein Idiot«. Er fing den Vogel ein, der damit angefangen hatte, und rupfte ihm die Federn aus, brach ihm die Flügel und nagelte ihn an einen Ast zur Warnung für die anderen Vögel. Der Wald war stumm. Und gerade wie der Vogel vorher die Stimme des Mannes hatte, so hatte jetzt der Mann die Schmerzen des Vogels. Er lief stumm durch die Gegend und schüttelte seinen Kopf und stampfte mit den Füßen und wurde bis zu seinem Tod in einen Käfig gesperrt.

Die Fremden murmeln.

EIN FREMDER Sag mir, Lear –

THOMAS Später. Er muß jetzt ausruhen.

Thomas führt Lear zur Seite. Die Fremden bilden Gruppen und unterhalten sich. Einige gehen fort.

Ich möchte, daß du Ben zurück an die Mauer schickst.

LEAR Warum?

THOMAS Es kommen jetzt Hunderte, um dich zu hören. Die Regierung kann das nicht länger zulassen, und sie könnten uns zerschlagen wie nichts! Wir brauchen Unterstützung. Wir müssen die Lager unterwandern.

Ben hat die beiden beobachtet. Er kommt zu ihnen herüber.

BEN Hat er es Ihnen gesagt? Ich möchte mich stellen. Sie stecken mich dann in eine Strafabteilung. Sie werden mich schlagen, und hungern und arbeiten lassen wie ein Tier. Kann sein, ich gehe zugrund dabei – aber ich möchte die Zeit davor jedenfalls nutzen. Ich könnte ihnen helfen, sich zu organisieren und bereitzumachen. Ich kann ihnen Hoffnung bringen. Sie müssen mir eine Botschaft an sie mitgeben –

LEAR Wenn ich Christus am Kreuz vor mir hätte, würde ich ihn anspucken.

BEN Was?

LEAR Führ mich weg.

THOMAS Du hast nicht zugehört!

BEN Hören Sie uns an!

LEAR Führ mich weg!

Thomas führt Lear aufs Haus zu. Einige Fremde kommen ihm entgegen und führen ihn hinein. Ben und Thomas wechseln einen stummen Blick. Susan legt Thomas tröstend einen Arm um die Schultern.

THOMAS Du siehst müde aus.

SUSAN Nein.

THOMAS *setzt sich mit ihr hin.*

Arbeite nicht zu schwer.

SUSAN Tu ich ja nicht.

THOMAS *drückt sie an sich.*

Und renne nicht immer allen nach. Sie können für sich selbst sorgen.

SUSAN Ach, die machen mir nichts aus. Aber wenn unser Kind da ist –

THOMAS Da mach dir keine Sorgen. Dann helfen dir alle.

SUSAN Nur, das Haus ist so klein. Manchmal möchte ich mit dir reden und dann sind so viele Leute da –

THOMAS Reden – worüber? Du kannst doch immer mit mir reden.

SUSAN Ach, ich weiß nicht. Ich meinte . . .

Sie verstummt.

THOMAS *denkt über Lear nach. Nach einer kleinen Pause:*
Wir sprechen zu den Leuten, aber wir helfen ihnen nicht wirklich. Wir sollten sie nicht hierherkommen lassen, wenn wir sonst nichts für sie tun können. Es ist gefährlich, die Wahrheit auszusprechen, Wahrheit ohne Macht ist immer gefährlich. Wir sollten eben doch kämpfen! Die Freiheit ist nicht bloß eine Idee, sondern eine Leidenschaft! Und wenn die einer nicht hat, dann kämpft er nur, wie ein Fisch auf dem Trocknen um Luft kämpft!
Die Fremden, die zuvor fortgegangen sind, kommen eilig herein.

DIE FREMDEN *leise und dringlich:*
Soldaten. Soldaten.
Thomas steht auf.

THOMAS Was ist los?
Der alte Staatsrat, ein Offizier und die Soldaten P, Q und R kommen herein.

OFFIZIER *liest von einem Formular ab:*
Rossman –
Ben tritt vor
– und –
er zeigt auf den Kleinen Mann, der sich fortschleichen will
– schnappt ihn –
die Soldaten P und Q halten den Kleinen Mann auf
– Jones –

MANN Das bin ich nicht! Ich heiße Simpson!

OFFIZIER – Ich verhafte Sie wegen unerlaubter Entfernung vom Arbeitslager.
Lear wird aus dem Haus geführt. Er bleibt auf der Treppe stehen, umgeben von Fremden.

LEAR Wer ist da? Was wollen Sie?

OFFIZIER Sie geben Deserteuren Unterkunft.

LEAR Ich frage meine Freunde nicht, wer sie sind.

BEN Sie sollen mich ruhig mitnehmen!

SOLDAT R Maul halten!

OFFIZIER Ich bringe sie unter Bewachung zum Gebietskomman-
danten zurück.

MANN *will zu Lear gehen, aber die Soldaten halten ihn auf.*
Um Gottes willen, was wollt ihr von mir? Ihr seht doch, daß ich
krank bin! Was ich schon arbeiten kann! Ich halte die andern
doch bloß auf. Um Gottes willen laßt mich gehen.

OFFIZIER Sie werden nicht wieder arbeiten. Bestimmte Wirt-
schaftsvergehen sind rückwirkend zu Kapitalverbrechen erklärt
worden. Sie sind schuldig befunden, sich auf dem nichtzugelas-
senen Markt betätigt zu haben. Das verschärfte Urteil ist voll-
streckungsfähig.

MANN *verwirrt:*
Das versteh ich nicht.

OFFIZIER Sie sind ein Volksschädling. Sie werden nach der Rück-
kunft gehenkt.

MANN *unbestimmt:*
Das können Sie nicht . . . Ich bin schon abgeurteilt. Das steht in
meinen Akten, Sir. Ich versteh das nicht.

LEAR Führt mich zu ihm.
*Lear wird zum Offizier geführt. Er legt dem Offizier eine Hand
auf den Arm.*
Ruhig:
Sie sind Soldat, wie viele Leben haben Sie auf dem Gewissen?
Laden Sie sich nicht noch zwei auf. Gehen Sie zurück und sagen
Sie, Sie hätten sie nicht finden können.

STAATSRAT Lear, jedes Ihrer Worte ist Verrat.

LEAR Wer ist das? Wer ist das?

STAATSRAT Ich war bei Ihnen Minister –

LEAR Ja – ich kenne Sie!

STAATSRAT Cordelia hat Ihre Umtriebe aus Respekt vor Ihrem Alter und Ihren Leiden geduldet, aber es muß damit jetzt ein Ende
haben. Sie werden in Zukunft nicht mehr öffentlich sprechen
oder sich in öffentliche Angelegenheiten einmischen. Ihre Besucher werden einer Kontrolle durch die militärische Ortsbehörde
unterliegen. Alle diese Leute müssen weg. Die Regierung wird
einen Pfleger und eine Pflegerin für Sie bestellen. Sie werden ein
anständiges ruhiges Leben führen, wie es einem Mann in Ihren
Jahren zukommt.

LEAR Sind Sie in ihrer neuen Regierung?

STAATSRAT Wie viele meiner Kollegen stehe ich dem Neuversuch treu zur Seite. Ich habe immer versucht, dem Volk zu dienen. Ich sehe das als meine erste Pflicht an. Wenn wir die Verwaltung aus der Hand lassen, gibt es ein Chaos.

LEAR Ja, ja – aber ihr hängt doch nicht diesen Mann wegen Geld auf?

MANN Die Akten sind falsch... Das muß es sein!

OFFIZIER Führt ihn zur Straße hinunter.

MANN *Verwirrt. Er wimmert.*
Nein.

LEAR *zum Staatsrat:*
Hindern Sie ihn.

STAATSRAT Dafür bin ich in keiner Weise zuständig. Ich kam, um mit IHNEN zu reden.

LEAR Ich verstehe. Barbaren haben meine Macht an sich gerissen. Ihr begeht Verbrechen und nennt sie Gesetz! Der Riese muß sich auf die Zehen stellen, um seine Größe zu beweisen! – Nein, es ist falsch von mir, Sie anzuschreien, ihr habt so viel zu tun, so viel wiedergutzumachen, alle meine Fehler, ich sehe das alles ein... Aber er ist ein kleiner Schwindler! Ein Gelegenheitsschwindler! Denken Sie an die Verbrechen, die Sie täglich in Ihrem Amt begehen, Tag für Tag, bis sie zur Routine geworden sind, denken Sie nur, was da alles geschieht an Verschwendung und Elend!

STAATSRAT Ich bin hier, um mit Ihnen als ein alter Freund zu reden, nicht, um mich beleidigen zu lassen, Lear. Er wird zur Mauer zurückgebracht und dort gehenkt werden. Und – nachdem Sie meine Meinungen interessieren – ich finde das auch richtig so.

LEAR Ach, ich weiß, was ihr meint! Alles, was kleinlich und ordinär und hartherzig und oberflächlich und grausam ist, ohne Mitleid und Mitgefühl – das meint ihr, und seid noch stolz darauf! Ihr, die Guten, Ehrlichen, Anständigen, Aufrechten, Gesetzestreuen, die ihr an Ordnung glaubt, und wenn auch noch der letzte dahinsterben soll – ihr bringt ihn um! Ich habe unter Mördern und Totschlägern gelebt, ihre Gier und Gewalttätigkeit war schließlich einmal satt, aber ihr mit eurer Ehrlichkeit und Ordnungsliebe verschlingt die Erde!

Die Soldaten P und Q wollen den Kleinen Mann abführen.

MANN Nein – halten Sie sie auf!

LEAR Ich kann nichts machen! Die Regierung ist wahnsinnig. Das

Gesetz ist wahnsinnig.

MANN *wirft sich Lear entgegen.*

Warum haben Sie mich dann herkommen lassen? Lieber Gott, ich weiß, ich bin manchmal schlecht, ich bins nicht wert, daß – lieber Gott, bitte!

LEAR Ich kann nichts machen!

MANN Dann hätt ich auch bleiben können und mich erschießen lassen wie einen Hund. Ich hab auch wie ein Hund gelebt, das wär egal gewesen! Jetzt hätt ichs hinter mir. Warum hab ich dann so viel mitmachen müssen?

Der Kleine Mann wird weinend abgeführt. Der Offizier, der alte Staatsrat, Ben und die Soldaten gehen mit ihm hinaus. Lear fängt an, die Fremden hinauszustoßen.

LEAR Schickt sie weg!

JOHN Du fällst hin!

LEAR *stolpert umher und schlägt mit dem Stock um sich.*

Schickt sie weg! Die Regierung hat ihre Befehle gegeben. Die Macht hat gesprochen. Hinaus! Was wollt ihr hier? Was soll ich euch gesagt haben? Hier gibt es nichts zu lernen! Ich bin ein Idiot! Ein Idiot! Hinaus!

SUSAN *wendet sich ab.*

Ach Gott.

LEAR Schickt sie weg! Werft sie hinaus!

THOMAS Sie gehen schon.

Er spricht so ruhig er kann mit den Fremden.

Wartet im Dorf. Ich rede mit ihm.

LEAR Hinaus! Hinaus! Ich habe gesagt, ihr sollt sie wegschaffen!

Die Fremden gehen. Lear, Susan, Thomas und John bleiben zurück.

THOMAS Sie sind fort.

LEAR Hinaus! Ihr auch! Laßt mich allein!

THOMAS Nein! Ich muß wissen, was ich ihnen sagen soll. Wir werfen jetzt nicht alles hin.

LEAR Ach geht fort! Geht! Geht! Geht! Wer ist der dumme Mensch, der da immer noch weiterschwatzt?

JOHN *zupft Thomas.*

Komm weg.

THOMAS Setz dich! Wenn du dich hinsetzt, geh ich.

LEAR Ach geht... geht.

Lear setzt sich. Thomas, John und Susan gehen ins Haus.

Was kann ich machen? Ich habe mich aus meinem Gefängnis befreit, ich habe es niedergerissen, den Schlüssel zerbrochen, und
ich bin immer noch ein Gefangener. Ich bin mit dem Kopf gegen
eine Mauer gerannt die ganze Zeit. Überall ist eine Mauer. Ich
bin in einer Mauer lebendig begraben. Soll dieses Leiden und
Elend immer so weitergehen? Arbeiten wir nur, um Ruinen zu
bauen, vertun wir alle diese Menschenleben nur für eine Wüste,
in der dann niemand leben kann? Keiner kann mir das erklären,
bei keinem finde ich die Gerechtigkeit. Ich bin alt, ich sollte endlich wissen, wie man lebt, aber ich weiß nichts, ich kann nichts
machen, ich bin nichts.
Der Geist kommt herein. Er ist dünner, eingeschrumpft und
weißgrau.
GEIST Schau meine Hände! Wie zwei Klauen. Sieh wie dünn ich
bin.
LEAR Ja, du. Geh mit den andern. Geh weg. Es ist aus. Hier ist
jetzt nichts mehr, nichts. Es ist nichts mehr da.
GEIST Es sind noch viel zu viele da. Schick diese Leute fort. Sie sollen ihr eigenes Leiden tragen lernen. Nein, das tut zu weh.
Weißt du, was du nicht aushältst? Daß sie leiden und keiner gibt
ihnen Gerechtigkeit.
LEAR Jede Nacht wird mein Leben von einem Schrei verwüstet.
Ich gehe ins Dunkel hinaus, aber es ist nie jemand da. Wie leben
die meisten Leute? Sie sind hungrig, und keiner gibt ihnen zu es-
sen, und dann rufen sie nach Hilfe, und keiner kommt. Wenn
ihr Hunger schlimmer wird, fangen sie an zu schreien – und
dann kommen Schakale und Wölfe und zerreißen sie.
GEIST Ja. So ist die Welt, in der du leben lernen mußt. Lern es! Laß
mich den Brunnen vergiften.
LEAR Warum?
GEIST Dann kann niemand mehr hier wohnen, und sie müssen
dich in Frieden lassen. Es gibt eine versteckte Quelle im Wald.
Da führe ich dich jeden Tag hin zum Trinken. Leg dich hin.
Schau, wie müde du bist. Leg dich hin.
Lear legt sich hin.
Morgen kommt Cordelia, dann kannst du ihr sagen, daß du jetzt
endlich weißt, wie man schweigt.
Es ist dunkel. Lear schläft auf der Bank. John kommt mit einem
Bündel aus dem Haus. Er geht über die Bühne. Susan kommt
zur Tür. Er sieht sie und bleibt stehen.

SUSAN Warum nimmst du deine Sachen mit?

JOHN Komm mit mir.

SUSAN Nein.

JOHN Ich liebe dich. Dein Mann liebt dich nicht mehr. Er kennt nur noch Lear.

SUSAN *zornig:*
Doch, er liebt mich!

JOHN Ja, gut.
Kleine Pause.
Ich war daran gewöhnt, nichts zu sagen, aber weil du herauskamst, habe ich es gesagt, Wie schön du bist. Ich muß dir nichts erklären, du weißt alles von mir. Ich warte im Dorf. Wenn du nicht kommst, heirate ich das Mädchen dort. Aber ich warte ein paar Tage, sonst bereue ich es mein Leben lang.
John geht. Susan setzt sich auf die Treppe und fängt leise und bedächtig zu weinen an. Thomas tritt hinter ihr in die Tür.

THOMAS Hör auf zu weinen.

SUSAN Bring mich fort.

THOMAS Ich kann ihn nicht allein lassen jetzt. Das wäre grausam.

SUSAN *weinend:*
Ich weiß, daß er wahnsinnig ist. Du solltest mich nicht hierlassen in meinem Zustand.

THOMAS *ruhig und leise:*
Es hat schon genug Tränen gegeben heute. Hör auf zu weinen und komm herein.
Thomas geht ins Haus zurück. Susan hört auf zu weinen und folgt ihm nach.

Dritte Szene

Gehölz.

Lear ist allein. Er ist für Arbeit im Freien angezogen. Er sucht auf allen vieren etwas am Boden. Draußen fangen die Schweine zornig zu quieken an. Lear richtet sich auf. Der Geist kommt herein. Sein Fleisch ist eingetrocknet, sein Haar verklebt, sein Gesicht ist wie eine Meermuschel, in seinen Augen steht der Schrecken.

GEIST Die Schweine fürchten sich vor mir. Sie rennen weg, wenn sie mich sehen.

LEAR Ich habe Eicheln für sie gesammelt.
Er steht auf.

GEIST Die Soldaten besetzen das Dorf. Sie riegeln euch ab. Schickst du die Leute fort?

LEAR Nein.

GEIST Ich dachte, du vergißt das alles: Leute, Kriege, Streitereien... Wir hätten hier glücklich leben können. Ich hätte dich ausgeführt und dir zugesehen, wie du alt wirst, bei deinem schönen Altwerden...

LEAR Wir haben hier deine Leiche begraben. Und die von Warrington. Es ist schön unter den Bäumen. Ich dachte, hier draußen fiele mir etwas ein, was ich Cordelia sagen könnte. Ich weiß nicht... Sie kommen und wollen mich begraben, und ich frage mich immer noch, wie man leben soll. Hörst du den Wind?

GEIST Nein. Mein Geist verflüchtigt sich. Als Blinder hört man sehr gut.

LEAR Ja.

GEIST Kannst du eine Eule auf dem Hügel hören?

LEAR Ja.

GEIST Aber den Fuchs nicht.

LEAR Nein.

GEIST Nein.
Er fängt an zu weinen.

LEAR *horcht, wie er weint.*
Warum?

GEIST Weil ich tot bin. Ich habe gewußt, wie man lebt. Du wirst es nie wissen... Es war so leicht, ich hatte hier alles, was ich brauchte, ich hatte manchmal Angst, wie Schafe Angst haben, aber sie hat mich nie verfolgt, sie ging wieder weg... Jetzt, wo ich tot bin, habe ich Angst vor dem Tod. Ich werde immer dünner, mein Geist bleibt stehen... Ich gehe manchmal wohin, und auf einmal stehe ich vor dem Haus oder draußen auf dem Feld... Immer öfter...

Cordelia und der Schreiner kommen herein.

CORDELIA Lear.

Sie hält einen Augenblick seine Hand fest.

Ich habe meinen Mann mitgebracht.

LEAR Warst du schon beim Haus? Bist du nicht durcheinander?

CORDELIA Nein. Ich wollte es sehen.

LEAR Bist du gesund?

CORDELIA Ja. Und du? Brauchst du etwas?

LEAR Nein.

CORDELIA Ich komme, weil das Kabinett dich vor Gericht stellen will. Es kann nur ein Urteil geben. Deine Töchter sind getötet worden. Und es ist klar, daß eigentlich kein Unterschied zwischen dir und ihnen ist.

LEAR Gar keiner.

CORDELIA Du warst dabei, als sie meinen Mann erschossen haben. Ich habe zugesehen, wie sie ihn töteten. Ich habe mir die Hände vors Gesicht gehalten, aber meine Finger gingen auf, und da habe ich zugesehen. Ich habe zugesehen, wie sie mich vergewaltigt haben, und wie John sie tötete, und wie ich das Kind verlor. Mir ist nichts entgangen. Ich habe zugesehen und mir gesagt, wir wollen nicht mehr wilden Tieren ausgeliefert sein, wir wollen ein neues Leben führen und einander helfen. Die Regierung schafft dieses neue Leben – du darfst nicht mehr gegen uns reden.

LEAR Dann darf auch niemand mehr zuhören.

CORDELIA Ich kann sie nicht hindern. Du sagst ihnen, was sie hören wollen.

LEAR Wenn das stimmt – wenn nur ein paar von ihnen hören wollen –, dann muß ich auch reden.

CORDELIA Ja, du klingst wie die Stimme meines Gewissens. Aber wenn man auf alles hört, was einem das Gewissen sagt, wird man wahnsinnig. Man bringt nichts mehr zustand – und es gibt viel zu tun, manches davon sehr schwer.

GEIST Sag ihr, daß ich da bin. Bring sie dazu, daß sie von mir redet.

LEAR Baut die Mauer nicht weiter.

CORDELIA Wir müssen.

LEAR Dann ist alles wie früher! Eine Revolution muß wenigstens etwas ändern!

CORDELIA Alles ANDERE hat sich geändert.

LEAR Nicht wenn ihr die Mauer stehenlaßt! Reiß sie ab!

CORDELIA Dann werden wir von unseren Feinden angegriffen.

LEAR Die Mauer wird euch vernichten. Sie vernichtet euch schon jetzt. Wie bringe ich dich nur zu dieser Einsicht?

GEIST Sag ihr, daß ich da bin. Sag es ihr.

SCHREINER Wir sind nicht gekommen, um dir zuzuhören, sondern um mit dir zu reden. Meine Frau will dir etwas sagen.

LEAR Sie ist wie alle anderen gekommen! Und wie alle anderen wird sie mir zuhören! Ich habe mit euch keinen Streit gesucht. Aber ich werde nicht schweigen, wenn die Leute zu mir kommen. Und wenn du sie daran hinderst – das wäre leicht! –, wissen sie doch, daß ich hier bin oder hier einmal war! Ich habe so viel gelitten, ich habe alle Fehler der Welt gemacht und büße für jeden einzelnen. Mich kann man nicht mehr vergessen. Ich bin in allen ihren Gedanken. Wenn du mich töten willst, mußt du sie alle töten. Ja, der bin ich. Hör zu, Cordelia. Du hast zwei Feinde, die Lüge UND die Wahrheit. Du opferst die Wahrheit, um die Lüge zu vernichten, und du opferst das Leben, um den Tod zu vernichten. Das ist nicht vernünftig. Du quetschst einen Stein, bis dir die Hand blutet, und nennst das ein Wunder. Ich bin alt, und doch schwach und ungeschickt wie ein Kind, zu schwer für meine Beine. Aber das habe ich gelernt, und das mußt du auch lernen, oder du stirbst. Hör zu, Cordelia. Wenn ein Gott die Welt geschaffen hätte, dann wäre die Macht immer im Recht, und das wäre sehr weise, und viel Leiden wäre uns erspart, aber wir haben die Welt geschaffen – aus unserer Kleinheit und Schwäche. Unser Leben ist unbeholfen und zerbrechlich, und nur eins hält uns bei der Vernunft: das Mitleid, und der Mensch ohne Mitleid ist ein Wahnsinniger.

Während Cordelia spricht, fängt der Geist an zu weinen.

CORDELIA Du verstehst nur Mitleid mit dir selbst. Wir müssen zurück, die Regierung wartet. Es gibt manches, was du noch nicht weißt. Wir haben noch mehr Gegner, und gewissenlosere als du. In einer solchen Lage handelt eine gute Regierung entschlossen. Ich wußte, daß auf deine Hilfe nicht zu rechnen war, aber bevor wir dich vor Gericht stellen, wollte ich zu dir kommen und dir sagen: wir bauen die Gesellschaft auf, von der du nur geträumt hast.

LEAR Es ist sonderbar, daß du mich töten lassen willst, Cordelia, und doch kann jeder einsehen, warum. Wie einfach! Euer Gesetz ist immer schädlicher als das Verbrechen, und eure Moral ist eine Form der Gewalt.

CORDELIA *zum Schreiner:*
Je eher das jetzt durchgestanden ist, desto besser. Berufe für morgen früh das Kabinett ein.
Cordelia und der Schreiner gehen hinaus.

GEIST Warum hast du ihr nicht gesagt, daß ich da bin? Sie hat von mir reden wollen. Sie hat mich nicht vergessen können. Ich habe sie drüben im Haus Nacht für Nacht geliebt, und hier im Gras. Schau mich jetzt an! Jetzt ist DAS aus mir geworden – ich kann sie nicht einmal mehr anfassen!

LEAR Wo willst du hin?

GEIST Ich kann ihr nachschauen.
Der Geist geht hinaus. Thomas und Susan kommen herein. Sie haben sich für die Besucher ein wenig hübsch gemacht.

THOMAS Wir haben abgewartet, bis sie fort waren. Soll ich dich heimbringen?

LEAR Hört zu, ich muß mit euch reden. Ich mache eine Reise, und Susan soll mich führen.

THOMAS Ja, tauch unter! Sie sollen dich nicht in ihre dreckigen Finger kriegen!

LEAR Morgen stehen wir auf und frühstücken zusammen, und du gehst zur Arbeit, aber Susan bleibt bei mir. Sie kommt vielleicht nicht bis morgen abend zurück, aber sie ist bald wieder da, das verspreche ich dir. Du hast mich lieb, und ich bin glücklich bei euch gewesen. Ich habe Glück gehabt. Jetzt habe ich nur noch einen Wunsch – weiterzuleben, bis ich noch viel älter bin, und schlau zu werden wie der Fuchs, der weiß wie man lebt. DANN könnte ich euer Lehrer sein.
Draußen entferntes zorniges Schweinequieken, weniger nah als gegen Schluß von 1,7.

THOMAS Die Schweine!

SUSAN Was ist mit ihnen?
Susan und Thomas rennen hinaus. Lear steht allein.

THOMAS *draußen:*

Sie sind wahnsinnig geworden!

SUSAN *draußen:*

Schnell!

THOMAS *draußen:*

Da rüber!

SUSAN *draußen:*

Paß auf!

THOMAS *draußen:*

Wie die Irren! Wopp – wopp – wopp – wopp – wopp – wopp!

SUSAN *draußen:*

Wopp-wopp-wopp! Wahnsinnig!

Der Geist kommt hereingestolpert. Er ist blutüberströmt. Das Schweinequieken verstummt allmählich. Noch ein paar einzelne »Wopp«-Rufe.

GEIST Die Schweine! Ich bin in Stücke gerissen! Sie haben mich zerfleischt! Hilf mir! Hilf mir! Ich sterbe!

LEAR *hält ihn fest.*

Ich kann nicht!

GEIST Lear! Halt mich fest!

LEAR Nein, zu spät! Es ist viel zu spät! Du bist schon längst getötet worden! Du mußt sterben! Ich liebe dich, ich werde immer an dich denken, aber ich kann dir nicht helfen. Stirb, für dich selber, stirb!

GEIST Ach Lear, ich bin tot!

Der Geist läßt den Kopf nach hinten fallen. Er ist tot. Er fällt Lear zu Füßen nieder. Die Rufe und das Schweinequieken hören auf.

LEAR Ich sehe mein Leben: ein schwarzer Baum an einem Teich. Die Zweige sind mit Tränen übersät. Die Tränen glitzern im Licht. Der Wind weht die Tränen in den Himmel. Und meine Tränen fallen auf mich herunter.

Die Mauer.

Eine steile Erdböschung. Ein Stapel von Werkzeug am Fuß der Mauer. Helles Tageslicht. Susan führt Lear herein. Er geht ohne Stock.

SUSAN Hier ist die Mauer.

LEAR Wo liegt das Werkzeug?

SUSAN Vor dir am Boden.

LEAR Du warst zornig auf mich.

SUSAN Ja, aber jetzt nicht mehr.

LEAR *küßt sie.*

Leb wohl. Geh allein zurück.

SUSAN Ich kann nicht! Du brauchst jemand. Mein Mann wird zornig sonst.

LEAR Nein. Er versteht jetzt.

Susan geht hinaus. Lear geht zum Werkzeug. Er sucht eine Schaufel aus.

LEAR Eine Schaufel.

Er steigt die Mauer hinauf.

Gebaut für ewig. So steil, und ich bekomme so wenig Luft.

Er ist oben.

Der Wind ist kalt, ich muß mich beeilen.

Er sticht die Schaufel in den Boden.

Beim Arbeiten wird einem schnell warm.

Er wirft eine Schaufel voll Erde seitlich herunter und sticht die Schaufel wieder in den Boden. Ein Junge kommt herein und starrt ihn an. Lear wirft wieder eine Schaufel voll Erde herunter. Der Junge geht nach derselben Seite hinaus, von der er hereingekommen war.

Gleich sind es drei.

Er sticht die Schaufel wieder in den Boden.

Die Schaufel ist schartig. Keiner paßt auf.

Eine Gruppe von Arbeitern kommt herein und starrt Lear an. Er läßt die Schaufel im Boden stecken. Er zieht sich den Mantel aus und legt ihn sorgfältig zusammen. Ein junger Offizier kommt herein. Er ist der Bauernsohn von II,7. Lear legt den zusammengefalteten Mantel auf den Boden und wendet sich wieder zur Schaufel.

BAUERNSOHN He, dich kenn ich doch, Großer. Was stellst du denn jetzt an?

LEAR *packt die Schaufel.*

Ich bin auch nicht mehr der alte.

Er hebt eine Schaufel voll Erde aus. Der Bauernsohn zielt auf ihn mit der Pistole.

Aber für ein Zeichen reichts noch.

Lear wirft die Erde seitlich herunter. Der Bauernsohn drückt ab. Lear ist in der Schulter getroffen. Die Schaufel steckt senkrecht im Boden. Lear spuckt in die Hände und packt die Schaufel.

Noch einmal.

Er wirft halb scharrend Erde herunter. Der Bauernsohn zielt, drückt ab und trifft. Lear ist sofort tot und fällt die Mauer herunter. Von den Arbeitern kommen einige neugierig auf die Leiche zu.

BAUERNSOHN Liegenlassen. Die holn ihn schon. Weg jetzt.

Die Arbeiter gehen schnell und geordnet hinaus. Einer von ihnen dreht sich um. Der Bauernsohn scheucht sie mit den Armen rudernd weg und marschiert hinter ihnen hinaus. Lears Leiche bleibt allein auf der Bühne liegen.

Nachwort

Ich schreibe über Gewalt ebenso selbstverständlich, wie Jane Austen über Sitten geschrieben hat. Unsere Gesellschaft ist von Gewalt besessen und geformt, und wenn wir nicht aufhören, gewalttätig zu sein, haben wir keine Zukunft. Menschen, die dagegen sind, daß Schriftsteller über Gewalt schreiben, wollen sie daran hindern, über uns und unsere Zeit zu schreiben.

Viele tierische Lebewesen können gewalttätig sein, aber in nichtmenschlichen Spezies ist die Gewaltanwendung letzten Endes so geregelt, daß sie die Existenz der Spezies nicht gefährdet. Warum also ist die Existenz unserer Art durch ihre Gewaltanwendung gefährdet?

Ich muß mit einem entscheidenden Unterschied beginnen. Das Raubtier, das seine Beute jagt, übt Gewalt aus, aber nicht aggressiv in menschlichem Sinne. Es will fressen, nicht zerstören, und seine Gewaltanwendung ist gefährlich für die Beute, nicht aber für das Raubtier. Tiere werden nur aggressiv – das heißt destruktiv in menschlichem Sinne –, wenn ihr Leben, ihr Territorium oder ihr Status in ihrer Gruppe gefährdet ist, oder bei der Paarung und während der Vorbereitung darauf. Selbst dann ist die Aggression unter Kontrolle. Der Kampf ist im allgemeinen ein Ritual, und das schwächere oder schlecht plazierte Tier wird in Ruhe gelassen, wenn es die Flucht ergreift oder sich in entsprechender Form unterwirft. Menschen wenden eine Menge Energie und Fähigkeiten auf, um wirksamere Waffen zur gegenseitigen Vernichtung herzustellen. Tiere hingegen haben sich meistens in einer Weise entwickkelt, die gewährleistet, daß sie sich nicht gegenseitig ausrotten *können.*

Über dieses Thema ist eine Menge geschrieben worden, und es ist nicht meine Sache, das Offensichtliche zu wiederholen; aber ich glaube, es zeigt klar, daß in gewohnter Umgebung und unter gewohnten Bedingungen Angehörige derselben Art sich untereinander nicht gefährlich werden, daß aber ihr Verhalten entartet, wenn sie feindlichen Bedingungen ausgesetzt und sie gezwungen sind, sich naturwidrig zu verhalten. Das konnte in Zoos und Laboratorien beobachtet werden. Dann werden sie destruktiv, neurotisch und schlechte Eltern. Sie fangen an, sich wie wir zu verhalten.

Das ist alles, was über unsere ›angeborene‹ Aggression oder über unsere ›Erb‹-Sünde, wie man sie zuerst nannte, zu sagen wäre. Es gibt keinen Beweis für ein *Verlangen* nach Aggression, dem *Verlangen* nach Sexualität und Nahrung vergleichbar. Wir reagieren aggressiv, wenn man uns ständig unserer physischen und emotionalen Bedürfnisse beraubt oder wenn man es uns androht; und wenn man uns ständig auf diese Weise beraubt oder bedroht – wie das den Menschen heute geschieht –, leben wir in einem immerwährenden Zustand von Aggression. Es spielt keine Rolle, wieviel man jemandem bezahlt, der Routinearbeit, meinetwegen in einer Fabrik oder in einem Büro, leistet: er wird dennoch in diesem Sinne beraubt. Weil er sich auf eine Weise verhält, für die er nicht geschaffen ist, ist er seinem natürlichen Ich entfremdet, und das hat physische und emotionale Folgen für ihn. Er wird nervös und gereizt und beginnt überall nach Gefahren zu suchen. Dadurch wird er angriffslustig und provokativ, er wird für andere zur Gefahr, und daher verschlimmert sich seine Situation rapide.

Dies sind all die Fakten, die uns zu der Schlußfolgerung berechtigen: Aggression ist eine Möglichkeit, aber keine Notwendigkeit. Häufig werden diese Fakten pessimistischer *interpretiert*, aber das ist etwas anderes.

Wenn wir angeboren aggressiv *wären*, in dem Sinne, daß es für uns *notwendig* wäre, von Zeit zu Zeit aggressiv zu handeln, wären wir dazu verdammt, mit einer unheilbaren Krankheit zu leben; und da das Leid, das durch Aggression in einer technologischen Welt hervorgerufen wird, so schrecklich ist, muß die Frage aufkommen: hat die menschliche Rasse irgendeine moralische Rechtfertigung für ihre Existenz? Eine Figur in meinem Stück ›Trauer zu früh‹ antwortete mit Nein und versuchte sich umzubringen. Es ist erstaunlich, daß viele Menschen, die seine Überzeugungen teilen, nicht gezwungen sind, seine Schlußfolgerung nachzuvollziehen, sondern ihren täglichen Geschäften weiter nachgehen können. Diese Fähigkeit beweist nicht Stoizismus und seelische Stärke, sondern geistige Oberflächlichkeit und emotionale Glätte. Ihr ›Realismus‹ ist nichts als der Faschismus der Trägen.

Warum verhalten wir uns untereinander also bösartiger als andere Lebewesen? Wir leben auf eine Art und Weise, für die wir nicht geschaffen sind, und deshalb entsteht ein Konflikt zwischen unserer täglichen Existenz und unseren natürlichen Funktionen, und das aktiviert unsere natürliche Antwort auf die Bedrohung:

Aggression. Wie ist es dazu gekommen? Zuerst einmal, warum leben wir in städtischen, zusammengepferchten, reglementierten Gruppen, wie Maschinen arbeitend (hauptsächlich zum Nutzen anderer) und ohne wirkliche Kontrolle über unser Leben? Vermutlich war diese Situation unvermeidbar. Die Menschen sind nicht plötzlich zu Besitzern menschlicher Gehirne geworden und haben sie dann benutzt, um ihre Existenzprobleme zu lösen. Diese Probleme wurden stetig innerhalb einer ererbten Ordnung oder einer gesellschaftlichen Struktur gestellt und gelöst, und diese Struktur wurde weiterentwickelt, um mit neuen Problemen, sowie sie auftauchten, fertig zu werden. Deshalb hat es vielleicht nie viel Möglichkeit für neues Denken gegeben. Als sich die Gedanken der Menschen klärten, lebten sie bereits in Herden und Gruppen, und diese mußten sich zu Stämmen oder Gesellschaften entfalten. Wie Tagträumer konnten sie Traum von Realität nicht unterscheiden.

Welchen Problemen standen diese halbwachen, abergläubischen Menschen gegenüber? Sie waren im biologischen Sinne so erfolgreich, daß sie wahrscheinlich für ihre Umwelt zu zahlreich wurden, und sie konnten nicht als lose Banden von Aasgeiern und Jägern weiterexistieren. Und die Umwelt selbst veränderte sich, manchmal plötzlich, manchmal allmählich, aber unvermeidlich. Und vermutlich produzierte die Beziehung zwischen früheren Instinkten und menschlicher Bewußtheit ihre eigenen Probleme. All diese Veränderungen forderten Anpassung an soziale Ordnung und erzeugten neue Voraussetzungen für Führerschaft. Gewohnheiten und Techniken der Kontrolle wurden verschärft. In kritischen Zeiten mußte jeder Nonkonformismus zur Gefahr für die Gruppe werden. Menschen, die so von anderen kontrolliert werden, verlieren bald die Fähigkeit, für sich selbst zu handeln, selbst wenn ihre Führer sie so handeln ließen, ohne daß es gefährlich für sie würde. Und dann wird, wie ich erklären werde, die natürliche Widerstandshaltung zur Moral erklärt und erhält nun genau die Ordnung, die sie im Grunde bekämpft. Die gesamte Struktur wird zusammengehalten durch die negative biologische Reaktion auf Beraubung und Bedrohung – es ist eine Ordnung, die zusammengehalten wird durch die Aggression, die sie hervorruft. Die Aggression ist zur Moral geworden, und die Moral wird ein Mittel zur Unterdrückung. Ich werde beschreiben, wie es dazu kommt.

Die einmal existierende soziale Struktur zielt darauf hin, erhalten zu bleiben. Die Leitungsgruppen, ihre Führer, erhalten Privilegien. Vermutlich waren einige Privilegien in den kritischen Situationen, die das Bedürfnis nach Führung hervorriefen, notwendig. Aber ihre Rechtfertigung wird schwieriger, wenn diese von den Kindern ererbt werden. Gleichzeitig werden sie weiter ausgebaut und verfestigt. Sie werden Unrecht. Aber die Leitungsgruppe wird selbstgerecht, da, obwohl ihre Position Unrecht ist, sie das Recht verwaltet. Anfänglich wird Opposition gegen sie weder revolutionär noch gar politisch sein, sie ist ›richtungslos‹ und schließt persönliche Unzufriedenheiten und Frustrationen ein. Wenn persönliche Probleme zu privaten Problemen werden, und das müssen sie für diejenigen, die darin verwickelt sind, dann sind sie verzerrt, und es hat den Anschein, als ob die Menschen aus willkürlichen, eigennützigen Motiven handelten. Natürlich kann immer bewiesen werden, daß das, gesellschaftlich gesehen, zersetzend ist. So verursacht und definiert eine ungerechte Gesellschaft Verbrechen; und eine aggressive Sozialstruktur, die ungerecht ist und deshalb aggressive gesellschaftliche Auseinandersetzungen hervorrufen muß, bekommt ihre moralische Sanktionierung durch ›Gesetz und Ordnung‹. ›Gesetz und Ordnung‹ ist einer der Schritte, die getan werden, um Ungerechtigkeit beizubehalten.

Menschen mit ungerechten Privilegien haben ein verständliches emotionales Interesse an gesellschaftlicher Moral. Sie erlaubt ihnen, ihre Privilegien zu behaupten, und gibt ihnen die Rechtfertigung, Schritte zu ihrer Beibehaltung zu unternehmen. Das beweist ihre Furcht vor einer Opposition, die ihnen meistens alles nehmen würde, was sie haben, sogar das Leben. Das ist die eine Möglichkeit, wo gesellschaftliche Moral bösartig und aggressiv wird.

Aber es gibt noch eine andere. Gesellschaftliche Moral ist für die vielen Opfer der ungerechten Ordnung eine sichere Art, sich zu unterwerfen. Sie gibt ihnen eine Erscheinungsform von Unschuld, die auf Angst basiert – niemals aber ist das eine friedliche Unschuld. Es ist eine Art von Charakter, mühelos in der Kindheit entwickelt, wenn Machtverhältnisse in ihrer reinsten Form wirksam sind. Denn da ist es gefährlich, aggressive Gedanken gegen die zu haben, die an der Macht sind und leicht strafen können. Sie sind stärker und schlauer, und wenn man sie vernichten würde, wie könnte man leben? (Bei Erwachsenen sieht das dann so aus: Eine Revolution ist unmöglich, weil dann die Busse nicht fahren würden und ich zu spät zur Arbeit käme. Oder: Hitler hat dafür gesorgt, daß die Züge pünktlich fuhren.) Unsere Gesellschaft hat den

Aufbau einer Aggressionspyramide, und da das Kind der schwächste Teil ist, befindet es sich ganz unten. Wir *glauben* noch immer, daß wir Kinder mit besonderer Güte behandeln und besondere Rücksicht auf sie nehmen, wie das in der Tat die meisten Tiere tun. Aber tun wir das wirklich? Glauben nicht die meisten, daß sie das Recht, sogar die Pflicht haben, Kindern gegenüber bei der Erziehung rohe Gewalt anzuwenden? Fast alle Institutionen, die sich mit Kindern beschäftigen, sind besessen von Disziplin. Wann immer es möglich ist, stecken wir sie in Uniformen und durchforschen ihre Gehirne, wie Gefängniswärter Gefangene durchsuchen. Wir zwingen sie, nach der Uhr zu leben, ehe sie noch lesen können, obwohl das biologisch gesehen keinen Sinn ergibt. Wir bauen Wohnungen ohne geeignete Räume für sie. Sie stören beim Geldverdienen, deshalb lassen ihre Mütter sie im Stich und gehen arbeiten – manche sind körperlich nicht einmal mehr in der Lage, ihre eigenen Kinder zu nähren. Eltern sind durch den täglichen Konkurrenzkampf so verbraucht, daß sie den natürlichen Lärm und die Unordnung des Kindes nicht tolerieren können. Sie wissen nicht, warum es schreit, sie verstehen *nichts* von seiner unartikulierten Sprache. Das erste Wort des Kindes ist nicht ›Mama‹ oder ›Papa‹, sondern ›Ich‹. In Millionen von Jahren der Evolution hat es das zu sagen gelernt, und es hat ein biologisches Recht auf sein Ich als Mittelpunkt, weil das für unsere Spezies die einzige Art weiterzuexistieren ist.

Wesentlich ist dies: Jedes Kind wird mit bestimmten biologischen Erwartungen oder – wenn Sie wollen – Gattungsvoraussetzungen geboren: daß für sein Unvorbereitetsein gesorgt wird, daß es nicht nur Nahrung bekommt, sondern auch seelische Beruhigung, daß seine Verwundbarkeit geschützt wird, daß es in eine Welt geboren wird, die darauf wartet, es zu empfangen, und die weiß, *wie* sie es empfangen muß. Aber der Druck der Aggression in unserer Gesellschaft ist so schwer, daß das Unvorstellbare geschieht: wir zerschmettern es. Und wenn die Gewaltausübung auch nicht so roh auftritt, so ist sie doch vorhanden, gleichmäßig über die Jahre verteilt; die Wirkung ist schließlich dieselbe, und deshalb war die Steinigung eines Babys im Kinderwagen die dramatische Metapher, die ich anwandte, um das zu beschreiben. Nicht Rohlinge machen das, sondern Menschen, die gerne Stücke sehen, in denen Rohlinge verdammt werden.

So oder so lernt das Kind bald, daß es in eine seltsame Welt geboren ist, und nicht in die Welt, für die es entwickelt wurde: wir sind nicht mehr frei geboren. Deshalb gerät das kleine unendlich verwundbare Kind in Panik – jedem Tier muß es genauso gehen. Die Rückversicherung, die es braucht, bekommt es nicht, und in seiner Angst identifiziert es sich mit denen, die Macht über es haben. Das heißt, es akzeptiert ihre Ansicht der Situation, ihr Urteil, wer recht und unrecht hat – ihre *Moral*. Aber diese Moral – die die gesellschaftliche Moral ist – hat jetzt die ganze Gewalt von Furcht und Panik, durch die sie hervorgerufen worden ist. Moral hört auf, etwas zu sein, was die Menschen wollen, und wird zu etwas, ohne das zu sein sie sich fürchten. Deshalb ist die gesellschaftliche Moral eine Art von verdorbener Unschuld, und sie steht im Widerspruch zu den fundamentalsten Wünschen derjenigen, die auf diese Weise moralisiert worden sind. Sie ist eine Bedrohung, eine Waffe, gerichtet gegen ihr fundamentalstes Verlangen nach Gerechtigkeit, ohne das sie nicht in der Lage sind, glücklich zu sein, oder zulassen können, daß andere glücklich werden. Die aggressive Reaktion solcher Menschen ist durch die gesellschaftliche Moral unterdrückt worden, aber das verstärkt nur ihre Verkrampfung. Deshalb versuchen sie sich durch Extrovertiertheit zu erleichtern. Sie werden häufig zu Missionaren und Mitläufern. Sie sind besessen von der Sucht nach Zensur – der einzigen moralischen Rechtfertigung des Schlüssellochguckers. Sie spüren die Bösen und Gottlosen überall auf, weil sie selbst so sind. Ihre gesellschaftliche Moral verleugnet ihr Bedürfnis nach Gerechtigkeit, aber dieses Bedürfnis ist so fundamental, daß man ihm nur durch den Tod oder den Wahnsinn entkommen kann; anderenfalls muß man besessen dagegen ankämpfen. In diesem Kampf wird Vergnügen zu Schuld, und die moralisierenden, Zensur ausübenden, unmenschlichen Puritaner sind die Folge. Manchmal ist ihre Aggression hinter angestrengter Heiterkeit verborgen, aber es ist überraschend, wie wenig Heiterkeit sich in ihren Meinungen und Ansichten widerspiegelt und wie intolerant, destruktiv und zornig diese Hüter der Moral sein können.

Ihre Moral ist zornig, weil sie im Kampf mit sich selbst liegen. Sie sind nicht nur gespalten, sondern *bekämpfen* ihr eigenes unterdrücktes Verlangen nach Gerechtigkeit mit der ganzen Furcht und Hysterie ihrer Urangst. Weil diese ihnen weder in der Kindheit noch später endgültig genommen werden kann, müssen diese Menschen, um weiterleben zu können, sich jeden Tag selbst umbringen. Gesellschaftliche Moral ist eine Form von Selbstmord. Menschen, die gesellschaftliche Moral angenommen haben, müssen gegen jeden Freiheitssinn, jede Zufriedenheit und sexuelle Freiheit voller Geringschätzung und Zorn vorgehen, weil das die Dinge sind, die sie in sich selbst bekämpfen. Für sie gibt es keinen Ausweg, es ist, als ob man einem Tier, das in einen Käfig eingeschlossen ist, den Schlüssel zuwirft. Es rüttelt an den Gittern, aber nach draußen kommt es nie. Daher ist das Glück anderer Menschen ihr Leid, und die Freiheit anderer Menschen gemahnt sie an ihre Versklavung. Als hätten sie in sich selbst eine wüste, unwirtliche Landschaft erschaffen, in der sie sich emotional und geistig ausleben müssen. Natürlich spiegelt diese Landschaft die unwirtliche, ungerechte Welt wider, in der sie zuerst gelitten haben; und das verschlimmert und verstärkt ihre Aggression und verursacht anscheinend eine zusätzliche tiefe Bitterkeit. Indem sie die ungerechte Welt gut nennen, erschaffen sie sie in sich neu und sind verdammt, in ihr zu leben. Sie haben nicht gelernt, daß, wenn man im Dunkeln Angst hat, die Dunkelheit nicht verschwindet, wenn man die Augen schließt. Diese Menschen sind die zornigen, heiteren Gespenster meines Stückes ›Trauer zu früh‹.

Natürlich wachsen nicht alle Kinder so auf. Manche lösen das Problem durch Zynismus und Gleichgültigkeit, andere verbergen sich hinter einem trägen, passiven Konformismus, andere werden kriminell und offen destruktiv. Was auch immer geschieht, die meisten werden erwachsen und handeln dann auf niederträchtige, betrügerische und gewalttätige Weise; und die angepaßten guten Bürger mit ihrer gesellschaftlichen Moral sind die gewalttätigsten von allen, weil sich ihre Aggression durch den gesamten technologischen Apparat und die Macht der Massengesellschaft ausdrückt. Die Institutionen der Moral und Ordnung sind immer destruktiver als das Verbrechen. Das ist in diesem Jahrhundert sehr deutlich geworden.

Auch wenn ein Kind unbeschädigt davonkommt, als Erwachsener wird es denselben Problemen gegenüberstehen. Wir behandeln Erwachsene wie Kinder. Sie haben keine wirkliche politische oder ökonomische Kontrolle über ihr Leben, und daher fürchten sie die Gesellschaft und ihre eigene Machtlosigkeit in derselben. Marx hat die Entfremdung Erwachsener sehr richtig beschrieben, aber wir verstehen heute mehr davon. Wir sind in der Lage zu erkennen, daß die meisten Menschen ihr Leben damit zubringen, Dinge zu tun, für die sie von Natur aus nicht geschaffen sind. Wir sind nicht für unsere Fließbandproduktion, Wohnblocks oder gar für unsere Autos geschaffen, und diese nicht für uns. Im Grunde sind sie geschaffen, um Profit zu machen. Und weil wir die meisten Dinge, mit deren Produktion wir unser Leben vergeuden, nicht einmal brauchen, muß man uns mit geschäftstüchtiger Werbung einkreisen, um uns zum Kauf zu verlocken. Dieses Leben ist für uns so unnatürlich, daß wir ganz einfach aus biologischen Gründen überreizt, nervös und aggressiv werden, und diese Eigenschaften werden an unsere Jugend weitergegeben.

Anspannung und Aggression werden zu Kennzeichen unserer Spezies. Unruhe, Kälte oder Gewalt zeichnen die Gesichter vieler Menschen; und sie bewegen sich verkrampft und ungeschickt, nicht mit der Selbstverständlichkeit freier Wesen. Diese Ausdrucksformen sind Zeichen moralischer Krankheit, aber man hat uns gelehrt, sie zu bewundern. Sie werden in der Werbung und auf den sich ähnelnden Abbildungen von Politikern und Führern, sogar von Schriftstellern verwendet, und natürlich werden sie von den Jungen als Zeichen guter Manieren genommen.

Aus diesen Gründen sage ich, daß die Gesellschaft zusammengehalten wird durch die Aggression, die sie hervorruft, und nicht die Menschen sind gefährlich aggressiv, sondern unsere Form der Gesellschaft. Sie züchtet Aggression auf folgende Weise: erstens ist sie von Grund auf ungerecht, und zweitens bringt sie die Menschen dazu, ein unnatürliches Leben zu führen – zwei Dinge, die eine natürliche biologisch aggressive Antwort bei den Mitgliedern der Gesellschaft hervorrufen. Die formelle Antwort der Gesellschaft darauf ist gesellschaftliche Moral; aber das ist, wie ich schon erklärt habe, nur eine andere Form von Gewaltausübung, und daher muß sie weitere Aggression provozieren. Es gibt keinen Ausweg für unsere Form der Gesellschaft, eine ungerechte Gesellschaft muß gewalttätig sein. Jede Ordnung, die das fundamentale Verlangen nach natürlicher Gerechtigkeit verleugnet, muß aggressiv werden, auch wenn sie für sich in Anspruch nimmt, moralisch zu sein. Das trifft für die meisten Religionen zu, die behaupten, daß Gerechtigkeit nur in einer anderen Welt zu erlangen sei und nicht in dieser. Das trifft auch für viele politische Reformbestrebungen zu.

Von der gesellschaftlichen Moral sanktionierte Aggression kann sich selbstverständlich mit der üblichen Freundlichkeit und Wohlanständigkeit verbinden, das gilt auch für die Aggression der von ihr erhaltenen sozialen Institutionen. Aber Aggression ist so stark (sie entwickelte sich schließlich, um verzweifelte Situationen zu meistern), daß sie den Charakter aller beeinflußten Personen und Institutionen entscheidend bestimmt. Aus diesem Grund waren unsere Institutionen zu allen geschichtlichen Zeiten aggressiv, und sie machen es aggressiven Menschen besonders leicht, an Macht und Autorität zu gelangen. Darum verhalten sich Führerpersönlichkeiten – revolutionäre wie reaktionäre – so oft schlimmer als Tiere. Ich sage das nicht als Schmähung – es ist eine traurige historische Wahrheit.

Die menschliche Aggression hat entscheidende Merkmale, durch die sie zerstörerischer wird als die Aggression tierischer Lebewesen. Sie *ist* animalische Aggression, muß aber durch unseren menschlichen Verstand angepaßt werden, und wahrscheinlich erscheint sie uns beunruhigender und erschreckender als anderen Lebewesen. Das gilt sowohl für unsere subjektiven Aggressionsgelüste als auch für die Aggression, die wir von außen erleiden. Wir haben kompliziertere Hilfsmittel, um mit dieser anwachsenden Verletzbarkeit zurechtzukommen. Wenn Angst und Schrecken unerträglich werden, lügen wir und sagen, sie sind nicht vorhanden, und über der Basis dieser Lüge bauen wir eine gesellschaftliche Moral. Wie ich schon sagte, sind Kinder in dieser Hinsicht besonders verwundbar, aber wir alle sind das ganze Leben diesem Zwang unterworfen. Als Lebewesen reagieren wir auf Bedrohung in natürlicher, biologischer Weise, als Menschen müssen wir aber komplizierter reagieren – geistig, emotional und moralisch. Weil wir das nicht mit Erfolg schaffen, funktionieren wir als Spezies nicht mehr. Statt dessen haben wir all das erzeugt, was uns bedroht: unsere militärische Gigantomanie, moralische Hysterie, industrielle Sklaverei, und die ganze bedrohliche Aggressivität einer auf Profit ausgerichteten Zivilisation.

Im Augenblick zumindest ist unsere Situation durch unseren technologischen Erfolg noch sehr verschlimmert worden. Man kann das Problem kurz und schematisch wie folgt beschreiben:
Wir haben uns in einer Biosphäre entwickelt, leben aber immer mehr in einer Technosphäre. Wir passen uns nicht sehr gut an, daher werden unsere biologischen Verteidigungskräfte aktiviert, wovon eine Aggression ist. Unsere Umwelt verändert sich so

schnell, daß wir nicht darauf warten können, daß sich biologische Lösungen entwickeln. Also sollten wir entweder unsere Technosphäre ändern oder die Technologie benutzen, um die menschliche Natur zu verändern. Aber in unserer Gesellschaft wird Veränderung ausschließlich von drängenden kommerziellen Imperativen bestimmt, daher wird nichts zur Lösung unseres Hauptproblems unternommen. Eine Spezies aber, die unter ungünstigen Umweltbedingungen lebt, stirbt aus. Für uns wird das Ende wahrscheinlich schneller nahen, weil die von uns erzeugte Aggression in unserer Technologie massiv ihren Ausdruck findet.

Das ist sehr vereinfacht, und so sicher ist unser Schicksal nicht. Doch die Kombination von Technologie und gesellschaftlicher Moral ist sehr gefährlich, und sie könnte zur Katastrophe führen. Als Alternative könnten Regierungen beginnen, gesellschaftliche Moral mit Gewalt duchzusetzen. Durch Anwendung von Drogen, durch Selektion, Konditionierung und Genetik wären sie in der Lage, Menschen zu fabrizieren, die in die Gesellschaft passen. Das wäre genauso katastrophal. Wenn wir das alles also nicht wollen, müssen wir etwas anderes unternehmen. Es gibt Anzeichen, in der Suche nach Gegenkulturen und alternativen politischen Bestrebungen, daß wir damit beginnen.

Was sollten wir tun? Gerecht leben. Aber was ist Gerechtigkeit? Gerechtigkeit gestattet den Menschen, ihrer Entwicklung entsprechend zu leben. Die Menschen haben ein emotionales und physisches Bedürfnis danach, es ist ihre biologische Erwartung. Sie *können* nur so leben, oder sie kämpfen ununterbrochen bewußt oder unbewußt, um das zu erreichen. Das ist das Wesentliche, das ich sagen will, weil es bedeutet, daß in Wahrheit unsere Gesellschaft und ihre Moral, die das verleugnet, und ihre Technologie, die das immer mehr verhindert, den Menschen ununterbrochen ins Ohr flüstern: »Du hast kein Recht zu leben.« Das ist es, was unter dem Glanz der modernen Welt liegt. Gleichheit, Freiheit und Brüderlichkeit müssen in dieser Erkenntnis neu interpretiert werden, anderenfalls ist eine wirkliche revolutionäre Veränderung unmöglich.

Wir können dieses fundamentale Bedürfnis auf mannigfache Art ausdrücken: ästhetisch, intellektuell, als Wunsch zu lieben, schöpferisch zu sein, zu beschützen und uns zu freuen. Das sind keine höheren Ansprüche, die erst nach der Erfüllung der fundamentaleren Bedürfnisse rangieren. *Sie* sind fundamental. In ihnen muß sich unsere ganze Existenz ausdrücken, und wenn sie nicht unser tägliches Leben beherrschen, können wir als menschliche Wesen überhaupt nicht funktionieren. Das sind keine Schwächen, aber sie haben nichts zu schaffen mit den Karikaturen, die in unserer Gesellschaft für stark gehalten werden – mit den hysterischen alten Jungfern, die Stabsfeldwebel werden, den versteckten Schlüssellochguckern, die Moralisten werden, den unreifen sozialen Schädlingen, die Richter werden. Die Gesellschaft legt diesen Bedürfnissen gegenüber Lippenbekenntnisse ab, aber ein wirkliches Interesse an ihnen hat sie nicht, und natürlich sind sie mit dem scharfen Konkurrenzkampf einer auf Profit ausgerichteten Gesellschaft nicht in Einklang zu bringen. So verneinen wir sie in Wirklichkeit. Wie Gespenster lehren wir eine tote Religion, bauen ein paar Gefängnisse mehr, um Cäsar anzubeten, und lassen es dabei. Blake hat gesagt, wenn wir versuchen, mehr als Menschen zu sein, werden wir weniger sein als Tiere, und das haben wir getan.

Unsere menschlichen Gefühle und intellektuellen Fähigkeiten kann man nicht getrennt von der langen evolutionären Entwicklung betrachten; als Tiere stellen wir unsere höchsten Ansprüche, und indem wir als Menschen darauf reagieren, machen wir unsere tiefsten menschlichen Erfahrungen.

Ich habe viele Fragen nicht beantwortet, die ich aufgeworfen habe, aber ich habe versucht, Dinge zu erklären, die oft unbeachtet bleiben, die aber berichtigt werden müssen, wenn irgend etwas für uns wirksam werden soll. Es ist schwer, sie zu berichtigen, weil Reformen leicht zur gesellschaftlichen Moral werden. Es ist so leicht, die Gerechtigkeit der Macht unterzuordnen, aber wenn das der Fall ist, wird die Macht zur Triebkraft der Aggression, und dann ist nichts wirklich verändert. Marx hat dieses Problem nicht gekannt, und Lenin hat es entdeckt, als es zu spät war.

Es gibt keine Notwendigkeit, pessimistisch zu sein oder zu resignieren, und dieses Stück tut beides nicht. Lear ist blind, bis man ihm die Augen entfernt, und von da an beginnt er zu sehen, zu begreifen. (Blindheit ist eine dramatische Metapher für Selbsterkenntnis, darum sind Gloster, Ödipus und Teiresias blind.) Lears neue Welt ist fremd, und deshalb kann er anfänglich nur mühsam und unbeholfen darin herumtasten. Zu diesem Zeitpunkt ist Lear alt, die meisten Zuschauer des Stückes aber werden jünger sein. Es mag ihnen scheinen, daß die Wahrheit, wenn sie entdeckt wird, stets ein Grund zum Pessimismus ist, aber man kommt bald darauf, daß man sie als Chance sehen muß. Dann muß man aufhören, weiterhin Dinge zu tun, die keine Wirkung haben, in der Hoffnung, eines Tages würden sie das schon, denn jetzt weiß man, warum sie das *nicht können*. Selbst bourgeoise Politik ist wirksamer.

Zum Schluß, ich habe nicht den Versuch unternommen zu sagen, wie die Zukunft aussehen sollte, weil das ein Fehler ist. Wenn ein Plan für die Zukunft zu unbeweglich ist, beginnt man die Menschen zu zwingen, sich ihm anzupassen. Wir brauchen keinen Zukunftsplan, wir brauchen eine *Methode* der Veränderung.

Ich möchte kurz etwas über das Stück sagen. Lear müßte die Unschuld seiner Töchter nicht zerstören, er tut es nur, weil er seine Situation nicht begreift. Sobald er begreift, läßt er Thomas und Susan ungeschoren. Aber ich glaube, den unschuldigen Jungen mußte er vernichten. Manche Dinge sind uns als Spezies vor langer Zeit verlorengegangen, aber anscheinend müssen wir alle einen Teil dieses Verlustaktes durchleben. Wir müssen das lernen, ohne Schuldgefühl oder Groll oder Gefühllosigkeit – oder gesellschaftliche Moral. Deshalb ist Lears Geist nicht einer der zornigen Geister von ›Trauer zu früh‹, sondern etwas anderes.

Abgesehen von den ungefähr zehn Hauptrollen des Stückes, gibt es annähernd siebzig weitere Sprechrollen. In gewissem Sinne sind sie *eine* Rolle, die den Charakter der Gesellschaft aufzeigt. Der 1. Akt zeigt eine Welt, die vom Mythos beherrscht wird. Der 2. Akt zeigt den Zusammenstoß zwischen Mythos und Realität, zwischen abergläubischen Menschen und der autonomen Welt. Der 3. Akt zeigt eine Lösung von diesem, indem wir in ihr sterben, beweisen wir, daß die Welt real ist.

Edward Bond

(Aus dem Englischen übersetzt von Jörg Wehmeier)

Die See

Eine Komödie

Deutsch von Harald Mueller

Personen:

WILLY CARSON
EVENS
HATCH, TUCHHÄNDLER
HOLLARCUT
PFARRER
CARTER
THOMPSON
LOUISE RAFI
ROSE JONES
JESSICA TILEHOUSE
MAFANWY PRICE
JILLY
RACHEL
DAVIS
DAMEN UND HERREN

Eins	Strand
Zwei	Laden
Drei	Strand
Vier	Haus
Fünf	Laden
Sechs	Strand
Sieben	Kliff
Acht	Strand

Ostküste, 1907

Eins

Strand.

Leere Bühne. Dunkelheit und Donner. Wind braust, jammert,
rast und heult über das Wasser. Wassermassen schwellen an, er-
zittern, schäumen über und stürzen in die See zurück. Langsam
mahlen Kies und Sand. Die Erde bebt.
WILLY Hilfe! Aaahh –
Der Laut wird von Wasser erstickt.
Hilfe. Colin. Schrei. O Gott, laß ihn schrein!
Der Sturm wird lauter.
Hilfe!
Wieder wird der Laut von Wasser erstickt.
Ein Betrunkener nähert sich und singt.
EVENS Warum ich singe – – – was weiß ich – – – ich sing dies Lied
– – – Der Tag ist kurz und –
WILLY Hilfe. Hilfe.
EVENS Wa–?
WILLY Hier. Im Wasser. Ein Mann ist im Wasser.
Donner.
EVENS Dafür ists zu spät. Die See erledigt alles. Nimm dirn
Schlückchen. Nurn ganz kleinen. Hier, die Buddel, nimm . . .
WILLY Helfen Sie mir. Unser Boot ist gekentert. Ich kann ihn nicht
finden.
EVENS Ich sing dies Lied – – – Der Tag ist kurz und –
WILLY Scheißkerl. Colin. Colin.
EVENS Wa–? Warum ich singe – – – was weiß ich – – – Istn da einer
im Wasser?
Der Sturm wird schlimmer. Donner. Der Wind heult. Hatch,
ein Mann in mittleren Jahren, kommt mit einer Taschenlampe.
TUCHHÄNDLER Was macht ihr da?
EVENS O Gott, der Tuchhändler. Trinkn Schlückchen, oller
Kumpel. Da ausser Buddel –
TUCHHÄNDLER Dreckiges Vieh.
EVENS Bin schon weg.
Geht weg.
Was für ne Nacht! Jessas, jessas.
TUCHHÄNDLER Ich weiß, was hier los ist.

WILLY Hilfe. Hilfe.

TUCHHÄNDLER Ich weiß, wer du bist. Du denkst, hier draußen kann man dich nicht sehen.

WILLY Colin. Umgotteswillen, schrei.

Evens geht singend ab.

EVENS *Abgehend.*

Ich sing mein Lied – – – Der Tag ist kurz und –

WILLY O Gott.

Willy kommt triefend aus dem Wasser. Sein Haar und seine Kleider kleben am Körper. Er steht weinend und bittend am Ufer. Der Tuchhändler beleuchtet ihn mit der Lampe. Willy schreit lauter als der Sturm.

Helft mir.

TUCHHÄNDLER Geh zurück.

WILLY Seid ihr alle verrückt? Wo bin ich?

TUCHHÄNDLER Ich wußte, daß du kommst. Wir werden gegen dich kämpfen, dreckiges Vieh.

Willy dreht sich um und geht ins Wasser zurück.

WILLY Colin. Colin.

In einiger Entfernung heftiger Kanonendonner.

TUCHHÄNDLER Die Kanonen! Sie haben die Kanonen eingesetzt! Hurra!

WILLY Was?

TUCHHÄNDLER Hurra, die Kanonen. Die Armee weiß, daß du da bist. Das ganze Land tritt an zum Kampf. Wir werden dich fertigmachen.

Der Tuchhändler geht mit seiner Lampe ab. Der Sturm wächst.

WILLY Colin. Stirb nicht. Nicht so. Schrei.

Willy läuft durchs Wasser.

Zwei

Laden des Tuchhändlers.

Ladentisch. Regale mit Stoffrollen und Stapeln von Tuch. Zwei Korbstühle für Kunden. Auf dem Ladentisch verschiedene Kurzwaren, eine hölzerne Ladenkasse und eine an Taille und Hals abgeschnittene Kleiderpuppe.
Mrs. Louise Rafi (kommt in die Jahre) und ihre Gesellschafterin Mrs. Jessica Tilehouse (in den Vierzigern, bescheiden, aber bestimmt) sind im Laden. Mr. Hatch, der Tuchhändler, bedient sie. Er ist um die vierzig, hat geöltes Haar und ein ziemlich flaches Gesicht. Sehr helle blaue Augen.

TUCHHÄNDLER Wollstoffe werden jetzt wieder Mode, Mrs. Rafi. Sehr elegant für Wintervorhänge.
Rafi ignoriert ihn und schaut sich weiter ein Muster auf dem Ladentisch an.

RAFI Ist das hier haltbar?

TUCHHÄNDLER Brokat ist natürlich nicht so haltbar wie Utrechter.

RAFI Zeigen Sie mir das in Blau.

TUCHHÄNDLER Tut mir leid, blau haben wir nicht auf Lager. Mit einem Altrosa kann ich Ihnen dienen oder mit einem Clubgrün.

RAFI *Zu ihm, während sie einen umfangreichen Katalog durchsieht.*
Blau, blau.

TUCHHÄNDLER Haben Sie das Plüschangebot schon gesehen?
Er will ihr eine Stelle im Katalog zeigen.

RAFI Führen Sie mich nicht an der Nase herum. Mit einem künstlichen Stoff würde ich mich nicht wohlfühlen. Ich will Samt.

TUCHHÄNDLER Samt fällt auch am besten. Er ist haltbar und behält seinen Glanz.

RAFI Sollte er, für diesen Preis.

TUCHHÄNDLER *zu Mrs. Tilehouse.*
Haben Sie unsere indischen Dhurries gesehen, Mrs. Tilehouse? Diese Woche frisch eingetroffen. Sie werden die herrlichen Farben zu würdigen wissen. Sie können so was bestimmt gut tragen.

RAFI Dieser neumodische Spleen, die Handelsbilanz des Empires

zu verbessern, indem man die Ostküste wie Eingeborene an-
zieht, interessiert mich nicht. Ich bin gekommen, um Vorhänge
auszusuchen und will Utrechter Samt haben – der vermutlich
aus Birmingham stammt. Ihr Katalog ist voll mit interessanten
Angeboten, aber in Ihrem Laden findet man nichts davon. Sie
bieten nur Schund an. Wie wollen Sie eine anspruchsvolle und
dankbare Kundschaft gewinnen? Da, in Ihrem Katalog steht
Blau –
Sie gibt ihm den Katalog.
– unten auf Seite eins-drei-zwei-eins in der Spalte rechts.

TUCHHÄNDLER *mit dem Katalog in der Hand.*
Alles, was Sie hier sehen, Mrs. Rafi, ist auf Extrabestellung lie-
ferbar. Blau ist nicht gefragt.
Zu Mrs. Tilehouse.
Es wird nicht verlangt. Nicht zu diesem Preis, Mrs. Tilehouse.

TILEHOUSE *nickt verständnisvoll.*
Das glaube ich Ihnen.

RAFI Es wäre vermutlich zu optimistisch von mir, nach einer
Probe zu fragen.
*Der Tuchhändler nimmt schweigend ein blaues Muster aus einer
Schublade und gibt es ihr. Sie schaut es sich an.*
Zweifellos dauert die Lieferung ewig.

TUCHHÄNDLER Der Grossist rechnet mit zwei Wochen bis zur
nächsten Bahnstation. Das ist doch keine Zeit, nicht wahr?

RAFI Falls man sich darauf verlassen könnte.

TILEHOUSE Mein neues Handarbeitskörbchen war innerhalb einer
Woche da.

RAFI *sieht in den Katalog.*
Nottingham Spitzen, Guipure d'Art, türkische Teppiche, Japa-
nische Nainsooks. Das alles kommt vermutlich in zwei Wochen
aus diesem Warenhaus in Birmingham. Die Kunst einzukaufen
gibt es nicht mehr.
Sie seufzt und nimmt das Muster auf.
Ist das auch akkurat?

TUCHHÄNDLER Ich denke schon.

RAFI Die meisten Muster werden verschickt, um die Kundschaft
absichtlich hinters Licht zu führen. Wie Devotionalien. Nein,
das ist ein erlesenes Material, ich gebe es zu. Es wird sich in Park
House sehr gut machen. Ich möchte davon einhundertzweiundsechzig Yards in Stücken von je drei Yards. Ich will ihn in Fore-

beach verarbeiten lassen. Dort kann ich die Arbeit überwachen.
Sie steckt das Muster in ihre Handtasche.
Dieses Beweisstück nehme ich mit.

TILEHOUSE Louise, wäre es nicht besser, erstmal ein Zimmer fertigzustellen? Damit Sie sehen, wie es aussieht.

RAFI Warum? Die Vorhänge im Erdgeschoß sind schäbig. Sogar Sie haben das bemerkt. Dieser Stoff ist geeignet. Mir genügt dieses kleine Stückchen, um mir auszumalen, wie die ganze Szenerie aussehen wird. Und ich kann Ihnen sagen, sie sieht großartig aus.

TUCHHÄNDLER Einen Durchschlag der Bestellung werde ich hinauf nach Park House schicken.
Etwas zu bestimmt.
Damit Sie ihren eigenen Denkzettel haben.

RAFI Ich bin Ihnen verbunden. Nun Handschuhe. Was haben Sie mir in dieser Hinsicht anzubieten?

TUCHHÄNDLER Nur was Sie schon letzte Woche sahen, Mrs. Rafi.

RAFI Nichts Neues? Aber Sie hatten doch versprochen, mir zur Ansicht noch andere zu besorgen.

TUCHHÄNDLER Noch nicht da.

RAFI Bei Handschuhen rechnet man natürlich mit sofortiger Lieferung. Gut, dann zeigen Sie mir die, die ich letzte Woche schon gesehen habe. Ich muß Handschuhe haben, und wenn das hier Ihr ganzes – Angebot ist, werde ich mich damit behelfen müssen, bis ich nach Forebeach fahren kann, wo ich eine interessantere Kollektion zur Auswahl habe.
Der Tuchhändler holt zwei Kartons mit Handschuhen.

TILEHOUSE Diese hier gefielen mir an Ihnen, Louise. Sie passen zu allem.

RAFI Jessie, versuchen Sie bitte nicht, mich zu einem Kauf zu drängen. Sie wissen, das macht mich böse. Man gebraucht seine Hand, um auf etwas zu zeigen, etwas zu unterstreichen und zum Gestikulieren. Menschen werden danach beurteilt, was sie an den Händen haben. Sie sind wichtig.

TUCHHÄNDLER Gazelle. Fünf und fünf elf. Bock. Genarbtes Leder, strapazierfähig. Reh. Fühlen Sie, wie weich, Mrs. Rafi. Waschechtes Kitz. Zweisechs. Naturbiber. Dreidrei. Diese hier haben weiße Fingerspitzen, was von vielen Damen für einen kleinen Aufpreis bevorzugt wird. Dann haben wir den Military-Stil – *das* wird jetzt Mode. Für drei.

RAFI *probiert ein Paar Handschuhe an.*
Hier in der Stulpe steht sechsdreiviertel. Warum komme ich da nicht hinein?
TUCHHÄNDLER Vielleicht versuchen Sie einen schmalen Herren –
RAFI Ich habe immer Damengrößen getragen. Sieben höchstens. Und sowas kommt aus Birmingham. Ist dort nicht die Präzisionstechnik zu Hause? Da sollte man doch wenigstens die Herstellung richtiger Handschuhgrößen erwarten dürfen.
Sie probiert ein anderes Paar an.
Wieder sechsdreiviertel, aber ein ganz anderer Sitz.
Zieht mit Anstrengung einen anderen Handschuh an.
Sie kommen der Hand entgegen, aber sind sie auch strapazierfähig?
Sie schlägt mit der Hand auf den Ladentisch.
Nein. Geplatzt in den Nähten. Na also: Wenn man ein bißchen leidenschaftlicher wird, geben sie nach.
Zieht den Handschuh aus.
Ich bin eine leidenschaftliche Frau und brauche Handschuhe, die sich meinem Charakter anpassen. Diese da nehme ich nicht. Dem Himmel Dank, ich habe es rechtzeitig bemerkt.
Sie nimmt ein anderes Paar auf.
Also diese haben Stil. Auch die Stulpe könnte ich tragen. Klopfen Sie ans Fenster.
TILEHOUSE Was?
RAFI Schnell.
Mrs. Tilehouse klopft ans Fenster.
Lauter.
Mrs. Tilehouse klopft lauter. Mrs. Rafi winkt weitausholend und dennoch vornehm. Sie ruft im Flüsterton mit weitgeöffnetem Mund.
Einen Moment.
Die Türklingel läutet. Willy kommt rein.
RAFI Sind Sie Mr. Carson. Ich bin Mrs. Rafi. Guten Tag.
WILLY Guten Tag.
RAFI Das ist eine schreckliche Tragödie. Colin war mit meiner Nichte verlobt. Meine Gesellschafterin, Mrs. Jessica Tilehouse.
WILLY Guten Tag.
TILEHOUSE Guten Tag. O schrecklich. Ich kannte Colin gut. Er war so höflich. Immer ein freundliches Wort, auch für die im Hintergrund.

RAFI Die Frau des Untersuchungsrichters hat mich nach dem Frühstück aufgesucht, um mir die Einzelheiten mitzuteilen. Sie müssen sich elend fühlen. Sie können sich vorstellen, in welchem Zustand sich meine arme Nichte befindet.

WILLY Ich bin grade bei Ihnen zu Hause gewesen. Ich wollte Ihre Nichte besuchen, aber man bat mich, später wiederzukommen.

RAFI Bitte betrachten Sie mein Haus als das Ihre. Ich habe Colin entsetzlich gern gehabt.

TILEHOUSE Er hatte eine glänzende Zukunft vor sich. Ach du jemineh.

RAFI Bleiben Sie länger hier?

WILLY Bis zur gerichtlichen Untersuchung.

TILEHOUSE Ach du jemineh.

RAFI Sie müssen mir *ganz* genau erzählen, was passiert ist. Ich wollte mich schon beim Stabschef beschweren, weil die Küstenbatterie das Feuer eröffnet hat. Aber die Frau des Untersuchungsrichters sagt mir, daß Sie sich ins Zielgebiet verirrt hätten. Wie konnte es dazu kommen? Es ist auf den Seekarten eingetragen. Wer war Navigator?

WILLY Oh. Das haben wir zusammen gemacht. Es war ein kleines Boot. Der Sturm hat uns vom Kurs abgetrieben. Die Kanonen haben uns nicht versenkt. Wir waren schon gekentert.

TILEHOUSE Was für eine Nacht. Gottseidank wußte ich nicht, daß Sie draußen waren. Ich hätte kein Auge zugetan. Das schwöre ich Ihnen. Mich hätte die Vorstellung gequält, daß –

Sie unterbricht, weil sie plötzlich merkt, was sie sagt, sie wird verlegen, gerät fast in Panik.

Nicht daß meine Leiden wichtig wären. Bestimmt nicht. Verglichen mit Ihren. Ich hätte gern, gern die ganze Nacht durchgewacht, wenn –

RAFI *wirft ein Paar Handschuhe auf den Ladentisch.*

Also, ich werde diese doch nicht nehmen, Hatch. Der Griff von meinem Regenschirm hat sich in der Stulpe verheddert. Schicken Sie die anderen den Herstellern zurück. Teilen Sie ihnen mit, daß es nicht die Qualität sei, die man von ihnen erwarten dürfte. Mr. Carson, fahren Sie vielleicht mit uns nach Park House zum Mittagessen zurück. Mein Ponywagen steht draußen.

WILLY Ob sie die Leiche finden werden?

TILEHOUSE Ach du jemineh. Diese schreckliche See, dieses

schreckliche Leben.

RAFI Alles wird wieder angespült. Unsere Küste ist dafür bekannt. Sie werfen heute ein Taschentuch in die See und heben es morgen am Strand wieder auf. Besuchen Sie Mr. Evens. Er ist ein bißchen seltsam, aber er kennt das Wasser hier. Er wird Ihnen sagen, wo und wann alles hier angespült wird. Jessie, Sie müssen zu Fuß gehen. Drei schafft Pony nicht.

WILLY Ich werde gehen.

RAFI Kommen Sie.

Mrs. Rafi und Willy gehen raus. Die Türklingel läutet.

TILEHOUSE Mr. Hatch, wer war letzte Nacht auf Küstenwache?

TUCHHÄNDLER Warum?

TILEHOUSE Das wird doch bei der Untersuchung festgestellt werden? Warum hat der Wachhabende nichts gesehen?

TUCHHÄNDLER Nur ein Hellseher hätte letzte Nacht etwas sehen können.

Er verstaut die Handschuhe wieder.

Ich hatte Dienst.

TILEHOUSE Ach du liebe Zeit, und die Stadt zahlt Ihnen zehn Schilling jährlich, damit Sie aufpassen.

TUCHHÄNDLER Ich passe auf, Mrs. Tilehouse. Mehr als für die zehn städtischen Schillinge jährlich.

Die Türklingel läutet. Hollarcut kommt rein. Er ist ein ruhiger, blonder junger Mann.

HOLLARCUT Oh.

TUCHHÄNDLER Morgen, Billy. Warte hinten, Junge.

Hollarcut will am Ladentisch vorbei nach hinten durchgehen.

TILEHOUSE Morgen, Hollarcut. Hast du letzte Nacht Dienst gehabt?

HOLLARCUT Nein, Mrs. Tilehouse.

TILEHOUSE Nicht? Aber in einer solchen Nacht doch bestimmt. Ich dachte, alle Leute der Küstenwache wären auf ihren Posten gewesen.

TUCHHÄNDLER In meiner Dienstvorschrift steht das nicht drin, Mrs. Tilehouse.

HOLLARCUT Und ich kann meine nicht lesen.

Hollarcut geht hinter dem Ladentisch raus.

TUCHHÄNDLER Dieser Stoff, Mrs. Tilehouse. Einhundertzweiundsechzig Yards. Ob sie sich anders besinnen wird? Als sie beim letzten Mal Kissen bestellt hatte, hat sie die nicht einmal angesehn. Jetzt muß ich bei jeder Bestellung bar bezahlen, und sie nehmen nur noch echte Reklamationen zurück. Ich habe vom Großhandel einen Brief bekommen. Er ist vom Verkaufsdirektor unterschrieben.

TILEHOUSE Sie sind Geschäftsmann, Mr. Hatch. Sie müssen tun, was der Kunde will.

TUCHHÄNDLER *geht zur Tür.*

Wird gemacht, Mrs. Tilehouse. Guten Tag.

TILEHOUSE Ich denke, ich werde mir noch diese indischen Dhurries ansehen.

TUCHHÄNDLER Wir haben Mittagspause. Gestatten Sie?

Er macht ihr die Tür auf.

Guten Tag, Mam. Danke bestens.

Mrs. Tilehouse geht raus. Der Tuchhändler schließt hinter ihr die Tür ab. Er bleibt stehen und schaut durchs Fenster.

Moment noch, Leute. Der alte Geier ist immer noch da...

Er kommt in den Laden zurück und klatscht in die Hände.

Sie ist weg.

Hollarcut, Thompson und Carter kommen aus dem hinteren Teil des Ladens. Thompson ist ein magerer Mann mit dunklem Haar. Frühes »Mittelalter«. Carter ist schwerer und älter.

THOMPSON Großer Himmel. Ich hab da hinten vielleicht geschwitzt. Daß Mrs. Rafi da hinten auftaucht, war für mich todsicher. Auf sone Idee kommt die nämlich leicht drauf. Und sieht die mich hier, schmeißt sie mich raus.

TUCHHÄNDLER Hast du ihn verfolgt?

HOLLARCUT Den hab ich den ganzen Morgen beschattet. Dann sah ich ihn hier untertauchen und abhaun mit der alten Eule. Jetzt verfolgen lohnt sich nicht. Bevor du loslegst, hat die dich nämlich schon im Visier.

TUCHHÄNDLER Was hat er gemacht?

HOLLARCUT Nichts Besonderes.

TUCHHÄNDLER Clever.

THOMPSON Was istn mit dem los, Mr. Hatch?

TUCHHÄNDLER Die Fakten. Er kommt mitten im Sturm an Land, wenn niemand ihn sehen kann. Er arrangiert ein Treffen mit diesem Teufel Evens am Strand...

HOLLARCUT Genau.

TUCHHÄNDLER Und Mr. Bentham ist tot. Sie haben mit einem Mord begonnen, und es wird noch schlimmer kommen.

THOMPSON Großer Himmel.

TUCHHÄNDLER Das war kein Unfall mit dem Boot.

HOLLARCUT Worauf du dich verlassen kannst.

CARTER Das ist was für die Behörden, Leute. Es wächst uns über den Kopf.

TUCHHÄNDLER Sie würden uns nicht glauben, Mr. Carter. Ihr von der Küstenwache glaubt mir doch auch nur die Hälfte, trotz all meiner Warnungen.

THOMPSON Irgendwo stimmt da was nicht.

CARTER Da solln ja komische Sachen los sein. Ich weiß ehrlich nicht mehr, was ich glauben soll...

HOLLARCUT *zum Tuchhändler.*

Manchmal glauben sie's.

Zu Thompson.

Nicht, Wad, tust du doch?

THOMPSON O, ich glaubs manchmal auch wirklich. Natürlich.

TUCHHÄNDLER Sie kommen aus dem Weltall. Aus dem Jenseits irgendwo. Ihre Welt ist von Katastrophen bedroht. Wenn sie uns für einen Haufen schwacher Dummköpfe halten, werden sie alle herkommen. Millionen. Sie werden uns unsere Arbeit und unsere Häuser wegnehmen. Alles. Wir werden Sklaven sein und unser Leben lang arbeiten, um Sachen herzustellen, die man auf anderen Planeten verkauft.

THOMPSON Und Weiber? Sind sie scharf darauf?

TUCHHÄNDLER Nein... Sie kommen von einer höheren Stufe der Entwicklung. Ihr Geist beschäftigt sich mehr mit Wissenschaft und Meditation. Als Hobby legen sie geometrische Gärten an.

THOMPSON Jessas!

TUCHHÄNDLER Hört zu. Wo ist der schwache Punkt der Erde? Hier.

Hollarcut und Thompson grunzen zustimmend.

Sie wissen, in dieser Stadt gibt es keine Führung, keine Autorität, keine Disziplin. So hängt es von uns ab. Alle diese Schiffe in Seenot sind in Wirklichkeit geheime Landungen aus dem Weltall. Wir gehen ihnen nicht helfen, wir gehen und jagen sie fort. Ersäufen sie.

CARTER Was, wenn es Schiffe in Seenot sind?

TUCHHÄNDLER Es sind aber keine, es sind nicht einmal richtige Stürme. Diese Leute kommen Millionen von Meilen weit her. Die wissen schon, wie man hier einen Sturm herzaubert. Ein

paar Unschuldige von uns kommen vielleicht dabei um.
Zuckt die Achseln.
Das ist ein Risiko. Aber daran sind *sie* dann schuld, nicht wir.
Geh jetzt, Billy, und leg dich vor Park House auf die Lauer.
Verfolg ihn, wenn er rauskommt.
HOLLARCUT Mach ich.
TUCHHÄNDLER Sie werden zu gewissen Zeiten unsichtbar über
ihm schweben. Beobachte ihn und du wirst sehen, daß er ihnen
Zeichen gibt. Nach einem bestimmten Code. Alles kann so ein
Zeichen sein: ein Kratzen, ein Winken oder daß er so tut, als ob
er sich den Schuh zubindet. Du mußt alles im Kopf behalten. Ich
werde es nachher mit dir einzeln durchgehen.
Hollarcut, Thompson und Carter gehen. Die Türklingel läutet.
Der Tuchhändler verriegelt hinter ihnen die Tür. Er geht zur
Ladentischkasse, nimmt das Geld heraus und tut es in eine kleine
Banktasche aus Segeltuch. Er schaut nach oben in die Luft,
macht eine kleine ritualisierte Trotzgebärde und sagt mit ge-
schäftsmäßiger Stimme.
Gott schütze England.

Drei

Strand.

Eine alte Hütte, an die ein altes Fahrrad gelehnt ist. Am Lenker hängt eine leere Einkaufstasche. Ein paar angespülte Rundhölzer und Kisten, vom Wasser geglättet.
Heiter, sonnig, frisch. Wind von der Seeseite. Willy kommt grade an. Er hat den Jackenkragen hochgeklappt und die Hände in den Taschen. Er schaut sich um, geht zur Hütte und klopft an die Tür. Keine Antwort. Die Tür ist mit einem Vorhängeschloß versehen. Willy versucht es zu öffnen. Hinter ihm tritt Evens auf und schaut zu. Er ist alt, verwittert und bärtig.

EVENS Es ist abgeschlossen.

WILLY Oh. Hallo. Ich bin ein Bekannter von Mrs. Rafi.

EVENS Ja.

WILLY Ich war in dem Boot, das letzte Nacht gekentert ist.

EVENS Ein Boot?

WILLY Ja.

EVENS Letzte Nacht?

WILLY Ja.

EVENS Es war rauh.

WILLY Mein Freund ist ertrunken.

EVENS Oh. Du willst wissen, wo er auftauchen wird.

WILLY Nun ja.

EVENS *zuckt müde die Achseln.*
   Hängt davon ab, wo er untergegangen ist.
   Evens geht in die Hütte. Willy bleibt schweigend stehen. Als Evens wieder herauskommt, wundert er sich, daß Willy immer noch da ist.

EVENS Oh. Ich werds mir durch den Kopf gehn lassen.
   Will wieder in die Hütte.
   Der Unfall tut mir leid.

WILLY Sie leben hier?

EVENS Ja.

WILLY Das muß schön sein.

EVENS ... Manchmal. Oft ist es kalt. Der Wind.
   Willy setzt sich auf eine Kiste und weint in seine Hände. Einen Moment schaut Evens ihn an und geht dann langsam in die Hüt-

336

te. Willy weint etwas länger, bevor er zu sprechen beginnt.

WILLY *versucht aufzuhören.*

So dumm – sowas zu tun – hierherzukommen und –

EVENS *in der Hütte.*

Ist das der richtige Platz zum Heulen?

WILLY *versucht aufzuhören.*

... letzte Nacht...

Der Tuchhändler kommt. Hinter ihm erscheint Hollarcut, bleibt stehen und schaut zu.

TUCHHÄNDLER Du hast ja nicht lange gebraucht, um hier rauszufinden. Du mußt die Leiche loswerden, bevor jemand die Wunden entdeckt. Warten, bis sie angespült wird, dann auf See rausschleppen oder im Sand vergraben. Ich laß dich nicht aus den Augen –

Evens kommt aus der Hütte.

– ja, und dich auch nicht, Evens. Ihr steht beide unter Beobachtung.

Ruft Hollarcut nach hinten zu.

Hast du ihn heulen sehn, Billy?

HOLLARCUT Klar.

TUCHHÄNDLER Das war ein Geheimzeichen. Heulen heißt: schlechte Nachrichten. Damit meint er uns. Diese Teufel da oben passen genau auf. Er meldet ihnen, daß wir ihm auf der Spur sind.

WILLY *versucht mit dem Weinen aufzuhören.*

Was ist denn mit dem los?

EVENS Der ist harmlos.

TUCHHÄNDLER O, wir werden schon mit dir fertig, Evens. Das ist nicht deine Art See. Diese See ist wirklich vorhanden. In ihr ertrinkt man. Sie gehorcht nicht deiner Einbildung, die die Gesetze der Schwerkraft auf den Kopf stellt. Du wirst dahinterkommen.

Ruft Hollarcut nach hinten zu.

Sie fürchten sich vor unsrer See, Billy. Gegen Nässe sind sie nicht immun. Die durchtränkt sie und löst ihre Eingeweide auf. Paß auf, sie haben große Angst vor ihr.

HOLLARCUT Kein Wort sind die wert, Mr. Hatch. Ein Wink, und ich reiß ihnen die blöden Köppe ab.

TUCHHÄNDLER Noch nicht. Erst studieren wir sie gründlich. Lernen ihre Art und Weise kennen. Brechen ihren Code. Du beobachtest sie weiter. Auf Wiedersehen, Mr. Evens. Wir rechnen bald miteinander ab.

Der Tuchhändler und Hollarcut gehen raus.

EVENS *normal.*

Jetzt ist es schön. Hoffentlich bleibt das Wetter so.

WILLY Kommen die oft hierher?

EVENS Nein. Sie sind ängstlich wie Mäuse. Deine Ankunft, der Sturm, das Boot – alles das hat sie durcheinandergebracht.

WILLY Sind sie denn nicht gefährlich?

EVENS *zuckt die Achseln.*

Ja, sich selber.

WILLY Warum leben Sie hier?

EVENS Ist es nicht das, was jeder gern möchte?

WILLY Nein.

EVENS Vielleicht nicht. ... Wir sind jetzt mitten in den Springfluten. Wo die Küste den Bogen nach innen macht, wird er angespült.

Zeigt.

Da! Die Menschen sind grausam und langweilig und besessen. Wenn er über diesen Punkt hinaustreibt, kriegst du ihn nicht mehr. Er müßte angetrieben werden. Jetzt hängt er irgendwo da draußen rum. Wäre er nicht tot, könnte er uns sehen. Meine Frau starb im Krankenhaus. Sie hatte irgendwas Unbedeutendes. Da habe ich alles verkauft. Sie hassen einander. Zwingen. Produzieren. Benutzen. Stoßen. Brennen. Verkaufen. Wofür? Für einen Haufen Mist. Glaub nicht, was sie sagen. Ich verstehe das Wasser nicht. Die Hauptströmungen kenne ich, aber Glück und Zufall spielen mit. Egal, wie klar die Hauptströmungen sind, die Details müssen durchgestanden werden. Es sind immer die Details, die die Tragödie ausmachen. Nichts Größeres. Früher sagte man, die Tragödie läutert und hilft einem, sich von allem zu lösen. Heute bereitet sie nur noch Verlegenheit. Sie werden ein Gesetz gegen sie erlassen. Mitte nächster Woche sollte er angespült werden. Aber verlaß dich nicht drauf. Vielleicht kommt eine Flut. Dann geht sowieso alles über Bord. Ein Mann ertrank auf hoher See, und am nächsten Tag spülte ihn eine Flut meilenweit ins Land hinein und ließ ihn in seinem eigenen Garten zurück, wo er oben im Apfelbaum hing. Die Äpfel wurden alle fortgespült und tänzelten im Wasser davon. Seine Frau und seine Kinder saßen im trocknen auf dem Dach und schauten ihn sich an. Drei Tage saßen sie da.

Hollarcut wirft ein Stück Treibholz gegen die Hauswand.

HOLLARCUT *Off.*

Daß ihr wißt, ich hab euch noch im Auge.

WILLY Kann man ihn nicht für geistesgestört erklären lassen?

EVENS Der Stadtarzt ist noch verrückter als er.

Evens nimmt eine kleine Whiskyflasche, entfernt die Kappe und hält die Flasche Hollarcut hin.

Schlückchen?

HOLLARCUT *Off.*

Ist das vergiftet?

EVENS Ja.

HOLLARCUT Dann neeneenee.

Evens trinkt aus der Flasche. Er hält sie Willy hin.

EVENS *suchend.*

Eine Tasse habe ich nicht.

WILLY Nein, danke.

EVENS *ruft Hollarcut zu.*

Komm her und setz dich ans Haus, Mann. Aus dem Wind.

Hollarcut kommt und setzt sich seitlich ans Haus.

HOLLARCUT Nur daß ich euch besser sehn kann.

EVENS Na, was hat der olle Hatch dir denn alles so erzählt?

HOLLARCUT Haargenau. Daß du gleich mit deiner Fragerei los-
legen wirst, sagt er. Hat ja auch nicht lang gedauert, oder?

EVENS Du weißt doch, daß er verrückt ist.

HOLLARCUT *ruhig.*

Das sagst *du.*

EVENS So dumm bist du doch gar nicht, Mann.

HOLLARCUT Der ist nicht so normal wie ich, oder wie Wad, oder
wie meine Mama. Wie kann ich wissen, ob er nicht was kapiert,
was ich nicht kapieren kann. Die Welt ist nämlichn komisches
Ding. Wenn du nicht selbern bißchen doof im Kopf bist, kriegst
du nie raus, was bei so Leuten los ist. Zuviel aufm Kasten zu
habn, lohnt sich nicht, wenn du mich fragst. Für *mich* lohnt
sichs wirklich nicht, das weiß ich.

EVENS Mit dir zu reden, ist Schwerarbeit.

HOLLARCUT *zufrieden.*

Ich hab dich nicht gebeten drum. Ich misch mich da nicht ein.
Ich sitze hier ganz zufrieden und hör zu. Ich hab ne weiche Birne, denkst du. Aber mitkriegen krieg ich alles. Ihr werdet euch

339

noch eines Tages alle mal über mich wundern.

EVENS *trinkt.*

Das hält den Wind ab.

Evens stellt die Whiskyflasche auf eine Kiste.

WILLY Letzte Nacht traf ich Sie am Strand.

EVENS O?

HOLLARCUT Haargenau. Wie du deine Tricks im Wasser gemacht hast.

WILLY Sie waren betrunken.

EVENS War ich das? Das kommt manchmal vor.

HOLLARCUT Wenn man dich durch ne Wringmaschine dreht, kann man ne Brauerei aufmachen.

WILLY Sie hatten eine Laterne.

HOLLARCUT Geheimzeichen, daß du an Land kommst.

EVENS *plötzlich irritiert.*

Du hast gesagt, daß du den Mund halten willst.

HOLLARCUT Nur, daß du weißt, ich hör noch zu.

WILLY *gelassen.*

Warum waren Sie betrunken?

HOLLARCUT Weil er zuviel getrunken hat.

Lacht.

Na, hab ichs euch nicht gesagt: Köpfchen, Köpfchen, wenn ich nur will. Die kugeln sich manchmal in unsrer Küche, wenn ich nachts mal richtig in Form bin. Meine Ma lacht sich schief. Holt dann alle Nachbarn rein. Schreit die ganze Straße zusammen. Das bringt mich dann noch mehr zum Lachen. So richtig lustig ist das dann bei uns. Dann singen wir auchn bißchen.

EVENS Ich trinke, um nicht verrückt zu werden. Das bißchen, was ich trinke, schadet nichts. Li Po: Ihr, vom Leben übersättigt, trinket nun den Bodensatz.

HOLLARCUT Ah, Geheimsprache jetzt. Wir wissen Bescheid.

EVENS Wer ist ertrunken?

WILLY Aus dieser Stadt. Colin Bentham.

EVENS O!

WILLY Er wollte die Nichte von Mrs. Rafi heiraten.

EVENS Den kannte ich. Als Junge kam er hierher. Oft. Er spielte neben der Hütte und schwamm raus. Ich weiß, wie die See war letzte Nacht.

Ein verrücktes Weib in einem grauen Bett

Es zappelt unter den Decken

Und drischt sein graues Haar

WILLY Wenn Sie nicht betrunken gewesen wären.

EVENS Das habe ich längst beantwortet. Wenn er nicht den Seeweg genommen hätte.

WILLY Er wollte schnell hier sein, nicht den Umweg über Land machen.

EVENS Warum?

Schweigen. Willy steht auf.

HOLLARCUT Wohin willstn du?

EVENS Hatch hat dir befohlen, uns *beide* zu beobachten, nicht? Jetzt gibts Ärger.

Willy geht raus.

HOLLARCUT Ich bleib, wo ich bin, und hab dich im Visier. Wo ichs mir hier bequem gemacht hab.

EVENS Da wird dir was verlorengehen.

HOLLARCUT *zufrieden.*

Klar, daß du mich los sein willst. Genau deshalb bleib ich. Ich bin nicht aufn Kopp gefallen, du.

Evens schraubt den Verschluß auf die Whiskyflasche und geht zum Haus.

EVENS Geh lieber den Töchtern vom Pfarrer beim Baden zugukken.

HOLLARCUT Haargenau: Weil Mr. Hatch sagt, daß du uns Männer alle verderben willst. Was machst du eigentlich immer da drin?

EVENS Da laß ich kleine Männer einschrumpfen und steck sie in Flaschen. Die stellen sich die Marsmenschen dann auf den Kamin.

Evens geht in die Hütte und schließt die Tür hinter sich. Hollarcut setzt sich noch bequemer gegen die Wand.

HOLLARCUT *zufrieden.*

Also das glaub ich nicht. Der reinste Schwindel. Ich *weiß* das.

Vier

Park House.

Gesellschaftszimmer. Einrichtung: oberer Mittelstand. Gemüt-
lich, stabil, gut. Runder Tisch. Bücherschrank.
Mrs. Rafi, Mrs. Tilehouse, Miss Mafanwy Price (in den Dreißi-
gern, Haarknoten), Jilly (achtzehn, glänzende Wangen und Au-
gen), Rachel (etwas plump, sauber und tüchtig). Der Pfarrer
(etwa dreiundvierzig, sieht aber jünger aus, trägt einen grauen
Sommeranzug).
Rose ist grade reingekommen. Sie ist blaß und müde. Die ande-
ren starren sie überrascht an.

RAFI Geh in dein Zimmer zurück, Rose. Wir schaffen es ohne
dich.

ROSE Ich bleibe.

MAFANWY Armes Ding.

RAFI Du ruinierst dich.

ROSE Ich kann die See durch die Fenster sehn.
Die Damen geben leise Klagelaute von sich.

JILLY Wie entsetzlich.

MAFANWY In dieser Stadt entkommt man der See nicht.

RAFI Zieht die Vorhänge zu.

ROSE O nein.

RAFI Die Vorhänge. Die Vorhänge. Entzieht die See unseren Blik-
ken.
Damen ziehen eilig die Vorhänge zu.
Licht.
Damen holen eilig Licht.

RAFI Ja, bleibe bei uns. Wir verstehen. Alle haben wir zu unserer
Zeit den Schmerz gekannt. Trauerfälle, verlorene Hoffnungen.
Im Leben eines jeden gibt es Schatten. Jessica, teilen Sie die Bü-
cher aus. Ich hoffe, daß wir alle unsere Rollen vorbereitet haben.

DAMEN Ja. Ach Gottchen.

RAFI Wir werden sehen.

TILEHOUSE *zu Rose.*
Wie tapfer, daß Sie nicht verzweifeln. Sie haben recht. Die
Schläge des Schicksals dürfen uns nicht umwerfen.

RAFI Jessica, hören Sie auf, sich als Frau mit interessanter Vergangenheit aufzuspielen. Ihnen ist nie etwas passiert. Das ist zwar eine Tragödie, dennoch berechtigt es Sie kaum, anderen Ratschläge zu erteilen. Geben Sie lieber die Bücher aus. Erster Akt, dritte Szene. Auftritt Orpheus.

Ein kurzes Aufflackern nervöser Erwartung.

Ich habe meine Eurydike verloren. Haben wir alle die Stelle? Überwältigt von Schmerz mache ich mich auf die Reise, den steilen, steinigen Pfad zur Hölle hinab. Auf beiden Seiten dräuen bodenlose, schreckliche Abgründe in flammender Dunkelheit. Mir zu Häupten wölbt sich die Felsenhöhle. Wahnsinnige Fledermäuse durchfliegen ihre geschwärzten Wölbungen. Ich erreiche den Fluß, der vor der Hölle liegt. Ermattet setze ich mich auf einen Fels und betrachte die schaurige Szene. Ich nehme meine Laute zur Hand und singe: »Im schönsten Wiesengrunde«.*

TILEHOUSE Louise, Liebes. Ist das das richtige Lied?

RAFI Das richtige Lied? Ich singe immer »Im schönsten Wiesengrunde«. Die Stadt erwartet das von mir.

TILEHOUSE Ja.

RAFI Soll ich sie denn enttäuschen? Ich will nicht das ungeschriebene Gesetz der Bühne brechen und mich kritisch über die Darbietungen meiner Mitspieler äußern, möchte aber dennoch mit der Zuversicht dessen, dem oftmals Anerkennung zuteil wurde, bemerken, daß meine Darbietung von »Im schönsten Wiesengrunde« eins der Glanzlichter des Abends sein wird.

RACHEL Es gefällt uns immer wieder.

TILEHOUSE Wir sollten lieber weitermachen.

RAFI »Weitermachen« sagt sie – als ob wir ein Glas Wasser aus der Leitung laufen lassen. Ich weiß nicht, auf welchem Niveau Sie Ihre Inspirationen haben würden, falls Ihnen eine Rolle anvertraut worden wäre, ich jedenfalls kann aus meiner nicht ein- und aussteigen wie ein Ringkämpfer aus dem Ring.

Schweigen. Sie summt die erste Zeile: »Im schönsten . . .«, *kommt dann schnell zum Ende des Liedes . . .* »Beim Abendschein.«

Ergriffen von der Rührung, die ich verursacht habe, weine ich, wenn alles wie üblich verläuft, zusammen mit einem großen Teil des Publikums. Meiner Klage Qual lockt Zerberus an, den

---

* *Anmerkung des Übersetzers:* Bond wünscht ein Äquivalent für das englische »There is no place like home«.

Wachhund der Hölle. Er kommt über das dunkle Wasser auf mich zugeschwommen.

MAFANWY Louise, könnte ich nicht bereits auf Ihrer Flußseite sein?

RAFI Würden Sie denn ruhig sein, während ich singe? Ganz sicher nicht. Sie würden einstimmen wollen.

MAFANWY Es ist so schwierig, zu tun, als ob ich schwimme, während ich in Wirklichkeit hinüberlaufe.

RAFI Spielen Sie, Miss Price. Denken Sie daran, daß Ihr Publikum die meiste Arbeit für Sie übernimmt. Die Leute sind bereits durch den ersten Teil der Tragödie darauf eingestimmt.

MAFANWY *Plötzlicher Ausbruch.*

Ich kann nicht! Ich kann nicht!

RAFI Jedes Jahr dasselbe. Man kriegt ja Mitleid mit Gott, wenn man bedenkt, wie er sich angestrengt hat, einem tumben Stück Tonerde Leben einzuhauchen. Wünschen Sie denn nicht den Fonds der Küstenwache zu unterstützen? Bedeutet er Ihnen nichts?

MAFANWY Wie grausam, Louise.

RAFI Dann spielen Sie. Lassen Sie sich in die Rolle fallen, und Sie werden von ihr getragen.

MAFANWY Aber warum muß ich gerade ein Hund sein? Voriges Jahr war ich ein Affe. Wenn wir eine Pantomime spielten, würden Sie mich zur Katze machen. Ich möchte eine der Ehrenjungfrauen sein, die Orpheus mit Rosenblättern und Gesang begrüßen, wenn er aus der Hölle kommt.

RAFI Sie werden ein Hund sein. Jedes Jahr sammeln Sie für Ihren Tierschutzverein und lassen uns nicht eher zufrieden, bis wir doppelt soviel gegeben haben, wie wir aufbringen können. Jetzt haben Sie die Chance, noch mehr Dankbarkeit von Ihren kleinen Freunden zu ernten.

Seufzt.

Ich weiß, Sie brauchen jede Hilfe, die man Ihnen geben kann. Das habe ich vorausgesehen. Also werden zwei der Damen als Hilfskräfte fungieren und ein Tuch quer über die Bühne halten. Es wird mit Delphinen, Seesternen und anderen Meeresemblemen verziert sein, und die Damen werden Badekleidung tragen. Sie schwimmen hinter dem Tuch hinüber. Nur Kopf, Arme und Brust von Ihnen werden zu sehen sein.

Die Damen spenden glücklich Beifall.

MAFANWY O danke sehr, danke sehr, Louise. Was für eine Inspiration.

RAFI Gleichzeitig wird Mrs. Tilehouse in der Dunkelheit unter der Bühne entlangkriechen und in einem Wasserbassin herumplantschen.

TILEHOUSE Ich kann nicht. Da ist kein Platz.

RAFI Dann müssen Sie Platz spielen. Ersehnen Sie es nicht, Künstler zu sein? Denken Sie an die Bergleute, die ihr Leben lang durch Dunkelheit kriechen, damit Sie Licht haben. Auch das ist, auf seine Art, eine Aufgabe der Kunst.

Heftiges Beifallsgemurmel der Damen. Mrs. Rafi nimmt einen losen Bezug auf, der mit Blumen, Blütenstielen und Blättern verziert ist. Jilly und Rachel halten ihn schulterhoch über die Bühne. Mafanwy schwimmt dahinter so entlang, als ob ihr Körper oben aus dem Wasser ragte.

MAFANWY Ich komme und speie Wasser aus meinem Maul . . .

RAFI Ich glaube, Sie paddeln besser nicht wie ein Hund. Es ist zu aufdringlich. Eurydike, bist du für immer verloren? Nein, nein, ich kann es nicht ertragen.

MAFANWY Wer ruft? Welch schreckliche Schreie tönen durch diese Hallen des Todes? War das richtig?

RAFI Sie dürfen keine Angst haben, in Ihre Rolle einzusteigen. Beim Klang Ihrer Stimme springe ich wie verrückt auf. Ich kann in der Dunkelheit nichts sehen. Ich rufe: Eurydike, bist du es? Ja! Meine Gebete sind erhört.

MAFANWY Ich komme aus dem Wasser und schüttele mich.

RAFI Sie schütteln sich?

MAFANWY Alle Hunde schütteln sich, wenn sie aus dem Wasser kommen. Ich habe unseren Roger für diese Rolle sehr sorgfältig studiert.

Mafanwy schüttelt sich.

JILLY Das ist so wirklichkeitsnah, Fanny. Ich kann das Wasser förmlich spüren. Ich möchte mich trockenreiben, Mrs. Rafi. Ich möchte meine Überschuhe anziehen und meinen Regenschirm aufspannen.

RAFI Natürlich, Herzblättchen. Beschreiben Sie uns Ihre Reaktionen nachher beim Tee. Das klingt alles so interessant und erfrischend.

MAFANWY Woher diese Stimme des Schreckens? Eines Lebenden Stimme ist es. Den Toten bleiben solche Leiden erspart. Was

störest du, o Sterblicher, diese Schatten der Finsternis?
Ein Klopfen an der Tür.
RAFI Nimmermehr werde ich schweigen. Siehe, ich zähmte die
wilden Tiere, aber nicht die Stürme in meiner Brust.
Davis, das Stubenmädchen steckt ihren Kopf durch die Tür.
Was ist, Davis?
MÄDCHEN Verzeihung, Mam: Mr. Carson, Sie sagten, daß ich ihn
jederzeit reinlassen soll.
RAFI *nickt Davis zu.*
Meine Damen, Sie gestatten doch?
*Davis geht. Ein paar Momente zappeln sie nervös herum. Dann
kommt Willy. Er schaut sich in der Dunkelheit um.*
Kommen Sie herein, Mr. Carson. Wir proben für eine Vorstel-
lung.
WILLY Oh, Verzeihung. Da komme ich wieder um –
RAFI Nein, nein. Kommen Sie doch herein. Das ist meine Nichte.
Rose.
WILLY Miss Jones. Guten Tag. Ich hätte Sie gern unter anderen
Umständen kennengelernt. Ich kann Ihnen nur sagen.
RAFI Still, still! Nicht jetzt, Kinder.
Rose gibt Willy die Hand. Dann geht sie auf ihren Platz zurück.
Nehmen Sie Platz, Mr. Carson. Vielleicht genieren sich unsere
Damen in Ihrer Gegenwart und bemühen sich, etwas einfallsrei-
cher zu sein. Ich bin soeben dabei, den Styx auf einer Fähre zu
überqueren. Der Styx besteht aus den Tränen der Reue und des
Leids, was interessant ist. Aber setzen Sie sich doch. Dort. –
Von dort aus werden Sie alles sehen.
MAFANWY Störe nicht diese Schatten der Finsternis. Ich spreche
mit dieser besonderen Klangfarbe, Mr. Carson, weil ich einen
Hund darstelle.
RAFI Nimmermehr werde ich schweigen. Siehe, ich zähmte die
wilden Tiere, aber die Stürme in meiner Brust kann ich nicht
zähmen. Laß mich drücken, Eurydike, deinen Marmorbusen an
meine keuchende Brust. Ich will ihn mit meinem Herzen er-
wärmen.
Jilly beginnt zu weinen.
JILLY O mein Gott! Wie tut er mir leid. Wie rührend. Wie traurig.
RAFI Laß es fließen, Liebes. Gib dich ganz diesem Gefühl hin.
Damit muß man bei mir rechnen.
JILLY Wie entsetzlich!

Jilly rennt weinend aus dem Zimmer.

RAFI Hoffentlich spielt ihr alle am Abend so gut.

RACHEL Ich gehe ihr nach.

RAFI Lassen Sie sie. Man darf nie Interesse für die Leiden der jungen Leute zeigen, das macht sie egoistisch. Davis wird sie streicheln und ihr Tee und ein Stück Kuchen geben. Eurydike, o sprich!

Sie umarmt Mafanwy.

MAFANWY Hinweg, du Rasender. Ich bin ein Hund.

TILEHOUSE Sollte sie nicht auf allen vieren kriechen?

RAFI Jessica, ich habe hier die Regie. Ihre Aufgabe ist es, Programme zu verkaufen und dem Bühnentischler zu assistieren. Eurydike, o sprich!

MAFANWY O weh, du hast Pluto, den Alten, erweckt. Er ist der Gott von dem Ort hier unten. Nun werde ich ganz schön verprügelt werden.

Kleine Pause.

RAFI *laut.*

Pluto naht.

Nichts passiert. Lauter.

Der Gott der Hölle.

Schreit.

Herr Pfarrer!

PFARRER Ach du liebes bißchen, ich dachte schon, daß Gabriel mich ruft. Verzeiht mir, Schwestern im Geiste des Thespis. Ich habe Ihre bibliographischen Kostbarkeiten bewundert, Mrs. Rafi. Eine wahre Wonne.

RAFI Lassen Sie doch jetzt die Bücher, Herr Pfarrer. Wir schlagen uns mit dem Leben herum.

PFARRER Wie wahr. Ich erwarte Anweisungen.

RAFI Sie erscheinen auf der anderen Seite des Styx.

PFARRER So etwa? Gut. Nun, wo sind diese vorzüglichen Zeilen? Was für ein schreckliches Gewimmer? Übrigens, Mrs. Rafi. Könnte ich vielleicht an dieser Stelle im Interesse einer kleinen Abwechslung einen Hinweis machen, einen verschmitzten Hinweis, meine Damen, auf einen mir wohlbekannten Kirchenchor?

RAFI Nein.

PFARRER Das habe ich befürchtet. Derart spöttische Bemerkungen waren schon immer eine Schwäche von mir. Mrs. Rafi, wie dem auch sei. Böser Hund, zu deinem Herrn!

RAFI Probieren Sie: Böser Hund, zu deinem Herrn!

PFARRER Ach herrje, das hört sich so entmutigend an. Wenn ich
Zerberus wäre, würde ich stracks zur Hölle zurücklaufen. Wie
auch immer, runter, Sir.

RAFI Auf die Knie, Hund.

PFARRER Ach ja. Auf die Knie, Hund. O ganz vorzüglich, Miss
Price. Genau so läßt sich unser Ajax vor dem Kamin nieder,
wenn er an Winterabenden von seinem Rundgang heimkommt.

MAFANWY Dankeschön, Herr Pfarrer. Ich habe die Eigenarten unseres Roger in einem Büchlein genau vermerkt.

PFARRER Der vorzügliche Roger. Ja. Es tut mir leid, Miss Price,
aber ich muß Ihnen mitteilen, daß Ihr Roger meinem Ajax nach-
gestellt hat. Ihnen, meine Damen, bin ich dazu die Erklärung
schuldig, daß ich mir immer schon einen Ajax gewünscht habe
und meinem Hund diesen Namen verlieh, bevor ich wahrnahm,
daß sie dafür ein gänzlich ungeeignetes Geschlecht besitzt. Wie
dem auch sei, Roger hat sich nicht täuschen lassen. Ja. Und ich
wüßte gerne, Miss Price, ob ich Sie vielleicht fragen darf –

RAFI Herr Pfarrer!

PFARRER Das Thema ist tatsächlich etwas heikel.

Zu Mafanwy.

Ein paar geflüsterte Wörtchen nach der Chorprobe dürften da
genügen.

RAFI O Eurydike.

PFARRER Wer ruft mein Weib?

RAFI O Graus.

PFARRER Ja, sie ist mein. O Mensch, ich sah sie, schreitend durch
die Gärten eurer Welt. Und in der Hölle frostgem Ort verlor ich
dann mein Herz an sie.

RAFI O Graus. O Graus.

TILEHOUSE Das steht hier nur einmal. Hoffentlich wird jetzt niemand behaupten, ich könne nicht lesen oder nicht zählen.

RAFI O Graus. O Graus. Man kann sagen, was man will, solange
es trägt. Du darfst nicht aus der Hölle kommen, um dir zu holen, was nicht dein ist. Nur deshalb ist sie tot vor ihrer Zeit, und
fortan werden alle Fraun in Furcht vor Plutos Wollust leben.

PFARRER Das klingt ganz nach Roger. Ich kann sie nicht von mir
lassen.

RAFI Hohn und Trotz sind dann mein Los.

348

PFARRER Erhebt euch, schlafende Furien mein. Mrs. Rafi, dürfte ich hier einen Hinweis machen auf das Verhalten einer bestimmten örtlichen Kirchengemeinde zu dem Zeitpunkt, wenn meine Predigt dem Ende zugeht?

RAFI Nein, Herr Pfarrer. Die Hölle stürm ich und befreie sie.

PFARRER Ihr Furien, auf!

Die Damen umringen den Pfarrer. Sie gestikulieren und grimassieren.

PFARRER Sei gewarnt, o eitler und törichter Mensch. Mache dir nicht einen Gott zum Feinde. Das ist des Wahnsinns Bahn und der Verzweiflung. O Mensch, ein Gott warnt dich davor. Stecke nicht deine Hand in die eiserne See, um das, was da glitzert, herauszuziehen.

PFARRER Sieh da, mein Fährmann. Bedenk es wohl, ehe du meine Fähre betrittst.

Rachel nimmt eine Stange zum Staken und setzt sich einen Strohhut auf. Die Damen legen den losen Bezug flach auf den Boden.

RACHEL Mr. Carson wird jetzt bestimmt denken, daß ich mich beim Rudern sehr dumm anstelle. Los gehts.

Rachel tritt auf den Bezug.

Ich bin der Hölle Fährmann. Ich komme, dich über das schwarze Wasser zu holen.

Rafi will ins Boot steigen, bleibt jedoch stehen und starrt ins Wasser.

RAFI Tief unten in der Dunkelheit sehe ich etwas Helles leuchten.

RACHEL Das ist des Narziß Spiegelbild. Es ist für immer und ewig verdammt, in diesen Wassern umzugehen –

RAFI O Graus. O Graus.

RACHEL – und auf Marter und Qual emporzustarren in den Gesichtern derer, die auf dem Weg zum Tode sind. Schau und kehre um.

RAFI Ich kann nicht.

Rafi tritt auf den Bezug. Rachel beginnt rhythmisch zu staken. Rafi stellt sich auf den imaginären Bug und blickt dem jenseitigen Ufer des Styx entgegen. Die übrigen Mitwirkenden summen leise »Auf dem Wasser zu singen«. (Dieser von F. Schubert vertonte Text aus dem »West-östlichen Divan« ist als Vorschlag gedacht. Bond selbst benutzt den »Eton Boating Song«, hält jedoch Äquivalent für erforderlich. Der Übersetzer.) Rose tritt langsam

349

am anderen Ufer auf und stellt sich neben Pluto.

RAFI *ekstatisch.*

Eurydike. Geliebte. Ich sehe dich.

ROSE Ich bin die Königin dieser dunklen Stätte. Mein Herz brennt in einem neuen, kalten Feuer. Deine Liebe, deine Furcht, deine Hoffnung – was bedeutet sie mir noch? Asche, gestreut über die See.

RAFI *streckt beide Arme nach Eurydike aus.*

Eurydike, ich kann dich nicht hören. Der Wind bläst deine Worte über diesen kalten Fluß. Ich sehe nur, daß du mich rufst.

ROSE Zurück.

RAFI *ekstatisch.*

Geliebte, ich komme.

ROSE Zurück.

RAFI Ja, ich komme.

Sehr entferntes Donnern von Kanonen. Einen Moment lang Schweigen im Raum. Dann leise ein ärgerliches und schmerzliches Stöhnen.

TILEHOUSE Die Küstenbatterie.

RACHEL Es ist ein o trauriges Geräusch.

RAFI Sie üben den ganzen Tag und die ganze Nacht. Man sollte an das Kriegsministerium schreiben.

MAFANWY Sie tun ihre Pflicht.

TILEHOUSE Ich nehme die Störung gerne in Kauf. Die Soldaten sind unsere Beschützer.

PFARRER Sehr wohl, meine Damen. Man liest doch seine Zeitungen. Der Premierminister hat eine Rede an die Nation gehalten. Der kontinentale Kräfteausgleich ist bedroht. Und außerdem das Flottenproblem –

RAFI Ich hoffe, daß ich ein Patriot bin. Aber eine Armee gehört aufs Schlachtfeld oder in die Kaserne. Was sucht sie in meinem Garten und rüttelt an meinen Fenstern? Zieht die Vorhänge auf. Sie haben uns die ganze Kunststimmung zerdonnert. Wenn ich den Lear spielte, könnte mich das beflügeln. Aber man kann nicht Laute spielen, während die Kanonen donnern.

PFARRER Wie schade. Mir gefällt unsere Auseinandersetzung an diesem wüsten Ufer. Zwei mächtige Titanen, ineinander verschlungen zu tödlichem Kampf.

RACHEL Ich habe die Entwürfe für die Ausstattung auf dem Tisch ausgelegt.

*Sie gehen zum runden Tisch und sehen sich die Entwürfe an.
Rose begibt sich zu Willy, der allein auf einem Stuhl sitzt. Während sie sich unterhalten, bewundern die anderen die Entwürfe
und kichern über sie.*

ROSE Mr. Carson, was ist mit Ihnen? Sie sind ja ganz weiß.

WILLY Nichts.

ROSE Sie sind sicher krank.

WILLY Die Kanonen. Sie schossen, als unser Boot gekentert ist.

ROSE Kann ich Ihnen irgend etwas bringen?

WILLY Nein, nein. Sehr freundlich von Ihnen. Ich brauche nichts.

ROSE Das ist eine Zerreißprobe für Sie.

WILLY Wir waren so lange befreundet.

ROSE Ja.

WILLY Ich kann Ihnen gar nicht sagen, wie leid es mir tut. Und ich
kann nichts tun.

ROSE *nickt.*
Nein. Nichts.

PFARRER *sieht sich einen Entwurf an. Ängstlich.*
Oh, Mrs. Rafi, ob ich das gutheißen kann? Schickt es sich denn
für mich, vor der Gemeinde in Strumpfhosen aufzutreten? Da
müßt ich erst den Kirchenvorstand fragen.

RAFI *am runden Tisch.*
Er kann nichts dagegen haben. Ich habe die Kostüme entworfen.

WILLY Man hat mir gesagt, daß seine Leiche angespült wird.

PFARRER *wie zuvor.*
Und der Dreizack?

RAFI *wie zuvor.*
Mistgabel.

WILLY Ich weiß, daß er tot ist, aber wenn keine Leiche da ist, gibt
es immer noch die Chance, daß er vielleicht ...

ROSE Mr. Carson, Sie müssen nach Hause.

WILLY Nein. Gestern saß ich den ganzen Tag im Hotel rum. Nein.
Und von dem, was heut nachmittag hier los war, habe ich nichts
mitgekriegt, bis die Kanonen ...? Als das Boot gekentert ist,
waren Leute am Strand.

ROSE Wer?

WILLY Einer war betrunken – und der andere stand da und schrie
mich an.

ROSE Schrie?

WILLY Es war der Mann, der auf der Strandpromenade das Tuch-
geschäft hat.

ROSE Sie müssen sich irren.

WILLY Nein, nein. Er hat mich verflucht.

ROSE Verflucht?

WILLY Fuchtelte mit den Armen. Ich hielt ihn für verrückt. Oder
ich war's.

Der Pfarrer ist zu ihnen gekommen.

PFARRER Haben wir Sie schockiert, Mr. Carson?

WILLY Womit?

PFARRER Wir proben hier ein Theaterstück, während demnächst
eine gerichtliche Untersuchung in unserer Stadt über die Bühne
gehen wird. Aber sehen Sie, es ist für unseren alljährlichen
Abend zugunsten des Fonds der Küstenwache. Unter den Umständen . . .

WILLY Natürlich.

PFARRER Und dennoch fühle ich mich ein wenig schuldig.

Zu Rose, die gerade etwas sagen will.

Ja, meine Beste, entschuldigen Sie, aber so ist es. Ich wäre glück-
licher, wenn ich jetzt auf den Knien für unseren toten Freund
beten könnte. Und ich würde um Belehrung und Verständnis
bitten. Er war ja so sehr jung. Gott verlangt viel von uns. Ich
habe ihn getauft, wissen Sie, als ich fast noch selber ein Junge
war. Ganz neu hier. Und nun ist er von uns gegangen. Wenn
seine Leiche gefunden wird, werde ich die Grabrede halten. Es
ist immer – also, besonders ergreifend, finde ich, einen zu begraben, den du getauft hast.

Er zermurmelt ein paar Tränen.

Nun müssen Sie mir aber vergeben . . . Mit der Zeit geht man in
der Gemeinde auf. Geburt und Tod erlebt man fast am eigenen
Leibe.

Der Pfarrer geht weg.

WILLY Wir waren so nah am Ufer. Hätte ich ihn doch nur zu pak-
ken gekriegt. Ich bin ein ziemlich guter Schwimmer. Die See
war rauh. Es war so dunkel. Ich bin zurück ins Wasser gegangen. Viermal, glaube ich. Öfter. Ich habe alles versucht.

ROSE *ängstlich.*

Bitte gehen Sie nach Hause, Mr. Carson.

Jilly kommt rein.

JILLY Es tut mir leid. War das nicht sehr dumm von mir? Aber es

geht mir jetzt besser. Ich habe geholfen, den Teetisch zu decken.
Im Wintergarten.

RAFI Ja, begeben wir uns hinüber.

Willy steht auf. Alle bewegen sich zur Tür.

Fünf

Laden des Tuchhändlers.

Hollarcut, Thompson, Carter und der Tuchhändler.

TUCHHÄNDLER Lest die Zeitungen zwischen den Zeilen. Da steht: vorbereitende Maßnahmen gegen kontinentale Kräfte. Nun, was heißt das? Reisende aus dem Weltall. Aber das kann London nicht sagen.

THOMPSON Schätze, das würd ne Mordspanik geben.

TUCHHÄNDLER Genau. Stell dir das vor, Wad. Der Feind aus einer andern Welt. Die Leute würden jede Hoffnung aufgeben. Sie würden gar nicht erst zu kämpfen versuchen.

CARTER Paar von uns schon.

TUCHHÄNDLER *Ihr* bestimmt. Aber die in Forebeach?

CARTER Stimmt. Da würd ich mich nicht verlassen drauf. Aber woher wolln Sie wissen, daß er auch ausm Weltall stammt?

TUCHHÄNDLER Erstens, Evens wußte, daß er kommt. Mitten durch den Sturm geht er auf ihn zu. Stimmt doch, Billy?

HOLLARCUT Hat er getan.

TUCHHÄNDLER Dann die Kanonen. Da kommt ihr nicht drum rum. Im selben Moment, als er ankam; sie eröffneten – das Feuer. Oh, die Armee weiß, was vorgeht. Der neue Schießplatz ist nicht zum Üben da. Das ist bitterer Ernst.

THOMPSON Mein Gott. Aber klar wie Kloßbrühe.

CARTER Gut. Doch zu was hat er dann den jungen Bentham ertränkt?

TUCHHÄNDLER Das ist klar. Mr. Bentham stand kurz vor der Hochzeit. Wir dürfen annehmen, daß er und seine Verlobte – beides nette, saubere guterzogene Angehörige der Oberschicht – für Nachkommenschaft gesorgt hätten.

THOMPSON *wissend.*

Oh, ah.

TUCHHÄNDLER Und genau das wollen die nicht. Je weniger wir sind, um so leichter sind wir zu bezwingen.

THOMPSON Was? Heißt das, immer wenn jetzt einer dran denkt – zwecks Trauung in die Kirche zu gehn, kann er damit rechnen, daß er erledigt wird?

TUCHHÄNDLER Fürcht ich, Mr. Thompson.

THOMPSON Und schleifst dun Weib hinter ne Hecke, habn sie dich immer im Visier und... ach, du dicker Vater!

TUCHHÄNDLER Wenn ihr auch nur die Hälfte wüßtet. Die sind unwahrscheinlich gerissen.

HOLLARCUT Wetten, daß auch Sie nicht alles wissen, Mr. Hatch? Bei allem Respekt.

TUCHHÄNDLER Schon gut, Billy. Mir ist immerhin bekannt, daß sie mehr als einen Freund in dieser Stadt haben.

THOMPSON Wen?

CARTER *gleichzeitig.* Nicht nur Evens also?

TUCHHÄNDLER O nein. Hinter dem Ladentisch hier hat man sie bald raus. Ein sicheres Zeichen ist die Art, wie sie ihre Rechnung begleichen. Daran merkt man, ob sie unsere Lebensweise respektieren oder ob sie Ärger machen und andre in Schulden stürzen wollen. Oh, manche von ihnen wissen selber nicht, was mit ihnen passiert. Man hat ihnen nachts das Gehirn rausgenommen, Stück für Stück, und durch einen künstlichen Stoff ersetzt, der in Luftschiffen rangeschafft wird. Eine – langsame Methode, klar, das kann Jahre dauern –

HOLLARCUT Oh, wie kann man einem nur so was sagn, Mr. Hatch. Das quält einen doch nur. Hoffentlich gibt's nichts in mir, was nicht schon immer drin war.

TUCHHÄNDLER Billy. Mit dir machen sie so was nicht. Du hast ein anständiges Leben geführt, und das ist jetzt die Belohnung dafür. Mich haben sie zu bestechen versucht, wißt ihr?

THOMPSON Was?

TUCHHÄNDLER O ja. Zettel hinterlassen. Einen fand ich in der Marmelade. Schraub den Deckel ab, und da lag er.

THOMPSON Die Teufel!

TUCHHÄNDLER Auf ein beschlagenes Fenster schreiben. Ein anderer von ihren Tricks. Bis du jemand rangeholt hast, ist nichts mehr zu sehen.

CARTER Wieviel habn die Ihnen geboten?

TUCHHÄNDLER Die genaue Summe habe ich nicht gelesen. Es hat mich angekotzt.

Die Türklingel läutet. Mrs. Rafi und Mrs. Tilehouse kommen rein.

Danke, daß ihr gekommen seid, Leute. Ich bin euch gern behilflich, Geld für neue Instrumente der Stadtkapelle aufzutreiben. Das ist die Sache wert. Ah, Mrs. Rafi, Mam. Ich habe schon gehofft, daß Sie kommen würden. Guten Tag, Mrs. Tilehouse. Also gut, Leute, geht hinten raus.

RAFI Thompson, was tun Sie hier?

THOMPSON Morgen, Mrs. Rafi! Ich war nur eben auf dem Markt, um ein paar Pflänzchen zu besorgen –

RAFI Gehn Sie zum Haus zurück. Ich bezahle Sie für die Arbeit in meinem Garten, nicht dafür, daß Sie hier herumstehn und tratschen. Kommen Sie morgen früh zu mir.

THOMPSON Mrs. Rafi.

RAFI Mr. Hatch, können Sie mir erklären, wieso Sie an einem Werktag morgens um elf ein geheimes Massentreffen veranstalten? Streikt denn die ganze Stadt?

TUCHHÄNDLER Also Mrs. Rafi, Ihre Vorhänge sind da. Mr. Hollarcut wollte grade los und es Ihnen sagen.

Zu den Männern.

Seid nett, Leute, geht jetzt.

Die drei Männer gehen hinter dem Ladentisch raus. Der Tuchhändler tätschelt zwei große Rollen Samt, die auf dem Tisch sind.

Nicht viele Häuser in dieser Gegend haben die – Mittel, sich diese Qualität ans Fenster zu hängen, Mrs. Rafi. Ich gratuliere Ihnen zu einer ausgezeichneten Wahl. Der Stoff entspricht haargenau dem Muster. Das müssen Sie zugeben. Identisch.

RAFI Mr. Hatch, ich habe mit Mr. Carson gesprochen.

TUCHHÄNDLER Ah ja, und ich hoffe, daß es dem jungen Mann so gut geht, wie es die Umstände erlauben.

RAFI Mr. Carson sagt mir, daß er Sie in der Nacht am Strand getroffen hat, als sein Freund ertrank. Daß er Sie um Hilfe bat. Und daß Sie ihm Hilfe verweigert haben. Und zwar in einem Ton, der nicht nur beleidigend war, sondern auch gefühllos.

TUCHHÄNDLER Ah.

RAFI *tippt auf den Stoff.*

Zurück damit.

TUCHHÄNDLER Was?

RAFI Mr. Hatch, Sie können nicht erwarten, daß ich einen Geschäftsmann unterstütze, der seine Pflicht als Angehöriger der Küstenwache ignoriert –

TUCHHÄNDLER Aber Sie müssen ihn nehmen.

RAFI – wofür er zehn Schillinge bekommt – und es zuläßt, daß einer seiner Mitmenschen –

TILEHOUSE Und Ihre Pflicht als Christ!

TUCHHÄNDLER Haben Sie diesen Sturm gesehen? Was hätte ich da tun können – Christ oder nicht! – die Wellen besänftigen, Mrs. Rafi?

TILEHOUSE Oh.

RAFI Das paßt wieder zu Ihnen, Hatch. Auch mit Gotteslästerung habe ich gerechnet. Mr. Carson erzählt mir, daß Sie getobt und ihn verflucht hätten.

TUCHHÄNDLER Er ist ein Lügner.

RAFI Ein Lügner?

TUCHHÄNDLER Und ein Schuft!

TILEHOUSE Ach du jemineh!

RAFI *tippt auf den Stoff.*
Zurück damit.

TUCHHÄNDLER Kein Lügner. Nein. Aber er war halbertrunken. Er konnte mich nicht verstehen. Wie könnte man das verlangen? Der junge Herr hatte schon Halluzinationen. Einen Schock. Ich schrie ihm zu, was er machen sollte. Ich habe ihm zu helfen versucht.

RAFI Sie ließen einen Unschuldigen ertrinken.

TUCHHÄNDLER Ich habe so viele Sachen für Sie zurückgeschickt, Mrs. Rafi. Den Kaliko. Den irischen Musselin. Den Satz Renaissance-Stuhlbezüge mit dieser wunderbaren Jagdszenen-Stickerei. Die Hersteller wollen nichts mehr mit mir zu tun haben.

RAFI Ich auch nicht.

TUCHHÄNDLER Ich bin doch nur ein kleiner Geschäftsmann, Mrs. Rafi. Ich bin auf der schwarzen Liste. Ich mußte das hier alles im voraus bezahlen. Und ich habe doch wegen der Lieferung so ein Theater gemacht. Da steckt mein ganzes Kapital drin.

RAFI Daran hätten Sie vorher denken müssen. Das kommt mir nicht ins Haus. Ich hätte ja Angst, die Vorhänge zuzuziehen. Sie würden mich an die Tragödie erinnern.

TUCHHÄNDLER Ich habe zu helfen versucht. Noch nie hab ich solch einen Sturm gesehn. Sie haben ihn nicht gesehn. Sie lagen sicher und mollig im Bett. Mein Name, mein guter Ruf, mein ganzes Lebenswerk steht auf dem Spiel. Ich steh am Rande einer schrecklichen Katastrophe.

RAFI Das geht zurück.
Sie will gehen.

TUCHHÄNDLER Ich begreife. Sie führen also schon seine Anweisungen aus? Was hat er ihnen befohlen? Daß Sie mich kaputtmachen sollen? Sie sind sein erstes Opfer. Sie hat er schon korrumpiert.

RAFI *dreht sich ab, um zu gehen.*

Guten Tag.

TUCHHÄNDLER *zwischen ihr und der Tür, etwas von ihr entfernt.* Ich muß es aussprechen, Mrs. Rafi, Mr. Carson ist ein Spion. Er hat Mr. Bentham ermordet. Er ist – auf einer Mission hier. Er sät die Saat der Zwietracht aus. Er wird reiche Ernte halten.

TILEHOUSE Mrs. Rafi korrumpiert? Oh! Was hat er noch gesagt? Ein Spion? Mörder? Ach du jemineh. Ich muß sofort nach Hause.

Sie setzt sich.

RAFI Natürlich nehme ich Ihre Behauptungen nicht ernst. Für einen Tuchhändler hatten Sie immer schon zuviel Phantasie. Fraglos hätten Sie etwas machen sollen, was mehr mit Kunst zu tun hat. Den Ihnen angemessenen Platz haben Sie in unserer Gemeinde bestimmt nicht gefunden. Es wäre besser, wenn Sie Ihr Geschäft schließen und woanders hinziehen würden.

TUCHHÄNDLER Ja, ja, das Schöpferische liegt mir mehr. Schon in der Schule hat man mir das gesagt. In Religion war ich der Beste. Sie werden den Stoff doch nehmen, Mrs. Rafi? Mein ganzes Geschäft hängt davon ab. Das heißt, das wenige, was ich zurückgelegt habe. Nicht viel, denn reich werden kann man hier wirklich nicht. In einer größeren Stadt kann ich mich nicht niederlassen. Kein Kapital. Aber gearbeitet hab ich schwer, meistens gegen meine Natur, denn meine Neigungen liegen ganz woanders, wie Sie grade selbst sehr richtig bemerkt haben. Wollen Sie denn, daß ich vor Ihnen krieche, Mrs. Rafi? Fühlen Sie das Material, Mam. Wirklich: Ein gebildeter Mensch mit Ihrem Geschmack kann doch nicht einem Produkt widerstehen, das so wunderbar ist wie –

Weinend.

Aber ach, das Schreckliche ist, daß Sie einfach nicht sehn, wie unsere ganze Gemeinde von diesem Schwein bedroht wird, ja Schwein, Bastard; das Wohl und die wirtschaftliche Existenz dieser ganzen Stadt. Er hat Sie überlistet. Nur ich habe ihn gleich durchschaut. Und deshalb den Küstenwachdienst gewarnt. Wir lassen jetzt nicht mehr jeden an Land. Ersaufen solln sie. Mit diesen Stiefeln werde ich sie zertreten.

Thompson, Carter und Hollarcut kommen von hinten in den Laden.

RAFI Thompson, Sie sind immer noch hier!

THOMPSON Mrs. Rafi –

CARTER Kannst du nicht deinen Mund halten, Hatch? Das dicke Ende kommt jetzt nach.

THOMPSON Mr. Hatch dürfen Sie nicht für voll nehmen, Mrs. Rafi. Der quasselt jede Menge Quatsch. Wir Küstenwächter tun, was wir können. Wir kassieren doch kein Geld von der Stadt, das wir uns nicht vorher verdient habn.

HOLLARCUT Passen Sie bloß auf den Stoff auf, Mr. Hatch. Ihr Heulen wird ihn noch ganz versauen.

Mrs. Rafi nimmt Thompson beim Ohr.

RAFI Genau wie das, was Sie in meinem Garten verdienen. Nun zurück an die Arbeit.

THOMPSON Au, Mrs. Rafi. Sie werden mir noch den Kopp abreißen.

RAFI Ich habe das Theater jetzt satt.

TILEHOUSE Vorsicht, Louise. Er ist zu schwer für Sie.

Mrs. Rafi zieht Thompson am Ohr aus dem Laden. Die Türklingel läutet. Carter, Hollarcut und Mrs. Tilehouse gehen hinterher. Der Tuchhändler bleibt allein.

TUCHHÄNDLER Ich habe eine Bestellung angenommen. Ein Durchschlag ist im Auftragsbuch.

Er nimmt seine Tuchschere auf.

Deshalb wird sie die Ware abnehmen und bezahlen. Und selber abholen. Wenn ich diesmal frei Haus liefere, soll mich der Teufel holen. Stücke von je drei Yards.

Er schneidet drei Yards lange Stücke von den Stoffrollen ab.

Die Zeit der Prüfung und der Bewährung ist da. Die Ereignisse überstürzen sich, und ich muß handeln. Drei Yards. Bei der gerichtlichen Untersuchung bringe ich alles ans Licht. Ja, das wird meine öffentliche Kanzel sein. Mein Gott, was kann ich nur tun? Sie werden mir niemals glauben. Diese Idioten. Diese Schweine.

Schneidet.

Vorsicht. Drei Yards. Deine Hand muß ganz ruhig sein. Reiß dich zusammen! Kein Zittern. Kein Gejammer. Drei Yards. Ich geh mit dieser Schere zu dem kleinen Schwein. Ich werd ihn zerschnippeln. Ihn zurechtstutzen. Mich ins Armenhaus stecken.

Wie einen Sklaven betteln lassen. Lumpen sortieren. Abfluß-
rohre reinigen. »Hier haben Sie ein Stückchen trockenes Brot,
guter Mann, hier ist ein Krug. Holen Sie sich Wasser von der
Pumpe.« Nein! Drei Yards: eins, zwei, drei.
Hollarcut taucht in der Tür auf. Er schaut die Straße hinunter.
Während er spricht, läutet ununterbrochen die Türklingel.
HOLLARCUT Die schlepptn am Ohr die ganze Strandpromenade
runter. Sie kommen ausn Läden raus und glotzen blöd. Die olle
Tilehouse versohlt ihm mit ihrem Schirm den Arsch. Son olles
Biest. Der wird schwärzer alsn Nigger in dunkler Nacht. Hat
man so was schon gesehn? Auf, Leute! Sie kommt zurück!
Hollarcut rennt in den Laden. Die Türklingel hört zu läuten
auf. Als er den Tuchhändler sieht, bleibt Hollarcut stehen. Der
Tuchhändler schneidet immer noch Stoff. Wenn die Schere stek-
kenbleibt, zerschlitzt und zerreißt er ihn. Die Stoffrollen rollen
über den Fußboden.
Was machen Sie denn da, Mr. Hatch?
TUCHHÄNDLER *zeigt auf die zugeschnittenen Stücke.*
Roll das auf, Billy. Aber schön ordentlich. Erstklassige Ware
kann man nicht auf einen Wagen schmeißen wie einen Sack
Stecklinge. Eben das macht einen – guten Tuchhändler aus: Fi-
nesse, Fleiß und Kenntnis der weiblichen Psyche. Sie trampeln
zwar auf dir herum, putzen sich aber erst ihre kleinen Stiefel.
HOLLARCUT Hier rühr ich nichts mehr an, Mr. Hatch. Die drehen
schon alle durch. Sie müssen jetzt allein weitermachen.
TUCHHÄNDLER Ich fang mit der anderen Rolle an. Von jeder ein
bißchen. Drei Yards. Zeit zu handeln, Billy. Der Zeitpunkt
rückt näher. Eine Armee kann nicht zusehn, wie ihr das Gras
über den Kopf wächst. Jetzt ist alles herausgekommen. Alle
werden jetzt für die Wahrheit kämpfen. Du wirst viele Zeichen
und Wunder sehen in den Tagen, die da kommen.
Der Tuchhändler schneidet weiter. Mrs. Rafi kommt rein. Die
Türklingel läutet. Hollarcut verschwindet hinter dem Laden-
tisch und schaut zu.
RAFI Hatch, ich werde die Ausschreitungen von heute morgen
dem Polizisten und dem Stadtarzt melden. Ich werde auch auf
jeden Fall dafür sorgen, daß niemand, auf den ich Einfluß habe,
jemals wieder *irgendein* Geschäft von Ihnen betritt.
Mrs. Tilehouse taucht hinter Mrs. Rafi in der Tür auf. Bis sie
dann später in den Laden hineingeht, macht die Türklingel ein-

zelne, sprunghafte Geräusche.

TUCHHÄNDLER Kommen Sie rein, Mrs. Rafi. Ihr Auftrag wird grade erledigt.

TILEHOUSE Louise, gehen Sie da nicht hinein.

Mrs. Rafi geht weiter in den Laden hinein.

RAFI Hatch, nehmen Sie sich doch zusammen.

TUCHHÄNDLER *schneidet immer noch.*

Fast alles ist schon zugeschnitten. Wie Sie sehen, mache ich es selber. Mit Stoffen muß man umgehen können. Das ist eine Kunst für sich. Deshalb stelle ich auch keinen Angestellten ein. Sie bleiben niemals lange genug, um das Gewerbe wirklich zu erlernen. O, nicht, daß ich mir keinen leisten könnte. Sehen Sie nur diesen Rand. Ich könnte zehn Angestellte haben. Andere Abteilungen eröffnen. Kurzwaren. Reitkleidung. Livreen. Eine Sportabteilung. Die Städte würden sich um *mich* reißen. Aber niemals bleibt einer lange genug, um das Gewerbe wirklich zu erlernen. Das dauert ein Leben lang. Drei Yards. Immer gleich weiter. Warum? Was haben sie gegen mich? Bin ich so schwierig? Sie müssen weg. Begreifen sie jemals was? Wonach suchen sie überhaupt? Was werden sie jemals finden? Der Handel ist ein ehrenwerter Beruf. Die Söhne der Gebildeten waren auch nichts Besseres.

In Tränen.

Ich habe mein Leben damit vertan, auf diesem Boden herumzulaufen. Auf und ab . . . Drei Yards . . . Warum ist der Boden nicht völlig abgenutzt? . . . Dreißig Jahre . . . Ich bin völlig abgenutzt . . .

Er zerschneidet und zerreißt weiter.

RAFI Mr. Hatch, Sie zerhacken ihn ja in Stücke. Niemand kann Ihnen diesen Stoff nunmehr abnehmen.

TILEHOUSE Hollarcut, nehmen Sie ihn beim Schlafittchen.

HOLLARCUT Den rühr ich nicht an.

Hollarcut duckt sich hinter den Ladentisch und ist nicht mehr zu sehen.

TUCHHÄNDLER *lächelt und schneidet.*

Diese Schere ist ein Teil meiner Hand. Sehen Sie nur, wie das Tuch sie leitet. Der Ausdruck meiner Seele, Mrs. Rafi. Ein ganzes Leben steht dahinter.

RAFI Mr. Hatch, hören Sie doch auf Ihre Freunde. Sie machen es mir schwer, Ihnen zu helfen.

TUCHHÄNDLER Hier, Mrs. Rafi. Da haben Sie erst mal ein paar Stücke. Nehmen Sie die gleich mit?

RAFI Nein.

TILEHOUSE Reize ihn nicht, Louise.

TUCHHÄNDLER *listig.*
Aber Sie müssen den Stoff nehmen. Sie sehen doch, daß er schon zugeschnitten ist. Dem Wunsche des Kunden entsprechend. Er ist zerteilt.

RAFI Nein.

TILEHOUSE Wie unklug, den gereizten Löwen in die Enge zu treiben.
Rafi will gehen, aber der Tuchhändler schneidet ihr den Weg ab.

TUCHHÄNDLER Bezahlen Sie jetzt? Begleichen Sie die Rechnung, und alles ist klar. Ja! Damit es Sie nicht länger belastet.

RAFI Hollarcut.
Hollarcut hebt seinen Kopf über den Ladentisch.

HOLLARCUT Bloß nicht widersprechen, Mrs. Rafi.
Hollarcut versteckt sich wieder. Der Tuchhändler hält Mrs. Rafis Handtasche an einem Ende fest, sie hält das andere.

TUCHHÄNDLER Sie haben das Geld mitgebracht. Sind Sie zu schüchtern, es rauszuholen? In Gesellschaft von Männern? Dafür habe ich volles Verständnis. Sie brauchen sich nicht zu schämen, Mam. Wir alle haben Schwächen. Ich bringe eine Dame nie in Verlegenheit. Erlauben Sie? Ich mache das alles auf eine nette, saubere Art. Eine Dame darf sich doch nicht mit Geld beschmutzen.

RAFI Nehmen Sie.
Sie gibt ihm die Handtasche und wendet sich ab. Schwach.
Meine Beine ...
Mrs. Tilehouse kommt in den Laden gerannt. Die Türklingel läutet und ist dann still.

TILEHOUSE Louise, Ihre Handtasche.

RAFI Unsinn, Mrs. Tilehouse. Pennies. Gehen Sie raus und schreien Sie. Mr. Hatch hat mich gefangengenommen.
Mrs. Tilehouse fällt in einen Stuhl. Der Tuchhändler kämpft mit Mrs. Rafi. Hollarcut schaut hinter dem Ladentisch hervor, schreit gellend auf und rennt raus. Die Türklingel läutet.

TUCHHÄNDLER Pennies! Pennies! All das viele Geld unter Ihrer Matratze, und Sie wollen Schulden nicht bezahlen.

RAFI Mr. Hatch, vergessen Sie nicht, wer wir sind.

TUCHHÄNDLER Mr. Carson bewahrt jetzt Ihr Geld auf! Ihr seid alle Schwindler, Hochstapler, Betrüger –

Der Tuchhändler stößt mit der Schere nach Mrs. Rafi. Sie wird verletzt. Eine halbe Sekunde stehen beide da und schweigen.

RAFI Hatch, Sie sind ein Narr.

Carter kommt in den Laden. Die Türklingel läutet. Der Tuchhändler geht hinter den Ladentisch.

Kümmern Sie sich um Mr. Hatch. Es steht sehr schlimm um ihn. Ich habe nur eine leichte Schnittwunde.

TUCHHÄNDLER Nein, nein. Wie konnte das passieren? Sie wollte sich meine Schere schnappen. Sicher ist sie ein Lady-Dieb. Sie hat den geschäftlichen Ablauf gestört. Weißt du, die kommen hier rein, flüstern und wollen intime Wäsche haben. Könnte ich das anprobieren, Hatch? Und ehe man sie dran hindern kann, sind sie schon in der Ankleidekabine und lassen den Vorhang offen. Fangen mit ihren intimen Sachen an. Winden sich in dieses oder jenes hinein. Sitzt das zu stramm, Mr. Hatch? Spannt es da im Zwickel?

CARTER Jetzt reichts mir, Hatch. Du hältst jetzt gefälligst deinen Mund, bistn lieber Junge und kommst mit.

Carter nähert sich vorsichtig dem Tuchhändler. Dieser schlüpft jedoch an ihm vorbei aus dem Laden. Die Türklingel läutet. Als der Tuchhändler Mrs. Tilehouse passiert, zeigt er auf sie, die bewußtlos auf einem Stuhl sitzt.

TUCHHÄNDLER *gehend.*

Die da ist die Schlimmste. Läßt den Vorhang offen und dreht – schamlos! – den Spiegel so, daß man das Dunkle unten sieht.

Mrs. Rafi holt sich ein Stück Stoff von der Kleiderpuppe auf dem Ladentisch und wickelt es sich, während sie spricht, ums Handgelenk. Sie hat Angst und ist ärgerlich.

RAFI Ich weiß nicht, was ihr miteinander im Schilde geführt habt. Fehlt euch jeder Respekt vor der öffentlichen Meinung?

CARTER Ja, Mam.

RAFI Sollen sich eure Frauen und Kinder noch jahrelang für euch schämen müssen? Und eure Vorgesetzten, sie werden diese Exzesse doch auch mißbilligen?

CARTER Ja, Mam. Bitte, hören Sie jetzt auf, Mam.

RAFI Drücken Sie Ihren Finger auf diesen Knoten.

Carter drückt auf den Knoten, während sie den Stoff um ihr Handgelenk bindet.

RAFI Ihr habt die Stadt in einen Skandal verwickelt. Was wird man in Forebeach sagen?

CARTER Ja, Mam.

RAFI Danke. Ich gehe jetzt den Stadtpolizisten alarmieren. Da es erst Mittag ist, wird er wahrscheinlich noch im Bett sein. Falls er genauso gewissenhaft wie der Rest der Stadt ist. Ich bin nicht einmal sicher, ob ich wagen kann, mich einem Vertreter des Gesetzes zu nähern. In diesem Zustand von Anarchie könnte man sich plötzlich selber eingelocht finden. Kümmern Sie sich um meine Gesellschafterin: noch eine Wache, die auf ihrem Posten eingeschlafen ist.

Mrs. Rafi geht raus. Die Türklingel läutet. Carter nähert sich leise Mrs. Tilehouse.

CARTER Mrs. Tilehouse, Mam?

TILEHOUSE *springt auf.*

Hilfe! Ein großer Mann vergreift sich an mir.

CARTER Mrs. Rafi sagte, ich soll Ihnen sagn –

TILEHOUSE Louise ist tot! Was waren ihre letzten Worte? Ich vergebe ihr! Sie hat mich um Verzeihung gebeten für alles! Ich hege keinen Groll mehr, wie sehr das auch berechtigt wäre –

CARTER Nein, nein. Sie ist zur Polizei.

TILEHOUSE Gottseidank. Die Stadt ist befreit! Wir sind gerettet!

CARTER Sie sagte, ich soll Sie nach Hause bringen.

TILEHOUSE Ah, danke sehr, Carter. Ich glaube nicht, daß ich ohne Hilfe gehen könnte. Ich werde Sie um Ihren Arm bitten. Sobald wir in einer etwas weniger belebten Gegend sind.

Sie erblickt die Schere auf dem Ladentisch.

Ah! Die Schere des Mörders.

CARTER Schnell woanders hingucken, Mam.

TILEHOUSE Ja. Nach all dem werde ich Gomorrha als einen Kurort betrachten.

Carter führt Mrs. Tilehouse raus. Die Türklingel läutet. Sofort kommt Hollarcut von hinten in den Laden. Er ruft leise:

HOLLARCUT Mr. Hatch?... Wo habn Sie sich verkrochen, Mr. Hatch?... Ich legn Stückchen Käsebrot für Sie hinten raus aufs Fensterbrett, undn Fläschchen süßen Tee... Gehen Sie mir bloß nicht ohne Mantel raus...

Sechs

Strand.

Bis auf einen Körper hinten ist die Bühne leer. Er ist mit einer Hose, Socken, einem Unterhemd und einem Pullover bekleidet; alles dunkel. Keine Schuhe. Der Pullover ist über Kopf und Arme gezogen. Die Arme sind hochgehoben und in den Ellbogen angewinkelt, wie es beim Ausziehen geschieht. Der Pullover bildet also eine Kapuze, die Kopf, Hals, Schultern, Arme und Hände bedeckt. Das dunkle Unterhemd bekleidet den Leib. Die obere Hälfte des Körpers liegt auf dem Strand und der Rest im Wasser. Rose tritt auf und schaut auf jemanden, der vor ihr durchgegangen ist.

ROSE *ruft nach vorn.*

Ich muß mich setzen.

Setzt sich.

Willy kommt aus der Richtung, in die sie gerufen hat.

WILLY Es geht Ihnen nicht gut?

ROSE Doch. Ich will hier nur ein Weilchen sitzenbleiben. Gehen Sie zurück.

WILLY Ich soll Sie allein lassen?

ROSE Ja.

WILLY *nickt. Kleine Pause.*

Das möchte ich nicht. Sie sind nicht hier draußen gewesen, seit er ertrunken ist.

ROSE Wir treffen uns im Haus wieder.

WILLY Gut.

Pause. Willy bleibt stehen.

ROSE Diese dumme Untersuchung.

WILLY Warum?

Pause.

ROSE Der Untersuchungsrichter wird sagen, daß es ihm leid tut, und feststellen, warum er gestorben ist. Warum? Genausogut könnte man untersuchen, warum jemand geboren ist. Sie haben Angst vor mir. Mich hat der Tod berührt. Sie hat er vielleicht auch berührt. Ich spüre es, wenn sie mir Beileid wünschen. Sie schauen mich an, als ob ich ein gefährliches Tier wäre, das sie streicheln müssen.

WILLY Es heißt, daß man sehr schnell vergißt, wie sie ausgesehen haben. Es kommt wie ein Schock. Aber die Stimme kann man nur schwer vergessen. Zwanzig Jahre später hört man sie plötzlich wieder.

ROSE Eigentlich kommen sie nur, damit ich sie ruhig und sicher mache. Ich muß versuchen, etwas von meinem Schmerz mit ihnen zu teilen. Nur eine Kostprobe. Dann werden sie wissen, daß sie es auch ertragen können, wenn es soweit ist, da ich es ertragen kann. Was war das letzte, was er gesagt hat?

WILLY Ich glaube, es hatte was mit dem Wetter zu tun. Er wußte mehr vom Segeln als ich. Aber beide wußten wir, daß es falsch war, draußen zu sein. Er wollte schnell hier sein. Um Sie zu sehen. Vielleicht wollte er irgendwas beweisen.
Zuckt die Achseln.
Ich sagte: Komm zurück. Ich fragte immer wieder: Wie nah ist das Land? Gibt es Schutz in Landnähe? Er antwortete nicht. Er kämpfte weiter. Zog an den Leinen. Und schöpfte mit einem Eimer Wasser aus. Er wußte, wir hatten einen Fehler gemacht. Es war gefährlich, draußen zu sein.

ROSE Was sagte er?

WILLY Nichts. Dann kenterte das Boot. Ich sah die Unterseite aus dem Wasser kommen. Sie sah sehr häßlich aus, war naß und überraschend ruhig in dem ganzen Chaos. Ich schrie, hörte aber nichts mehr von ihm. Er war weg.
Pause.
Haben Sie ihn geliebt... klar?

ROSE Was?

WILLY Ich dachte, daß er sich vielleicht nicht sicher sei. Über Ihre Gefühle, meine ich. Was er fühlte, war klar.

ROSE Warum sagen Sie das?

WILLY Irgendwie hatte er Angst. Das war so ungewöhnlich für ihn. Sonst war er bei allem so sicher und stark. Ein schrecklicher Gedanke, daß auch er einmal Angst haben könnte. Ich glaube, das hätte ihn zerstört. Die Angst eines Helden.

ROSE Angst?

WILLY Sie sind zusammen aufgewachsen. Ihre Tante wollte, daß Sie ihn heiraten. Jeder wußte, Sie würden es tun. Es war zu einfach. Er hatte Angst, Sie könnten eines Tages einen anderen Mann treffen – vielleicht sogar einen schwächeren – und er würde Sie verlieren. Ein Held muß sich vor schwächeren Männern fürchten.

ROSE Wieso?

WILLY Er sprach nie von Ihnen. Keine Fotos. Ich habe nicht gewußt, wie Sie aussehen. Manchmal sagte er, er hätte Ihnen geschrieben oder Sie wären irgendwo gewesen. Ich habe mir natürlich mein eigenes Bild von Ihnen gemacht.

ROSE Wielange haben Sie ihn gekannt?

WILLY Sieben Jahre. Ich bin einundzwanzig. Wir waren gleich alt.
Schweigen.

ROSE Wenn ich dabei gewesen wäre, als er starb, wäre es leichter,
ihn zu vergessen. Ich sehe ihn vor mir, wie er schweigend mit
der See kämpft. Naß bis auf die Haut. Und die tobende See.
Aber ich sehe ihn nicht, während er stirbt.
Pause.
Er war sehr schön. Er hatte dunkle Augen. Ich denke an ihn als
an ein Feuer.

WILLY Wieso?

ROSE Ein Feuer, das nicht ausgeht. Ich habe es in der See brennen
sehen.

WILLY Was meinen Sie damit?

ROSE Als wir jung waren, machten wir oft Feuer am Strand.
Nachts. Das Feuer schien auf sein Gesicht. Es spiegelte sich
auch in der See. Es tanzte, weil Flammen und Wasser sich be-
wegten.

WILLY Fühlen Sie sich irgendwie unsicher?

ROSE Sie meinen schuldig?

WILLY Ja. Wenn jemand stirbt, haben andere manchmal –

ROSE Nein. Ich war immer glücklich mit ihm. Wir kamen gut miteinander aus. Nichts Kleinliches, nichts Selbstsüchtiges. Alles
schien vollkommen zu sein. Nun habe ich nichts mehr, wofür
ich leben kann. Nichts, worauf ich mich freuen kann. Mein Leben ist sinnlos und leer. Ich weiß nicht, was ich anfangen soll.
Ich kann mir nicht vorstellen, wie ich den nächsten Tag überste-
hen soll. Und den größten Teil meines Lebens habe ich noch vor
mir. Ich weiß nicht, wie ich damit fertig werden soll. Er war der
einzige Mensch, der mich jetzt verstehen könnte.

WILLY Ein wenig verstehe ich Sie auch.

ROSE Ja. Aber was bedeutet das für mich?

WILLY Jeder Mensch bedeutet etwas für den anderen.

ROSE Das stimmt nicht. Natürlich stimmt es nicht.

WILLY Nein.

Schweigen.

ROSE Ich kann es nicht ertragen, ihn zu verlieren. Ich glaube, daß ich ohne ihn nicht leben kann.

WILLY Ich glaube, Liebe kann ein schreckliches Unglück sein. Und Hoffnung ist manchmal nur Stolz und Ehrgeiz. Wenn ich mich im Dunkeln verirre, werde ich meine Augen zumachen – und mich vorantasten wie ein Tier, ohne mich von einem fernen Licht führen zu lassen.

ROSE Wie kann man sich selbst davonlaufen. Oder dem, was einem passiert? Oder der Zukunft? Dumme Frage. Ich bin lieber hier draußen, wo er gestorben ist. Zu Hause ist so viel zu tun. Und alles wird auf die Minute getan. Wie kann ich mich *dem* entziehen? Leute kommen und gehen. Warum? Was haben sie damit zu tun?

WILLY Genau betrachtet, ist das Leben unerträglich. Was Menschen erdulden, was sie einander antun, wie sie sich hassen. Alles Gute wird erniedrigt und mit Füßen getreten. Die Unschuldigen und die Opfer sind wie Hunde, die Ratten aus einem Loch wühlen, oder wie eine Eule, die in einer Stadt verhungert. Alles ist unerträglich, aber grade darin müssen wir unsere Kraft finden. Einfach, weil es nichts anderes gibt.

ROSE Eine Eule, die in einer Stadt verhungert.

WILLY Und stirbt. Ja. Wohin man auch sieht. Deshalb sollte man niemals wegsehen. Tut man es, verliert man alles. Dreh dich um und schau ins Feuer. Hör auf das Heulen der Flammen. Der Rest ist Lüge.

ROSE Wie wahr. Wie vernünftig.

Willy erhebt sich und schaut nach hinten.

Was ist?

WILLY Er ist da.

Rose und Willy gehen zur Leiche.

ROSE Warum sieht er so aus?

WILLY Er hat versucht, sich den Pullover über den Kopf zu ziehen. Um schwimmen zu können.

ROSE Er ertrank.

WILLY Ja.

Einen Moment starren sie schweigend.

ROSE Ist er das?

WILLY Ja. Ich sehe es an den Kleidern. Gehn Sie Mr. Evens holen.

Er ist am Strand. Ich bleibe hier und halte Wache.

ROSE Ja.

Rose läuft raus. Kurz darauf hockt sich Willy neben die Leiche.

WILLY Wie werden sie dich nur in den Kasten kriegen? Du bist eine Leiche, und sie werden dir die Arme brechen. Du bist so hilflos. Die Kleider werden sie dir zerschneiden und dich zusammenklappen wie einen Kasper. Und dein Gesicht? Ist es ruhig? Oder angeschwollen vom Wasser? Oder zerkratzt?

Ein ferner Laut. Hoch, unartikuliert, wie Singsang, wimmernd, verrückt. Willy schaut auf etwas außerhalb der Bühne. Er kommt schnell nach vorn und kriecht außer Sicht. Der Laut kommt näher. Er wartet. Der Tuchhändler tritt auf. Er hat ein Messer. Willy geht noch tiefer runter.

TUCHHÄNDLER Spuren, Spuren – – – Und immer noch ist jemand bei ihm. Dauernd zurück zum Strand. Er kann es nicht lassen. Was zieht ihn denn immer wieder zurück? Besessenheit. Aber du mußt ihn kriegen, Mr. Hatch. Die Idioten in der ganzen Stadt glauben, daß sie sicher sind. Das Leben dieser Stadt wird zersetzt. Ihre Körper werden zertreten. Sie glauben, daß die Erde unter ihren Füßen noch fest ist. Dieser lange Strand ist ein Strom, der durch Gottes Hände rinnt. Ihre Knochen sind zermahlen und fallen durch das Stundenglas. Die Zeit verrinnt, und der Feind rückt näher. Still, Hatch. Kein Geräusch. Schluß mit dem Quatschen. Verfolge dein Opfer.

Der Tuchhändler macht einige Schritte auf die Leiche zu. Er bleibt stehen und blickt sich um.

Mr. Carson. Eingeschlafen am Strand. Wo ist der Kopf? In seinen Händen. Das ist es. Dieses Selbstvertrauen. Diese Überheblichkeit. Sogar während er darauf wartet, daß seine Freunde aus dem Meer steigen, legt er sich hin und schläft. Also das ist der stille Platz, wo die Seeungeheuer brüten und spielen und in der Sonne liegen. Mr. Hatch, jetzt ist er in deiner Gewalt. Vorsichtig.

Er kriecht auf die Leiche zu, immer noch das Messer in der Hand.

Ein Geräusch und er ist fort.

Er erreicht die Leiche, wirft sich über sie und sticht wie rasend auf sie ein.

Töten! Töten! Töten! Endlich! Was ist das? Wasser! Da, Wasser! Wasser, kein Blut?

Sticht.
Töten! Töten!
Unterbricht.
Noch mehr Wasser?
Sticht wieder.
Dreckiges Vieh.
WILLY *Zu sich selbst.*
Stich zu. Ein unschuldiger Mörder.
TUCHHÄNDLER Kein Blut. Nur Wasser. Wie weiß ich dann, daß er tot ist? Ich muß sicher sein, ganz sicher.
Sticht zu.
Das müßte reichen. Die Gurgel kaputthacken! Zerschneiden! Aufschlitzen! Zerfetzen! Zerreißen!
Unterbricht, redet weiter, schnell zu sich selbst.
Noch kein Blut? Wer hätte daran gedacht? Sie müssen doch sterben? Warum kommen sie hierher? Das tut man doch nur, wenn man Angst vor dem Tod hat? Ja, ihre Welt geht unter, und wenn sie nicht fliehen, sterben sie. Das wissen sie, ganz genau wissen sie das! Natürlich sterben sie. Ja, paß auf, ob sie ihn begraben. Denn was noch lebt, kann man nicht begraben.
Schaut nach außerhalb der Bühne.
Versteck dich, Mr. Hatch. Sie sind hinter dir her.
Der Tuchhändler rennt raus. Willy setzt sich mit dem Rücken zur Leiche vorn auf die Bühne. Rose und Evens kommen schnell rein. Evens hat eine zusammengefaltete Decke bei sich.
ROSE Wir haben den Tuchhändler gesehen.
EVENS Die ganze Stadt ist hinter ihm her.
ROSE Er hat doch nichts getan?
WILLY Nein.
Zu Evens.
Die Leiche liegt da hinten.
Evens schaut hinter dem Tuchhändler her und geht dann zur Leiche.
ROSE Er ist zerschnitten. Da! Seine Kleider. Seine Arme.
WILLY Hatch. Er ging mit einem Messer auf ihn los.
ROSE Wie entsetzlich.
WILLY Er dachte, ich sei es.
ROSE Wie entsetzlich. Wie entsetzlich.
WILLY Warum?
ROSE Einem Toten so was anzutun.

WILLY Ich sehe es nicht so. Was macht das schon? Einem Toten kann man nicht mehr weh tun. Staub läßt sich nicht schänden. *Zuckt die Achseln.*
Da ist nur noch ein toter Köder für einen Verrückten.
ROSE Aber das ist doch grausam.
Evens bedeckt die Leiche mit der alten Decke. Sie ist blaß-grün oder in verblichenem schmutzigen Weiß. Er legt sie als Rechteck über ihn und schlägt sie nicht ein, so daß die Leiche in der Mitte als Erhöhung zu sehen ist.
EVENS *zu Rose.*
Gehen Sie zur Stadt und holen Sie einen Pferdewagen. Gehen Sie unauffällig. Sonst kommen alle her und glotzen. Das können wir nicht gebrauchen. Wir halten Wache.
ROSE Ja.
Rose geht raus. Evens und Willy stellen sich etwas entfernt voneinander auf. Sie stehen sich auf halber Bühne gegenüber und warten schweigend. Die Leiche liegt im Hintergrund. Sie warten und schweigen.

Sieben

Auf dem Kliff.

Offener, windiger, sonniger Morgen. Man hat ein Klavier auf das Kliff geschafft. Sein Klang ist dumpf und gedehnt. Vor ihm steht ein Stuhl. Mafanwy und Jilly sind allein. Sie stellen Noten auf das Klavier.
(Anmerkung des Übersetzers: In der folgenden Szene werden von Edward Bond zwei Kirchenlieder angegeben: »Eternal Father« und »All People«. Das erstere wurde 1860 von William Whiting komponiert »For those at sea«. Da es nicht ins Deutsche übertragen worden ist, empfiehlt es sich, ein deutsches »Kirchenseelied« mit ähnlichem Inhalt zu nehmen. Das vom Übersetzer vorgeschlagene Lied »Wenn wir in höchsten Nöten sein« ist mit Text und Melodie im Evangelischen Kirchengesangbuch, Ausgabe Niedersachsen, Nr. 474 enthalten. Das Lied »All People« ist eine Paraphrase des 100. Psalms von W. Kethe, erstmalig erschienen im Psalter 1560/61, und als zeitgenössische deutsche Paraphrase 1573 [von Ambrosius Lobwasser] erschienen: »Ihr Völker auf der Erden all«.)

MAFANWY Der Wind –

JILLY Wenn *ich* tot bin, möchte ich auch hier auf das Kliff gebracht werden.

MAFANWY Wie kannst du auch nur daran denken!

JILLY *blickt nach draußen.*

Sie kommen. Warum spielst du nicht?

MAFANWY Mrs. Rafi möchte in die Stille hinein auftreten.

JILLY *blickt nach draußen.*

Oh, ist sie nicht wunderbar? Sieh nur, wie sie die Urne hält! Oh, wie klein die ist!

MAFANWY Es ist eine Schande.

JILLY Was ist denn, Fanny?

MAFANWY Sie haben Mr. Evens mitgebracht.

JILLY Oh, wo?

MAFANWY Der ist weniger als ein Landstreicher. Louise will mit ihm nur Ärgernis erregen.

JILLY Oh, so sieht der aus! Umgotteswillen, laß mich ganz nah bei dir stehn. Ich fürchte mich so. Wie dumm von mir. Sind diese

Geschichten wahr?

MAFANWY Ich höre mir so was nicht an.

JILLY Die Mädchen sagen, wenn du nachts an seiner Hütte vorbeigehst –

MAFANWY *scharf.*
Scht! Scht! Was ist denn mit dir los? Dein Hals ist ja ganz rot.

JILLY Umgotteswillen.

Mafanwy und Jilly stellen sich mit gebeugten Häuptern auf. Sie kreuzen die Hände im Schoß. Die Prozession nähert sich. Mrs. Rafi, Mrs. Tilehouse, Rose, Rachel, Willy, Evens, Pfarrer, Carter, Thompson und andere Männer und Damen. Mrs. Rafi trägt eine kleine Urne. Zwei der Männer tragen das Banner der Stadt. Es ist ein roter Streifen Stoff, zwischen zwei Stangen ausgespannt und schwer mit goldfarbigem Draht und Seide bestickt. Jeder geht schweigend an seinen Platz.

PFARRER *leise und rücksichtsvoll.*
Da drüben ist es angenehmer für Sie, Mrs. Rafi. Ein ganz klein wenig mehr Schutz vor dem Wind.

Mrs. Rafi geht schweigend auf ihren Platz. Die Gruppe stellt sich auf.

Liebe Herde, liebe geliebte Freunde. Dieser liebe entschlafene Diener Gottes ist bereits in Übereinstimmung mit den Gebräuchen unserer Mutterkirche der gütigen Obhut seines Vaters anvertraut worden. Wir, seine Freunde, gedenken heute, da wir seine Asche streuen über dieses allseits beliebte Ausflugsziel, eines treuen Bürgers unserer Stadt, der vor uns auf die große Fahrt gegangen ist, die zu Gott führt, zu der Heimat ewigen Friedens. Deshalb sind wir gekommen, um ihm unser letztes irdisches Lebewohl zu entbieten. Lasset uns beten, jeder im Schweigen seines Herzens.

Sie senken die Köpfe und falten die Hände. Ein kurzes Schweigen.

Amen.

ALLE Amen.

PFARRER Ich habe eine Stimme vom Himmel gehört, und sie sagte zu mir: schreibe. Fortan glücklich sind die Toten, denn sie ruhen sich aus von all den Mühen. Die erste Hymne, Miss Price, wenn ich bitten darf. Seite 432.

Einige der Leute benutzen Liederbücher, andere kennen das Lied auswendig. Während sie singen, entwickelt sich Rivalität zwischen Mrs. Rafi und Mrs. Tilehouse um den kunstvollsten Diskant. Mrs. Tilehouse wirkt opernhaft. Mafanwy betont am Klavier den richtigen Rhythmus.

> Wenn wir in Wassersnöten sein,
> So rufen wir zu dir allein,
> O treuer Gott, und bitten dich:
> Hilf uns doch jetzo gnädiglich.
> Dein Schutz sei unser Damm und Deich,
> So sind beschützet Arm und Reich,
> Dein Schutz halt allerorten Wach,
> Sonst ist verloren unsre Sach.

ALLE Amen.

TILEHOUSE A-a-a-a-a-a-a-meeeeeeen

RAFI A-a-a-a- } *gesungen*

– men.

PFARRER Colins Tugend spricht für ihn. Ich will diesen reinen Klang nicht mit meinen törichten Worten trüben. Aber ich kann mich nicht enthalten, euch von einem bestimmten Ereignis zu berichten. Gestern begab ich mich zum Kommandanten der Küstenbatterie in Forebeach und bat ihn, während der kurzen Zeit unserer Feier heute hier seine Kanonen schweigen zu lassen. Ohne zu zögern erhob er seine martialische Stimme und sprach. »Ja. Mr. Bentham war ein guter Mann, Pater. Er tritt mit einem einwandfreien Führungszeugnis vor den Allmächtigen. Er ist für einen hohen Rang in den himmlischen Heerscharen ausersehen. Wollte, ich könnte ihn zu meinen eigenen Offizieren zählen.« Mit diesen Worten erhob er sein Sherryglas, trank auf ihn und sang die ersten drei Zeilen der Nationalhymne.

Weit weg beginnt die Batterie zu feuern. Ein peinliches Schweigen.

Miss Price, vielleicht könnten wir zur nächsten Hymne übergehen.

Sie singen den 100. Psalm. Mrs. Tilehouse verzögert wieder den Ton mit ihrem Diskant. Mrs. Rafi starrt sie ärgerlich an und schlägt unbewußt auf der Urne den Takt.

ALLE Ihr Völker auf der Erden all,
> Dem Herren jauchzt und singt mit Schall,
> Und dienet ihm mit Fröhlichkeit,
> Tret't her vor ihn und freudig seid.

Nun geht zu seinen Toren ein,
Es dank ihm jedes Herz, das rein.
Kommt in den Vorhof mit Gesang,
Sagt seinem Namen Lob und Dank.

Mrs. Tilehouse fängt an, »Amen« zu singen. Mafanwy begleitet nicht. Mrs. Tilehouse hält auf. Während des Gesangs ist der Pfarrer zum Rand des Kliffs hinten gegangen. Die Kanonen haben zu feuern aufgehört.

PFARRER Wir übergeben diesen Leib der Luft über den Tiefen des Wassers, auf daß er wieder zerfällt, und wir erwarten die Auferstehung des Leibes an dem Tag, da die See ihre Toten wiedergibt. Amen.

ALLE Amen.

PFARRER Ich denke doch, Sie haben ein paar Worte vorbereitet, Mrs. Rafi.

Mrs. Rafi geht zum Rand des Kliffs. Sie trägt immer noch die Urne.

Nicht zu nah an den Rand, meine Liebe.

RAFI Keine Angst, Herr Pfarrer.

Mrs. Rafi wendet sich der Versammlung zu und rezitiert. Dabei unterstreicht sie ihre Worte mimisch. Die Wirkung erinnert an »Under the Spreading Chestnut Tree«.*
Zur gleichen Zeit beginnt Mrs. Tilehouse etwas in ihrer großen Handtasche zu suchen, kann es jedoch nicht finden. Sie spricht mit sich selber. Ihre Stimme ist lieblich, geduldig, tadelnd und leiser als Mrs. Rafis Stimme. Sie spricht jedoch laut genug, um gehört zu werden, besonders wenn Mrs. Rafi eine ihrer dramatischen Pausen macht.

TILEHOUSE Mein Riechsalz. Mein Riechsalz. Himmel, wo bist du? Hab ich dich im Schmuckkästchen liegengelassen? In all der Aufregung vielleicht gar nicht zugeschraubt. Was für ein Pech! Die Mischung verflüchtigt sich doch so leicht...

RAFI Wie Staub und Asche wird jeder sein. Schlacke, alt und verbraucht, so geht man heim.

Plötzlich kommt ihr eine Idee.

Ich werfe seine Asche in die herzlose See.
Die Wogen werden glatt wie Wasser im Lee.

---

* *Anmerkung des Übersetzers:* »Under the Spreading Chestnut Tree« ist eine Zeile aus dem Gedicht »The Village Blacksmith« von Longfellow, einem Loblied auf das ländliche Leben, die Landidylle.

Und in das Wasser ewiger Dunkelheit
Sie macht dramatisch einige Schritte auf den Rand des Kliffs zu.
Die Zuschauer halten den Atem an.
Fällt seine Asche, funkelnd vor Helligkeit.
Dort treibt sie durch kommender Zeiten Raum,
Die Tiefe erleuchtend durch Heimat im Traum.
Sie schraubt den Deckel der Urne auf.
Menschen, die ihr kleines Jahr hier durchstehen
Sie starrt dramatisch in die Urne, als ob sie etwas darin entdeckte.
Sind Diamanten, geschliffen von irdischen Wehen.
Ein Feuer brannte, das keine graue Asche hinterläßt.
Diamanten nur sind der sterbliche Aschenrest.
Sie greift sich eine Handvoll Asche und hebt sie triumphierend hoch. Die Zuschauer halten den Atem an.

TILEHOUSE Oder sollte ich es doch der Köchin geborgt haben?

RAFI Erheb dich, Staub, um dich auf Windesflügeln aufzuschwingen!

Empor, verblaßter Geist! Denn horch! die Engel – Mrs. Tilehouse, vielleicht möchten Sie lieber schon die Sandwiches zum Tee schneiden gehen?

TILEHOUSE Verzeihung.

RAFI Ich möchte nur, daß Sie sich nicht zu sehr echauffieren.

TILEHOUSE Louise, wie können Sie nur? Ich kann doch nichts dafür, wenn meine Gefühle den Gebrauch von Riechsalz notwendig machen.

RAFI Gefühle!

PFARRER Meine Damen, lasset uns beten.

RAFI Ist dies eine Ausstellung von Gefühlen?

TILEHOUSE Sie können mich nicht verstehen, Louise. Natürlich hat außer Ihnen niemand Gefühle.

RAFI Die meisten würden es für eine Ausstellung von Hysterie halten. Mir scheint es an der Grenze zum Irrsinn zu liegen.

PFARRER Vater unser, der du bist –

RAFI Halten Sie den Mund, Pfarrer.

Mrs. Rafi geht zu Mrs. Tilehouse. Sie hält die Asche noch in der Hand. Als sie an Jilly vorbeikommt, gibt sie ihr die Asche.
Halten Sie das einen Moment.

JILLY Ah!

Sie bricht in Tränen aus.

RAFI Sie haben uns absichtlich diese Feier verpatzt.
Sie hält die Urne empor.
Was werden jetzt meine letzten Erinnerungen an diesen armen toten Jungen sein? Ihr alberner Gesang. Ihre alberne Effektnascherei. Oh, ich weiß, was dahintersteckt, Madam!
Geht auf ihren Platz zurück.
Nur weil sie keine Rolle in unserem Stück bekommen hat.
Evens geht zu Jilly, um ihr zu helfen. Er legt ihr die Hand auf die Schulter.

EVENS Gestatten Sie, meine Liebe.
Jilly dreht sich um und starrt ihn an. Dann kreischt sie. Er versucht ihre Hand zu nehmen.
Aber ich will doch nur helfen –

JILLY Sie Scheusal! Sie Scheusal!
Jilly fällt in Ohnmacht und läßt die Asche zu Boden fallen.

TILEHOUSE Schauen Sie nur dieses arme Mädchen. Noch eins Ihrer Opfer!

PFARRER Miss Price, die nächste Hymne.
Mafanwy beginnt mit Wenn wir in höchsten Nöten sein *und geht dann zu* Ihr Völker auf der Erden all *über. Schließlich hört sie verwirrt zu spielen auf und beginnt zu weinen. Mrs. Tilehouse versucht die Asche in ihr Taschentuch zu kehren.*

RAFI Wälzen Sie sich doch noch drin, Mrs. Tilehouse. Seht nur, wie sie nach ihm schnappt und grabscht. Das wollte sie nämlich immer schon. Also sie will seine Asche verstreuen. Dann soll sie. Ich will nicht mehr.

TILEHOUSE Das werde ich Ihnen niemals verzeihen. Heute sind Sie zu weit gegangen, Madam.
Der Tuchhändler kommt.

TUCHHÄNDLER Er ist tot! Er ist tot! Der erste von ihnen ist ausgemerzt!

PFARRER Der Teufel ist gekommen.

TUCHHÄNDLER Ihr müßt ihn auf einer Kreuzung vergraben.
Er weicht aus, die anderen versuchen ihn zu fangen.
Zerätzt ihn in ungelöschtem Kalk. Er gehört in eine Zuchthausmauer. Auf das grüne Plätzchen, wo der Henker Blumen für den Buckingham Palast züchtet.

RAFI Rohling. Haben Sie keinen Respekt vor den Toten?

TILEHOUSE Anarchist!

TUCHHÄNDLER Hexen! Weibsen!

RAFI Ruhe vor Respektspersonen!
Der Tuchhändler greift sie an. Hollarcut stürzt hervor.
TUCHHÄNDLER Stoß sie über den Rand, Billy! Runter mit den Schweinen!
Rachel schlägt mit dem Notenheft auf Hollarcut ein. Damen umstellen Hollarcut und den Tuchhändler und schlagen sie. Der Pfarrer kniet.
PFARRER Seite achtundsiebzig in euern Gebetbüchern. Ein Gebet für Zeiten von Aufruhr und Krieg. Rette und erlöse uns, durchkreuze ihre bösen Pläne –
RAFI *wirft mehrere Hände voll Asche nach dem Tuchhändler.*
Haben Sie keinen Respekt vor den Toten?
TUCHHÄNDLER Billy, rette mich!
HOLLARCUT Mr. Hatch, Hilfe!
CARTER Junge, ich leg dich übers Knie. Ich schlag dich zusammen. Ich verpaß dem gleich eins, daß er bis inne nächste Woche rutscht, Mrs. Rafi.
TUCHHÄNDLER *öffnet dramatisch seine Arme.*
Nehmt mich, es ist zu Ende. Mein Werk ist getan.
Plötzlich bleibt der Tuchhändler vor Willy stehen, der grade von Mrs. Rafi die leere Urne entgegennimmt. Er hält sie unbeholfen mit der Oberseite nach unten und starrt den Tuchhändler an. Das Schweigen geht auf die anderen über.
Er lebt?
Er streckt halb die Hand aus, um Willy anzufassen.
Er lebt?
Er beginnt zu weinen.
Nein. Nein. Nein. Nein. Er lebt ja immer noch.
Er fällt auf Hände und Knie.
WILLY Berühren Sie mich. Ich tu Ihnen nichts. Keiner hier wird Ihnen was tun.
HOLLARCUT Mr. Hatch . . . Doch nicht weinen . . . Ist doch besser so.
Er geht zum Tuchhändler und hockt sich neben ihn.
Aufhörn.
Er blickt die anderen an.
Was macht ihr auch so was mit Mr. Hatch? Wo er doch einem nichts getan hat.
RAFI Nichts getan! Weißt du überhaupt, was du da redest?
HOLLARCUT Er hat Ihr Gequassel für ne Weile gestoppt. Nur das.

378

Und nicht mal das. Daß die endlich mal ihre Klappe hält, braucht mehr alsn paar Klapse. Wo wie der sind, habn noch nie eim was getan. Kuckt ihn euch jetzt mal an, wenn ihr könnt.

TILEHOUSE Er hat Mrs. Rafi am Arm verletzt.

HOLLARCUT An son Kratzer stirbt die doch nicht. Dann schon eher jedes Mal, wenn sie sich ihre Hutnadel reinsteckt.

PFARRER Hollarcut, ich habe versagt. Woche um Woche habe ich mich in der Hitze der Sonntagsschule mit dir geplagt. Stundenlang kämpfte ich um deine Seele. Ich kämpfte mit diesem Verstand, um ihm wenigstens ein paar Gebote einzuimpfen. Hast du kein einziges Wort verstanden?

HOLLARCUT Nein.

PFARRER Oh. Entschuldigen Sie mich. Ich muß hinunter und mich vorbereiten. Die Zeit des Antichrist kann nicht mehr fern sein.

Der Pfarrer geht raus. Mrs. Rafi ruft hinterher.

RAFI Vergessen Sie nicht, Herr Pfarrer: Die Wege des Herrn sind wunderbar. Weg ist der arme Mann.

Zu Hollarcut.

Sie brutaler Kerl! Sie wissen doch, daß es Ihre Pflicht ist, sich um ihn zu kümmern? Er ist schwächer als Sie!

Mafanwy beschäftigt sich in der Nähe von Mrs. Rafi mit einem Schal.

MAFANWY Oh, Mrs. Rafi. Mir tut das alles so leid. Sie haben sich doch so angestrengt, alles heute so nett zu machen.

RAFI Carter, bringen Sie Hatch ins Stadtgefängnis hinunter.

Carter und Thompson halten den Tuchhändler fest.

TUCHHÄNDLER *ängstlich.*

Ich weiß nicht, ob ihr alle Geister seid oder ob ihr noch Zeit habt, euch zu retten.

Weinend zu sich selber.

Ich begreife nichts mehr. Ich habe versucht, euch vor eurer Dummheit und Selbstsucht zu retten . . .

Weint.

Aber nun wird ein anderer kommen, und keiner wird euch helfen . . . Keiner kann euch jetzt noch helfen . . .

Carter und Thompson nehmen den Tuchhändler mit sich raus.

RAFI Mafanwy, führen Sie sich nicht so auf. Immer, wenn Sie sich erkälten, benehmen Sie sich, als ob Sie alle Sünden der Welt auf Ihre Schulter nähmen und wir alle dankbar sein müßten.

MAFANWY *dreht sich ab und weint.*
Wie können Sie nur so hart sein ...
Mafanwy beginnt die zerstreuten Notenblätter aufzulesen.
RAFI *will etwas ankündigen.*
Achtung, meine Damen! Ich glaube, ich darf sagen, daß heute
alles sehr gut verlief, bis Mr. Hatch mit seinen Wahnideen kam.
Wie immer haben wir uns auch diesmal beispielhaft für die ganze
Stadt verhalten.
DAMEN Ja.
RAFI Zweifellos waren einige von uns von den hohen Gefühlen des
feierlichen Anlasses ergriffen –
TILEHOUSE Ach ja, wie wahr.
RAFI – aber das gehört sich ja auch so.
Zustimmendes Gemurmel.
Denn daran zeigt sich die Tiefe unserer Empfindungen.
Die Damen klatschen etwas Beifall.
Kein Wort mehr darüber. Von niemandem. Natürlich ist es be-
dauerlich, daß uns der Wind hier das ein bißchen herumgeweht
hat –
Sie nimmt von Willy die Urne entgegen.
– aber an diesen hochgelegenen, exponierten Stellen muß damit
gerechnet werden.
Sie gibt Mr. Evens die Urne.
Mr. Evens, sorgen Sie freundlicherweise dafür, daß das wieder
in mein Arbeitszimmer zurückkommt. Vielleicht wollen Sie
mir – helfen, eine Nische dafür auszuwählen. Unser Werk ist
getan –
Sie staubt sich selber ab.
– und wir können eindeutig feststellen, daß die Asche wohlver-
streut worden ist. Wo ist Rose?
Sie schaut sich um. Rose ist nicht da.
TILEHOUSE Gleich wird etwas Schreckliches passieren. Ich weiß
es. Irgend etwas in der Luft huschte grade an mir vorbei.
RAFI Unsinn, Jessica. Rose ist ein vernünftiges Mädchen. Sie ist
aus diesem Irrenhaus weggegangen, um ein bißchen Ruhe zu
haben. Hollarcut, kann ich mich darauf verlassen, daß Sie jetzt
still zur Stadt hinuntergehen und sich wenigstens äußerlich anständig benehmen?
HOLLARCUT Mir hängt einer nichts mehr an. Die Gelegenheit geb
ich nicht. Falls Sie das damit sagn wollen.

RAFI In den nächsten zwei Monaten können Sie jeden Abend in meinem Garten *Schwerarbeit* leisten. Da muß eine ganze Menge besonders *schwerer* Boden umgegraben werden. Entweder das, oder ich sehe mich gezwungen, Ihrem Fall mittels der örtlichen Behörden nachzugehen. Also was?

HOLLARCUT *brummt.*
Umgraben, schätz ich.

RAFI Ich bin froh, daß Ihnen noch etwas Verstand geblieben ist. Ich will annehmen, daß Hatch Sie verleitet hat – das anzunehmen fällt mir nicht schwer. Finden Sie sich morgen Punkt fünf Uhr dreißig an meiner Hintertür ein.

HOLLARCUT Morgens oder abends?

RAFI Beides.

Hollarcut geht brummend raus.

RAFI Meine Damen, Sie können jetzt hinuntergehen.

RACHEL *gleichzeitig mit Mrs. Tilehouse.*
Aber können wir Sie denn allein lassen?

TILEHOUSE Nein, nein, meine Liebe, hier draußen ganz ohne Begleitung.

RAFI Sie sind außer Gefahr, Jessica. Carter wird Hatch nicht entwischen lassen.

Alle bis auf Rafi und Willy gehen raus. Sie ist vorn, er hinten auf der Bühne. Vor dem Klavier steht immer noch der leere Stuhl. Er ist nicht von der Stelle bewegt worden.
Bringen Sie mir den Stuhl, Willy.

Willy bringt ihr den Stuhl. Er stellt ihn vorn auf die Bühne. Sie setzt sich. Er bleibt etwas weiter weg stehen.
Ich habe Angst, alt zu werden. Ich bin immer eine energische Frau gewesen. Dazu hat man mich erzogen. Die Leute erwarten von jemandem meines Standes, daß er sie anschreit. Sie tyrannisiert. Tut man es nicht – sind sie enttäuscht. Das gibt ihnen etwas, worüber sie dann in ihren Kneipen tratschen können. Sie machen dich zum Exzentriker. Das ist ihre Art, dich zu bewundern. Manchmal glaube ich, daß ich wie ein Leuchtturm in ihrer Welt bin. Ich gebe ihnen ein Gefühl von Ordnung und Sicherheit. Meine Leuchtzeichen zeigen ihnen die Fahrrinne in den sicheren Hafen. Ich habe sie so satt. Ich habe es satt, ein bunter Hund in ihrer kleinen Welt zu sein. Es gab keine andere Möglichkeit für mich. Wäre ich katholisch –
Sie schaut sich um.

– schon gut, der Pfarrer ist gegangen – dann wäre ich Äbtissin geworden. Ich hätte die Nonnen in Schrecken versetzt. Sie hätten es genossen. Wie ein Leben Tür an Tür mit dem Teufel. Aber unser großartiger Glaube hat mir nicht einmal diesen Trost gegönnt. Natürlich habe ich meine großen Auftritte –
Schaut sich wieder um wie zuvor.
Ja, die Damen sind gegangen – Nicht eine von ihnen kann spielen, wissen Sie. O nein. Ich bin von Mittelmäßigkeit umgeben. Eine brennende Fackel und kein Weg, den sie erleuchten könnte... Ich werde alt sein und sie aus einem Rollstuhl anschreien. Darauf warten sie doch nur. Dann zahlen sie mir alles zurück für die Jahre, in denen ich sie tyrannisiert habe. Dann rollen sie dich wohin sie wollen. »Fahrt mich dorthin.« »Da warst du gestern. Wir wollen heute woanders hin.« »Fahrt mich hinunter zum Strand. Ich will die See sehen.« »Nein, du willst die See gar nicht sehen. Du hast sie gestern gesehen. Der Wind ist – nicht gut für deinen Kopf. Wenn du dich nicht anständig benimmst und dich erkältest, werden wir dich ins Bett einsperren. Da bleibst du dann für immer drin.« Raffiniert. Jessica würde mir vermutlich Streichhölzer unter die Fingernägel jagen. Ich werde sie pensionieren müssen. Sie ist eine von den Frauen, denen es bestimmt ist, allein in einem kleinen Raum zu sterben. Schließlich gibst du es auf, sie anzuschreien. Du schließt deine Augen, und die Tränen laufen dir über dein häßliches altes Gesicht, und du kannst es dir nicht einmal trockenreiben: Sie geben dir dein Taschentuch nicht. »Gebt es ihr bloß nicht. Sie kriegt einen Anfall und reißt es in Fetzen.« Da sitzt du nun: alt, häßlich, wimmernd, dreckig, auf Rädern herumgestoßen und bedroht. Ich kann sie nicht lieben. Wie könnte ich? Aber nicht zu lieben ist ein schrecklicher Zustand für jemanden, der sich auf seinen Tod zubewegt. Ist irgend etwas der Mühe wert gewesen? Nein. Ich habe mein Leben nutzlos vertan.
Sie sieht jemanden außerhalb der Bühne.
Komm her. Sie sind gegangen.
Rose kommt. Sie geht ruhig auf sie zu.
Geh fort von hier, Rose. Du darfst nicht in der Stadt bleiben und den Rechtsanwalt, den Doktor oder den Pastor heiraten. Hier kannst du nicht atmen.

ROSE Wohin soll ich gehen?

RAFI Colin hätte dich mitgenommen. Auf diesem Misthaufen

hätte er sich niemals niedergelassen. O nein. Aber – ihn haben sie jetzt erwischt. Er ist für immer auf diesen Klippen. Ein Geist, der auf der See herumspukt. Bis auch sie geht. Auch die See muß verschwinden, irgendwann. Ha, ha. Auch die Geister. Willy. Nimm du sie mit.

WILLY Wird sie mitgehen?

RAFI Wenn sie auch nur ein bißchen Verstand hat.

ROSE *zu Mrs. Rafi.*

Du bist nicht gegangen.

RAFI Nein.

Sie steht auf.

Zur Trauerfeier wird Tee gereicht. Solche Kleinigkeiten unterbrechen die Monotonie ihres Lebens. Es wird ein Chaos geben, wenn ich jetzt nicht die Zügel in die Hand nehme. Sie hacken sich mit den Kuchenmessern in Stücke und gießen den Tee über die Sandwiches. Aber ich werde an die See und an den toten Colin denken und auch daran, daß die Welt voller Dinge ist, die von mir immer weit entfernt waren. Kommt nicht mit hinunter: Es würde euch anekeln. Bleibt hier, das schockiert sie. Dann haben sie was Schönes zu klatschen und kommen leichter über die Bestattung hinweg.

Mrs. Rafi geht.

WILLY Geht es dir besser?

ROSE Ja.

WILLY Sollen wir fortgehen?

ROSE *ruhig.*

Möchtest du?

WILLY ... Ja.

ROSE O ja. Aber dann könnte ich mit jedem weggehen.

WILLY Zum Beispiel?

ROSE Mit einem Seemann aus dem Hafen. Es macht mir nichts aus, wenn mein Leben verpfuscht ist. Oder ich könnte nach London arbeiten gehn. Bei Tante Louise war es anders. Wahrscheinlich konnte man damals nicht viel tun. Nein, das glaube ich nicht. Sie ist so ein Feigling. Hast du das nicht gemerkt? Es ist sicherer, im Garten zu bleiben und über die Mauer zu schreien. Sie braucht dir nicht leid zu tun. Sie ist ein Tyrann, und nur die Schwachen wollen tyrannisiert werden. Die Stadt ist voll mit ihren Krüppeln. Zu denen ist sie am nettesten.

WILLY Ich weiß.

ROSE *Leichtes Achselzucken.*

Wann gehst du?

WILLY Bald. Hier gibt es nichts mehr zu tun.

ROSE Wenn du ertrunken wärst, wäre ich jetzt mit Colin verheiratet.

WILLY Ja, leicht möglich.

ROSE Du bist dem Ertrinken entgangen. Du bist dem Messer des Tuchhändlers entgangen. Findest du das Leben aufregend?

WILLY Soll ich dich küssen?

Willy küßt sie schweigend.

ROSE In den Fußstapfen eines Toten.

WILLY Auf die Toten kommt es nicht an.

ROSE Da bin ich nicht sicher.

WILLY Dann bist du wie deine Tante. Du redest und hast keinen Mut.

ROSE Da! Sie haben das Klavier nicht zugedeckt. Die Feuchtigkeit verzieht die Saiten.

Rose bedeckt das Klavier mit einer grünen oder verblichenen, schmutzigweißen Decke.

Tante wird zwei starke Männer mit einem Karren schicken, die es wieder hinunterschaffen.

Sie stellt den Stuhl vor das Klavier. Willy will gehen.

Wohin gehst du?

WILLY Schwimmen.

ROSE Heute?

WILLY Ja.

ROSE In der See?

WILLY Ja.

ROSE Wo ist dein Handtuch?

WILLY Ich brauche keins.

ROSE Willst du wirklich?

WILLY O ja.

Er blickt sie einen Moment lang an und will dann wieder gehen.

ROSE Warte.

Er bleibt stehen.

Ich komme mit, deine Kleider halten ...

Willy nickt ihr zu und geht. Rose folgt ihm. Die Bühne ist bis auf das zugedeckte Klavier und den leeren Stuhl leer.

Acht

Strand.

Evens' Hütte. Ein heller, klarer Morgen mit etwas Wind. Evens sitzt auf einer Kiste. Er hat eine schmale Taschenflasche Whisky in der Hand, trinkt jedoch nicht. Ein Augenblick vergeht, dann ruft er nach außerhalb der Bühne.

EVENS Du schleichst schon den ganzen Morgen hier rum.

HOLLARCUT *matt, von draußen.*
Meinst du mich?

EVENS Was willst du mit dem dicken Knüppel?

Einige Augenblicke später tritt Hollarcut auf. Er ist müde und unrasiert. Sein Kragen steht offen. Er ist erschöpft, aber sein Zorn gibt ihm Kraft.

HOLLARCUT *matt.*
Wasn, Dreckschwein?

EVENS Du bist mich totschlagen gekommen, was? Mit deinem dicken Knüppel da.

HOLLARCUT *matt.*
Und was, wenns stimmt?

EVENS Das wirst du nicht schaffen.

HOLLARCUT *matt.*
Meinst du?

EVENS Ist bei dir nicht drin.

HOLLARCUT *matt.*
Nein?

EVENS Nicht jetzt, wo Hatch eingelocht ist.

HOLLARCUT Zieh seinen Namen nicht in Dreck mit deiner dreckigen alten Schnauze.

EVENS Du glaubst doch nicht, was er dir erzählt hat? Glaubst du, daß ich auf einem Besenstiel reite?

HOLLARCUT *matt.*
Und was, wenn ichs nicht glaub?

EVENS Warum kommst du mich dann mit deinem dicken Knüppel totschlagen?

Er nimmt einen Drink.

HOLLARCUT Wer hatn denn verrückt gemacht? Warum hat er die ganzen blöden Ideen? Ich kenn keinen, der so was tut, nur du.

385

Er schlägt mit dem Knüppel auf eine Kiste.
Er zerbricht.
EVENS Möglich.
HOLLARCUT Er war immer gut zu mir. Wo sonst kein Schwein mit
mir spricht. Höchstens, daß mal einer sagt: Geh dort hin, hol
das. Oder: Das ist bei dir nicht drin. Das wirst du nicht schaffen.
Er schämt sich nicht und redet mit mir und hört mir auch zu.
Der nutzt mich nicht aus wie die olle Ziege und ihr andern alle.
Bei ihm darf ich immer dabeisein.
EVENS Ich verstehe.
HOLLARCUT Wenns nämlich drauf ankommt, bin ich auch wer.
Auch wenns dir vielleicht nicht paßt: Ich bin fast wie du und
auch wer. Er wußte das. Das ist gar nicht so verrückt. Mehr hab
ich heute nicht zu sagn.
EVENS Gut, Billy. Aber keine verrückten Sachen machen. Wirf
den Knüppel weg.
HOLLARCUT Mr. Hollarcut.
EVENS Wirf deinen Knüppel weg, Mr. Hollarcut.
HOLLARCUT Nein. Wo ich ihn jetzt hab, behalt ich ihn auch. Daß
du weißt, ich bin hier.
Willy kommt rein.
WILLY Hallo! Ich wollte mal vorbeischauen.
EVENS *nickt.*
Heute morgen war die gerichtliche Untersuchung.
WILLY Ja.
EVENS Damit ist alles vorbei.
WILLY Tod durch Ertrinken.
EVENS Zufrieden?
WILLY Und der Untersuchungsrichter hat den Leichtsinn von
Leuten erwähnt, die bei schlechtem Wetter auf See rausfahren
und damit die Küstenwache gefährden.
EVENS Wann fährst du?
WILLY Jetzt. Morgen, Billy. Ich sehe, daß Mrs. Rafi dich range-
kriegt hat, ihren Garten umzugraben.
HOLLARCUT Mr. Hollarcut.
WILLY Ah ja.
HOLLARCUT Schon gut – Carson, nicht wahr? Ich sag dir was,
Junge, daß du Bescheid weißt. Ich grab für sie um –
Er legt seinen Zeigefinger an die Nase und sieht verschlagen aus.
– aber wird irgendwas wachsen? … Morgen!

Hollarcut geht raus. Willy setzt sich auf eine Kiste.
EVENS Bist du gekommen, um mich zu töten?
WILLY Ich glaube nicht.
EVENS Er ja.
WILLY Du liebe Zeit. Kann man das ernst nehmen?
EVENS *zuckt die Achseln.*
Das weiß Gott.
WILLY Vielleicht ziehen Sie in die Stadt zurück. Für eine Weile je-
denfalls.
EVENS Lieber laß ich mich totschlagen.
WILLY Tchtchtch!
Schweigen.
Der Tuchhändler glaubte, daß es dort oben noch andere Wesen
gibt. Andere Welten.
EVENS Gibt es. Es gibt unzählige Millionen von Sonnen. Deshalb
muß es auch mehr Planeten geben. Millionen und Abermillio-
nen lebender Welten.
WILLY Aber würden sie diesen ganzen Weg zu uns auf sich neh-
men, selbst wenn sie könnten, nur um uns zu besuchen?
EVENS Nein, wäre die Reise kaum wert.
WILLY Vielleicht sind sie vollauf damit beschäftigt, sich gegenseitig
und alles andere zu töten. Aber was, wenn sie da oben schon alles getötet haben? Vielleicht kommen sie dann, um uns zu töten.
Ich meine, das wäre ein Grund zu kommen. Wenn sie dringend
noch was zum Töten brauchten. Da würde die lange Reise sich
lohnen. Eine Weltall-Safari. Vielleicht sind wir auch nur bös-
artige kleine Schädlinge für sie. Die man nicht ernst zu nehmen
braucht. Nur Zeitvertreib.
EVENS Ja.
WILLY Glauben Sie, sie töten sich gegenseitig?
EVENS Müssen sie. Leben tötet schließlich immer anderes Leben.
WILLY Ja. Sie meinen, alles Leben sei ein Gewächs, das über das
ganze Universum wuchert und sich selber tötet und verschlingt.
EVENS In gewisser Hinsicht.
WILLY Aber da oben. Da draußen. Wenn ich in den Himmel sehe,
sterben und bluten und stöhnen dort Lebewesen?
EVENS O ja. Die Sphärenmusik.
WILLY Wie können Sie das Leben ertragen?
EVENS Fängst du wieder zu heulen an?
WILLY Wie?

EVENS Das weiß ich nicht. Ich weiß nicht, warum ich nicht verrückt bin.

Schweigen.

WILLY Ich bin nicht sicher, ob ich es ertragen kann.

EVENS Man braucht es nicht lange zu ertragen. Die Jahre gehen sehr schnell vorbei. So daß die Minuten einem scheinbar erspart bleiben. Du mußt Vertrauen haben.

WILLY In was?

EVENS *zuckt die Achseln.*

Nun gut.

Schaut sich um.

Willst du Tee?

WILLY Nein.

EVENS Es macht keine Umstände. Er ist schon fertig. Jeden Morgen fülle ich zwei Flaschen mit Tee. Das reicht für den ganzen Tag.

WILLY Nein, danke.

Evens nimmt zwei Thermosflaschen aus einer Kiste. Eine Flasche schraubt er auf, um sich Tee einzugießen. Er läßt die Tasse mit dem Tee stehen, nimmt die schmale Whiskyflasche aus der Tasche und trinkt. Dann steckt er sie wieder ein. Er nimmt die Teetasse wieder auf und wärmt seine Hände an ihr. Die zwei Flaschen stehen auf der Kiste.

EVENS Ich glaube an die Ratte. Kannst du dir ein schlimmeres Geschöpf vorstellen? Das Universum ist voller Lebewesen, die sich gegenseitig umbringen. Das ist schon ewige Zeiten so. Manchmal wimmelt es im Universum gradezu von sich tötenden Lebewesen. Oder wenigstens große Ansammlungen von ihnen gibt es dann im Weltall. Vielleicht ist es jetzt grade so. Zu anderen Zeiten kommt es vor, daß sie alles ausgerottet haben, sich gegenseitig sogar, so daß das Universum fast unbewohnt ist. Aber nicht ganz. Irgendwo auf einem Stern wird sich eine Ratte unter einem Stein verkrochen haben. Sie wird auf die zerklüftete Einöde schauen und von Zeit zu Zeit herumstreunen, um sich von den Trümmern zu ernähren. Eine schlappe, watschelnde, riesige Ratte. Wie eine fette Frau, die, bepackt mit Einkaufstaschen, zum Bus rennt. Dann verdrückt sie sich wieder in ihr Nest, um sich zu vermehren. Denn Ratten bauen Nester. Daran glaube ich. Und nach einiger Zeit wird sie zu einem Wesen, das fliegt, schwimmt, kriecht und aufrecht geht. Und eines Tages wird sie zum Rattenfänger. Ich glaube an die Ratte, weil sie den Keim zum Rattenfänger in sich trägt. Ich glaube an den Rattenfänger. Ich glaube an Sand und Stein und Wasser. Denn der Wind wirft sie in eine dreckige See, die lebendige Dinge gebärt. Ich glaube, daß das Universum lebt. Es wimmelt von Leben. Die Menschen halten sich für sehr stark und schlau. Aber wer kann das Weltall umbringen oder die Zeit oder den Staub? Sie zerstören alles, aber sie stellen doch immer nur Material für neues Leben her. Alle Zerstörung ist zuletzt kleinlich, und am Ende lacht das Leben über den Tod.

WILLY Es geht weiter und weiter. Aber wenn schließlich alles zugrunde geht. Und immer nur die Ratte übrigbleibt?

EVENS Ich glaube auch an den weisen Rattenfänger. Er kann es ertragen, sowohl in Minuten als auch in Jahren zu leben, und er versteht die Stimme dessen, was er tötet. Das Leid ist die Sprache des Universums, und alles, was eine Stimme hat, ist menschlich.

WILLY Und Hoffen ist, zuhören.

EVENS Ja. Wir sitzen hier, und die Welt verändert sich. Wenn dein Leben zu Ende ist, wird sich alles verändert haben oder begonnen haben, sich zu verändern. Unsere Gehirne werden nicht mehr groß genug sein. Sie werden an größere angeschlossen werden. Sie werden sich freimachen von diesem Körper. Er ist zu anfällig für Krankheiten und Gebrechen. Alles Lebenswichtige werden sie – in einen besseren Behälter verpflanzen. Eine unzerbrechliche Glasflasche auf stählernen Stützen. Man wird die Eingeweide des anderen sehen, wenn man auf der Straße aneinander vorbeigeht. Es wird kein Gras mehr da sein. Warum? Wofür? Es wird keine Tragödie mehr geben. Denn es gibt keine Tragödie ohne das Gras, auf dem sie gespielt werden kann. Ohne Tragödie kann man auch nicht mehr lachen. Nur noch Ordnung und Wahnsinn gibt es dann. Verstehst du, wovor der Tuchhändler Angst hat? Nicht vor Wesen aus dem Weltall, vor uns. Wir selber sind dabei, die fremden Besucher dieser Welt zu werden.

WILLY Vielleicht eine bessere Welt.

EVENS Aber warum wollen sie sie dann mit Bomben und Bakterien und Gas vollfüllen? Du wirst noch eine Zeit erleben, in der das alles geschieht und die Leute nichts dagegen tun werden. Sie werden auf dem Boden sitzen und sagen »vielleicht eine bessere

Welt«.

WILLY Was sollte ich machen? Herkommen, hier leben?

EVENS Nein.

WILLY Sie sind so sicher.

EVENS Ich bin ein Wrack, das am Strand verrottet. Hilfe hat keinen Sinn mehr. Deshalb lebe ich hier fern von allen Menschen. Es würde ihnen nicht helfen, auch hier zu leben. Jeder von uns endet anders. Du darfst dem weisen Narren nicht zu sehr vertrauen. Was er weiß, ist wichtig, und du stirbst, ohne es zu wissen. Aber auch er weiß nie genug.

WILLY Soll ich also doch in der Stadt bleiben? Hart arbeiten? Geld verdienen? Bürgermeister werden?

EVENS Nein. Geh fort. Du wirst hier nicht mehr Antworten finden. Geh fort und finde sie. Gib die Hoffnung nicht auf. Das ist immer dumm. Die Wahrheit wartet auf dich, sie ist sehr geduldig, und du wirst sie finden. Denke dran, daß ich dir all dies gesagt habe, damit du nicht verzweifeln brauchst. Aber du mußt trotzdem die Welt verändern.

Rose kommt.

ROSE Ich bin dir nachgegangen. Es ist alles gepackt. Wir dürfen unseren Zug nicht versäumen. Ich sah euch miteinander reden. Was hast du gesagt?

WILLY Ich kam her, um auf Wiedersehen zu sagen, und ich freue mich, daß du –

Sommer

Deutsch von Christian Enzensberger

Personen:

MARTHE
XENIA
ANN
DAVID
DEUTSCHER
STIMMEN VON DRAUSSEN

Gegenwart
Osteuropa

Terrasse eines in den Fels gebauten Hauses mit Blick auf das Meer.
Vorn rechts eine Tür zur Straße hinunter. Hinten rechts eine Tür
zum höher gelegenen Teil des Hauses. In der Rückwand links eine
Tür zu einem Zimmer. Links ein Geländer vor dem Meer.

Eins

Das Haus. Nacht.
David kommt mit Xenia und Ann herein. Er trägt Koffer. Xenia
und Ann tragen Handgepäck.

DAVID Du wohnst in deinem alten Zimmer. Tut mir leid, daß ich
nicht am Flugplatz sein konnte.

XENIA Das macht nichts.

DAVID *lächelt:* Ich hatte mit einem Kollegen Dienst getauscht, um
den Vormittag freizubekommen.

XENIA Du kannst nichts dafür, daß das Flugzeug Verspätung hatte. Wir haben den ganzen Tag in Heathrow gesessen.

DAVID Ich bringe die Sachen hoch und hole dann den Rest herauf.

ANN Ich kann dir helfen.

DAVID Nein, nein, ich komme schon zurecht. Du mußt müde
sein.

David geht hinaus.

XENIA *ruft ihm nach:* Wo ist Marthe?

ANN *schaut sich um:* Alles wie immer.

XENIA Du kennst es nicht so gut wie ich. Dieses grauenvolle neue
Hotel. Wie ein scheußliches Ferienlager hochkant. Dabei sollte
ich nicht klagen. Die Leute müssen Urlaub machen. Morgen bin
ich wieder in Ordnung. Auf dem Flugplatz warten macht mich
immer deprimiert. Es ist so uneffektiv. Wenigstens haben sie das
Meer gelassen, wo es war. Gottlob, daß das Hotel von hier aus
nicht zu sehen ist. Aber unten bestimmt.

David kommt mit zwei Koffern herein. Er nickt zu einem Koffer
hin, der schon dasteht.

DAVID Den hole ich gleich nach.

XENIA Wo ist deine Mutter?

DAVID Ruht aus.

XENIA Sicher hat euer neues Hotel eine Diskothek.

DAVID Mittwochs und samstags.

David geht nach oben. Xenia folgt ihm. Sie nimmt ihr Handge-
päck mit. Ann ist allein. Sie geht ans Geländer und schaut aufs
Meer. David kommt zurück.

DAVID *zeigt auf den Koffer:* Soll ich ihn dir auf dein Zimmer bringen?

ANN Ja.

DAVID Ich bin froh, daß du wieder da bist.

ANN Danke.

DAVID Bist du müde?

ANN Ein bißchen.

DAVID Ich muß vormittags arbeiten. Morgen nachmittag habe ich frei. Ich kann dich zum Schwimmen mitnehmen.

ANN Danke.

DAVID Ich habe dafür gesorgt, daß ich die meiste Zeit dienstfrei bin, solange du hier bist. Manchmal muß ich vormittags rein und nach einem kranken Kind sehen.

XENIA *ruft von draußen:* Ann.

ANN *ruft:* Ich komme. *Zu David.* Du mußt deinen Kollegen keine Umstände machen wegen mir.

DAVID Es zählt als Urlaub.

Ann geht hinaus. David ist allein. Er klopft an die hintere Tür.

DAVID *leise:* Sie ist nach oben gegangen.

David setzt sich. Er streckt die Beine aus und versinkt ins Grübeln. Ein paar Augenblicke danach geht die Tür auf und Marthe kommt heraus.

MARTHE Wenn ich ihre Stimme höre, bin ich wieder in der Vergangenheit.

DAVID Wieso darf sie kommen?

MARTHE Ich kann es ihr nicht verbieten. Die Gästezimmer kann jeder reservieren.

DAVID Sag, sie sind schon reserviert.

MARTHE Sei nicht kindisch. Ich habe nichts gegen sie.

DAVID Sie verstört dich. Laß sie mich wieder fortschicken.

MARTHE Das wäre herzlos, jetzt. Alles soll weitergehen wie bisher.

DAVID Wie du meinst. Aber ihr solltet euch heute abend nicht mehr sehen. Das hat bis morgen Zeit.

MARTHE Ja, das ist wohl das beste.

Ann kommt herein.

ANN Hallo.

MARTHE Liebe Ann. *Küßt sie.* War die Reise scheußlich?

ANN Wir sind verspätet abgeflogen. Wir mußten auf dem Flughafen warten. Fort konnten wir nicht, der Aufruf hätte jeden Moment kommen können.

XENIA *ruft von draußen:* Ann, Liebes.

ANN Entschuldige. *Ruft.* Ja?

XENIA *ruft von draußen:* Bring mir meine Schlüssel. Ich will meine Koffer auspacken.

ANN *ruft:* Ich habe sie nicht.

XENIA *ruft von draußen:* Ich habe sie dir gegeben, wie wir aus dem Haus gegangen sind.

ANN *ruft:* Sie sind in deiner Handtasche.

XENIA *ruft von draußen:* O nein, du hast sie liegenlassen. Das ist die Höhe.

ANN *ruft:* Schau in deiner Handtasche nach.

MARTHE *geht auf ihr Zimmer zu:* Wollt ihr etwas essen?

ANN Nein, gegessen haben wir den ganzen Tag.

MARTHE Du siehst gut aus.

ANN Danke.

MARTHE Ein bißchen blaß. Hier wirst du schnell Farbe bekommen. Bis morgen. Wir frühstücken zusammen.

Marthe geht in ihr Zimmer und schließt die Tür.

DAVID Hat sie ihre Schlüssel verloren?

ANN Ich weiß nicht. Notfalls hat sie genug Sachen in meinen Koffern.

DAVID Was macht dein Vater?

ANN Immer das gleiche. Er hält Diät. Schon seit Jahren hält er Diät. Er ist froh, das Haus für sich zu haben, solange wir fort sind.

DAVID Ich dachte, ihr seid eine glückliche Familie.

ANN Sind wir auch. Wir streiten nie. Ich meinte, es muß schön sein, wenn man nicht dauernd über jemanden stolpert.

DAVID Soll ich später zu dir aufs Zimmer kommen?

ANN Nein, wenn es dir recht ist. Ich bin müde von der Reise.

DAVID Schon gut. Wenn du geschlafen hast, geht es dir besser. Will deine Mutter etwas zu trinken?

ANN Ich frage sie, wenn ich hinaufgehe.

DAVID Ist irgend etwas?

ANN David, bitte. Ich bin den ganzen Tag mit fremden Leuten unterwegs gewesen. Da ist es doch natürlich, daß ich keine Lust zum Reden habe. Das heißt doch nicht, daß ich krank bin, oder? Warum mußt du dich immer so – aufdrängen?

DAVID Du bist in diesem Jahr sehr schön geworden.

Xenia kommt herein.

XENIA Ich stand in der Diele unten an der Treppe. Wir wollten gerade aus dem Haus gehen. Vater hatte das Auto vor den Eingang gefahren. Ich habe sie dir zum Halten gegeben und ging zurück, um nachzusehen, ob Timmy auch in der Küche eingesperrt war. Erinnerst du dich?

ANN Nein.

XENIA Es ist die Höhe. Nach allem nun auch das noch. Manchmal kann man sich einfach nicht auf dich verlassen. Hast du wenigstens nachgeschaut?

ANN Ich habe sie nicht.

XENIA Gib mir die Tasche. *Sie schaut in Anns Reisetasche. Sie findet Schlüssel darin.* Das sind deine.

ANN Ja.

XENIA Wie grotesk. Ich muß die Schlösser aufbrechen. Die drei Koffer sind hin. Kein Geschäft tauscht einem die Schlösser mehr aus. David, hast du irgendwelche Kofferschlüssel?

DAVID Ja, in meinem Zimmer.

XENIA Sind deine Koffer aus dem Westen?

DAVID Nein.

XENIA Dann passen deine Schlüssel auch nicht in meine Schlösser. Bitte hole mir einen Hammer und einen kräftigen Schraubenzieher.

DAVID Nein. Sie aufzubrechen ist dumm. Morgen früh besorge ich dir Schlüssel zum Ausprobieren. Ann oder meine Mutter können dir solange leihen, was du brauchst.

XENIA Ich will mich aber hier zu Hause fühlen – meine Sachen auspacken und an ihren Platz hängen. Und jetzt dieses ganze Kuddelmuddel. Ich könnte geradesogut in einem Hotel sein.

DAVID Du hast einen schlimmen Tag hinter dir.

XENIA Na, wenigstens hat Ann ihre eigenen Schlüssel mitgenommen. Wir können Gott danken, daß sie sie nicht mit den meinen liegengelassen hat. Es wird mir gut tun, mit dem Ärger fertig zu werden. Ich bin auf Reisen unerträglich. Ich weiß nicht, warum Ann mit mir fährt. Wenn wir dasselbe Gepäck hätten, würden deine Schlüssel passen. Hast du in deiner Jacke nachgesehen?

ANN Du hast mir deine Schlüssel nicht gegeben.

XENIA Na, wenn du sie in die Jackentasche gesteckt hast, sind sie dir auf dem Flugplatz oder im Taxi bestimmt herausgefallen – also hoffentlich nicht.

DAVID Möchtest du etwas trinken?

XENIA Mich wundert nur, daß sie das Hotel nicht auf eine von den

Inseln gebaut haben. Ja, ich weiß, die Inseln sind ein National-
denkmal. Das hätte die nicht gestört. Kann man noch auf die
Felsen dort zum Baden gehen?

DAVID Warum nicht?

XENIA Treibt da nicht der Hotelmüll vorbei?

DAVID Ab und zu ein Eiskremkarton.

XENIA Morgen früh rufe ich Vater an und bitte ihn, auf dem Garderobentisch nach meinen Schlüsseln zu schauen. Hoffentlich
findet er sie nicht schon vorher.

DAVID Als Offizier wird er den Schock überleben.

XENIA Es geht nicht um den Schock. Es würde ihn bedrücken zu
wissen, daß es mir nach einer ermüdenden Reise unmöglich war,
meine Koffer zu öffnen. Daher will ich ihn beruhigen, daß mich
das nicht verstört hat. Es geht um zwei Menschen, die umeinan-
der besorgt sind.

ANN Ich verstehe nicht, was du davon hast, wenn du weißt, daß sie
auf dem Garderobentisch liegen.

XENIA Wenn ich es weiß, brauche ich mich nicht die ganzen Ferien
lang zu beunruhigen. Funktionieren die Telefone?

DAVID Ja.

XENIA Vor zwei Jahren aber nicht.

DAVID Das war nach dem Orkan.

XENIA Ach richtig. Wo ist Marthe?

DAVID In ihrem Zimmer.

XENIA Fühlt sie sich unwohl?

DAVID Sie wohnt jetzt hier unten.

XENIA Warum?

DAVID Damit sie es nicht so weit zur Terrasse hat. Sie sitzt hier
tagsüber.

XENIA Was ist los? Sie ist krank.

DAVID Ja.

XENIA Ernsthaft? Ich muß zu ihr.

DAVID Du kannst sie morgen früh sehen. Sie braucht Ruhe.

XENIA Aber was hat sie denn? Warum hast du mir das nicht gleich
gesagt?

DAVID Ich bin nicht dazu gekommen.

XENIA Unsinn. Du hättest es mir unten auf der Straße sagen können.

DAVID Sie hat Retikulose.

XENIA Was ist das? Bitte ohne verwirrenden medizinischen Fachjargon.

DAVID Eine Erkrankung der Lymphdrüsen.

XENIA Ist es ernst?

DAVID Ja, letal.

XENIA Aber sie wird wieder gesund?

DAVID Nein.

XENIA Du glaubst, sie...?

DAVID Ja.

XENIA David, was redest du da? Es ist doch bestimmt heilbar? *Entsetztes Flüstern.* Mein Gott, kann sie uns hören? Wirklich, David, ich finde, das hättest du mir früher sagen können. Dieses lächerliche Theater mit meinen Schlüsseln.

DAVID Es macht nichts. Bitte beunruhige dich nicht.

XENIA Natürlich bin ich beunruhigt. Es ist ein furchtbarer Schock.

DAVID Ja.

XENIA Es ist nicht heilbar?

DAVID Nein.

XENIA O Gott. Hat sie Schmerzen? Aus unseren Ferien wird nichts. Du hättest es mir schreiben sollen.

DAVID Sie wollte nicht, daß ich schreibe. Du wärst trotzdem gekommen.

XENIA Sicherlich, um sie zu pflegen – oder um sonstwie zu helfen. Du mußt mir sagen, was ich tun kann.

DAVID Strenge sie nicht an. Benimm dich wie sonst auch.

XENIA Natürlich, natürlich. Wie lange wird es noch gehen? Das kannst du unmöglich wissen. Sag mir das Schlimmste, damit ich darauf gefaßt bin. Hat sie Schmerzen? Kann sie laufen?

DAVID Du wirst sie bis jetzt kaum verändert finden. Sie hat keine Schmerzen. Wir wissen seit sechs Wochen, daß sie stirbt. Wie lange sie noch lebt, weiß ich nicht. Sie ist über den Schock hinweg. Sie weiß, daß es so ist.

XENIA Du behandelst sie?

DAVID Ja.

XENIA David, es tut mir so leid.

DAVID Ja, es ist sehr traurig.

XENIA Ein Glück, daß sie dich hat. Du sagst mir doch, was ich tun kann? Pflege, Wäsche, egal was.

DAVID Danke, aber es gibt nichts zu tun.

XENIA Und dir, wenn wir dir irgendwie helfen können. Für dich ist es furchtbar. Ihr seid einander so nah. Wir dürfen hier nicht länger schwatzen. Sie muß Ruhe und Frieden haben.

DAVID Du hast vergessen, was ich noch gesagt habe. Bitte benimm dich wie sonst auch. Du machst ihr sonst Angst und verschlimmerst ihren Zustand.

XENIA Ja natürlich, David, gute Nacht. Ann, komm mit mir.

DAVID Gute Nacht.

Xenia geht hinaus. Ann schaut David an und folgt dann ihrer Mutter. Er sitzt zusammengekauert im Stuhl und denkt an nichts.

Zwei

Das Haus. Morgen.
Marthe sitzt in ihrem Stuhl hinten links.
Xenia kommt herein.

XENIA Marthe.

MARTHE Hallo. Wie geht's dir?
Xenia küßt sie.

XENIA Solltest du nicht besser liegen? Sonderbar, daß David dich hier draußen sitzen läßt.

MARTHE Hast du gut geschlafen?

XENIA Fragst du im Ernst? Ich war so müde, als ich ankam. Wir hatten den ganzen Tag in Heathrow gesessen. Nachdem David mir von deiner Krankheit erzählt hatte, schlief ich so gut wie gar nicht. Er sieht diese Lymphdrüsengeschichte anscheinend sehr pessimistisch. Ärzte klingen manchmal fast stolz auf die Krankheiten, die sie behandeln. Sie kehren die schwarze Seite heraus, damit sie dann als Wunderheiler dastehen. Das tut ihrem Ruf gut, auch wenn es ihren Patienten schlecht bekommt. Ich gehe dir einen Schal holen.

MARTHE Davon wird mir viel zu heiß.

XENIA Meine Mutter zog immer in dieses Zimmer um, wenn sie krank war.

MARTHE Ach richtig. Das hatte ich vergessen.

XENIA Zum Glück kann ich heuer dableiben, bis es dir wieder besser geht. Die Boutique kann Ann solang führen. Es wird Zeit, daß sie auf eigenen Beinen stehen lernt. Ich kann ja telefonisch mit ihr in Verbindung bleiben. Zum Frühjahrseinkauf muß ich zurück sein, aber das wird wohl nicht –

MARTHE Ich darf dir dein Leben nicht so durcheinanderbringen.

XENIA Trotzdem, ich hab's dir angeboten. Ich hoffe, du änderst deine Meinung noch.

MARTHE Danke. Warten wir ab.

XENIA Was tust du den Tag über?

MARTHE Ein paar Arbeiten kann ich noch machen. Meistens sitze ich da und schaue aufs Meer.

XENIA Es gefällt mir nicht, daß du so resigniert bist. Es sieht aus, als hättest du aufgegeben. Du bist noch jung, dein Leben ist es wert, gerettet zu werden. Wie kannst du so sicher sein, daß man nichts machen kann? David ist dein Sohn, deshalb fällt es dir wahrscheinlich schwer zu glauben, daß er nicht recht hat. Ärzte irren sich – noch öfter als wir. Wer hat die Diagnose gestellt? Habt ihr einen zweiten Arzt konsultiert? Hat David die Therapie mit einem Spezialisten abgesprochen?

MARTHE Es hat alles seine Ordnung gehabt.

XENIA Die Medizin macht heute so rasche Fortschritte. Sie bringen jetzt Dinge fertig, die vor ein paar Jahren noch als Wunder gegolten hätten. Wenn du mich angerufen hättest, hätte ich aus England Arzneimittel mitgebracht. Ich weiß nicht, wie modern Davids Krankenhaus ist und ob sie technische Einrichtungen haben. Er wäre ärgerlich, wenn ich fragte.

MARTHE Er tut alles, was für mich getan werden kann. Was nicht weiter schwer ist – es ist sehr wenig. Hast du deine Schlüssel gefunden?

XENIA Ich wußte, daß dich meine Schreierei gestern nacht aufgeweckt hat.

MARTHE Ich habe nicht geschlafen.

XENIA David hat versprochen, mir heute früh ein paar Schlüssel zu besorgen. Ach, wir wollen uns über die albernen Dinger keine Gedanken machen. Hast du Schmerzen?

MARTHE Nein. Ich werde müde, aber mehr im Kopf als körperlich. Die Belastung.

XENIA Komm nach England. David hat Geld. Auch Bertie und ich würden helfen. Ein Geschenk – oder ein Darlehen, wenn dir das lieber ist. Du könntest dich in einer Privatklinik durchchecken lassen. David würde dich doch sicher nicht hindern. Ich habe schon andere in deiner Lage erlebt. Du schiebst es hinaus und entschließt dich, wenn es zu spät ist. Dann müssen sie dich im Rollstuhl nach drüben bringen. Noch ein Vorwand für sie, nichts zu tun: die Reise wäre zu anstrengend.

MARTHE David sagt, man kann nichts machen.

XENIA Er kann es nicht wissen. Ich soll dich nicht ermüden, also will ich mich vorsichtig ausdrücken. Aber ich kann dich doch bitten, unvoreingenommen zu sein. Das kann nichts schaden! Kämpfe. Sitze nicht in deinem Stuhl und warte. Ich bin froh, daß ich von deiner Krankheit nichts wußte, bis ich herkam. Ich kann unvoreingenommen erkennen, was vor sich geht. Ihr seid alle so apathisch. Du hast resigniert, als wärst du dem Schicksal persönlich begegnet. Sonst bist du nicht so. Das Wort eines Arztes ist nicht Gesetz.

MARTHE Ich möchte nicht sterben.

XENIA Wenigstens redest du noch vernünftig. Es tut mir leid, aber du benimmst dich unverantwortlich. Es ist kriminell, hier zu bleiben. Wenn du weggingst, hättest du eine Chance.

Ann kommt herein.

ANN *zeigt zwei große Schlüsselringe vor:* Schau. *Sie küßt Xenia.*

MARTHE *mit halber Aufmerksamkeit:* So was, das müssen ja Hunderte sein.

ANN *küßt Marthe:* Hallo. Ich habe sie im Hotel ausgeliehen.

XENIA Offenbar kennen sie dein Verhältnis zu Schlüsseln noch nicht.

ANN David war mit dabei. Ich will sie gleich ausprobieren. Haltet mir die Daumen.

XENIA Überdreh die Schlösser nicht.

Ann geht hinaus.

XENIA Dieses ganze Theater. Wenn sie hin sind, sind sie hin. Ich besorge mir in der Stadt ein paar billige neue, die bis nach Hause halten. Die alten kannst du haben. Vielleicht wechseln sie hier noch Schlösser aus. Wenn nicht, können sie zu was andrem nützlich sein. Sie hat letztes Jahr mit David geschlafen. Er hat inzwischen natürlich andere Sachen im Kopf. Hat er eine feste Freundin? Junge Ärzte haben anscheinend meistens mehrere unfeste. Ann würde niemals hier leben.

MARTHE Hat sie das gesagt?

XENIA Oh, dafür weiß sie zuviel aus der Vergangenheit. Es wäre schrecklich unrecht, von seinem Kind zu verlangen, es soll die Schlachten seiner Eltern schlagen. Wir schaden ihnen auch so genug. Ich habe ihr nie meine Ansichten aufgezwungen. Ich habe ihr einfach die Wahrheit erzählt. Kinder haben ein Recht darauf zu wissen, in was für einer Welt sie leben. Ich habe ihr die Stelle gezeigt, wo früher die Bibliothek war, in der man ihren Großvater verhaftet hat. Die Gefängnismauern gezeigt, hinter denen er gestorben ist. Ich zeigte ihr, wo seine Bilder in diesem Haus früher hingen. Man kann immer noch die helleren Stellen erkennen, wenn man weiß, wo man suchen muß. Sogar wenn getüncht wird, kommen sie nach ein paar Monaten wieder heraus. Sie kennt die Geschichte von jedem Stein in diesem Haus.

MARTHE Warum kommst du jedes Jahr hierher? Es gibt andere

Orte, wo du sonnenbaden kannst. Du bist verheiratet, du hast Geld, ein eigenes Geschäft. Du hast ein neues Leben.

XENIA Es ist ein natürlicher Wunsch, an den Ort zurückzukehren, an dem man geboren ist. Auch wenn er in einer anderen Welt liegt. In diesem Haus war ich zwanzig Jahre lang daheim. Noch immer wohnen Freunde von mir in der Stadt. Ich spreche gern meine eigene Sprache.

MARTHE Schüttle unsern Staub von deinen Füßen. Ich rate dir gut. Du bist hier nicht mehr daheim. Du bist eine Fremde. Manche Wohnungen haben acht- oder neunmal die Besitzer gewechselt, seit du fort bist. Die meisten Mieter haben deinen Familiennamen noch nie gehört.

XENIA Die Bäume im Garten sind dieselben. Die Eidechsen müssen entfernte Nachkommen von denen sein, die ich als Kind fütterte. Es ist dasselbe Meer, auch wenn es schmutziger ist. Es gibt noch immer zwei Inseln. Von den Kakteen, die ich auf meinen Besuchen gepflanzt habe, sind noch ein paar am Leben. Ich bin gekommen, sie zu gießen. Die Leute stecken Zigarettenstummel in die Erde. Lehnen sich seitwärts aus den Liegestühlen und drücken darin ihre Zigaretten aus. Das ist eine so häßliche Unart. Es entweiht die Erde. Man kann reden, soviel man will. *Ann kommt herein.*

ANN Der dritte. Ich habe deine Sachen in den Schrank gehängt.

XENIA Wie lieb von dir. Schreib dir die Schlüsselnummern auf. Heute abend rufe ich Vater an und bitte ihn, Nachschlüssel zu schicken. Wir wollen hoffen, daß die Post sie noch vor unserer Abreise zustellt. Die hier verlier nicht, bevor du sie im Hotel zurückgegeben hast.

ANN Marthe, möchtest du, daß wir abreisen?

MARTHE Nein. Außer das Hierbleiben deprimiert euch.

ANN Es ist nur, daß wir mit nichts helfen können.

MARTHE Das ist nicht wahr. Du mußt mich nicht bedauern. Weil David mich pflegt, kann ich zum Sterben hierbleiben. Ich habe am Meer gewohnt, seit ich ein Kind war. Ich wäre unglücklich, wenn es mir jetzt weggenommen würde. David sagt, er kann garantieren, daß ich keine Schmerzen bekomme.

ANN Wie ist es, wenn sie es einem sagen?

XENIA *vorwurfsvoll:* Ann.

MARTHE Zuerst wurde mir schlecht. Aus Angst wahrscheinlich. Früher, wenn die Leute wußten, daß sie starben, beteten sie und beichteten und winselten wie ein Hund nach seinem verlorenen Knochen. Sie haben die wenige Zeit, die ihnen blieb, damit vertan, sich das Versprechen auf ein ewiges Leben zu ergattern. Lächerlich. Sie erfuhren noch nicht einmal, daß es das Versprechen gar nicht gab. Der Tod ist von allen Dingen das sicherste, und doch versuchen die Leute, daran am meisten zu zweifeln. Wenn man stirbt, ist man tot. Man wacht nicht mehr auf. Es kommt nichts mehr. Meine letzte Chance, glücklich zu sein, ist jetzt. Jeder von uns hat am Leben der anderen teil. Wenn euer Leben weitergeht wie sonst auch, dann, für eine kleine Weile, auch das meine. Wenn nicht, habe ich schon angefangen zu sterben. Das will ich nicht, solange ich nicht muß. Leben wir also weiter wie zuvor. So könnt ihr mir helfen.

XENIA Das kann ich nicht. David sagt, du stirbst. Das ändert alles. Ich weiß noch nicht, was ich tun – oder was ich denken soll.

MARTHE Du gewöhnst dich schon dran.

XENIA Du hast sechs Wochen Zeit gehabt. Ich brauche mehr als einen Tag.

ANN David nimmt mich heute nachmittag in seinem Boot mit. Wir wollen auf große Fahrt gehen und im tiefen Wasser baden. Weit draußen, wo die Küste hinter den Wellen wegschaukelt. Ich weiß, daß es dir dort gefällt. Komm mit uns.

XENIA Ich käme mir vor, als planschte ich in einer Pfütze herum.

David kommt herein.

DAVID Haben sie gepaßt?

ANN Ja.

XENIA Danke, David.

DAVID Das Problem hätten wir also. Ich leihe sie mir noch mal aus, wenn ihr abreist. Jetzt habt ihr das Ganze vom Hals und könnt euch schöne Ferien machen. Ihr seid still. Habt ihr gestritten?

XENIA Du solltest längst in der Arbeit sein.

DAVID Meine Mutter hat Retikulose. Genauer gesagt ein Lymphosarkom. Die Diagnose steht fest, aber die Prognose im einzelnen noch nicht. Es könnte sein, daß meine Mutter, vom Ausbruch der Krankheit an gerechnet, nur noch wenige Monate zu leben hat. Es stehen eine Reihe neuer Mittel zur Verfügung, hier und im Ausland. Ein typisches Beispiel ist cis-Platinium. Es wird als Infusion verabreicht und verursacht beim Patienten mehrtägiges Erbrechen. Die lebensverlängernde Wirkung ist unerheblich. Ich behandle meine Mutter mit Chlorambucil. Die Ärzte ver-

wenden es seit zwanzig Jahren. Lymphozyten sind weiße Blutzellen. Es gibt noch andere weiße Blutzellen, die polymorphkernigen Neutrophile. Bei Lymphosarkom steigt die Zahl der
Lymphozyten stark an, von einer Norm von ein- oder zweitau-
send pro Kubikmillimeter auf fünfzig- oder sogar hunderttausend. Sie übernehmen die Macht, sozusagen. Wenn das erfolgt,
zirkulieren in den Randblutgefäßen keine ausgereiften, sondern
nur noch unreife Lymphozyten – oder noch schlimmer, ihre
Vorstufen, die Lymphoblasten. Der Untergang beschleunigt
sich, als hätte eine kriegverlierende Nation angefangen, ihre
Kinder in Uniform zu stecken. Dann beginnen die tödlichen
Verheerungen. Um die LZK – Leukozytenkonzentration – bei
meiner Mutter herabzusetzen, gebe ich ihr täglich sechs Milli-
gramm Chlorambucil. Ihre Gesamt-LZK sollte zwischen fünf-
und fünfzehntausend pro Kubikmillimeter betragen. Letzte
Woche stand sie auf zwölftausendfünfhundert. Gegenwärtig
liegt sie bei elftausend. Leider greift Chlorambucil auch die anderen weißen Zellen an, die polymorphkernigen Neutrophile,
die unser Hauptschutz gegen Infektionen sind. Das heißt, die
Behandlung baut die Abwehrkräfte ab. Trotzdem müssen wir
behandeln. Es gibt also keinen Ausweg. Äußerstenfalls wird der
Tod sozusagen zu einer schädlichen Nebenwirkung des Heil-
mittels. Es wird euch beschäftigt haben, welche Art von Tod
meiner Mutter bevorsteht. Normalerweise leiden Krebspatien-
ten an fortschreitender Schwäche und Auszehrung. Nach einiger Zeit werden sie bettlägerig. Am Ende steht ein Koma,
manchmal mit einer Lungenentzündung als Komplikation. Bei
Retikulose besteht in der Endphase eine Tendenz zur Blutung.
Etwa aus den oberen Atemwegen. Nasenbluten. Was die guten
Aussichten betrifft, so können wir hoffen, daß meine Mutter
vorher und *(Ann geht hinaus)* also schneller stirbt. Zweierlei
könnte ihr dazu verhelfen: eine Koronarthrombose oder eine
Lungenembolie. Für beides hat sie Chancen. Bei der Koronarthrombose verstopft sich eine Herzkranzarterie und der Teil des
Herzmuskels, den diese Arterie mit Blut versorgt, stirbt ab.
Wenn eine Hauptader und folglich eine große Herzmasse davon
betroffen ist, bleibt das Herz sofort stehen. Es kommt zum Kol-
laps, einige röchelnde Atemzüge – ein Geräusch, sagten wir als
Studenten, wie das von Füßen, die sich aus Treibsand heraus-
strampeln wollen – und dann der Tod. Meine Mutter ist fünf-

undsechzig. In ihrem Alter sind Partien der Herzkranzarterien von Atheromablagerungen eingeengt. Ein winziger Bluterguß in der Tiefenschicht dieser Ablagerungen würde sie anschwellen lassen und zum Arterienverschluß führen. Koronarthrombose ist die Folge. Die mögliche Alternative dazu ist eine Lungenembolie. Bei der Lungenembolie bildet sich ein Gerinnsel oder Thrombus in einer Vene, reißt sich los – wonach es als Embolus bezeichnet wird – und geht auf seine lange Schwimmfahrt bis zur regietechnisch gesprochen rechten Herzvorkammer. Einige Sekunden darauf blockiert es eine Lungenschlagader. Ab einer bestimmten Größe des Gerinnsels erfolgt der Tod praktisch sofort. Marthe ist in ihrer Bewegungsfähigkeit eingeschränkt und hat leichten Wassermangel. Zusammen begünstigen diese Faktoren die Bildung eines Gerinnsels in einem Bein oder im Bekken. Eine solche TBT – tiefe Beinvenenthrombose – kann der Lungenembolie um Stunden oder Tage vorausgehen. Sie macht sich kenntlich an einem Anschwellen der Wade und des Fußes – wenn eine Wadenvene im Spiel ist – oder des ganzen Beins, wenn es sich um eine iliofemorale Vene aus der Beckengegend handelt. Wie bei der Herzthrombose erfolgt der Tod augenblicklich. Würde meine Mutter auf eine dieser zwei Arten sterben, wäre das insoweit ihr Glück. Der Körper *(Ann kommt mit einem Glas Wasser zurück)* hat noch keine Mittel entwickelt, sein Leben wirksam bei allen Gelegenheiten zu beenden, wo das vom Standpunkt des Patienten aus zu wünschen wäre.

Ann gibt Xenia das Glas.

XENIA *zu Ann:* Danke. *Zu David.* Wie interessant. *Sie trinkt.*

Draußen singt ein Betrunkener.

DAVID Ein Betrunkener.

XENIA Aus dem Hotel?

DAVID Er kraxelt über die Felsen. So früh schon. Auf allen vieren. Wie Vater Neptun. Letzten Juni wurde einer direkt vor dem Hotel überfahren. Vier Beine gegen vier Räder.

XENIA Ann hat mir erzählt, du hättest uns eingeladen, nachmittags mit dir schwimmen zu gehen. Danke. Ich freue mich darauf. Entschuldigt mich. Meine Koffer sind offen und ich kann mich umziehen.

Xenia geht hinaus. Ann sitzt am Boden gegen die Rückwand gekauert.

MARTHE Das war nicht nötig.

DAVID Es war nötig für dich, nicht für sie. Sie wird dich versuchen,
Marthe. Komm nicht zu Fall. Du wirst sterben. Hätte ich es dir
nicht gesagt, dann könntest du so tun als ob. Aber du weißt es.
Solange du am Leben bist, mußt du wählen, wie du leben willst –
auch wenn das Ende unvermeidlich ist. Du mußt mit dem Tod
einverstanden sein. Sonst kannst du nicht in Frieden sterben. Es
kommt die Zeit, wo du dir nichts mehr vormachen kannst. Aber
dann bist du darauf nicht gefaßt. Wem das zustößt, der stirbt in
Bitterkeit. Ich habe das erlebt. Ich will nicht, daß du so stirbst.
*David geht nach links, lehnt sich ans Geländer und schaut aufs
Meer.*

MARTHE Bitterkeit? Ich sterbe gern. Es wird mir willkommen
sein. Wozu muß ich warten? Das ist nicht mehr mein Körper.
Ein schreckliches Bündel, das ich mit mir herumtrage. Es löst
sich auf. Gott weiß, was herausfällt. *Geht zu David.* Gib mir
etwas, David. Laß mich nicht so leiden. David. David. Etwas,
womit ich mich umbringen kann. Aus meiner Nase kommt
Blut.

DAVID *ruhig, ohne sich umzudrehen:* Die Frau hat alles verdorben.

MARTHE Warum ist mein Sohn grausam?

DAVID *wie vorher:* Als Priamus zu Achilles ging und um die Leiche seines ermordeten Sohnes bat, sagte Achilles: ›Das ist das
Schicksal, das die Götter den unseligen Menschen bereiten: zu
leiden, während sie frei von Sorge sind.‹

MARTHE *geht zu Ann und zeigt ihr das Blut in ihrem Gesicht:* Ann,
bitte du ihn für mich. Für dich tut er es vielleicht.
Ann weicht an der Wand vor ihr zurück.

DAVID *wie vorher:* Ich muß zur Tankstelle und Benzin fürs Boot
kaufen. Kommt nicht mit. Die Touristen stehen dort Schlange.
Von der Sonne und den Motoren wird es dort stickig und heiß
wie in einem Ofen.

MARTHE Soll ich warten, bis ihr alle sterbt? Es wird nicht lange
dauern, bis ihr euch selbst in Brand steckt. Eurer Generation
wird kein Denkmal gesetzt. Das Sausen eines Wirbelsturms, der
Name eines Totenschädels: Hiroshima, Nagasaki. Leute, auf
ihrer Schwelle in Schatten verwandelt. Menschliche Negative.
Lebendige Tote.

DAVID Wir machen ein Picknick auf dem Boot.

MARTHE *zu sich:* Pfäh. Menschlicher Abfall, der aus Mülleimern
überquillt. Wie das stinkt. Hunde, die ihn in der Gosse zerbei-

ßen. Ha, darüber weinen!

ANN Ich komme nicht mit.

DAVID *wie vorher:* Wir fahren in einer Stunde. Wir kommen zurück, wenn es dunkel ist. Die auslaufenden Fischerboote kommen einem entgegen und man kann die Männer im Lampenlicht auf Deck arbeiten sehen. Es wäre besser, wenn Mutter ihre Tablette jeden Tag zur gleichen Zeit nimmt. Ich kann mich in der Klinik nicht immer freimachen, wenn ich will. Du kannst das dann übernehmen. Du mußt darauf achten, daß sie sie nimmt. *Ann geht hinaus. David wendet sich um, geht zu Marthe und reicht ihr Papiertaschentücher.*

MARTHE Ich bin allein zurechtgekommen.

David will ihr helfen.

MARTHE Faß mich nicht an. Die Hilfe brauche ich nicht.

David geht hinaus. Marthe geht in ihr Zimmer und macht die Tür zu.

Drei

Das Haus. Nachmittag.
Marthe schläft in ihrem Stuhl. Ann liest ein Buch.
David kommt herein.

DAVID *leise zu Marthe:* Ich muß fort in die Klinik.

ANN Sie schläft.

DAVID Es macht dir nichts aus, daß niemand da ist?

ANN Ich sage dir doch, daß ich ab und zu gern allein bin.

DAVID Ja. Sicher hast du zu Haus viel zu tun.

ANN Wahrscheinlich. Arbeit, Konzerte, Kino. Wir haben eine
Menge Freunde. Vater bringt Offiziere aus seinem Regiment
nach Haus, die Mutter verköstigen muß. Sie ist berühmt für ihre
Küche. Für ihre ausländische, in England.

DAVID Warum schläfst du nicht mehr mit mir?

ANN Was kann dabei herauskommen? Ich muß bald wieder heim.

DAVID Wir waren glücklich letztes Jahr. Bei deiner Abreise hattest
du noch vor, mit mir zu schlafen. Warum hast du dich ument-
schlossen?

ANN Letztes Jahr war ich noch ein Kind.

DAVID Hast du in England einen Freund?

ANN Ja.

DAVID Mit ihm schläfst du?

ANN Ja.

DAVID Und darum nicht mit mir?

ANN Nein.

DAVID Heiratest du diesen Mann?

ANN Ich weiß nicht.

DAVID Hat er dich darum gebeten?

ANN Nein.

DAVID Wie heißt er?

ANN David, diese Fragerei ist sinnlos.

DAVID Schlaf heute nacht mit mir.

ANN Nein.

STIMME *ruft von draußen:* Ivan.

DAVID Warum nicht? Weil Mutter stirbt? In vielen Städten sind
Kreißsäle und Sterbezimmer in derselben Anstalt unterge-
bracht. Bevor du wußtest, daß Mutter stirbt, wolltest du da mit

mir schlafen?

ANN Nein. Ich habe es mir im Flugzeug überlegt.

DAVID Wenigstens war es ein später Entschluß.

MARTHE *wacht erschreckt auf:* David!
Er geht zu ihr.
Wie spät ist es?

DAVID Zwanzig nach zwei. Ich müßte schon in der Klinik sein.
Geht es dir gut?

MARTHE Ja.

DAVID *küßt Marthe:* Wiedersehn.

MARTHE Wiedersehn.
David geht.

MARTHE Dein Kleid ist hübsch.

ANN Mutters Boutique. Sie hat viel Geschmack.

MARTHE Ist sie noch in der Stadt?

ANN Ja. Sie geht mit einer Freundin Mittag essen.

MARTHE David hat sich gefreut auf deinen Besuch. Er hat viel von
dir gesprochen – bis auf die letzten paar Wochen. Gestern habe
ich mich an etwas aus seiner Kindheit erinnert. Solche Sachen
fallen mir ein, weil ich den ganzen Tag in meinem Stuhl sitze.
David kann von hier nicht fort, Ann. Er wäre nicht glücklich
ohne die Klinik. Würdest du hier leben wollen?

ANN Er hat mich nicht darum gebeten. Und wenn, hätte ich nein
gesagt. Dies ist Mutters Haus – ich weiß, daß man uns vor die
Tür gesetzt hat. Aber in meiner Vorstellung ist es noch das ihre.

MARTHE Du müßtest nicht in diesem Haus wohnen.

ANN Sie kommt mir vor, als wäre sie im Mittelalter geboren. Wie
war sie, als sie so alt war wie ich?

MARTHE Sehr freundlich. Wie alle in der Familie. Ihnen gehörte
die halbe Stadt. Nicht nur sozusagen. Fabriken, eine Bank, die
Lokalzeitung, die Gutshöfe auf den Hügeln. Deine Großeltern
waren fast Könige. Sie erwarteten, daß man sich auf der Straße
vor ihnen verbeugte.

ANN Waren sie verhaßt?

MARTHE Gelegentlich. Sie waren auch geliebt und geachtet, und
das war schlimmer.

ANN Warum?

MARTHE Manche liebten sie für das, was sie waren, andere für das,
wofür sie sie hielten. Aber es war gleich, wie sie waren.

ANN Warum?

MARTHE Wenn man soviel Macht hat, kann man ebensogut niemand sein. Dann herrscht die Notwendigkeit. Fabriken und Banken funktionieren nicht durch Freundlichkeit. Sie funktionieren nach ihren eigenen Gesetzen. Wer besitzt und wer dem Besitz unterliegt, muß ihnen gehorchen. Daß ein Mensch zum andern freundlich ist, kann daran nichts ändern. Sonst ginge es besser zu in der Welt. Wir meinen es ja alle nur gut. Wie die Besitzenden geartet sind, ist für unser Leben nicht entscheidend. Sie dürfen nie die wenigen Auserwählten sein – und wenn es die besten sind. Wer deine Familie geachtet und geliebt hat, den hat sie dazu gebracht, Freundlichkeit und Gerechtigkeit zu verwechseln. Das verdirbt. Man kann ohne Freundlichkeit leben, aber nicht ohne Gerechtigkeit – oder den Kampf um sie. Wer das versucht, ist verrückt. Er versteht weder sich noch die Welt. Und dann geht alles schief. Er und alle andern müssen unter den Folgen seiner Verrücktheit leiden. Ganze Generationen zahlen mit Blut dafür. Der Zustand der Ungerechtigkeit ist immer ein Zustand von Wahnsinn.

ANN Du bist streng.

MARTHE In manchen Dingen muß diese Strenge sein.

Xenia kommt herein.

XENIA Wie geht es dir?

MARTHE Sehr gut.

ANN Hat der Besuch Spaß gemacht?

Xenia geht hinaus und kommt fast sofort mit einem Stuhl und einer Flasche zurück.

XENIA Schau, Cognac aus dem zollfreien Laden. Nicht der hiesige Fusel. Ich habe mir schon ein Gläschen genehmigt. Darfst du davon etwas trinken?

MARTHE Ja bitte.

XENIA Sicher? Ich möchte von den medizinischen Amtsträgern nicht abgekanzelt werden.

ANN Ich hole uns Gläser.

Ann geht hinaus.

XENIA Der Besuch hat mich erschöpft. Ich saß da und mußte mir drei Stunden lang Klagen anhören. Was kann ich ändern? Ich bin machtlos. Die Nachbarkinder lärmten. Ich habe sie angefahren. Sie rannten weg und lachten. Zehn Minuten später waren sie wieder da und lärmten noch lauter. Sie hat keine Freunde. Niemand besucht sie. Alle ihre Bekannten sind tot oder im Ausland. Jeden Morgen nach dem Aufstehen kämmt sie sich die Haare zu demselben Dutt, den sie seit fünfzig Jahren trägt – und der seit zwanzig grau ist.

Ann kommt mit drei Gläsern zurück.

Dann sitzt sie im Stuhl, bis das Licht mitleidig zu dämmern anfängt und sie durchs Zimmer in ihr Bett schlurfen kann. Schenk du ein.

Ann gießt ein.

Mich hat das aufgebracht. Weiterleben müssen, wenn einem die Welt weggenommen worden ist.

Ann gibt ihr ein Glas.

Danke. Zum Wohl. *Sie trinkt.* Die alte Frau wird schändlich vernachlässigt.

MARTHE Ich bitte David, daß er sie besuchen soll.

XENIA Sie braucht keinen Arzt. Sie ist zäh wie ein Pferd, sonst hätte sie nicht überlebt. Sie braucht Gesellschaft.

MARTHE Ich weiß. Ich besuchte sie früher. Es ist mir zu anstrengend geworden. Sie haßt so vieles. Sie hat ihr Leben weggeworfen.

XENIA Ah, ich war einkaufen. *Holt ein Päckchen aus einer Tüte.* Da.

MARTHE *wickelt das Päckchen aus:* Was ist das?

XENIA Eine Tischbürste. Wie sie die Kellner früher benutzten.

MARTHE Für mich?

XENIA Für die Vögel. Du streust ihnen deine Krümel. Jetzt hast du es bequemer und es geht nichts verloren. Hoffentlich singen sie lauter. Meine Großmutter hat sie immer zu Weihnachten verschenkt.

ANN Wo hast du sie gekriegt?

XENIA In der alten Eisenwarenhandlung. Sie hatten noch eine Schachtel voll hinten im Lagerraum. Wenn man genug Wirbel macht, treiben sie alles auf. *Sie nimmt einen Schluck.* Der ist gut. Als ich ein Mädchen war, fuhren wir im Sommer fast jeden Tag auf die Inseln. Oft haben wir dort gezeltet. Mutter und Vater kamen dann untertags mit ihren Freunden herüber. Irgendwie war immer ein junger Mann dabei, der Mandoline spielen konnte. Die Frauen saßen unter Sonnensegeln aus Seide, und die Männer krempelten sich die Hosenbeine hoch und stellten sich ins flache Wasser zum Angeln. Mir war dann, als käme gleich ein alter Chinese aus einer Höhle, um sich zum Beten hinzuknien oder eine Himmelskarte in den Sand zu zeichnen. Nachts sprangen wir von den Felsen ins Meer, ließen uns im Wasser treiben und schauten zu den Sternen. Entschuldigt. Das Wiedersehen mit der alten Frau hat mich verstört. Sie war eine Freundin meines Vaters. Sie kam zu uns zum Abendessen hierher. Nach dem Essen setzten sich die Erwachsenen hier auf die Terrasse heraus. Wenn ich brav war, durfte ich mich dazusetzen. Die Familie und die Gäste unterhielten sich leise wie aus Scheu vor dem Mond, so hoch stand der. Hier über der Terrasse. Und drunten im Garten. Damals war da ein Garten. Oft kam eine Brise vom Meer und wehte den Geruch von Blumen und Sträuchern über uns weg. Ich saß meinem Vater auf dem Schoß und horchte auf sein Herz und seine eilige Uhr. Er kaufte seine Zigarren in Paris. Dann sangen in den Hügeln die Bauern. Wahrscheinlich hat Vater sie für ihre Lieder bezahlt. Wir hörten schweigend zu. Die Bauern arbeiteten schwer, und doch brachten sie diese Schönheit zustande. Ich schlief auf Vaters Schoß ein und erwachte in meinem Bett. Mein Glück machte mir Angst in diesen Tagen – es war so groß, daß ich glaubte, ich müßte sterben daran. Damals, vor langer Zeit. Ich wußte nicht, daß Männer, die so schön singen, so tief hassen können. Ich glaube es immer noch nicht. So lebten wir, bis die Fanatiker kamen. Die Menge jubelte und winkte und marschierte, als wäre die Stadt von einem Zirkus erobert. Und nach ihnen kam der Krieg. Granaten. Seeminen. Fremde Uniformen. Die häßlichen kleinen Baracken auf den Inseln. Leute gehetzt, gefoltert und erschossen. Und als der Krieg aus war, haben sie die Götter und Göttinnen von den Terrassen hinuntergestürzt. Zeus, Hera und Aphrodite lagen ohne Arme und Köpfe auf den Felsen. Unsere Schuld. Es ist alles vorbei. Wir waren gedankenlos. Es wird uns nie mehr gehören. Ich hoffe, die es jetzt haben, sind glücklich. Was nutzt es, das alles zu sagen?

ANN Noch was?

XENIA Einen Schluck.

Ann gießt ein.

Danke.

MARTHE Ich möchte Ann etwas erzählen.

XENIA Mein Gott, jetzt habe ich Marthe verstört. Wie dumm von mir, in der Vergangenheit zu wühlen. Wie idiotisch.

MARTHE Du weißt, daß ich einmal erschossen werden sollte.

ANN Erschossen? Nein! Von uns?

MARTHE Du hast es ihr nicht gesagt?

XENIA *zuckt die Achseln:* Wozu auch. *Sie nimmt einen Schluck.* Der ist gut.

MARTHE Es waren die Deutschen. Ein deutscher Soldat war auf dem Motorrad angeschossen worden. Das Motorrad verunglückte, und der Fahrer und der Offizier im Beiwagen waren beide tot. Die Deutschen nahmen Geiseln. Zweihundert für den Offizier und hundert für den Fahrer. Wenn man damals Deutsche sah, versteckte man sich oder rannte fort. Ich wurde in einer Nebenstraße aufgegriffen und auf die Inseln gebracht.

ANN Auf diese Inseln hier?

MARTHE Ja. Sie gehörten damals noch deiner Familie.

XENIA Es war furchtbar. Die Deutschen beschlagnahmten sie für ein Konzentrationslager. Sie bestanden darauf, Pacht dafür zu zahlen.

MARTHE Deine Mutter brachte den deutschen Kommandanten dazu, mich laufenzulassen.

ANN Du hast Marthe das Leben gerettet! Warum hast du mir das nie erzählt?

XENIA Was gab es da zu erzählen? Unter der Besatzung haben wir alle einander geholfen. Ich wollte sie alle retten, aber ich konnte nur um Marthe bitten: Sie war unser Dienstmädchen. Der Kommandant dachte wahrscheinlich, wenn sie erschossen würde, könnte das peinlich werden, wenn er das nächste Mal zum Abendessen kam. Die andern ließ er erschießen. Wir waren damals an Erschießungen schon gewöhnt. Auf den Inseln wurden jeden Tag Leute erschossen. Monatelang. Man konnte es hier von der Terrasse aus hören. Die Ironie dabei war, daß Vater über Marthe Informationen an die Partisanen weitergab. Deswegen haben wir die Deutschen eingeladen. Sie vertrauten uns und so kamen uns viele Dinge zu Ohren, die den Partisanen nützten. Siehst du, was für einen mutigen Großvater du gehabt hast. Wenn die Deutschen ihm dahintergekommen wären, hätten sie ihn und seine Familie erschossen. Nicht, daß ihm das nach dem Krieg etwas geholfen hätte.

MARTHE Wir waren anderthalb Tage lang in eine Baracke eingesperrt. Das vergitterte Fenster war mit Brettern zugenagelt. Die meisten von uns saßen auf einer Holzbank, die die Innenwände entlanglief. Nicht alle hatten darauf Platz. Einige saßen in der

Mitte auf dem Boden. Wir waren nur Frauen. Die Männer und Kinder waren in anderen Baracken.

ANN Kinder?

MARTHE Die Deutschen fingen an, die Männer zu erschießen. Wir hörten Gewehrsalven. Ich weiß nicht, warum wir nicht wahnsinnig geworden sind. Menschen können anscheinend fast alles ertragen. Ein paar beteten. Einige weinten. Andere haben geflucht. Keine drehte sich zur Wand. Wir sahen einander an. Natürlich wußte ich, daß ich erschossen werden könnte. Aber ich wußte nicht, wie sterben. Was macht man, wenn das Ende da ist.

XENIA Genug jetzt. *Sie nimmt einen Schluck.*

MARTHE *als hätte sie vergessen, daß Xenia und Ann da sind:* Wenn ein Deutscher erschossen wurde, nahm man ihm alles ab. Ausweise, Uniform, Stiefel, Waffen – alles, was brauchbar war. Einmal – nach meiner Entlassung – fand ich bei einem seine Brieftasche. Es war ein Foto von seinen Eltern drin. Dann eins von seiner Freundin. Und hinten zwei aus dem Krieg. Auf dem einen standen sechs oder sieben nackte Frauen aneinandergedrängt auf einem Acker. Der Abzug war verschwommen. Kriegsmaterial. Man konnte den Ort nicht erkennen. Im Hintergrund ein paar Bäume und ein dunkler Fleck, eine Scheune vielleicht. Von der einen Seite richtete eine graue Gestalt ein Gewehr auf sie. Sehr proper und adrett. Ich glaube, seine Stiefel waren geputzt. Ein Spielzeugsoldat. Es müssen noch andere Soldaten mit dabeigewesen sein, aber sie waren nicht zu sehen. Auf dem anderen Foto waren auch Frauen. Zwei Nachbarinnen oder eine Mutter und Tochter. Sie waren in Kleider eingemummt und hatten die Köpfe mit Schals verhüllt. Sie wandten sich ab, so daß ihre Köpfe im Schatten lagen. Der Ort war neblig, oder vielleicht war der Film schlecht. Kriegsqualität. Der kleine Erdhügel unter ihren Füßen hätte auch eine Wolke sein können. Es waren keine Soldaten auf dem Bild. Nichts wies darauf hin, daß sie erschossen würden. Aber ich wußte es trotzdem. Sofort. Aus der Geste ihrer Köpfe und Schultern. Es war die Geste von dem anderen Foto. Sie umklammerten sich und drehten sich weg, als hätte es angefangen zu regnen. So starb man also. Als liefe man einfach aus dem Leben hinaus. *Sie wendet sich den andern zu.* Einige Frauen in der Baracke kannte ich vom Sehen. Ich war ihnen in der Stadt öfter begegnet. Eine fing an, uns ihr

Leben zu erzählen. Sie hatte einen älteren Bauern geheiratet. Ihr Sohn war im Krieg gefallen. Sie war in der Stadt gewesen, um seine Kleider zu verkaufen, und in die Razzia geraten. Wir sagten uns der Reihe nach, wer wir waren und wie wir gelebt hatten. Wir nannten unsere Namen zum Weitersagen, falls eine von uns überlebte. Es war wie in einem Klassenzimmer, und dabei sollten wir sterben. Eine alte Frau saß neben mir auf der Bank. Sie ging so tief gebückt, daß die Kugel sie in den Rücken treffen mußte, wenn sie vor den Gewehrläufen stand. Sie hatte alles verloren – ihre Familie und ihr Zimmer. Als ich ihr den Namen der Frau sagte, bei der ich angestellt war, sagte sie: ›Wenn ich ihr in meinem Leben noch ins Gesicht spucken könnte‹, und spuckte dabei in den Dreck. Später kam ein Soldat herein. Die meisten Frauen rannten nach hinten in die Baracke und jammerten. Der Soldat rief über den Lärm hinweg meinen Namen. Ich folgte ihm nach draußen. Als er die Kette wieder vor die Tür legte, drehte er sich um und grinste mir zu. Er hielt einen Daumen nach oben, als hätte ich das große Los gezogen. Er führte mich seitlich an der Baracke entlang. Du standest neben einem Offizier. Du hieltest den Riemen deiner Lacktasche mit beiden Händen fest. Der Soldat salutierte. Du nicktest.

XENIA *sich rechtfertigend:* Um dich zu identifizieren.

MARTHE Der Offizier schlug die Hacken zusammen und salutierte vor dir. Ich ging hinter dir zur Anlegestelle und stieg in das Militärboot.

XENIA *verwirrt:* Es war windig und rauher Seegang. Wir sagten nichts. Wenn du mir gedankt hättest, hätte ich gelacht.

MARTHE Den nächsten Tag blieb ich auf meinem Zimmer. Von dort aus hörte ich die Erschießungen. Zwei Stunden lang. Ich dachte darüber nach, bei welcher Salve ich mit dabeigewesen wäre. Ein paarmal glaubte ich, es wäre vorbei, aber es ging wieder los.

XENIA Nach dem Krieg wurden die Wachen auf den Inseln ausgetauscht. Mein Vater wurde als Ausbeuter verhaftet. Vielleicht haben sie ihn in dieselbe Baracke wie Marthe gesteckt. Er wurde zu zehn Jahren Zwangsarbeit verurteilt. Er entkam dadurch, daß er nach zweien starb. Meine Mutter war schon im Krieg gestorben. Nach Vaters Verhaftung nahmen mich Freunde auf. Ich wurde in einem Armeelastwagen außer Landes geschmuggelt. Bei der Gelegenheit habe ich deinen Vater kennengelernt.

Sie nimmt einen Schluck. Unter denen, die ihn festnahmen, waren auch ein paar, denen er Informationen weitergegeben hatte. Als sie aus dem Haus gingen, geschah etwas, was zur Familienlegende geworden ist. Ein Diener hielt die Tür auf, und mein Vater sagte ›Danke‹. Einer aus der Abordnung sagte: ›Er soll lernen, wie man Türen aufmacht‹, und ein anderer antwortete: ›Seine Tür wird verschlossen sein.‹ Sie führten ihn durch den Garten weg. Die Bäume hätten voller Obst hängen sollen. Eine Schar von Leuten hatte es zu früh abgerissen. Sie waren zu hungrig, um zu merken, daß sie saure Früchte aßen. *Sie nimmt einen Schluck.* Ich verstehe nicht, warum ihr ihn bestraft habt. Ich verstehe, warum ihr ihm sein Haus weggenommen habt, das Geld, die Kleider, das Vieh, das Land, die Bücher, die Bilder, seinen Regenschirm – aber wozu ihn bestrafen? Er war ein alter Mann, Handarbeit war er nicht gewohnt. Es war ein Todesurteil. Er hatte Fehler. Er war jähzornig. Einmal hat er meine Mutter geschlagen. Aber er hat sich seine Wiege nicht ausgesucht. Er hat sich benommen wie jeder andere in seiner Stellung. Jemand muß dafür sorgen, daß die Welt funktioniert. Wenn ihr es besser könnt, gut. Aber wozu ihn bestrafen? Nichts war zu kleinlich für seine Verurteilung. Jedesmal, wenn er einen Taxifahrer angeherrscht oder einen ewigen Zuspätkommer entlassen hatte – alles wurde aufgetischt. Sie haben ihm nichts verziehen. Sogar du hast gegen ihn ausgesagt.

MARTHE Ich beschrieb, wie er lebte. Die Gesellschaften und das Roulette. Viele im Gerichtssaal hatten gehungert. Es war gefährlich, in der Welt deines Vaters zu leben.

ANN Streitet nicht. Laßt mich nachdenken über das, was ihr mir beide erzählt habt.

XENIA Ja, denke nach. Und lerne, was die Leute anrichten in dieser Welt. Diese Inseln waren einmal ein einziger Felsblock. Dann hat sie das Meer in zwei Stücke gespalten. Ich habe Männer und Frauen gesehen, die hätten sie mit bloßen Händen auseinandergerissen, so groß war ihr Haß. Wie kannst du dasitzen und sie den ganzen Tag anschauen?

MARTHE Ich habe vierzig Jahre lang ein zweites Leben gelebt. Jetzt bin ich bei meinem zweiten Tod angekommen. Es ist ein wunderbarer Sommer. Sehr alte Leute sagen, der schönste, an den sie sich erinnern können. Ich habe Glück gehabt, aber ich kann nicht erwarten, neunmal leben zu dürfen. Die Inseln wechseln immerzu die Farbe. Abends sind sie dunkel. Man nennt sie Meeresaugen. Was sollte mich an ihnen stören? Sie sind nicht mein Leben. Dieses Haus ist mein Leben. Meine Mutter war die erste Haushälterin darin, und ich wäre die zweite geworden. Ich kam als Dienstmädchen hierher. Jetzt ist es mein Recht, hier zu wohnen. Ich hätte auf der Insel sterben können. Ich bin gerettet worden – nicht einmal von einer Freundin, sondern von einer Feindin. Soviel Glück habe ich gehabt! Als das Haus in Wohnungen aufgeteilt wurde, wollten sie mich zur Hausmeisterin machen. Ich ging in den Stadtrat und war dort bis zum Sommer im Amt. Wir haben eine Klinik und eine Schule und Wohnhäuser gebaut. Jetzt sitze ich auf der Terrasse und schaue aufs Meer. Untertags, wenn der Schatten über die Fliesen wandert, rücke ich meinen Stuhl in die Sonne. Als David studierte, stellte er seinen Tisch vors Fenster, damit er in der Sonne stand. Er rückte seinen Stuhl nach, damit er in der Sonne lesen und sich Notizen machen konnte. Wenn ich auf die Nachbarskinder aufpasse und sie auf die Fliesen setze, krabbeln sie in die Sonne. Sie weinen über das Dunkel, aber keiner weint über das Licht. Das habe ich gelernt. Ich habe keine Erinnerung an die Inseln, die mich aus der Sonne in meine Höhle treibt und weinen macht.

XENIA Du hast recht. Keine Angst vorm schwarzen Mann. *Schaut automatisch in ihr leeres Glas.* Nein, es ist noch zu früh. *Zu Ann.* Ich bin jahrelang nicht auf der Insel gewesen. Bitte David, daß er uns in seinem Boot hinüberfährt.

STIMME *ruft von draußen:* Ivan.

ANN Wer ist Ivan?

XENIA Alle Männer heißen hier Ivan.

Xenia geht hinaus.

MARTHE Zwei eingehakte Mädchen rufen einen jungen Mann im Ruderboot.

ZWEI STIMMEN *rufen von draußen:* Ivan.

ANN Hat er sie gehört?

MARTHE Ja. Sie winken einander zu. *Sie stellt sich hinter Ann, legt ihr die Hände auf die Schultern und hebt sie dann über ihren Kopf mit der Geste, mit der man ein kleines Kind hält.* In unserer Jugend trugen Eltern ihre Neugeborenen an einem sonnigen Tag zu den Felsen hinunter, hoben sie über ihre Köpfe und riefen ihre Namen aufs Meer hinaus. Das war ein Brauch.

Vier

Die Insel. Spätnachmittag. Ein Stück Sandboden vor einer Felswand. Xenia sitzt allein da.
Ein Deutscher kommt.

DEUTSCHER Sie sprechen deutsch?

XENIA Ja.

DEUTSCHER Gut. Ihr Boot liegt am Ankerplatz. Bitte bringen Sie
mich zum Hotel zurück.

XENIA Ist Ihr Boot weg?

DEUTSCHER Mein Sohn und meine Schwiegertochter haben mich
auf der Insel abgesetzt und sind die Küste hinuntergefahren. Sie
hätten vor zwei Stunden zurück sein sollen. Ich kann ihr Boot
nicht auf dem Meer sehen. Ich komme ihretwegen zu spät zum
Abendessen. Wenn man Vollpension wohnt, muß man bis halb
neun im Restaurant zum Abendessen sein. Besser man kommt
schon um halb acht. Man hat dann Zeit, einen Nachschlag zu
verlangen.

XENIA Ihr Sohn und Ihre Schwiegertochter kommen bestimmt zurück. Sie werden sich Sorgen machen, wenn Sie nicht da sind.

DEUTSCHER Das wird sie lehren, ihre Eltern warten zu lassen.
Wenn ich mich verspäte, bekomme ich kein Abendessen mehr
serviert. Die Kellner sind mit Zuspätkommern streng. Sie wollen nach Hause.

XENIA Mein Freund wird Sie in seinem Boot mitnehmen. Warten
Sie am Landesteg. Nein, setzen Sie sich ins Boot unter das Son-
nensegel.

DEUTSCHER Sie haben Sie allein zurückgelassen? Unsere Jugend!
Ich beklage mich nicht. Mein Sohn Sigi könnte nicht pflichtbe-
wußter sein. Seine Heidi ist wie eine Tochter zu mir. Seit dem
Tod meiner Frau wäre ich einsam ohne die beiden. Sie nehmen
mich jedes Jahr in den Urlaub mit. Ich habe Sie im Hotel noch
nicht gesehen.

XENIA Ich wohne bei Freunden.

DEUTSCHER Ah, Freunde, das ist besser als im Hotel. Die jungen
Leute sind nicht verheiratet?

XENIA Nein.

DEUTSCHER Ich sehe sie oft. Neulich bemerkte ich sie auf den Felsen. Der junge Mann redete mit dem Mädchen und wollte sie bedrängen. Unsere Jugend!

XENIA Wenn Sie so gut sein wollen, im Boot zu warten.

DEUTSCHER Ach, ich habe Schockierendes gesagt. Sie haben keinen Grund, sich über die junge Dame zu beklagen. Eine gute Tochter. Sie hat den jungen Mann weggestoßen.

XENIA Danke. Ich möchte gern für mich –

DEUTSCHER Sie haben recht. Es ist falsch, wenn Ältere der Jugend vorschreiben, was sie tun soll. Manchmal gehen sie uns mit gutem Beispiel voran. Sie erinnern uns daran, daß wir noch jung und auf Urlaub sind! Ich habe sie eben noch vom Ausgang der Munitionshöhle aus gesehen. Sie sind die andere Seite der Insel hinuntergegangen. Von der Höhle aus kann man nicht so weit sehen. Wenn Sie der jungen Dame wegen besorgt sind, kann ich hinunterschlendern und so tun, als hätte ich etwas verloren.

XENIA Sie waren im Krieg hier.

DEUTSCHER Ja. Ich habe Munitionshöhle gesagt. Das hat mich verraten. Sie wissen, was im Krieg hier geschehen ist?

XENIA Ja, ich wohnte hier.

DEUTSCHER Ah, dieser Krieg. Schrecklich. Schrecklich. Schrecklich. So viele Tote. *Er ruft.* Sigi! Heidi! *Zu Xenia.* Heidi ist ein vernünftiges Mädchen und Sigi hat eine gute Taucheruhr. Aber sie verlieren jedes Zeitgefühl. Sie sind nicht weggefahren, um sich ohne mich zu amüsieren. Sie dachten, ich wollte eine Weile allein sein. Das ist ihre Art von Freundlichkeit. Es wäre schön gewesen, mit Kameraden hierher zu kommen und von den alten Zeiten zu reden. Die Inseln waren ein Lager. Gefangene wurden hierher geleitet. Furchtbare Zeiten. Tja. Man muß eben das Beste draus machen. Sogar am Schluß – in den allerletzten Tagen noch – sind wir abends auf ein Glas Wein in die Bars gegangen und haben die alten Lieder gesungen. Ich habe mein Schifferklavier durch den ganzen Krieg geschleppt, bis ich zurück in Deutschland war. Ich habe Essen dafür eintauschen müssen. Trümmer und Schwarzmarkt, sonst war nichts übriggeblieben. In meinem Leben hat es jahrelang keine Musik mehr gegeben. Aber wir sind neu erstarkt. Der innere Geist war ungebrochen. Das allein zählt. Sie tragen uns noch etwas nach?

XENIA Sie haben unser Leben zerstört.

DEUTSCHER Nein, nein, mit der alten Ordnung war es vorbei. Niemand war stark genug, sie zu erhalten. Jetzt müssen wir ler-

nen, in einer neuen Welt zu leben. Als ich zurückkam, waren die
Meinen alle tot. Die Eltern, Tanten, mein Bruder, sogar meine
Verlobte. Meine Familie nahm sie auf, als sie ausgebombt wurde. Sie starben alle in einem Haus. Nach dem Krieg heiratete ich
ihre Schwester. Ich habe einen guten Beruf. Ich bin Vertreter für
Kühlschränke. Ich könnte Ihnen einen Rabatt einräumen. Sie
könnten ihn über die Grenze bringen.

XENIA Ich lebe in England.

DEUTSCHER Ach, Sie haben einen Engländer geheiratet? Es ist
traurig, wenn man nicht im eigenen Land lebt. Ich will Ihnen ein
Geheimnis verraten. Wissen Sie, wo wir sind? Raten Sie. Die
Stelle hier. Das war die Erschießungsmauer.

XENIA Ach.

DEUTSCHER In Deutschland würden wir hier ein Denkmal aufstellen. Wir haben viele Künstler. Wenn die Gefangenen erschossen
wurden, sprangen die Eidechsen in die Spalten und blieben drin,
bis wir abzogen. Dann krochen sie wieder heraus an die Sonne.
Haben Sie in Ihrer Tasche etwas zu essen?

XENIA Ja.

DEUTSCHER Es sind Fettflecken auf dem Papier. Wir haben heute
früher Mittag gegessen, damit die Kinder das Boot auch ausnüt-
zen können. Man muß es für den ganzen Tag mieten. Nicht gerade billig. Wenn man hier nichts ißt, wird man krank von der
Sonne. Das habe ich im Krieg gelernt.

XENIA *bietet an:* Bitte essen Sie das. Es ist beim Lunch übriggeblieben.

DEUTSCHER Ah, Sandwich. Wie englisch. *Er ißt.* Gut. Danke.
Freundlichkeit ist besser als schreckliche Kriege. Aber es mußte
sein.

XENIA Waren Sie lange hier?

DEUTSCHER Solang es gedauert hat. Es gibt nichts zu verheimlichen. Nach dem Krieg wurden wir verhört. Von den Hillbil-
lies. Das hier war kein Konzentrationslager. Wir waren einfache
Soldaten: keine Offiziere, keine Gestapo, nicht schuldig. Wir
waren Stadtbesatzung, Straßenbewachung und Gefangenen-
wärter. Wenn wir sie zum Verhör brachten, übergaben wir sie
an der Tür. Es mußte sein. Zivilisten brachten uns und unsere
Offiziere um. Aus dem Hinterhalt wohlgemerkt. Sie schlichen
sich nachts an unsere Wachposten heran und schnitten ihnen mit
einem Messer die Kehle durch. Solche Leute müssen ausgeschal-

tet werden. Arme Schweine. Sie taten mir leid. Ich tat ihnen nichts, was sie nicht auch mit mir gemacht hätten. Wer nackt seine Brötchen ißt, dem fallen auch Krümel ins Haar. *Er lacht und wischt sich Krümel von der Brust.*

XENIA Sie haben niemand umgebracht.

DEUTSCHER Oh, doch. Manchmal. Wenn es eilig war. Es war verboten, Gefangene hier auf der Insel zu verhören oder zu erschießen. Dazu wurden sie auf die kleine Insel gebracht. Anfangs wurde auf die Einhaltung der Vorschriften streng geachtet. Aber was tun, wenn die Gefangenen im Boot sitzen und es ist kein Benzin für die Motoren da? Man kann sie hinüberrudern, aber das ist Schwerarbeit. Und so viele Gefangene. Die Organisation brach zusammen, und die Disziplin wurde lasch: Wir wußten, daß es bald aus war. Wir fingen an, Gefangene hier zu erschießen. Es war eine solche Mißwirtschaft, daß sogar die Munition ausgehen konnte. Das Hauptquartier gab den Befehl aus: Geiseln. Wir haben keine andere Wahl. Geiseln ist leicht gesagt, aber Munition ist nicht so leicht gesagt. Oft mußte unser Kommandant schnorren gehen. Sie haben ihn Schnorrer genannt, als hätte er Zigaretten abgestaubt. Nein, er war ein großzügiger Mensch. Aber die Offiziere zerstritten sich und fluchten aufeinander. Kein Benehmen für gebildete Leute. Böses Blut zwischen Kameraden. Die Ordonnanzen und die Schreiber haben uns alles erzählt. Kommandeur Lauber sagte: ›Wenn Sie den Helden spielen und für die Erschießungen ausgezeichnet werden wollen, nehmen Sie gefälligst Ihre eigene Munition.‹ So sah es damals aus. Kann man so einen Krieg gewinnen? Man wollte sie in Schiffen versenken. Aber die Schiffe gingen uns aus. Die Fischer versenkten die ihren schneller, als wir sie beschlagnahmen konnten. Unsere eigenen brauchten wir zur Küstenbewachung. Also wurde die Sache abgeblasen. Ja, es tut gut, sich zu erinnern, wie hart es war. Eine Zeitlang wurden viele hier auf der Insel begraben. Sie waren hier getötet worden, also wo sollten wir sie hintun? In einem Krieg sind Leichen sogar für Deutsche ein Problem. Sie aufs Festland bringen? Noch mehr Arbeit, mehr Träger, Boote, Lastwagen, um sie vom Kai in die Hügel zu fahren. Ins Meer werfen? Keine Gezeiten. Die Strände sind verseucht. Die Stadt kann ihren Geschäften nicht nachgehen. Es hätte die Teufelsinsel sein können, so schwer hatte es unser Adjutant mit der Leitung. Jetzt erzähle ich Ihnen vom Ende. Als wir in die Heimat abrücken mußten. Inzwischen war die Insel voll mit Leichen. Sie waren in Höhlen eingemauert und in Felsspalten geworfen worden. Die Soldaten sagten, wenn die Insel ein Mantel wäre, würden ihr die Taschen platzen! Es kam der Befehl: die Leichen ausgraben und ins Meer werfen. Wir wurden zornig. Das würde so aussehen, als hätten wir etwas zu verheimlichen. Unsere Feinde waren mit Lügen über uns schnell zur Hand. Wir waren keine Verbrecher. Es war alles ganz offen geschehen. Dem Kriegsrecht gemäß. Hart – aber Krieg ist hart. Jetzt mußten wir die Gräber öffnen. Die Leichen aus den Felsen herausgraben. Befehl ist Befehl. Wir standen Wache, und die Gefangenen gruben und schleppten. Können Sie sich den Gestank vorstellen? Drei Tage lang. Die Leichen wurden ins Meer geworfen. Aber es gibt keine Gezeiten. Die Leichen gehen nicht weg. Das Meer will sie nicht haben. Als wäre es gegen uns. Sie trieben rings um die Insel. Erst manche waren Skelette. Bei den übrigen hatte sich im Sand die Haut erhalten. Sie schwammen auf dem Wasser oder knapp unter der Oberfläche. Manche hielten sich an den Händen – so, wie sie gestorben waren. Wenn wir aufs Festland fuhren, um Nachschub zu holen – ja, mit den Liederabenden in den Bars war es vorbei –, zogen unsere Boote die Leichen im Kielwasser hinter sich her, als würden sie uns nachschwimmen und mit ausgestreckten Händen auf uns zeigen – so, wie sie gestorben waren. Eine tote Frau hatte ein Kind in der Armbeuge umklammert und schaukelte auf dem Meer, als hielte sie das Kind über Wasser, damit es uns sah. Über die öffentlichen Lautsprecher wurden Tanzweisen abgespielt, damit die Stimmung nicht sank. Wir kamen mit Märschen und gingen mit Walzern. *Er geht ein Stück weg.* Wo bleiben diese ungezogenen Kinder? Ich habe Glück gehabt, jemanden zu finden, der deutsch spricht. Ich bin seit dem Krieg zum ersten Mal in Ihrem Land. Heide und Sigi wollten mir damit eine Überraschung machen. Sonst sind wir nach Mallorca gefahren. Malta. Spanien. Zweimal Italien. Sechsmal Mallorca. Mallorca ist für den Urlaub am besten. Das Hotel Cruzadero ist vorzüglich. Vernünftige Preise. Wie hier das Hotel. Und es ist neu. Noch gut in Schuß. Nächstes Jahr funktioniert nichts mehr. Ja, ich erinnere mich gut an diese Zeiten. Wir haben unsere Namen und unsere Feldnummern in den Felsen gekratzt. Jetzt sind sie weg. Mit einer Handvoll Sand schleift der Wind sie ab. Aber nicht so schnell.

Dazu hat er nicht die Kraft. Rowdies sind das gewesen. Und haben dafür ihre eigenen Namen eingeritzt. Sie sind still, gnädige Frau. Ist es die Sonne? Habe ich Ihnen alles weggegessen? Ich glaube, meine Geschichten haben Sie verstört. Es war keins von den schlimmen Lagern. In den schlimmeren Lagern wurden die Leute verbrannt. Manche Aufseher sind vor Erschöpfung zusammengebrochen. Sie wurden zu uns überstellt. Ein guter Standort am Meer. Sie sagten, in der Luft sei soviel Fett gehangen, daß man den Kaffee zuhielt und unter der Hand heraus trank. Es zog sogar in ihre Haut ein, bis sie nicht mehr nach sich selbst rochen. Sie rochen nach anderen Leuten. Oder wie die Toten. Wenn sie Urlaub hatten, dachten ihre Frauen, sie schliefen mit einem Fremden. Hohoo! Da sehen Sie, was eine Armee ist! Nimmt dir die Kleider und steckt dich in Uniform. Nimmt dir den Namen und verpaßt dir eine Nummer. Nimmt deinen Kopf und stopft ihn dir mit Befehlen voll. Nimmt deine Haut – und am Schluß riechst du auch noch wie ein anderer. *Er deutet.* Ist das Brot? Reden macht hungrig. Ich darf nicht so gierig sein. Sogar wenn Sigi jetzt käme, wäre es fürs Restaurant schon zu spät. Nur eine Minute darüber, und sie schicken uns weg. Die Kinder verwöhnen mich. Ich kann an der Bar bestellen, was ich will. Ich sage nein, solche Extrawürste sind Verschwendung. Warum bezahlen, was man nicht ißt? Zusammen ist das ein Verlust von drei Mahlzeiten. Das Hotel verliert nichts. Morgen bekommen wir unsere Steaks als Gulasch serviert.

XENIA *bietet an:* Bitte nehmen Sie es.

DEUTSCHER *ißt:* Gut. Danke. Schlichen sich mit einem Messer an unsere Wachtposten an. Ratsch.

XENIA Wir töteten so viele von euch, wie wir konnten.

DEUTSCHER Natürlich, natürlich. Verständlich nach den Gerüchten, die über uns umliefen. Die Menschen glauben immer das Schlechteste.

XENIA Ich weiß, was geschah. *Sie deutet.* Ich wohnte dort drüben.

DEUTSCHER *lacht:* So nah sind wir einander gewesen? An den Klippen bin ich viele Male vorbeigefahren. Sehen Sie das große Haus? Unsere Offiziere waren dort zum Abendessen. Im Krieg wohnte ein junges Mädchen da, die Tochter des Hauses. Wir nannten sie das Mädchen in Weiß. Sie stand auf der Terrasse und tat so, als starrte sie aufs Meer hinaus. Stunde um Stunde, ganze Tage lang. Wir sangen zu ihr hinauf, beim Schwimmen oder wenn wir unten vorbeifuhren. Wir beobachteten sie mit dem Feldstecher. Unseren Kameraden wurden die Kehlen durchgeschnitten. Sie behaupteten, das wäre leiser als Schüsse – aber so hat es ihnen mehr Spaß gemacht. Wir liebten das Mädchen, wir waren junge Soldaten. Sie hat nie gelächelt oder gewunken. Das wagte sie nicht. Die Partisanen hätten sie erschossen. Aber sie war unsere Freundin. Sie stand da als Zeichen. Mehr konnte sie nicht tun.

XENIA Ich verstehe nicht!

DEUTSCHER Wir kamen nicht als Feinde. Wir waren zur Verteidigung hier. Hätten wir das aus Haß tun können? Nein, unsere Offiziere sagten, wir handelten ehrenhaft. Um euch vor dem Abschaum zu retten.

XENIA So ein Unsinn!

DEUTSCHER Sehen Sie! Unsere Offiziere hatten recht: soviel Blut und Leiden, aber nichts wird gelernt daraus. Europa war bedroht. Die Zivilisation, Beethoven, die Kunst. Was gibt es sonst noch? Amerikaner und Buschmänner.

XENIA Sie stand nicht euretwegen da! Wahrscheinlich war sie einsam! So viele junge Männer wurden getötet! Sie fragte sich, wie lange sie noch zu leben hätte.

DEUTSCHER Die Menschen sind Tiere. Die Frau oder das Geld eines anderen sind nie vor uns sicher. Nicht einmal die eigenen Töchter. Nachts auf unseren Straßen ist jeder in Gefahr. Wenn wir nichts zu futtern kriegen, jammern wir. Was rettet uns vor uns selbst? Die Kultur. Das Niveau unserer Väter. Sie haben jahrhundertelang gekämpft, um es hochzuhalten. Aber es ist so gebrechlich wie das Mädchen in Weiß. Immer. Das Tier will nach oben. Wenn das geschieht, sind wir verloren. Die Affen schwärmen aus dem Dschungel. Deswegen zogen wir in den Krieg.

XENIA Sie reden Unsinn!

DEUTSCHER Das Mädchen in Weiß wüßte es besser.

XENIA Ihr fallt bei uns ein, bombardiert uns, raubt uns aus – zu unserem Besten!

DEUTSCHER Nur weil ihr auf den Abschaum gehört habt. Hätten wir auch auf ihn gehört, Europa wäre ein Arbeitslager. Wenn ihr uns beigestanden hättet, gäbe es mehr Hoffnung für die Welt. Ihr werdet erleben, was statt dessen geschieht. Schon tut sich der Dschungel auf.

XENIA Gehen Sie fort.

DEUTSCHER Es ist wahr. Ich kann es Ihnen beweisen. Da war eine Frau, die für das Mädchen auf der Terrasse arbeitete. Dienstbotin. Sie wurde als Geisel genommen: wieder waren Kehlen durchgeschnitten worden. Das Mädchen bat unseren Kommandanten, sie freizulassen. Dabei hatten Eltern auf offener Straße bei uns um ihre Kinder gebettelt. Hatten an ihrer Stelle auf die Lastwagen klettern wollen. Wir stießen sie hinunter. Aber diesem Mädchen gab unser Kommandant die Dienstbotin zurück. Wir waren nicht zornig wegen unserer toten Kameraden. Manchen von uns standen Tränen in den Augen. Das Mädchen hatte das Recht, um alles zu bitten. Für sie führten wir Krieg. Was soll mit unserer Kultur geschehen, mit unserer Lebensart, wenn es Leute wie sie nicht mehr gibt? Sie kam aus der Klasse unserer Offiziere. Sie wußte das – und was das hieß. Der Beweis war, daß sie kam und um die Frau bat. Sie hätte nicht zu bitten brauchen, sie hätte befehlen können! Ich wollte, ich könnte ihr begegnen und für alles danken, was sie für uns getan hat. Es hat nicht sein sollen. Nach unserem Rückzug wurde ihre Klasse erschossen oder verjagt. Manche von ihnen wurden in unsere alten Baracken gesteckt.

XENIA Was fällt Ihnen ein! Wer sind Sie? Wer hat Sie angestiftet, mir diese Dinge zu sagen? Jemand hat Sie bezahlt!

DEUTSCHER Ach, Sie haben von der Hinterlassenschaft profitiert, eine von denen sind Sie. Sie haben aus dem Kriegsende Nutzen gezogen, und sehen es also von dieser Warte aus.

XENIA *hebt ihre Tasche auf:* Gehen Sie fort!

DEUTSCHER Ach liebe Dame, seien Sie nicht böse. Ich danke Ihnen für Ihr Sandwich. Die Hitze. Mein leerer Magen. Ich habe vor mich hingeplappert. Ja, aber ich lasse mich nicht demütigen, und wenn ich die ganze Nacht hier auf der Insel bleiben muß – in meinem Alter fällt das nicht mehr leicht. Ich kam in meinen besten Jahren hierher. Ich setzte mein Leben ein. Das Opfer junger Manneskraft verlangt Respekt. Von unserer Jugend wäre dasselbe Opfer gefordert, wenn diese Zeiten wiederkommen. Es müßte sein.

XENIA Warten Sie hier. Der Freund von meiner Tochter wird Sie in seinem Boot mitnehmen.

DEUTSCHER Es ist besser, ich warte im Boot. Sie sagten unter dem Sonnenschutz.

XENIA Laufen Sie mir nicht nach!

DEUTSCHER Ihr Freund kann es eilig haben und fährt ohne mich los.

XENIA Hören Sie auf, mir nachzustellen! Ich melde Sie der Polizei! *Xenia geht hinaus.*

DEUTSCHER *ruft ihr nach:* Beste Dame, ich habe Sie nicht angefaßt! Du lieber Gott, Sigi und Heidi sind ertrunken! *Er geht Xenia ein Stück nach.* Heide ließe ihn nichts Unüberlegtes tun –

XENIA *von draußen:* Gehen Sie fort!

DEUTSCHER – aber er kennt das Meer hier nicht. Die Felsen sind gefährlich. Es wäre furchtbar, allein nach Hause zu kommen. *Der Deutsche geht hinaus. Ann und David kommen herein. Sie sind in Badekleidung. Ann hat einen hellblauen Umhang an.*

DAVID Die Insel soll uns heilig bleiben. Ich werde hier kein anderes Mädchen lieben. Warum bin ich so glücklich? Von jetzt an haben wir eine geheime Kraft: Im Zorn oder in der Trauer erinnern wir uns daran, und es wird uns glücklich machen. Wir lieben uns. Du wirst nicht hierbleiben. Dafür pflanze ich eine Kiefer an dem Platz, wo wir heute waren, und gieße sie, bis sie groß und stark geworden ist. Ich streue Samen darunter aus, daß Scharen von Vögeln sich hier niederlassen. *Ruhig.* Das ist die Wand, an der meine Mutter erschossen werden sollte. Schau die Versteinerungen und die Quarzadern und die Geschoßspuren im Fels. Wenn sie einfache Leute erschossen – keine Scharfschützen oder abgebrühte Politiker, sondern Kinder und alte Frauen –, zerrten sie die Toten außer Sichtweite, so daß die Opfer nicht merkten, wo sie waren, und wegrannten. Es war Blut am Boden – aber auf der Insel war auf allen Felswänden und Häusermauern Blut. Deswegen glaubten sie, es wäre immer noch Zeit für ein Flugzeug aus dem Himmel, für eine Hand – oder ein rettendes Boot aus dem Meer. Das war Anfang des Kriegs. Später zwangen sie auch die einfachen Leute, über die Leichen an die Wand zu klettern. Wenn sie stolperten, schlugen sie mit den Gewehrkolben zu. Der Assyrer sprach, ich mache ihn toter als er war. Der Spanier sprach, ich werde die Toten zweimal töten.

Der Deutsche kommt herein.

DEUTSCHER Sie sprechen deutsch?

DAVID Ja.

DEUTSCHER Gott sei Dank. Das ist Ihr Boot. Guten Tag, Fräulein. Bitte bringen Sie mich zum Hotel.

DAVID Sitzen Sie hier fest?

DEUTSCHER Sigi hat ein Boot geliehen, um Heidi eine Überraschung zu machen. Jetzt sind sie verschollen. Ich muß zum Abendessen zurück sein. Die Tür zum Restaurant wird Punkt halb neun geschlossen. Wenn man an das Türglas klopft, schauen die Kellner weg, und die Gäste halten sich die vollen Gabeln vor den Mund und lachen. Der Geschäftsführer ist nicht zu sprechen, er säubert den Swimmingpool.

DAVID Sie können mit uns fahren.

DEUTSCHER Danke, danke. Ich schwitze vor Angst. Sie dürfen nicht zulassen, daß die Dame mich attackiert. Ich habe sie nicht angefaßt. Sigi und Heidi werden ärgerlich sein. Die Dame in Ibiza hatte zuviel Sonnenöl am Bein. Der Sand hatte sich in der Falte festgesetzt. Ich habe ihn abgewischt. Ich möchte keinen Skandal. Für einen Deutschen der älteren Generation ist das natürlich.

DAVID Ich nehme Sie in meinem Boot mit.

DEUTSCHER Wir müssen für unseren Urlaub arbeiten. Sie auch. Ein Lied und ein Glas Wein am Abend. Ich wollte, daß heute alles gutgeht. Drei Wochen sind so schnell vorbei. Morgen fahren wir zurück nach Steinbach. Heute abend wollte ich einen edlen Tropfen spendieren. Gestern waren Sigi und Heidi an der Reihe. So feiern wir das Ende des Urlaubs. Ein Hoch auf nächstes Jahr.

DAVID Beunruhigen Sie sich nicht. Warten Sie im Boot.

DEUTSCHER Die Dame ist zornig. Ich werde auf dem Pfad warten. Nicht vor Ihnen ins Boot gehen. Wenn Sie an mir vorbeikommen, gehe ich Ihnen nach. Die Dame darf solche Dinge nicht behaupten. Ich belästige keine Damen.

Der Deutsche geht hinaus.

DAVID Ann. Der Tod weckt die Begierde. Die Lust. Die Dummen halten das für pervers. Nein. Die Lust wird vom Tod nicht angezogen. Wenn das Leben den Tod sieht, wird es selber stark, mit *Willen* stark. Wenn wir weinen, reckt sich unser verzerrter Mund nach einem, der lächelt. Wir wollen jede Nacht miteinander schlafen, bis du fortgehst. Ich pflanze einen großen Schatz von Samen in dich ein, damit du ihn in dein Land fortträgst. *Dort* wirst du ein Kind gebären! Das Kind und diese Kiefer sind das einzige, was wir Mutter geben können – und all denen, die

428

sterben.

ANN Eine aufgebrachte Frau, die hochgereckt hinten in einem Boot sitzt. Ein hungriger alter Mann, der auf halbem Weg zum Landesteg im Staub hockt. Beide in ihren eigenen Gedanken. Zornig, beleidigt, warten sie auf Flugzeuge, verdächtigen Kellner, starren auf ihre Uhren. Der Fremde sollte froh sein, daß er uns begegnet ist. Meine Mutter ist zornig, weil wir sie warten ließen bei unserem Gang über die Insel. Ich will sie nicht zornig machen, aber wenn sie es ist, macht es auch nichts. ›Die Götter lieben das weit verstreute Geschlecht der glücklichen Menschen und gern verlängern sie die Tage ihres flüchtigen Lebens, um mit ihnen den freudvollen Anblick aus ihrem unverrückbaren Himmel zu teilen, um eine kurze Frist.‹ Sie sitzen am Rand der Insel und warten auf die Abfahrt. Wir sind frei und dazu angehalten, glücklich zu sein. Laß uns noch eine Weile hier sitzen.

Fünf

Das Haus. Nacht.
Niemand.
Xenia kommt herein. Sie klopft an Marthes Tür.

XENIA Kann ich dich sprechen? *Kleine Pause.* Du schläfst nicht.
Ich habe vom Garten aus in dein Zimmer geschaut.
Xenia geht von der Tür weg. Einen Augenblick später kommt
Marthe heraus.
MARTHE Ja?
XENIA Ich muß dich sprechen.
MARTHE Hat das nicht Zeit bis morgen? *Keine Antwort.* Rück mir
den Stuhl zurecht. Es weht.
Xenia rückt den Stuhl in die Bühnenmitte. Marthe setzt sich hin-
ein.
DAVID David und Ann sind ausgegangen.
MARTHE Ins Hotel, tanzen. Bist du schockiert?
XENIA Das ist nicht meine Sorge. Er würde gewiß nicht tanzen ge-
hen, wenn er dächte, es macht dir was aus. Soll ich weiter hierher
kommen, wenn du tot bist?
MARTHE Darum sorge ich mich nicht.
XENIA Ich tue, was du willst.
MARTHE Lebe dein eigenes Leben.
XENIA Vielleicht ist dir mein Kommen erwünscht. Ich könnte die
Erinnerung an dich lebendig halten: Ich habe dich so gut ge-
kannt.
MARTHE Tu, was dir gefällt.
XENIA Habe ich dir jemals etwas nachgetragen?
MARTHE Ich bin jetzt müde.
XENIA Ich war ein Einzelkind. Nach dem Tod meines Vaters hätte
dieses Haus – alles, was er besaß – mir gehört. Es wurde mir
weggenommen, noch bevor er gestorben war. Manche von de-
nen, die es nahmen, hatten jahrelang bei uns gearbeitet. Dein
Sohn glaubt, wenn ich hier wohne, müßte er Stiefel putzen. Man
sieht es ihm an, sogar wenn er lächelt. Mein Vater schickte kluge
Kinder zur Universität, gleich wo sie herkamen. Bezahlte ihre
Hörgelder, kaufte ihnen Bücher, manche kleidete er ein, gab ihnen Kostgeld –

MARTHE Was willst du sagen?

XENIA – aber ich habe niemals etwas verübelt.

MARTHE Nein.

XENIA Warum verachtest du mich dann?

MARTHE Das tue ich nicht.

XENIA So wie dein Sohn. Er ist nur noch ausfallender, weil er keine Entschuldigung hat. Ich habe es satt, beschimpft und angegriffen zu werden.

MARTHE Wenn du dich über David beklagen willst, tu es bei ihm. Es tut mir leid, wenn er unhöflich zu dir war. Er ist jung und unbedacht.

XENIA Er glaubt, ich will hierher zurückkommen. Ich wußte, daß wir nicht weiterleben können wie zuvor. Ich wurde gehaßt und fortgewünscht, schon als ich klein war. Wenn ich so hätte leben müssen, wäre ich jetzt alt und verbittert. Statt dessen habe ich einen guten Mann, meine Tochter und liebevolle Freunde. Und mein Geschäft. Ich verkaufe die besten Kleider so billig ich kann und freue mich über den Anblick von jungen Menschen, die ihr Leben genießen. In ihrem Alter hätten wir erschossen werden können. Viele unserer Freunde sind auch umgekommen. Glaubst du im Ernst, zu alldem wollte ich zurück? Das Leben hat mich gut behandelt. Und es gibt nichts, was ich mir vorzuwerfen hätte. Was meine Familie auch getan hat, Marthe, ich war jung, als ich fortging – für *damals* wenig mehr als ein Kind. Und doch verachtest du mich.

MARTHE Nein.

XENIA Ja, weißt du das gar nicht? Dein Zustand ist schlimmer, als ich dachte. Du hast eine Krankheit, von der du überhaupt nichts gemerkt hast. Deswegen hast du sie deinem Sohn weitervererbt. Muß er damit leben, wenn du tot bist? Willst du sein Leben zerstören? Können wir die Vergangenheit auch jetzt noch nicht loswerden? Wir wollen schweigen und hier sitzen, bis er kommt, und dann zu dritt miteinander reden.

MARTHE Worüber?

XENIA Ach, Marthe, du setzt dich selbst ins Unrecht! Du weißt es. Meine Tochter hat dir erzählt, wieviel ich verschweige. Ich erzähle ihr nie etwas, was einen Bekannten von ihr beschämen könnte. Aber wenn das dein letzter Sommer sein soll, dann müssen wenigstens wir zwei zueinander ehrlich sein. Ich habe dir das Leben gerettet. Und doch hast du gegen uns ausgesagt.

Nicht aus Angst. Man hat dich nicht gezwungen. Mein Vater hätte erschossen werden können. Wie unrecht. Eine solche Schuld ist fast nicht zu vergeben.

MARTHE Welche Schuld? Wir wollen von uns reden. Die Menschen meiner Generation hingen von deiner Familie ab, um leben zu können. Aber warum hat das so sein müssen? Eure Freundlichkeit hat uns zu Bettlern gemacht. Manche sind davon dankbar geworden, und das war schlimmer. Noch soviel Freundlichkeit reicht nicht aus, um die Welt menschlich zu machen. Und wenn du dein ganzes Leben damit zubringst, freundlich zu sein, sterben immmer noch Leute an Unkenntnis und Nachlässigkeit. Es braucht viel mehr. Lassen wir das bis morgen früh. Vor Jahren überfiel jemand die Bank deines Vaters und erschoß eine junge Kassiererin. Der Täter versteckte sich auf der Insel. Dein Vater erkannte ihn durch den Feldstecher und fuhr mit dem Motorboot los. Ein Trupp Männer stand neben ihm am Steuer. Der junge Mann sah sie und wußte, daß er entdeckt war. Er sprang ins Wasser und schwamm auf die Küste zu. Dein Vater jagte ihn. Er wendete und schwamm ins offene Meer hinaus. So verzweifelt war er. Als ihn die Männer deines Vaters an Bord zerrten, schlug er wie ein Wahnsinniger um sich, um wieder ins Wasser zu kommen. Sie mußten ihn verschnüren und wie eine Leiche unten ins Boot legen. Hat dein Vater ihn vorm Ertrinken gerettet oder sich einen Fisch zum Abendessen geangelt? Deine Mutter saß währenddessen mit ihren Damen beim Tee auf der Terrasse. Sie waren kein ordinärer Haufen, sie haben sich nicht ans Geländer gedrängelt und bravo geschrien. Sie tranken ruhig ihren Tee. Hätte dein Vater den Mann dorthin gebracht, deine Mutter hätte ihm Tee gegeben und ihm ihre Stola umgelegt. Hätte ihm das seine Strafe erleichtert? Die Grundfesten eurer Welt standen so verquer, daß alles verquer war. Eure Freundlichkeit, Rücksicht, Prinzipientreue waren sinnlos. Jede eurer guten Taten war sinnlos. In eurer Welt hat das Gute Böses angerichtet. Was könnte schlimmer sein? Die meisten von uns sind ihr ganzes Leben lang aufs offene Meer hinausgeschwommen. In der Verwirrung und dem Gerangel breitete sich eine so besinnungslose Angst aus, daß es schließlich zum Krieg kam. Die Soldaten auf der Insel konnten sich kaum damit entschuldigen, daß sie das Blut, das sie vergossen, nicht gesehen hätten. Mit euch stand es schlimmer. Ihr hattet für alles die beste Entschul-

digung: eure Hände waren sauber! Eure Welt war ein Puppen-
theater. Ihr dachtet, die Puppen würden von den kleinen Holz-
stücken unter ihren bunten Mänteln bewegt. Aber sie hingen an
Drähten: an den Fabriken, Banken, Geschäften, Regierungen,
die unser Leben steuern. Was wir tun, was wir sind, hängt von
den Beziehungen zwischen uns und ihnen ab. Dagegen ist
Freundlichkeit wie ein Pusten, das einen Sturm vertreiben soll.
Wenn diese Beziehungen einmal gerecht sind, werden wir auch
gerecht leben. Freundlichkeit bekommt wieder ihren Sinn. Gerechtigkeit und Gnade werden eins.

XENIA Du erinnerst dich an das, was dir beliebt! Mein Vater war
ein freisinniger Mensch. Als dieser Dieb zum Tod verurteilt
wurde, hat er seine Zeitung dazu eingesetzt, daß er begnadigt
wurde. Die Familie der Toten kam hierher, ihn zu beschimpfen.
Man mußte mich spazierenführen, damit ich ihre gemeinen Reden nicht hörte. Die Faschisten demonstrierten. Ihre Mitglie-
derzahl verdoppelte sich. Vater gab ihnen nicht nach. Wir waren
glücklich, als der Mann gerettet war!

MARTHE Ich kann nichts mehr sagen. Dein Vater war so freundlich wie du. Er konnte sich seinen Heiligenschein leisten. Der
junge Mann war ihm dankbar. Bei Kriegsausbruch zog er frei-
willig in den Kampf für die Welt deines Vaters und wurde erschossen. Leute wie ihr lebt rückwärts, denke ich oft. Ihr lernt
nichts. Ihr wühlt euch euer Leben lang unter der Erde zu euren
Gräbern durch. Aber – ihr habt keine Macht mehr. Darauf
kommt es an.

XENIA Jetzt gibst du zu, daß du mich verachtest.

MARTHE *als wäre Xenia nicht da:* Wie lebt man in den letzten Augenblicken? Die letzte Stunde im Krankenhaus. Der Gang aus
der Zelle. Vielleicht hätte ich in der Baracke bleiben sollen, als
du kamst. Ich hätte den andern helfen können. Die Arme um die
alte Frau legen oder den Mädchen aufhelfen, wenn sie stolperten. Ich hätte sogar singen können. Ich wollte in den Lichtspalt
unter der Tür fliehen. Dann ging die Tür auf. Ich hatte heimlich
um mein Leben gebettelt. Nicht gehofft, sondern darauf gerechnet. *Lächelt zu Xenia.* Ich wußte, du würdest kommen. Ich
ging, und sie starben allein – wie ich jetzt. Sie sind tot, die Barak-
ken sind niedergebrannt, die Insel ist frei. Für mich hat sie sich
nicht verändert. Ich habe ein Foto von meinem Tod gesehen. Ich
habe mein zweites Leben neu gelebt. Ich höre auf sie, nicht auf

dich.

XENIA Das solltest du nicht. Sie sind tot und du nicht. Als ich Studentin war, warst du Dienstmädchen. Ich beneide dich. Du hattest mehr Würde, mehr Klugheit als wir alle. Jetzt haben sich unsere Rollen verkehrt. Ich kam davon – aber dich hat die Vergangenheit verdorben.

Xenia geht hinaus. In der Ferne fängt Musik an zu spielen. Marthe reagiert nicht darauf. Xenia kommt zurück.

Die Diskothek. Jetzt werde ich nicht schlafen können.

MARTHE Sie hören nach Mitternacht auf.

XENIA Ich bringe dich besser in dein Zimmer.

MARTHE Ich fühle mich gut.

XENIA Ich komme nicht mehr hierher. Mein Mann hat mir immer davon abgeraten. Hier ist mein Grab. Im Gefängnis soll mein Vater in einer Woche weiße Haare bekommen haben. Ich habe ihn nicht mehr gesehen. Ich hätte mich ertränken sollen, als sie ihn wegführten. Im Dunkeln die Felsen hinuntersteigen und mich ins Meer gleiten lassen. Jetzt ist es zu spät. ›Eine verbitterte alte Frau‹, hieße es dann. Das bin ich nicht. Es ist nur, daß du mir alles genommen hast – und immer noch mehr willst!

MARTHE Was könnte ich wollen? Geh auf dein Zimmer. Nach deiner Seite hinaus ist es ruhiger. *Zu sich.* Ich habe so viel in meinem Leben gekämpft. So viele Freunde verloren. Neue Kleider werden alt, wenn ich sie anziehe. Ich bin aufgebraucht. Ich höre der Luft zu, wie sie bei meinem Körper hinein- und hinausgeht. Wie Schritte in einem Korridor. Es ist nicht leicht: Es ist, als müßten viele auf einmal sterben.

XENIA *zu sich:* Mir hat man die Welt weggenommen. Sie warfen die Möbel aus dem Haus und ließen mich in der Leere zurück. Ich kann nicht noch einmal anfangen. Ich habe jahrelang auf meinen toten Körper gezeigt – und keiner sieht es.

MARTHE Ja, du kannst nicht anfangen. Du gehörst zu einer Familie, die in Gefängnissen stirbt. Die alte Frau neben mir. Hielt die Bank mit beiden Händen umklammert. Ihre Knöchel weiß wie die von einem Kind. ›Wenn ich ihr in meinem Leben noch ins Gesicht spucken könnte.‹ *Marthe stemmt sich halb aus dem Stuhl, spuckt Xenia ins Gesicht und fällt bis auf Fußbodenhöhe zurück.* Es ist vorbei.

XENIA Was fällt dir ein! Du meinst, weil du stirbst, kannst du zum Ungeheuer werden! Ah, mußt du erleichtert sein! Du hast die

Spucke einer Toten vierzig Jahre lang im Mund herumgetragen! Ich schlafe nicht hier. Ich gehe ins Hotel. Schicke mir am Morgen meine Sachen nach. Ich will dir nicht die Mühe machen, meiner Tochter etwas auszurichten. Ich schreibe ihr einen Zettel.

Xenia geht hinaus. Marthe bewegt sich nicht. Xenia kommt zurück.

Bist du in Ordnung? Wenn du willst, bringe ich dich auf dein Zimmer.

MARTHE Geh weg.

XENIA Es ist klar, daß es dir nicht gut geht. Die Drogen, die du nimmst, haben dich angegriffen. Ich möchte nicht dafür angezeigt werden, daß ich dich hilflos sterben ließ. Dein Sohn würde gewiß gegen mich aussagen.

Xenia geht zu Marthe.

MARTHE Hinaus.

XENIA Wie du meinst. Die Folgen deines Starrsinns hast du selbst zu tragen.

Xenia geht hinaus. Marthe geht zu ihrem Zimmer und probiert den Türknauf. Sie kann ihn nicht aufdrehen. Sie lehnt sich einen Augenblick an die Wand. Sie probiert wieder den Türknauf. Die Tür öffnet sich. Marthe geht in ihr Zimmer und schließt die Tür hinter sich.

Sechs

Das Haus. Morgen.
Marthe kommt mit einem Petunientopf von der Straße herauf.
Sie stellt ihn auf den Boden. Sie geht hinaus. Sie kommt mit ei-
nem Klapptisch zurück. Sie klappt ihn auf. Sie geht hinaus. Sie
kommt mit einem Stuhl zurück. Auf dem Stuhl ein Tischtuch
und Frühstücksgeschirr. Sie fängt an, den Tisch fürs Frühstück
zu decken. Ann kommt herein.

ANN Guten Morgen.

MARTHE Guten Morgen. Wie gehts?

ANN Gut. Und dir? Ich habe Mutters Zettel gefunden. Ihr zwei
habt gestritten.

MARTHE Es war nichts.

ANN Worüber?

MARTHE Es ist vorbei.

ANN Wirklich, ihr führt euch wie Kinder auf. Mutter ist schwierig,
aber ohne Grund wäre sie nicht ausgezogen.

MARTHE Bitte frage sie.

ANN Ach Marthe! *Sie seufzt.* Wahrscheinlich bist du immer noch
verstört. War es wegen David und mir?

MARTHE Die Marmelade habe ich gekocht. Eine Nachbarin hat
mir Pflaumen von ihrem Baum geschenkt. Die Dicke. Du hast
sie beim Wäscheaufhängen gesehen, als ihr Kind mit ihrer
Schürze spielte.

ANN Ich decke den Tisch.

MARTHE Das mache ich.

ANN Nichts wie Unsinn. Du machst mich böse. Streitest du jetzt
mit mir?

MARTHE Sei nicht ungezogen. Tischdecken ist eine der wenigen
Sachen, die ich noch kann. Ich habe ein sauberes Tuch aufgelegt
und einen Petunientopf vom Dachgarten geholt. Gib mir die
Teller.

Sie decken zusammen den Tisch.

War heute nacht ein Sturm?

ANN Nein.

MARTHE Ich träumte, ich schliefe ein und nachts krachte im Wind
eine Tür zu. Ich wachte auf und hörte auf das Meer. Ich muß die

ganze Zeit geschlafen haben. Heute früh schaut alles aus, als wäre ein Sturm drüber weggegangen. Staub und Papierfetzen und Müll fortgeblasen. Kartons und Büchsen an die Häuserwände geweht. Das Laub steht noch verquer vom Wind. Die Stadt sieht so durchgeschüttelt und neu aus wie ein Kind, das sich in den Schlaf geweint hat.

ANN Es war kein Sturm.

MARTHE Nein, ich habe ihn geträumt. Gib mir die Messer. *Marthe deckt den Tisch.* Ich decke für deine Mutter mit. Ich glaube nicht, daß sie kommt, aber es könnte sein, und dann wäre es besser, wenn ein Teller für sie dasteht. Vielleicht kommt sie morgen zum Frühstück. Oder vielleicht nicht. Hole den Kaffee und die Milch aus der Küche. Die Petunie braucht Wasser.

ANN Ich habe Hunger.

MARTHE Warte auf David.

ANN Er schläft.

MARTHE Weck ihn auf. Ist er ein guter Liebhaber?

ANN Ja.

MARTHE Wir drei wollen zusammen essen. Ich schneide das Brot.

ANN Marthe. Dein Knöchel ist geschwollen.

MARTHE Es hat nachts angefangen. Als ich aufwachte, war es schon so.

ANN Es muß weh tun.

MARTHE Nein. Ich habe zu lange gestanden. Ich lege das Bein später hoch. Sag es nicht David. Er gibt mir sonst noch mehr Tabletten. Reich mir meinen Umhang herüber. *Ann gibt ihr ihren Umhang.* *Sie schaut aufs Meer.* Das Meer ist ruhig und das Wasser steht aufgetürmt, als wäre ein Sturm drüber weggegangen. Alles ist offen und neu. *Nimmt eine Tasse.* Die Tasse hat einen Fleck. Trag sie in die Küche und spüle sie.

ANN Das macht nichts. Ich trinke daraus.

MARTHE Nein. Spüle sie. Achte die Dinge. Benutze sie gewissenhaft. *Ann geht hinaus. Marthe wickelt sich in den Umhang und schneidet Brot.* Was machst du, wenn deine Mutter sagt, du sollst ins Hotel ziehen. Es ist einsam, wenn man niemand hat. Das wäre mir sehr zuwider.

437

ANN *von draußen:* So scheußlich warst du doch nicht zu ihr. Ihr zwei habt den Streit.

MARTHE *leicht belustigt:* Sie wird sagen, ich hätte ihr die Tochter gestohlen.

Ann kommt zurück mit Kaffee, Milch, der Tasse Wasser für die Petunie.

ANN Sie weiß, daß ich nur bleibe, wenn ich will.

MARTHE Gieß die Milch in eine Kanne. *Sie gießt ein.* Mit einer Kanne wird der Tisch schöner.

ANN Wir werden viel zu spülen kriegen.

MARTHE Gut. Ich werde nicht mehr viele schöne Dinge sehen. Du wirst ein paar Tage traurig sein und dann wird dein Leben weitergehen. Es wird schön werden. Du wirst liebevoll an mich denken. Stell einen Stuhl vor jeden Platz.

ANN Woher weißt du, daß es schön werden wird?

Ann geht hinaus.

MARTHE *richtet den Tisch:* Was ist nutzloser als der Tod? Ein Leben ohne Tod – wenn es das gäbe. Wie könntest du etwas schön finden, was du ewig anschaust? Es würde dir über. Wozu einander lieben, wenn es ewig dauert? Wenn ihr euch tausendmal verziehen hättet, bekämt ihr das Verzeihen satt. Ihr wärt es müde, die Leute auszuwechseln, die ihr liebt.

Ann kommt mit drei Klappstühlen zurück und stellt sie am Tisch auf.

Wenn du in Ewigkeit weiteressen könntest, wozu lange auf den Geschmack achten. Du könntest bei der nächsten Mahlzeit hinschmecken. Wenn du über einen Fehler geweint hättest – über den nächsten nicht mehr. Du hättest die Ewigkeit, ihn wiedergutzumachen. Bald wären deine Augen voller Schlaf. Du würdest taub. Du hörtest keine Stimme mehr, weil sie dir die Mühe einer Antwort macht. Wozu horchen? Das Wissen wäre nutzlos, ob es ein Spatz oder ein Wasserfall war. Im ewigen Leben gäbe es keine Zukunft. Du säßest am Boden und würdest zu Stein. Staub türmte sich auf, um dich zu begraben. Wenn wir nicht sterben könnten, müßten wir wie die Toten leben. Ohne den Tod gibt es kein Leben. Keine Schönheit, keine Liebe und kein Glück. Keiner kann länger als ein paar Stunden lachen, oder ein paar Tage weinen. Niemand könnte mehr als ein Leben aushalten. Nur die Hölle könnte ewig sein. Manchmal ist das Leben grausam und der Tod kommt plötzlich – das ist der Preis dafür, daß wir nicht Steine sind. Laß dich nicht vom Blitz erschlagen und den Wahnsinnigen nicht dein Haus anzünden. Ergib dich nicht deinen Feinden und übergehe keinen in der Not. Kämpfe. Aber am Ende ist der Tod ein Freund, der ein Geschenk mitbringt: Leben. Nicht dir, aber den andern. Ich sterbe, damit du leben kannst. Hast du David geweckt? Das Frühstück ist fertig.

ANN Ich habe die Tasse nicht abgetrocknet.

MARTHE Gib sie mir.

Ann geht hinaus und Marthe trocknet die Tasse. Sie glättet eine Tischdecke, geht zu einem Stuhl am Tisch, wickelt sich den Umhang um die Beine und schläft ein. Der Deutsche kommt von der Straße herauf. Der Blumenstrauß, den er in der Hand hält, ist in Zellophan verpackt und mit einem gelben Band verschnürt.

DEUTSCHER Sie spechen deutsch? Beste Dame. *Er hustet.* Wir sind mit dem Taxi unterwegs zum Flughafen. Wenn wir die Maschine verpassen... Der Flug ist inklusive. *Er faßt Marthe ans Handgelenk. Keine Reaktion. Er läuft unschlüssig auf der Terrasse herum. Ruft lauter ins Haus.* Hallo. *Zu Marthe.* Pst! *Zu sich.* Ob die Dame zornig wird, wenn ich sie wecke?

STIMME *ruft von draußen:* Vati!

DEUTSCHER *ruft:* Gleich! Benimm dich doch, Heidi! *Er klatscht in die Hände, wie um ein Kind zu tadeln, und ruft.* Still doch! *Er wendet sich Marthe zu.* Die Kinder sind ärgerlich. Ich wollte unbedingt heraufkommen. Drunten tickt das Taxi. Der Fahrer will sicher einen Zuschlag. Dann macht Sigi im Flugzeug wieder sein Gesicht. *Etwas weinerlich.* Nur, um ihr die Hand zu drücken... *Er geht geistesabwesend zum Tisch, streicht sich Marmelade auf ein Brot und ißt es. Draußen eine Hupe. Er legt die Blumen hin und geht.*

David kommt herein. Er ist im Schlafmantel. Er geht zum Geländer und schaut aufs Meer. Ann kommt herein.

ANN Ich meine, jemand hätte gerufen.

DAVID *brummig:* Wer?

ANN *zu Marthe:* Marthe.

DAVID Laß sie schlafen.

ANN Sie wollte mit uns frühstücken.

DAVID *geht zum Tisch und setzt sich:* Sie hat ein Brot gegessen. Ihre Tablette nicht genommen.

Ann setzt sich. David schenkt Kaffee ein.

ANN Sie wollte mir nicht sagen, worüber sie gestritten haben.

DAVID *schaut auf die Armbanduhr:* Deine Mutter sagts dir schon.

ANN Kommst du zu spät?

DAVID Nein.

ANN *nimmt die Tasse:* Danke.

DAVID Geh nicht ins Hotel.

ANN Ich muß sehen, wie es meiner –

DAVID Nicht für ganz.

ANN Nein nein, wieso das denn?

DAVID Ich will mich nicht zwischen euch stellen. Sie hat dich immer, wenn du hier fort bist.

ANN Sie ist kein Drache. Sie ist freundlich, solange man sie läßt.

DAVID Alles unter der Sonne wirft einen Schatten. Deine Mutter wirft ihren ins Licht.

ANN Blumen. *Sie hebt den Strauß auf.* Ein Bote. Den habe ich gehört.

DAVID Sind sie für dich?

ANN Auf dem Umschlag steht etwas Deutsches. *Sie gibt ihn David.*

DAVID *liest. Schaut auf:* Für dich. ›An das schönste Fräulein in Weiß‹.

ANN Wie sonderbar.

DAVID Du trägst Weiß.

ANN Manchmal.

DAVID Aufwendig.

Ann macht den Umschlag auf, zieht einen Brief heraus und gibt ihn David.

DAVID *liest:* Gnädige Frau, ich konnte unseren Urlaub in Ihrer herrlichen Heimat nicht beenden, ohne Ihnen zu schreiben. Erst nach dem Abendessen wurde mir an jenem denkwürdigen Tage klar, daß ich das schöne Fräulein in Weiß wiedergetroffen hatte – *Ann will ihm den Brief wegschnappen. David rennt um den Tisch und liest weiter. Ann jagt lachend hinter ihm her –* das wir vor so langer Zeit angestaunt hatten. Glauben Sie einem alten, aber immer noch rüstigen Mann, wenn er von Herzen bekennt, tief in Ihrer Schuld zu stehen. Gnädige Frau, ich begreife, warum Sie im Boot nicht mit mir sprachen. Zum Glück verstehen Sie jetzt den Grund meiner mangelnden Ehrerbietung. Wenn ich Ihnen diese Blumen überbringe, werde ich Ihnen schweigend die Hand drücken und sie für mich sprechen lassen.

David hält Ann mit einer Geste zurück. Es wird Sie freuen zu erfahren, daß Sigi und Heidi in Sicherheit sind. Ihnen war das Benzin für das Boot ausgegangen. Freundliche Fischer haben sie im Schlepptau heimgebracht. Leider fehlt die Zeit, sie Ihnen vorzustellen. Ich habe ihnen von unserer denkwürdigen Begegnung berichtet und werde in künftigen Jahren noch oft davon erzählen. Dem schönen Fräulein in Weiß auf dem Balkon von dazumal mit der ergebensten Hochachtung Ihres gehorsamen Heinrich Hemmel. P.S. Ich bin unschuldig. *Er hört auf zu lesen.* Darunter eine Adresse.

ANN Sie sind für meine Mutter. Irgendein alter Verehrer. Der Balkon von dazumal. Was kann das heißen?

DAVID Der Deutsche, den wir im Boot mitgenommen haben. Stell sie ins Wasser.

Ann geht hinaus. David trägt ein Glas Wasser und eine Tablette zu Marthe hin. Er stellt das Glas auf den Boden, legt die Tablette daneben. Er fühlt ihren Puls. Er kniet sich vor sie hin. Xenia kommt herein. Sie trägt eine leichte Jacke.

XENIA David.

David drückt Marthes Hände an sein Gesicht, küßt sie und bedeckt seine Hände mit den ihren.

DAVID Sie ist warm. Ihre Hände sind noch warm.

Ann kommt mit einer großen blauen Vase zurück. David fängt an zu weinen. Noch warm. Gebt mir etwas, damit ich ihre Hände zudecken kann. Daß die Wärme in ihr bleibt. Sie darf nicht weggehen! Ich will ihre Wärme spüren!

XENIA *zu Ann:* Ist sie –?

DAVID Helft mir! Etwas! Irgend etwas! Ihre Wärme geht weg!

Ann nimmt Xenia die Jacke ab und gibt sie David. Er deckt Marthes Hände damit zu und drückt den Kopf darauf.

XENIA Es tut mir leid. – Wir haben gestritten. Nach einem furchtbaren Tag auf der Insel.

ANN Geh zurück ins Hotel.

XENIA Nein nein, ich muß bleiben. Es gibt viel zu erledigen. Ihr braucht mich.

ANN Warte dort. Ich komme nach. Deine Blumen. *Sie gibt sie ihr.*

XENIA Dräng mich nicht so!

ANN Bitte, Mutter!

XENIA Wie du willst. Ich lasse meine Sachen abholen. Die Mühe will ich euch nicht machen. Ihr habt genug zu tun.

ANN Geh geh. Ich bin bald da. Es dauert nicht lange.

XENIA Bleib hier. Ich brauche dich nicht. Ich habe gestern abend Vater angerufen. Ich sagte ihm, ich käme heute zurück. Ich bleibe natürlich bis zum Begräbnis. Was sind das für häßliche Blumen? *Sie gibt Ann die Blumen zurück.* Es tut mir leid, daß sie tot ist. Ich bin gekommen, um ihr zu sagen, daß ich nicht zornig bin. Meine Anwesenheit hat sie mit großem Zorn erfüllt. Das war schlecht für jemand in ihrem Zustand. Wenn ich davon gewußt hätte, wäre ich nie gekommen.

Xenia geht hinaus. David hebt Marthe aus dem Stuhl. Ihre Füße baumeln über dem Boden. Ann schaut einen Augenblick lang zu und geht dann hinaus. David drückt Marthes Hände an seinen Kopf.

DAVID Segne mich. Segne mich. Noch warm... *David läßt Marthe auf die Knie gleiten und kniet sich vor sie hin. Er drückt ihre Hände an seine Augen und weint.*

Sieben
Das Abkommen

Das Haus. Tag.
Marthes Stuhl ist weggeräumt.
Ann sitzt am Tisch und trinkt mechanisch Kaffee. David kommt
herein.

ANN Solltest du dich nicht hinlegen?

DAVID Nein.

ANN Ich komme und halte dich.

DAVID Mir fehlt nichts. *Er setzt sich an den Tisch.* Ich habe so viele
sterben sehen. Heute früh hab ich für sie alle geweint.

ANN Ich muß bald nach England zurück. Ich muß mir eine neue
Stelle suchen.

DAVID Vielleicht haben wir uns geirrt. Vielleicht bekommst du
kein Kind.

Ann schenkt Kaffee ein. Er nimmt ihn, trinkt aber nicht.

ANN Ich weiß es noch nicht.

DAVID Wenn du eins bekommst, behältst du es?

ANN Ja.

DAVID Allein?

ANN Wenn es sein muß.

DAVID Du mußt ihm sagen, daß ich sein Vater bin.

ANN Wenn es groß wird, bringe ich es dir. Mutter muß zum Begräbnis kommen.

DAVID *trinkt Kaffee:* Wenn du nicht hier wärst, hätte ich es verboten. Wie du meinst.

ANN Hat sie gesagt, wo ihre Asche verstreut werden soll?

DAVID *lächelt:* Im Garten.

Deutschsprachige Literatur
in der edition suhrkamp:
Drama

Deutschsprachige Literatur
in der edition suhrkamp:
Drama

301/2/2.92

301/3/2.92